大连商品交易所品种运行情况报告（2017）

李正强　主编

中国金融出版社

责任编辑：陈　翎

责任校对：潘　洁

责任印制：裴　刚

图书在版编目（CIP）数据

大连商品交易所品种运行情况报告（Dalian Shangpin Jiaoyisuo Pinzhong Yunxing Qingkuang Baogao）.2017/李正强主编.—北京：中国金融出版社，2018.7

ISBN 978 - 7 - 5049 - 9583 - 4

Ⅰ.①大…　Ⅱ.①李…　Ⅲ.①期货市场—研究报告—大连—2017
Ⅳ.①F832.5

中国版本图书馆CIP数据核字（2018）第104875号

出版
发行　**中国金融出版社**

社址　北京市丰台区益泽路2号
市场开发部　（010）63266347，63805472，63439533（传真）
网 上 书 店　http://www.chinafph.com
　　　　　　（010）63286832，63365686（传真）
读者服务部　（010）66070833，62568380
邮编　100071
经销　新华书店
印刷　北京市松源印刷有限公司
尺寸　170毫米×242毫米
印张　23.75
字数　306千
版次　2018年7月第1版
印次　2018年7月第1次印刷
定价　68.00元
ISBN 978 - 7 - 5049 - 9583 - 4
如出现印装错误本社负责调换　联系电话（010）63263947

大连商品交易所丛书
编委会

主　任：李正强

副主任：王凤海

编　委：朱丽红　夏　耘　许　强　刘志强

序 言

    2017年是贯彻落实党的十九大精神的开局之年，是决胜全面建成小康社会、实施"十三五"规划承上启下的关键一年。这一年，中国商品衍生品市场以服务实体经济、防控金融风险、深化金融改革为核心要务，在维护市场安全平稳运行的基础上，成功上市豆粕期权和白糖期权，改变了长期以来国内商品衍生品市场只有期货、没有期权的历史。这一年，大连商品交易所坚持"保稳定、抓管理、促转型"的工作方针，真抓实干，市场发展成效显著。根据美国期货业协会（FIA）2017年统计，大商所位列全球衍生品交易所成交量排名第10位，继续保持全球最大的油脂油料、塑料化工、煤炭和铁矿石期货市场地位。

    20多年的发展实践证明，商品衍生品市场已经成为国民经济发展不可缺少的重要一环。大连商品交易所在学习借鉴国际经验基础上，逐渐形成一套具有中国特色、适应中国国情的发展理念和监管制度安排。一是始终坚持服务实体经济根本宗旨，积极发挥衍生品市场功能。目前，基于期货价格的"基差定价"模式已成为中国油脂油料行业现货贸易的主要定价方式，铁矿石、焦煤、焦炭、塑料等期货价格已成为境内现货贸易、指数编制的重要依据，"保险＋期货"试点获得较好效果并连续三年被写入中央一号文件。二是始终坚持把安全稳定运行作为市场发展的前提，坚决维护市场正常秩序，坚决保护投资者合法权益。大商所不断建立健全期货价格涨跌停板管理、交易保证金管理、手续费管理、特定情况强制平仓等风险管理制度，可以有效防范化解各类市场风险。三是始终坚持加强和改进市场运行管理，不断提高市场运行质量和效率。持续加强市场运行监测和评估，适时改进优化合约规则、交割制度，努力提高市场运行效率。不断降低投资者的交易成本，积极引导产业企业利用期货市场管理风险，市场结构不断优化完善。四是始终坚持共建共赢理念，坚定不移推进国际交流和开放合作。通过引进境外交易者的积极参与，进一步提高大商所铁矿石期货的国际代表性，为全球市场提供公开、透明的铁矿石定价依据，也为境外机构和客户分享中国开放发展红利提供机遇。这是大商所的发展经验，也应是新的开放形势下中国商品衍生品市场长期坚持的发展理念。

继往开来，砥砺前行。为了更好地跟踪市场、完善市场，更好地与国内外同行交流，北京大商所期货与期权研究中心继续组织编写《大连商品交易所品种运行情况报告（2017）》。这本报告集是对大商所16个已上市期货品种和1个商品期权品种在2017年的市场运行情况、功能发挥情况及合约维护情况等方面的系统总结和评估梳理，并从产业角度深入分析了交易所上市期货品种的市场问题、发展前景及发展建议。同时，本书也包括"保险+期货"、场外期权、基差交易试点以及铁矿石国际化等热点问题，以供各界人士学习参考。

新时期，新机遇，新起点。大商所将以强烈的历史担当、求真务实的工作作风、大胆探索的创新精神，努力在服务实体经济、服务国家战略中做出新的、更大的贡献。

大连商品交易所党委书记、理事长

2018年3月

前　言

2017年，随着供给侧结构性改革的深入推进，期货市场从服务国家战略和实体经济的全局出发，紧紧围绕服务实体经济、防范金融风险、深化金融改革等工作要求，在稳中求进的总基调下，积极推进行业转型升级，在助力供给侧结构性改革、服务"三农"、服务国家脱贫攻坚战略等方面取得了一定成效，初步形成了期货期权、场内场外、境内境外、期货现货多元共融发展的新局面。2017年，党的十九大胜利召开，描绘出了到21世纪中叶中国发展的宏伟蓝图，提出了建设现代经济体系、发展更高层次的开放型经济、形成全面开放新格局的要求，为当前和今后一个时期我国期货市场的发展指明了方向，也给新时代我国期货市场提出了新任务新要求。

为适应新形势、谋求新发展，厘清期货市场及品种合约发展中存在的问题，推动期货市场全面发展，北京大商所期货与期权研究中心（以下简称大商所研究中心）在前五年工作的基础上（自2013年开始），2017年继续并强化了上市期货品种的监测分析工作。通过一年的努力，大商所研究中心已经形成了季度、月度、周度市场形势分析系列报告，并于2017年底对全年市场运行情况进行总结回顾，撰写完成《大连商品交易所品种运行情况报告（2017）》，全面记录大商所各上市品种全年的运行情况，并展望未来一年的发展前景。《大连商品交易所品种运行情况报告（2017）》全书共分为18个章节，包括大商所期货市场运行总报告、16个期货品种运行分报告和1个豆粕期权运行报告。16个期货品种运行分报告具体包括大商所上市的所有期货品种：玉米、玉米淀粉、黄大豆1号、黄大豆2号、豆粕、豆油、棕榈油、鸡蛋、胶合板、纤维板、铁矿石、焦煤、焦炭、线性低密度聚乙烯（LLDPE）、聚氯乙烯（PVC）、聚丙烯（PP）。每个品种报告写作框架总体相同：第一部分首先介绍该期货品种在2017年的市场运行情况，包括成交量、持仓量变化情况，价格运行特点，投资者结构以及交割情况四个方面；第二部分对期货品种的功能发挥情况进行评估，并对期货市场功能发挥的最新案例进行总结；第三部分整理年度内合约的最新维护和修改情况；第四部分从产业角度梳理交易所各上市期货品种的发展前景、存在问题和对策建议。

当前，我国经济正处于转变发展方式、优化经济结构、转换增长动力的攻关期。作为价格发现、风险管理的重要工具，期货市场必将在有效防范金融风险、推动经济实现更高质量发展过程中发挥更加积极的作用。《大连商品交易所品种运行情况报告（2017）》集结成书、正式出版，希望能为政府部门、学术界和投资交易者提供有价值的参考资料。

编　者

2018年4月

Contents 目 录

报告一
大商所期货品种运行报告（2017）

2015年以来，我国坚持以供给侧结构性改革为主线，以"破"为先，有效化解过剩产能和无效供给，以"降"为要，市场主体经营成本持续下降，经济结构加快优化升级，经济增长质量不断提高。2017年我国经济延续了稳中有进的发展态势，是供给侧结构性改革的深化之年，我国坚持稳中求进的工作总基调，继续深入推进"三去一降一补"、推进农业的供给侧结构性改革，在稳中求进背景下，我国大宗商品价格在2017年总体运行平稳，大商所商品期货成交量、持仓量较上年有所下降，准确反映了实体经济运行状况。

一、期货市场运行情况

（一）市场规模及发展情况

1. 商品价格运行稳定，期货成交、持仓量均下降。2017年，国内经济运行平稳，供给侧结构性改革取得显著成效，国内大宗商品价格稳定，价格波动幅度收窄，商品期货成交量和持仓量均较上年有所下降。2017年，大商所多数商品价格由2016年的上涨趋势演变为区间波动，价格波动性较上年有所下降，因此投资者交易频次下降。2017年，大商所期货成交量为10.98亿手[①]，同比减少28.61%；年末持仓量

[①] 若无特别说明，本书中成交量和持仓量都采用单边统计口径。

为502.98万手，同比减少4.38%。由于成交量下降明显，大商所期货品种全年成交额520 046亿元，较上年下降15.31%；虽然持仓量较上年小幅下降，但由于大商所部分期货品种价格较上年上涨，年末持仓额2 268.89亿元，较上年增加16.48%。

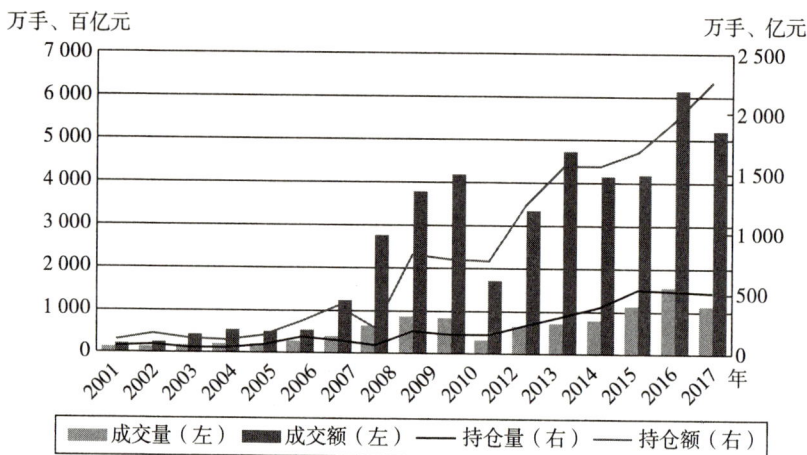

数据来源：大连商品交易所。①

图1-1　大商所2001—2017年期货成交、持仓规模变化情况

2. 农业品成交持仓下降明显，工业品持仓明显上升。2017年，大商所工农业品期货交易情况分化，农业品成交、持仓量和金额均明显下降，工业品成交量虽然下降，但持仓量、成交金额和持仓金额均上升。农业品成交量为5.29亿手，较上年减少38.98%；成交金额为17.46万亿元，较上年减少41.65%；农业品年末持仓量为305.52万手，较上年下降25.01%；持仓金额为1 013.78亿元，较上年下降19.50%。工业品成交量为5.68亿手，较上年减少15.17%；不过由于工业品价格较上年上涨，因此工业品成交金额较上年增长9.74%至34.54万亿元；工业品年末持仓量为197.45万手，较上年增长66.50%；持仓金额为1 255.10亿元，较上年大幅增长82.28%。上述变化显示资金从农业品流入工业品。

---

① 如无特殊说明，本书数据均来源于大连商品交易所。

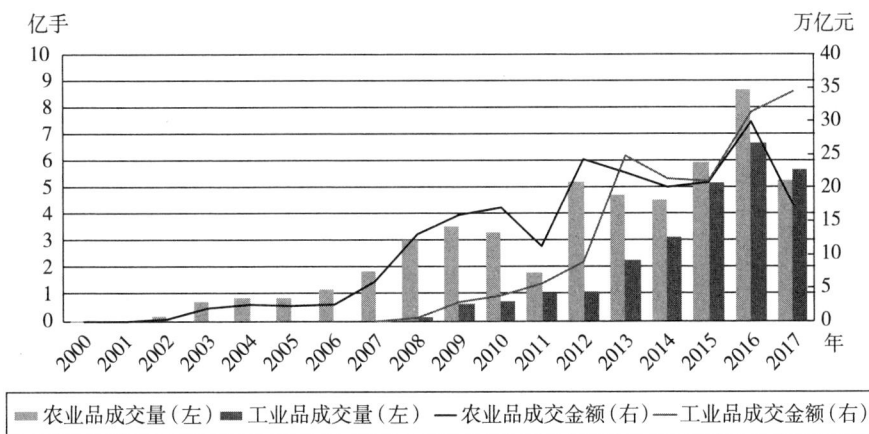

图 1-2　2000—2017 年大商所农业品和工业品成交规模变动情况

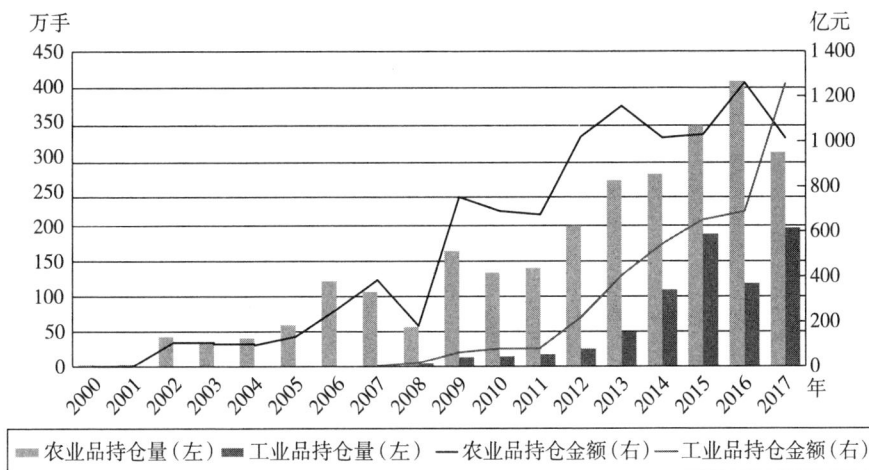

图 1-3　2000—2017 年大商所农业品和工业品持仓规模变动情况

3. 四大主要板块交易规模均下降，油脂油料产业链降幅最大。2017年，大商所主要板块期货品种交易规模均出现下降。玉米、油脂油料、化工和黑色四大板块期货成交量因价格波动缩小均出现下滑，而鸡蛋期货交易量受价格波动幅度扩大影响而大幅增加。油脂油料板块期货成交量为3.14亿手，较上年下降52.02%；化工板块期货成交量为1.57亿手，较上年下降33.41%。从成交额来看，由于黑色板块期货品种价格普遍上涨，因此黑色板块成交额较上年增长25.12%至27.92万亿元；鸡蛋期货成交量和价格均上升，因此成交额较上年增长76.25%至1.42万亿元；其他板块成交额均下降，其中油脂油料板块期货成交额下降50.05%至12.94万亿元。从持仓量来看，玉米板块和油脂油料板块期货品种持仓量均下降，而黑色板块、化工板块和鸡蛋期货持仓量较上年明显增加。其中玉米板块持仓量较上年减少49.44%至84.78万手，持仓金额较上年减少40.81%至159.60亿元；黑色板块持仓量较上年增长83.99%至131.89万手，持仓金额较上年增长99.27%至965.77亿元。

表 1-1　　2017 年大商所期货品种分板块交易规模及变动情况

单位：万手、亿元

	成交量	同比	成交额	同比	持仓量	同比	持仓额	同比
油脂油料	31 444.93	−52.02%	129 390.75	−50.05%	206.44	−9.87%	798.24	−16.22%
玉米板块	17 775.79	−6.35%	30 997.70	−3.61%	84.78	−49.44%	159.60	−40.81%
鸡蛋	3 726.24	65.80%	14 228.11	76.25%	14.31	34.04%	55.94	51.64%
木材板块	0.23	−73.59%	1.12	−75.90%	0.00	−83.67%	0.004	−79.29%
煤焦矿	41 105.95	−5.24%	279 233.51	25.12%	131.89	83.99%	965.77	99.27%
化工板块	15 711.30	−33.41%	66 195.51	−27.73%	65.56	39.77%	289.33	41.89%

注：油脂油料包括豆一、豆二、豆油、豆粕、棕榈油；煤焦矿包括铁矿石、焦煤、焦炭；化工板块包括聚氯乙烯（PVC）、线性低密度聚乙烯（LLDPE）、聚丙烯（PP）；玉米板块包括玉米、玉米淀粉；木材板块包括胶合板、纤维板。

4. 豆二、聚氯乙烯成交量增幅扩大，豆粕、聚丙烯等成交量下降一半。2017年，期货制度不断完善以及相关期货品种价格波动变化等因素使部分品种成交量变化较大。具体如下：豆二期货成交量较上年大幅提升2 220.12%至4.26万手，一方面是因为上年豆二期货成交量基数较低，另一方面是由于大商所对豆二期货合约制度进行修改完善，促进豆二期货成交量提升；聚氯乙烯期货成交量较上年增长246.89%至3 900.04万手，主要是由于聚氯乙烯期货价格在供需因素影响下波动剧烈，吸引市场参与者进入；豆粕和聚丙烯成交量分别较上年减少58.12%和54.20%至1.63万亿手和1 669.19亿手。

5. 豆粕期权平稳上市，规模逐步扩大。豆粕期权自3月31日上市后一直平稳运行，所有合约挂盘正常，在交易中未发生严重风险事件。豆粕期权交易规模、投资者数量较上市初期有较大增长。到12月末，豆粕期权日均成交量是上市首日的1.1倍，日均成交量占标的期货的比例是上市初期的2倍；日均持仓量是上市初期的10倍，日均持仓量占标的期货的比例是上市初期的14倍。开通期权权限的投资者数量是上市初期的7倍，累计参与期权交易的客户数是上市初期的10倍。

（二）期货价格运行规律分析

1. 玉米产业期货品种价格呈现上升趋势。自2015年我国对玉米进行市场化改革以来，玉米种植面积和玉米产量连续两年下降，而玉米需求端则出现新的增长，因此玉米供需状况较2016年转紧，玉米及玉米淀粉期货品种价格进入上升趋势。供应方面，2017年玉米总产量为2.07亿吨，较2015年的历史峰值下降8.01%左右，较2016年下降5.91%；需求方面，深加工需求超预期，企业收购玉米积极性高涨，企业开工率在80%以上。此外，受玉米价格大幅走弱的影响，玉米价格优势体现，部分饲料企业调整配方，增加玉米在饲料中的用量。

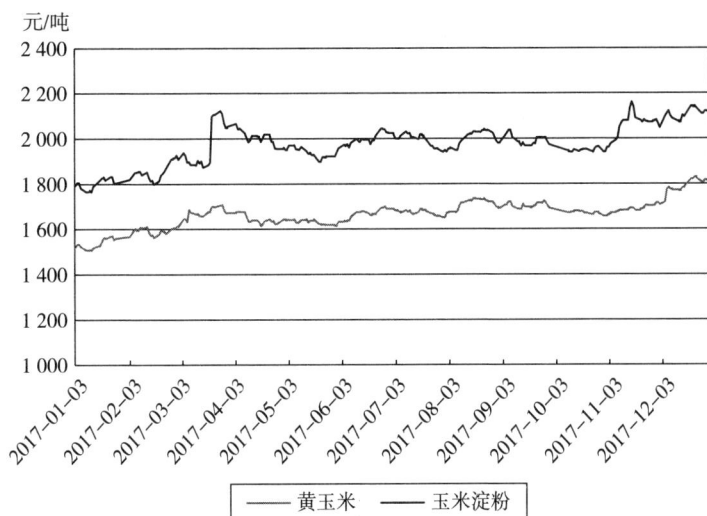

数据来源：Wind 数据库。

图 1-4　2017 年玉米板块期货价格走势

2. 油脂价格下跌而豆粕价格保持区间波动。2017年油脂价格下跌主要原因在于供应增加，具体体现在以下几个方面：一是全球大豆丰产，大豆供应宽松，国际大豆市场价格下跌；二是豆粕需求受生猪和水产饲料需求增加拉动，较上年增长10%~15%，因此刺激中国大豆进口和压榨量大幅增加，而豆油消费增速不及豆粕，导致我国豆油库存屡创新高；三是东南亚棕榈油产量恢复，马来西亚棕榈油库存增加，施压于国际油脂价格；四是2017年第一季度临储菜籽油抛储，增加市场菜籽油供应量。

豆粕供需基本平衡是豆粕价格呈现区间震荡走势的主要原因。供应方面，2017年我国大豆进口量达到9 554万吨，较上年同期的8 446万吨增加了1 108万吨，增幅为13.12%。需求方面，2017年我国饲料养殖业豆粕需求量明显增加，生猪饲料对豆粕需求同比增长10%左右[①]；水产饲料需求较上年增长15%~20%；此外，豆粕对菜粕、棉粕和DDGS等杂粕的替代需求也增加。

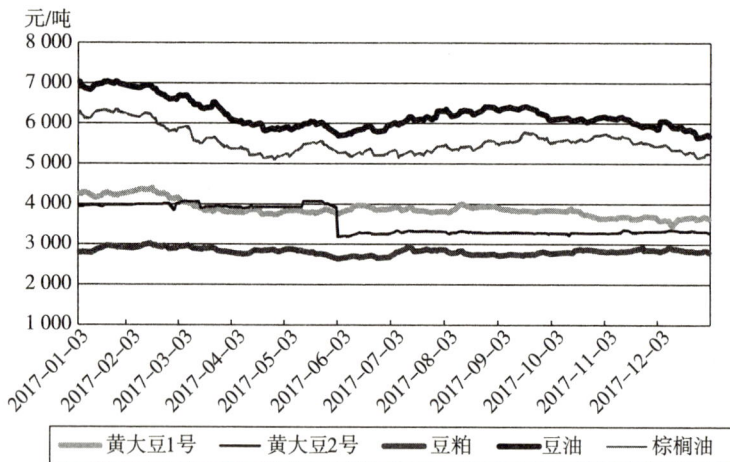

数据来源：Wind 数据库。

图 1-5　2017 年油脂油料板块期货价格走势

---

① 根据对海大和温氏集团的调研获得。

3. 黑色板块中焦煤焦炭价格上涨而铁矿石价格下跌。2017年，铁矿石期货价格小幅下跌，跌幅为4.42%；焦煤焦炭价格震荡偏强，分别较上年上涨11.21%和29.26%。2017年，国外矿山仍处于扩产周期，铁矿石港口库存从年初的1.17亿吨增加至1.45亿吨的纪录高位，供应压力不减；需求方面的压力则来自钢厂提高废钢比，替代了部分对铁矿石的需求。焦煤焦炭价格上涨主要是钢厂在高利润影响下保持较高开工率，钢厂和焦化厂补库需求推动焦煤焦炭价格阶段性上涨；此外，在完成国家化解煤炭过剩产能目标之后，一些落后、违规建设的煤矿已基本退出，焦煤焦炭供应压力减小。

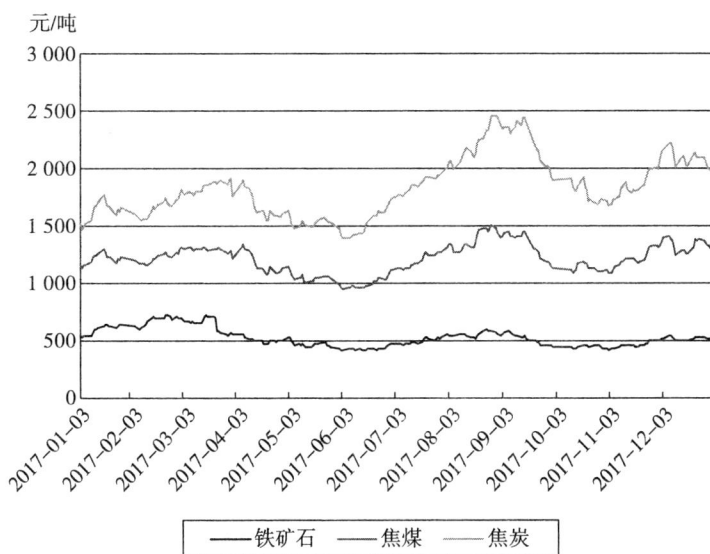

数据来源：Wind 数据库。

图 1-6　2017 年黑色板块期货价格走势

4. 化工品价格先抑后扬，年末再次走弱。化工板块年初在下游补库支持下保持高位运行，随后，由于市场中现货流通增多，三个化工品期现货价格均出现下跌。下半年，上游聚烯烃库存降至偏低水平，PVC生产企业受环保制约开工不足，而下游旺季需求预期升温，导致化工市场出现供减需增的局面，因此，化工品期现货价格上涨。

进入2017年第四季度，下游需求受环保限产因素影响较弱，期现货价格偏弱。

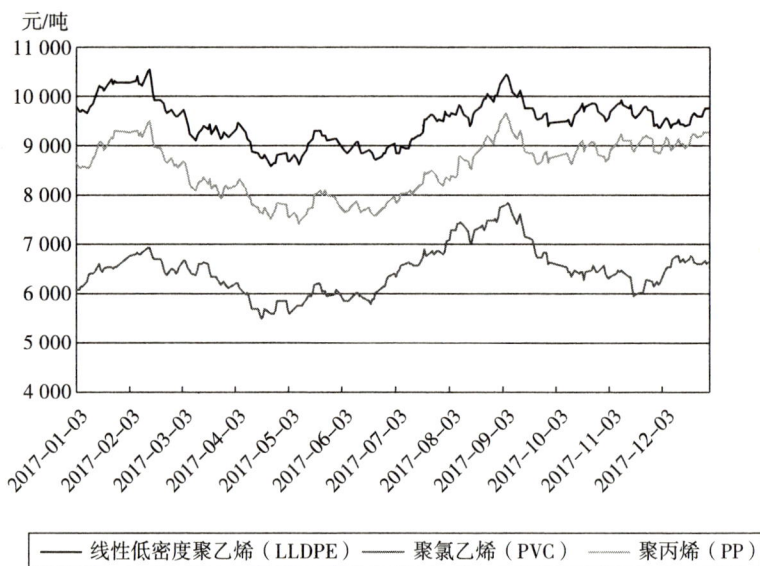

数据来源：Wind 数据库。

图1-7　2017年化工板块期货价格走势

（三）市场结构分析

1. 法人客户占比上升，投资者结构日趋合理。2017年，大商所客户总数达到310.99万户，同比增长12.60%，继续刷新历史最高水平。其中，参与交易的客户达69.84万户，同比增长6.08%；法人客户1.4万户，占参与交易客户数的2%，较2016年的1.91%进一步提升，法人占比为历年来最高水平。投资者结构更趋于合理化，市场交易稳定性增加。

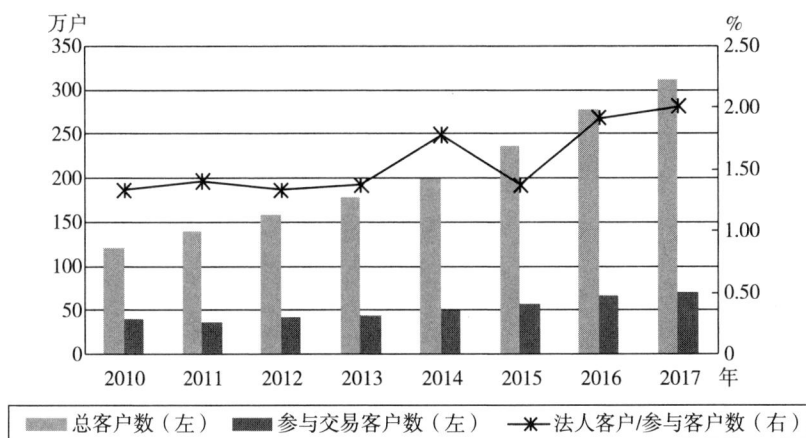

图 1-8　2010—2017 年大商所交易客户数及结构变化情况

2. 制度完善及市场变化推动豆二和聚氯乙烯市场参与度提升。
2017年，大商所调整黄大豆2号期货合约和规则，以充分发挥黄大豆2号期货市场功能，更好地服务产业和实体经济。制度调整后，豆二期货参与客户数、法人客户数和持仓客户数出现明显提升，分别较上年增长65.52%、462.5%和691.25%，表明期货合约和规则调整利于产业企业进行进口大豆风险管理。

2016年末至2017年，聚氯乙烯期现货价格波动幅度受供需因素影响提高，因此吸引企业参与期货交易，进行套期保值。2017年，虽然聚氯乙烯参与客户数较上年下降，但法人客户数和持仓客户数较上年大幅增加，分别增长73.55%和83.30%。

表 1-2　　　　　　　2017 年大商所各品种投资者结构

单位：户

项目品种	参与客户数		法人客户数		持仓客户数	
	2017 年	同比增减	2017 年	同比增减	2017 年	同比增减
豆二	144	65.52%	45	462.50%	633	691.25%
豆粕	364 887	-18.17%	7 994	-2.61%	284 555	-19.80%
豆一	183 268	-0.38%	178 735	-0.52%	134 105	8.44%

项目 品种	参与客户数		法人客户数		持仓客户数	
	2017 年	同比增减	2017 年	同比增减	2017 年	同比增减
豆油	215 040	−5.29%	6 584	−1.11%	160 681	1.77%
鸡蛋	275 984	27.59%	5 527	24.65%	213 310	38.30%
胶合板	287	−79.08%	22	−18.52%	189	−75.83%
焦煤	241 882	5.59%	7 019	15.12%	176 885	9.09%
焦炭	211 108	−7.72%	8 340	14.94%	158 577	−4.93%
聚丙烯	165 070	−20.54%	5 758	−8.62%	110 076	−22.89%
聚氯乙烯	154 151	−21.75%	4 422	73.55%	110 344	83.30%
聚乙烯	168 026	−15.06%	6 297	−0.29%	116 631	−16.22%
铁矿石	406 147	16.39%	9 584	17.31%	338 866	20.83%
纤维板	279	7.72%	12	0.00%	145	0.69%
玉米	286 513	−6.40%	6 576	8.55%	235 740	−4.12%
玉米淀粉	185 800	−10.13%	5 127	6.61%	142 888	−8.00%
棕榈油	256 144	−7.23%	6 803	−1.53%	194 789	−5.04%

（四）交割特点分析

1. 各品种交割量有所提升，交割率保持稳定。2017年，大商所各期货品种交割总量达664.24万吨，较上年增长47.6%，为历史交割最高水平。从交割量看，玉米、豆油、豆一和棕榈油在16个品种中交割量最大，分别为14.28万手、7.84万手、5.47万手和3.70万手。鸡蛋和胶合板全年交割量较小，分别为0.075万手、0.014万手，豆二和纤维板全年无交割，主要由于上述几个品种交易量小、交割需求也小。从交割率看，胶合板、豆一、豆油交割率位列前三，分别为10.89%、0.21%和0.14%。

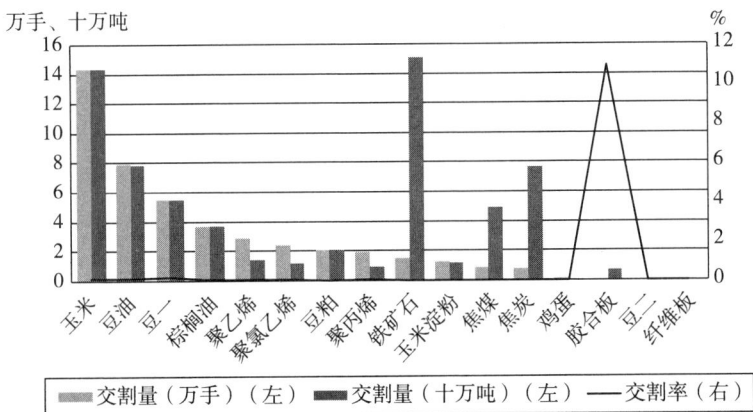

注：其中，胶合板、纤维板的交割单位是"万手"、"十万张"。

图 1-9　2017 年大商所期货品种交割量与交割率情况

2. 参与交割客户主要分布在华北、华东、东北和华南等地区。2017年，北京、上海、浙江、辽宁、广东、江苏、黑龙江和山东8省（市）的总交割量较大，占比达86.05%，交割客户主要集中于华北、华东、东北和华南地区。华南地区以广东为主。从各地区交割量变化情况来看，陕西、江西和湖南等省交割量增幅较大，主要是参与期货市场交易的主体范围不断扩大，也反映期货市场服务实体经济的能力不断提升。

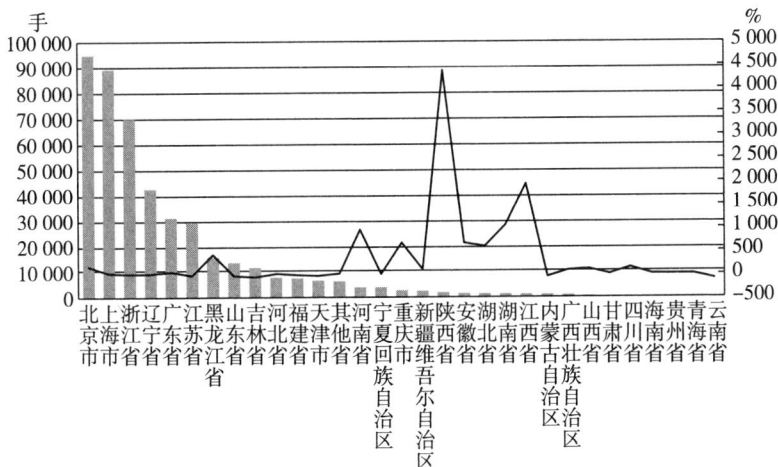

图 1-10　2017 年大商所期货品种交割客户地区分布情况及较上年变化

二、期货市场功能发挥情况

（一）价格发现功能分析

1. 期现价格相关性保持较高水平，表明价格发现功能良好。2017年，大商所期货品种期现价格相关性继续保持较高水平，不同品种之间有所差异；交易所通过进一步完善制度，使部分品种价格相关性明显提升。在16个期货品种中，期现相关性在0.8以上的期货品种达到8个，且存在期货价格引导现货价格或期现价格相互引导的关系。其中，鸡蛋期货价格相关性提高明显，增长近四倍，主要是由于大商所根据鸡蛋期货特点，对鸡蛋期货实行全月每日选择交割制度，吸引企业利用期货进行套期保值。玉米期货相关性较上年提高13.11%，主要是因为大商所根据玉米市场化改革带来的现货和期货交易量扩容情况，在玉米期货品种上设立集团交割，促进玉米期货价格发现功能提升。

表 1-3　　　2016—2017 年大商所各品种期现价格相关系数

品种	2016 年	2017 年	增减
玉米	0.61	0.69	0.08
玉米淀粉	0.57	0.64	0.07
豆一	0.41	0.44	0.03
豆粕	0.9	0.81	−0.09
豆油	0.95	0.98	0.03
棕榈油	0.92	0.82	−0.1
胶合板	0.06	0.38	0.32
纤维板	0.20	0.35	0.15
鸡蛋	−0.34	0.94	1.28
铁矿石	0.97	0.95	−0.02
焦炭	0.95	0.55	−0.4
焦煤	0.95	0.09	−0.86
聚乙烯（LLDPE）	0.87	0.92	0.05
聚氯乙烯（PVC）	0.96	0.96	0
聚丙烯（PP）	0.95	0.97	0.02

2. 实体企业应用期货范围进一步扩大。从各行业看，油脂油料产业内企业利用期货进行风险管理的时间最长，基差定价模式推广范围扩大，企业套期保值模式日益成熟。黑色产业企业逐步加大对期货工具的利用水平，铁矿石期货价格已成为相关现货生产贸易、基差定价、指数编制和衍生品交易的重要参考。化工企业中，生产企业开始关注线形低密度聚乙烯（LLDPE）期货价格，贸易企业采取期货价格进行基差交易，聚氯乙烯期货价格已经成为企业定价的一个重要参考指标。

3. 场外期权业务发展迅速。在场内期货和期权市场发展的基础上，场外市场业务也开始蓬勃发展，满足企业个性化的风险管理需求。风险管理子公司和现货贸易企业等在交易所的支持下，进一步探索在玉米、大豆、鸡蛋等品种场外期权交易模式，解决农民和企业在价格保险缺乏下的风险管理需求，帮助实体企业更灵活地管理商品价格波动风险。

（二）套期保值功能分析

1. 期货品种基差到期收敛性较好，套期保值效率提升。从基差收敛性来看，2017年大商所期货品种到期收敛性较好，9个品种到期日基差较上年下降，表明期现货价格收敛性提高。从套期保值效率看，2017年大商所期货品种套期保值效率较上年提升，其中8个品种套期保值效率达到70%以上，较上年增加1个，但不同品种之间的套期保值效率差异较大。就品种而言，鸡蛋、聚丙烯、聚氯乙烯、棕榈油的套期保值效率较上年明显提高，均增加20个百分点以上；玉米淀粉套期保值效率较上年降幅偏大，下降49.18个百分点；其他品种总体平稳。

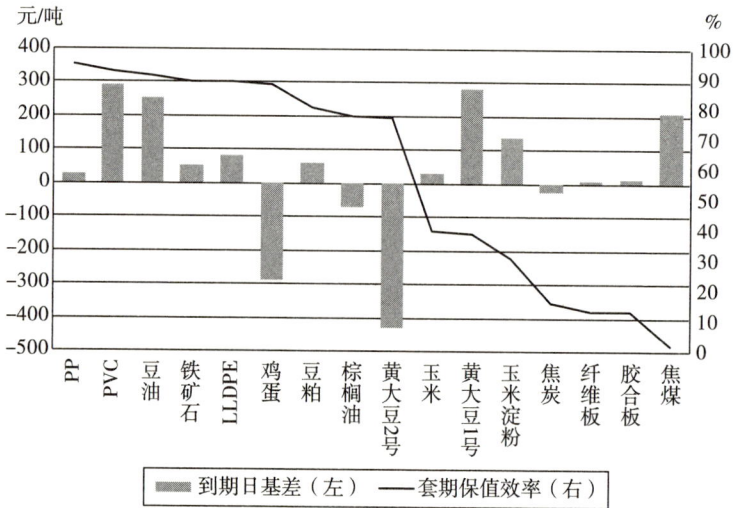

图1-11   2017年大商所各品种套保效率与基差均值情况

2. 各产业企业利用期货进行套期保值水平提高。大商所期货品种相关产业企业利用期货进行套期保值的程度不一，但总体来看，企业利用期货进行套期保值的水平提升。其中，油脂油料产业作为最早参与期货的产业之一，企业通过基差定价模式实现精细化的压榨利润管理，并且将这种方式自上游向下游推广，带动全产业管理水平提升。玉米价格市场化改革后，玉米产业相关企业参与期货的积极性提高，企业已经摸索出利用玉米和玉米淀粉期货进行利润套保的模式，玉米种植户通过"保险+期货"试点，规避玉米价格波动风险；鸡蛋期货在上半年价格下跌过程中发挥重要作用，帮助参与企业降低现货价格下跌风险；煤焦钢拥有完整的产业链上下游期货品种，黑色产业相关企业可以进行双向利润锁定，企业还可以利用焦炭期货价差变化，根据自身采购和销售的情况，进行相应操作，进而获得额外的利润；化工品期货通过更加透明的价格，帮助产业链上下游力量进入到新的平衡状态，其中，聚氯乙烯相关企业充分利用期货工具，在市场竞争中获得销售优势。

三、制度与规则调整

2017年，大商所继续保持市场稳健运行的准则，适应现货市场发展需要，继续加大业务创新力度，调整相关制度与规则，推动市场健康平稳发展。

（一）相关合约调整

1. 调整合约手续费。2017年，大商所本着抑制过度投机、控制风险的原则，根据各品种价格波动情况，对相应合约手续费进行调整，主要集中在黑色系列品种方面。大商所自2017年4月17日交易时起，将铁矿石、焦炭、焦煤品种非日内交易手续费标准由成交金额的万分之1.2调整为万分之0.6；自2017年12月14日交易时起，将焦煤和焦炭品种的1805合约日内交易手续费标准由成交金额的万分之1.8调整为万分之3。

此外，为促进期货品种合约连续性提升，大商所调降部分期货品种非1月、5月、9月合约手续费。

表1-4　2017年大商所期货1月、5月、9月合约手续费调整情况

时间	调整措施
2017/4/17	将铁矿石1月、5月、9月合约日内交易手续费标准由成交金额的万分之3调整为成交金额的万分之2.4，非1月、5月、9月合约日内交易手续费标准由成交金额的万分之3调整为成交金额的万分之0.6。
	焦炭、焦煤的1月、5月、9月合约日内交易手续费标准由成交金额的万分之7.2调整为成交金额的万分之3.6，非1月、5月、9月合约日内交易手续费标准由成交金额的万分之7.2调整为成交金额的万分之0.6。
	聚丙烯1月、5月、9月合约日内交易手续费标准由成交金额的万分之2.4调整为成交金额的万分之1.2，非1月、5月、9月合约日内交易手续费标准由成交金额的万分之2.4调整为成交金额的万分之0.6。
2017/7/25	将铁矿石1月、5月、9月合约日内交易手续费标准由成交金额的万分之2.4调整为成交金额的万分之1.2。
	聚丙烯1月、5月、9月合约日内交易手续费标准由成交金额的万分之1.2调整为成交金额的万分之0.6。
2017/8/1	将焦炭、焦煤品种的1月、5月、9月合约日内交易手续费标准由成交金额的万分之3.6调整为成交金额的万分之1.8。

时间	调整措施
2017/12/1	豆粕品种的非1月、5月、9月合约,交易手续费标准由1.5元/手调整为0.2元/手。
	玉米品种的非1月、5月、9月合约,非日内交易手续费标准由1.2元/手调整为0.2元/手,日内交易手续费标准由0.6元/手调整为0.1元/手。
	铁矿石品种的非1月、5月、9月合约,交易手续费标准由成交金额的万分之0.6调整为成交金额的万分之0.06。

2. 调整持仓限额。持仓限额调整如下：自2017年7月24日结算时起，非期货公司会员和客户焦炭、焦煤品种合约一般月份（合约上市至交割月份前一个月第九个交易日）持仓限额调整如表1-5所示。

表 1-5　　　　　　　　2017 年大商所期货持仓限额调整

	合约单边持仓规模	非期货公司会员	客户
焦炭	单边持仓 ≤ 50 000	5 000	5 000
	单边持仓 > 50 000	单边持仓 ×10%	单边持仓 ×10%
焦煤	单边持仓 ≤ 80 000	8 000	8 000
	单边持仓 > 80 000	单边持仓 ×10%	单边持仓 ×10%

自2017年7月25日交易时起，非期货公司会员和客户在焦炭、焦煤品种1709合约和1801合约上，单个合约单个交易日买开仓数量与卖开仓数量之和不得超过2 000手。套期保值交易开仓数量不受限制。

自2017年8月22日交易时起，非期货公司会员和客户在铁矿石品种1801合约和1805合约上，单个合约单个交易日买开仓数量之和不得超过6 000手。套期保值交易开仓数量不受限制。

自2017年9月15日（星期五）结算时起，非期货公司会员和客户持有的某月份期权合约中所有看涨期权的买持仓量和看跌期权的卖持仓量之和、看跌期权的买持仓量和看涨期权的卖持仓量之和，分别不得超过2 000手。

3. 调整涨跌停板幅度和最低交易保证金。2017年，大商所期货品种价格运行总体稳定，大商所对涨跌停板和最低交易保证金的调整次数不多，主要是为防范节假日风险而调整。手续费调整如下：自2017年4月10日（星期一）结算时起，焦煤、焦炭品种期货合约最低交易保证金标准调整为合约价值的11%。自2017年7月13日（星期四）结算时起，鸡蛋期货1708合约、1709合约、1710合约涨跌停板幅度和最低交易保证金标准分别调整为7%和10%。自2017年8月22日（星期二）结算时起，焦炭、焦煤品种期货合约最低交易保证金标准调整为合约价值的12%。

对于节假日前后的涨跌停板和最低保证金制度先后调整4次，如表1-6所示。

表1-6　　　2017年节假日大商所期货合约涨跌停板制度和
最低保证金制度调整

时间	通知名称	调整措施
2017/1/18	关于2017年春节期间调整各品种最低交易保证金标准和涨跌停板幅度及夜盘交易时间的通知	自2017年1月25日（星期三）结算时起，将黄大豆1号、黄大豆2号、豆油、棕榈油、豆粕、玉米、玉米淀粉、聚乙烯、聚氯乙烯和聚丙烯品种涨跌停板幅度和最低交易保证金标准分别调整至7%和9%；将铁矿石品种涨跌停板幅度和最低交易保证金标准调整至10%和12%；焦煤、焦炭、鸡蛋、胶合板和纤维板品种涨跌停板幅度和最低交易保证金标准维持不变。
		2017年2月3日（星期五）恢复交易后，自各品种持仓量最大的两个合约未同时出现涨跌停板单边无连续报价的第一个交易日结算时起，铁矿石品种涨跌停板幅度和最低交易保证金标准分别恢复至8%和10%；黄大豆1号、豆粕、豆油、棕榈油、玉米、玉米淀粉、聚乙烯、聚氯乙烯、聚丙烯涨跌停板幅度和最低交易保证金标准分别恢复至5%和7%；黄大豆2号品种涨跌停板幅度和最低交易保证金标准分别恢复至4%和5%。
2017/3/23	关于2017年清明节期间调整铁矿石品种期货合约最低交易保证金标准和涨跌停板幅度的通知	自2017年3月30日（星期四）结算时起，将铁矿石品种期货合约涨跌停板幅度和最低交易保证金标准分别调整至9%和11%。
		2017年4月5日（星期三）恢复交易后，自铁矿石品种持仓量最大的两个合约未同时出现涨跌停板单边无连续报价的第一个交易日结算时起，铁矿石品种期货合约涨跌停板幅度和最低交易保证金标准分别恢复至8%和10%。

时间	通知名称	调整措施
2017/5/19	关于 2016 年端午节期间调整各品种最低交易保证金标准和涨跌停板幅度及夜盘交易时间的通知	自 2017 年 5 月 25 日（星期四）结算时起，将铁矿石品种涨跌停板幅度和最低交易保证金标准分别调整至 9% 和 11%。
		2017 年 5 月 31 日（星期三）恢复交易后，自铁矿石品种持仓量最大的两个合约未同时出现涨跌停板单边无连续报价的第一个交易日结算时起，铁矿石品种涨跌停板幅度和最低交易保证金标准分别恢复至 8% 和 10%。2017 年 5 月 31 日（星期三）结算时起，焦炭和焦煤品种涨跌停板幅度和最低交易保证金标准分别调整至 8% 和 10%。
2017/9/21	关于 2017 年中秋节、国庆节期间调整各品种涨跌停板幅度和最低交易保证金标准的通知	自 2017 年 9 月 28 日（星期四）结算时起，将黄大豆 1 号、黄大豆 2 号、豆粕、豆油、棕榈油、玉米、玉米淀粉、聚乙烯、聚氯乙烯和聚丙烯品种涨跌停板幅度和最低交易保证金标准分别调整至 7% 和 9%；将鸡蛋品种（除 1710 合约）涨跌停板幅度和最低交易保证金标准由现行的 5% 和 8% 分别提高至 7% 和 9%；将铁矿石品种涨跌停板幅度和最低交易保证金标准分别调整至 9% 和 11%；焦炭、焦煤、胶合板和纤维板品种涨跌停板幅度和最低交易保证金标准维持不变。
		2017 年 10 月 9 日（星期一）恢复交易后，自各品种持仓量最大的两个合约未同时出现涨跌停板单边无连续报价的第一个交易日结算时起，黄大豆 1 号、豆粕、豆油、棕榈油、玉米、玉米淀粉、聚乙烯、聚氯乙烯和聚丙烯品种涨跌停板幅度和最低交易保证金标准分别恢复至 5% 和 7%；黄大豆 2 号品种涨跌停板幅度和最低交易保证金标准分别恢复至 4% 和 5%；鸡蛋品种（除 1710 合约）涨跌停板幅度和最低交易保证金标准分别恢复至 5% 和 8%；铁矿石品种涨跌停板幅度和最低交易保证金标准分别恢复至 8% 和 10%。

（二）交割制度调整

1. 调整部分品种交割仓库。2017 年，大商所调整了部分品种的交割仓库。（1）对农产品，取消辽宁大连粮贸国家粮食储备库等两家公司黄大豆 1 号指定交割仓库资格，设立中国船舶工业物资大连有限公司为黄大豆 1 号基准指定交割仓库；取消山东新良油脂有限公司指定豆粕交割厂库资格，取消江苏省江海粮油贸易公司张家港储运部指定豆粕交割仓库资格，设立江苏省江海粮油集团有限公司为豆粕基准指定交割仓库；取消丰益（上海）生物技术研发中心有限公司等两家棕榈油交割库，启用益海（泰州）粮油工业有限公司等两家棕榈油非基准指定交割仓库；取消大连吴家国家粮食储备库有限公司玉米指定交割仓库资格，设立大连良运集团储运有限公司为玉米非基准指定交割仓库；取消湖北神鹭水产品有限公司鸡蛋指定交割厂库资格，设立大连绿康禽业发展等两家公司为鸡蛋基准指定交割厂库。（2）对黑色系商品，设立曹妃甸港集团有限公司为焦煤、焦炭指定交割仓库，设立大有资源有限公司为铁矿石指定交割厂库，暂停山西省焦炭集团天津仓储有限公司焦煤、焦炭指定交割仓库资格，取消山西明迈特实业贸易有限公司和天津港俊物流发展有限公司铁矿石指定交割仓库资格，调整河北华丰煤化电力等三家公司焦炭交收港口为日照港。（3）设立上海象屿速传供应链有限公司、上海中外运张华浜储运有限公司、广东柏亚供应链股份有限公司3家企业为线型低密度聚乙烯等品种为交割库。

2. 调整非标准仓单期转现货款收付。非标准仓单期转现可委托交易所办理货款收付的相关规定（2017年5月23日大商所发〔2017〕163号文件发布）自即日起施行。其中，黄大豆2号品种标准仓单和非标准仓单期转现手续费免收；其他品种标准仓单期转现手续费仍按该品种交割手续费标准收取，非标准仓单期转现手续费仍按该品种交易手续费标准收取。

3. 增加聚氯乙烯交割品牌。在原有聚氯乙烯交割品牌基础上，新设立唐山三友氯碱有限责任公司生产的"三友"牌聚氯乙烯为期货交割注册品牌。按照交易所交割细则验收合格后，可申请注册期货标准仓单。

（三）仓单规则调整

1. 开展新一期油粕品种仓单串换试点。为解决国内期货市场上交割买方经常面临的交割地点不确定性难题，大商所自2013年开始推出豆粕期货仓单串换试点，客户在最后交割日买入的试点集团所属厂库豆粕标准仓单，可申请在该集团其他厂库提取现货或者串换为该集团其他厂库的标准仓单，并每年针对仓单串换试点运行情况进行业务延续。2017年8月31日，上一期仓单串换试点业务结束，大商所于2017年9月15日开展新一期豆粕、豆油和棕榈油仓单串换试点，至2018年8月31日结束。

2. 调整标准仓单最大量。2017年3月3日，为保证市场平稳运行，大商所对玉米淀粉品种部分交割厂库标准仓单最大量进行调整，提高四家玉米淀粉交割厂库标准仓单最大量和日发货速度。

四、期货市场运行展望

2018年，我国将继续保持稳中求进的工作总基调，坚持新发展理念，紧扣我国社会主要矛盾变化，按照高质量发展的要求，统筹推进"五位一体"总体布局和协调推进"四个全面"战略布局。大商所将以习近平新时代中国特色社会主义思想为指导，坚定维护以习近平同志为核心的党中央权威和集中统一领导，全面贯彻党的十九大精神和中央经济工作会议、全国金融工作会议精神，根据全国证券期货监管工作会议的决定部署，在证监会党委的正确领导下，围绕服务实体经济、防控金融风险、深化金融改革三项任务，在"保稳定、抓管理、促转型"工作方针指引下，在确保市场安全稳定运行的前提下，大力推进铁矿石期货国际化，加快拓展海外市场，积极推动品种、工具、市场创新，深化产业服务和市场服务，力求建设国际一流衍生品交易所，努力谱写我国衍生品市场发展新篇章。

报告二
玉米期货品种运行报告（2017）

2017年是玉米收储制度改革的第二年，也是农业供给侧结构性改革的深化之年。随着玉米收储制度改革的推进，国内玉米市场严重供大于求的局面得到有效缓解。玉米市场价格全年持续上升，市场运行较2016年更为平稳。玉米期货在2016年经历了活跃度大幅提升之后，虽然2017年活跃度增幅缩小，但继续保持相对活跃，其活跃度在大连商品交易所（以下简称大商所）诸品种中名列前茅。

一、玉米期货市场运行情况

（一）市场规模及发展情况

1. 玉米期货年度成交小幅增长，月度成交冲高回落。2017年是玉米收储制度改革的第二年，市场运行整体平稳，市场主体激烈博弈的局面明显改观，年度成交总规模较2016年小幅增长，月度成交规模呈现逐月递减态势。2017年，玉米期货成交量和成交金额分别为1.27亿手和2.11万亿元，同比分别增长4.08%和10.31%。从月度成交变化情况看，2017年1~3月，伴随着玉米期货价格的快速上涨，玉米期货成交量大幅增长，从1月的1 218.9万手增至3月的2 452.4万手，增幅达101.24%；成交金额从1月的1 885.8亿元增至3月的4 073.2亿元，增幅达115.99%。2017年3月的成交规模创玉米期货上市以来历史次高，历史最高纪录是2010年11月的玉米期货成交规模，它的成交量和成交金额分别为2 480.5万手和5 697.3亿元。随后，玉米期货成交规模快速回落，到12月成交量已降至574.1万手，同比下降57.48%，较3月下降76.62%；成交金额降至1 022.6亿元，同比下降50.80%，较3月下降74.89%（见图2-1）。

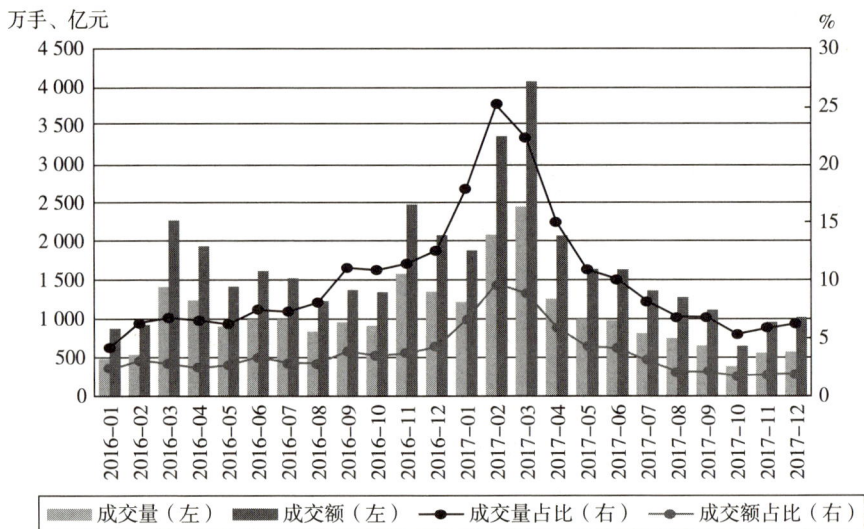

注：成交量占比 = 成交量 / 大商所成交量；成交额占比 = 成交额 / 大商所成交额。
数据来源：大连商品交易所。

图2-1　2016—2017年玉米期货成交情况

2. 玉米期货年末持仓同比下降，2月末持仓创历史纪录。与月度成交规模走势相似，玉米期货月度持仓规模也呈现逐月递减态势，但与成交规模不同的是，因月度持仓规模下降较多，2017年年度持仓总规模同比显著下降。2017年，玉米期货持仓量和持仓金额分别为64.7万手和116.9亿元，同比分别下降44.70%和34.61%。从月度持仓变化情况看，2017年1~2月，随着玉米期货价格的快速上涨和市场风险的不断累积，玉米期货持仓量大幅增长，从1月的157.2万手增至2月的231.3万手，增幅为47.10%；持仓金额从1月的247.9亿元增至2月的380.7亿元，增幅为53.58%。2017年2月的玉米期货持仓规模创上市以来的历史新纪录。随后，玉米期货持仓规模快速回落，到9月持仓量已降至58.6万手，同比下降60.92%，较2月下降74.71%；成交金额降至99.9亿元，同比下降52.30%，较2月下降73.79%。2017年第四季度，玉米期货持仓规模有所回升，12月持仓量为64.7万手，同比下降44.71%，较9月增长10.40%；持仓金额为116.9亿元，同比下降34.59%，较9月增长16.98%（见图2-2）。

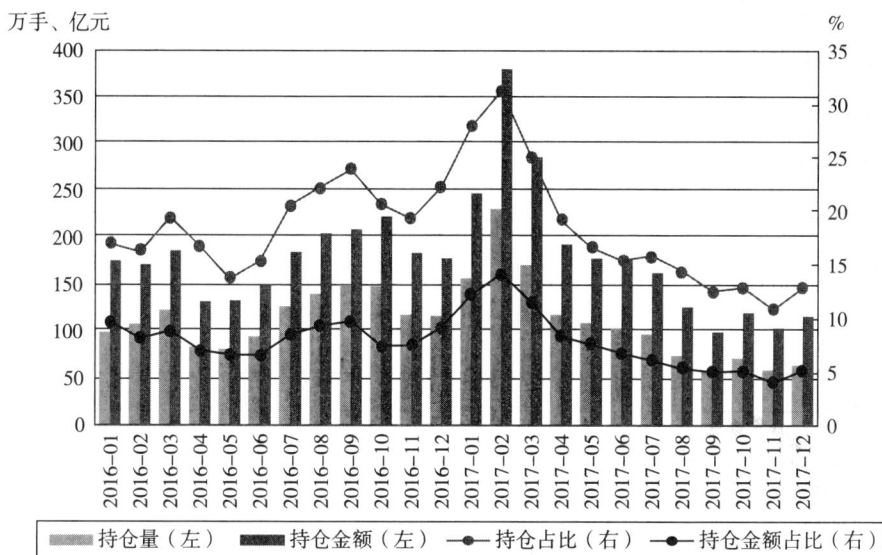

注：月末持仓占比＝月末持仓量／大商所月末持仓量；月末持仓金额占比＝月末持仓金额／大商所月末持仓金额。

图2-2　2016—2017年玉米期货持仓情况

（二）期现货市场价格走势

1. 玉米期现货价格全年持续上行。2017年是玉米市场化改革的第二年，供需严重失衡的局面得到了有效改善。经过2015年、2016年连续两年的大幅下跌，我国玉米期货、现货市场价格在2017年呈现出持续上行的平稳运行态势。其中，玉米期货价格从1月的1 534.4元/吨涨至12月的1 790.8元/吨，涨幅达16.71%；现货价格从1月的1 486.7元/

吨涨至1 746.2元/吨，涨幅为17.45%。分时间段看，第一季度和第四季度，玉米市场价格上涨较快，涨幅分别为8.61%和7.22%，第二、第三季度涨幅较为平缓，涨幅分别为1.54%和1.80%。从月度波动区间来看，2017年玉米期货月度波动区间为（−15.2%，5.7%），2017年波动区间为（−5.7%，6.0%），较2016年波动更为平稳，特别是下跌幅度明显收窄。综合分析，2017年玉米市场价格持续上涨的原因主要有三个方面：一是新玉米供给明显下降。2017年新季玉米总产量预计为2.07亿吨，较2015年的历史峰值下降8.01%左右，较2016年下降5.91%。二是深加工需求超预期，企业收购玉米积极性高涨，企业开工率在80%以上。三是玉米及替代品进口下降。2017年玉米均价水平处于近五年来的低位水平，受玉米价格大幅走弱的影响，玉米替代品在饲料中的替代量有所减弱，部分饲料企业调整配方。

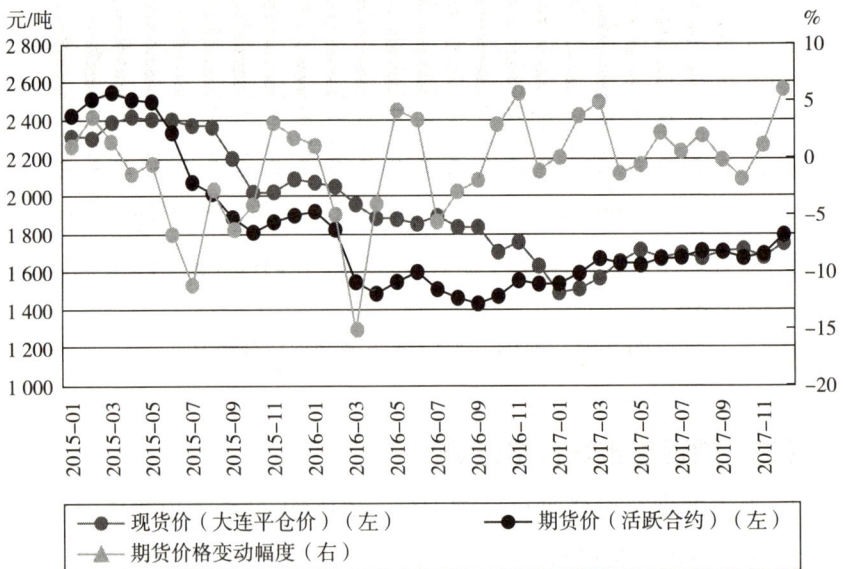

数据来源：Wind 数据库。

图 2-3　2016—2017 年玉米期货市场价格变动情况

2. 国内玉米市场价格再次高于国际市场。2016年8月底至2017年

7月，国际玉米市场价格触底反弹、持续上升。截至2017年7月，国际玉米进口到岸完税价为1 680元/吨，较2016年8月上涨5.91%。2017年7月之后，国际市场玉米价格开始走低。截至2017年底，玉米进口到岸完税价为1 574元/吨，较2017年7月下降6.32%。与之相比，国内玉米市场价格呈现先降后升走势。其中，2017年1~3月，国内玉米市场价格平均低于国际进口到岸完税价87元/吨。从4月开始，国际市场涨势放缓，国内玉米价格不断走高，国内玉米市场价格再次高于国际市场，国内外价差平均为143.7元/吨。

数据来源：Wind 数据库。

图 2-4 2016—2017 年国内外玉米市场价格比较

（三）期货交割情况分析

交割规模位居第一，交割区域集中度有所下降。2017年，玉米交割规模继续保持大商所上市品种的第一，玉米累计交割量7.14万手（折合71.4万吨），同比增长101.97%；累计交割金额11.6亿元，同比增长81.91%；参与交割客户数58个，同比增长123%（见表2-1）。2017年，参与交割的客户所在区域居前五位的是北京市（34.71%）、辽宁省（22.69%）、上海市（11.82%）、广东省（10.89%）和浙江省（7.51%）。这五个省市客户参与交割的量占比共计87.62%，较2016年99.98%的高集中度下降12.36个百分点。

表 2-1　　　　　2016—2017 年玉米期货各交割月交割情况

单位：手、万元、个

项目		1月	3月	5月	7月	9月	11月	合计
2016 年	交割量	2 044	149	31 711	5	1 501	—	35 410
	交割金额	4 242.6	298.2	56 408.7	9	2 722.8	—	63 681.2
	客户数	10	2	16	2	2		26
2017 年	交割量	8 135	2 576	45 397	748	10 505	—	71 398
	交割金额	12 165.4	3 997.9	74 366.3	1 225.6	17 308.7	—	115 724.9
	客户数	19	11	27	5	16	3	58

（四）期货市场结构分析

1. 法人客户数有所增长，个人客户数全面下降。自2017年以来，玉米市场运行平稳，价格持续上升，玉米期货市场活跃度呈现全年逐月下降的趋势，客户数量也呈现逐月下降。2017年，月均客户总数为82 768户，较2016年下降5.3%。其中，2月的客户总数为139 795户，为年内最高客户总数；12月为46 185户，为年内最低客户总数。月均单位客户数为2 620户，较2016年月均单位客户数增加499户，增幅为19.0%。其中，3月的法人客户数为3 471户，为年内最高；11月为2 034户，为年内最低。2017年，月均个人客户数为80 148户，较2016年减少5 173户，减幅达6.1%。其中，2月的个人客户数为136 374户，为年内最高；12月为44 122户，为年内最低（见图2-5）。

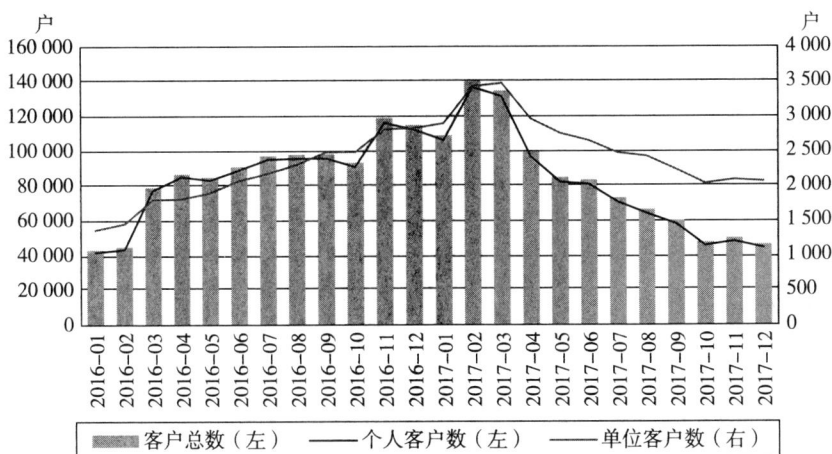

图 2-5　2016—2017 年玉米期货市场客户变动情况

2. 市场成交和持仓集中度均有提高。2017年，随着个人客户数的显著下降和单位客户数的增加，玉米期货客户成交和持仓集中度均有提高。从成交集中度来看，2017年月均成交集中度为46.21%，较2016年提高11个百分点。其中，11月的玉米客户成交集中度最高达51.99%，2月的成交集中度为年内最低，为38.85%。从持仓集中度来看，2017年月均买持仓集中度为35.12%，较2016年提高2个百分点。其中，12月的玉米客户买持仓集中度最高达到42.11%，2月的买持仓集中度为年内最低，为25.23%。2017年月均卖持仓集中度为62.44%，同比持平。其中，11月的玉米客户卖持仓集中度最高达72.69%，5月的卖持仓集中度为年内最低，为50.69%。

二、玉米期货市场功能发挥情况

（一）价格发现功能发挥情况

期现价格相关性增强。2017年玉米的期现价格的相关性系数为0.69，呈现强正相关性，通过显著性检验。2017年是玉米取消临储收购政策的第二年，经过一年的磨合，期现货市场相互影响、相互作用，玉米期货价格能充分反映市场多方预期，并及时体现现货市场的状况，市场主体也已经逐步调整到位。因此，期货、现货市场价格运行平稳、同步上行，期现货价格相关性较2016年有明显提高。

表2-2 2016—2017年玉米期现价格相关性

检验项	年份	2016年	2017年
期现价格的相关性	系数	0.61	0.69
	显著性检验	通过检验	通过检验
期现价格引导关系		无引导	期货引导

注：表中计算所使用的期货价格为玉米活跃合约结算价格，现货价格为大连港玉米平仓价。

（二）套期保值功能发挥情况

1. 基差显著收窄，正负交替更频繁。2017年，由于种植面积下降、需求提高等因素，玉米期现货市场价格持续上行。在经历了2016年长期大幅度的正基差之后，2017年玉米基差明显收窄。2017年，玉米基差均值为-17.68元/吨。其中，基差最大值为121元/吨，最小值为-151元/吨。另外，2017年的玉米正负基差转换频繁。2017年1月至4月中旬，玉米市场基差已经转为负值，市场预期非常乐观；4月下旬至6月中旬，玉米市场基差又转为正值。此后，玉米基差的正负转换越来越频繁（见图2-6）。

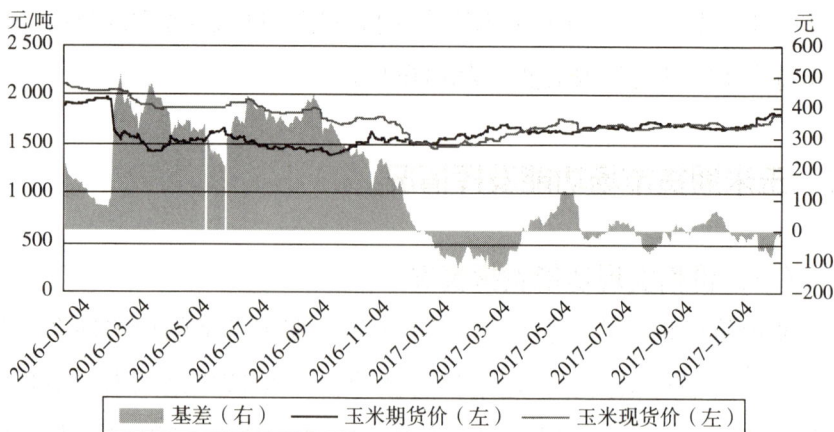

图2-6 2016—2017年玉米期现货价格及基差变化

2. 套期保值效率有所降低。2017年，玉米期货周度价格套保效率为39.78%。2016年是实施玉米收储制度改革的第一年，玉米价格波动加大，参与玉米期货市场的主体不断增加，玉米套期保值效率也提高到了57.64%。进入2017年，在多方因素的作用下，玉米价格持续上行，小幅波动，正负基差频繁交替，使套保主体难以把握机会做出操作，导致套期保值效率较2016年有所下降。

表 2-3　　　　　　　　2016—2017 年玉米套保有效性

			2016 年	2017 年
基差	均值	元	328.24	−17.68
	标准差	元	108.53	57.57
	变异系数		0.05	0.03
	最大	元	508	121
	最小	元	−6	−151
到期价格收敛性	到期日基差	元	44.75	30.17
	期现价差率	%	2.39	1.81
套期保值效率	周价（当年）	%	57.64	39.78

注：表中计算所使用的期货价格为玉米活跃合约结算价，现货价格为大连港玉米平仓价。

（三）期货市场功能发挥实践

1. 玉米期货助力企业提前锁定利润、平稳经营。通过玉米期货和玉米淀粉期货，嘉吉公司（以下简称"嘉吉"）在出口业务中，可以以大连玉米期货价格为基准签订12个月的长单。在销售合同签订之后，嘉吉通常会在大连商品交易所做玉米期货买入套保，淀粉期货上做卖出套保。嘉吉还在上海设置了淀粉和淀粉糖事业部，专门从事期货交易。2017年4月末，市场预期玉米供给不足，而公司需要在6月末使用玉米原料，于是嘉吉在期货市场以1 615元/吨的价格购入玉米1709合约10 000吨，锁定原材料成本，折合松原地区价格1 450元/吨（当时松原地区现货价格1 400元/吨）。同期，临储玉米拍卖持续火热，成交率和成交价均保持较高水平，6月末玉米1709合约价格上涨85元/吨至1 700元/吨，松原地区玉米现货价格上涨50元/吨至1 450元/吨，嘉吉卖出玉米1709合约平仓，并在现货市场采购玉米原料，相较于4月末就在现货市场采购玉米，多盈利35元/吨，还节省了玉米原材料的仓储费用。该批玉米原料加工后将于8月末出售，嘉吉便同时以2 000元/吨的价格卖出玉米淀粉1709合约，锁定加工利润。8月末，玉米淀粉1709合约价格涨至2 010元/吨，玉米淀粉现货价格涨至2 050元/吨，嘉吉在期货盘面平仓，同时卖出玉米淀粉现货，虽然在期货盘面亏损了10元/吨，但在现货市场卖出了更高的价格。

2. 玉米的"期货+保险"试点继续增加并取得成效。2017年，大商所共支持"保险+期货"试点项目32个，其中大部分为玉米品种试点项目。目前，试点项目已经陆续进入理赔阶段。2017年的第一个理赔项目是华信期货与中华财险（辽宁分公司）联合开展的项目，已于11月17日提前理赔完成，共计赔付85.63万元。此次的收入保险项目分别在铁岭市铁岭县、锦州市北镇市和葫芦岛市建昌县试点开展，3个试点地区共为当地6个专业合作社、8名种植大户以及386名贫困户的15 000吨玉米提供了种植收入保障，以玉米期货1801合约为标的，目标价格为1 720元/吨，保障额度总计2 580万元。

该项目中的玉米收入险约定为0.6吨/亩，目标价格为1 720元/吨，保险期限为2017年7月12日至2017年11月24日。项目赔付包括产量赔付和价格赔付两部分。其中，产量赔付方面，由中华财险进行测产，结合减产情况向农户提供赔付。以铁岭地区为例，农户投保时保险约定产量为0.6吨/亩，理赔时，聘请农业专家与农户共同进行实际测产，核定产量为0.593吨/亩，触发理赔条件，赔付12.04元/亩，金额合计17.61万元。在价格赔付方面，结合当地农户售粮特点，为确保农户获得较好收益，项目采用可提前行权的亚式期权模式，农户可在2017年10月15日至2017年11月24日之间提前提出理赔，理赔结算价格以大商所玉米期货1801合约为参考，为2017年9月25日至理赔日玉米期货1801合约收盘价的均值。华信期货在对基本面认真分析和后市行情谨慎研判的基础上，与保险公司沟通，向投保户提出应该提前理赔的建议，在三方意见达成一致后，该项目于11月7日提前理赔，理赔结算均价为1 677元/吨。综合产量赔付和价格赔付，该项目总计赔付85.63万元，目前理赔款项已经全部支付到位。

三、玉米期货合约相关规则调整

（一）合约及交割流程修改

建立玉米集团化交割制度。随着玉米收储制度改革的不断推进，东北三大港口布局的交割区域和交割仓库数量需要进一步扩大。为提高交割仓库管理水平，有效防范交割风险，大商所决定在玉米期货品种上开展集团交割，对《大连商品交易所指定交割仓库管理办法》《大连商品交易所标准仓单管理办法》和《大连商品交易所交割细则》等相关规则进行修订，并面向全社会公开征集符合条件的玉米集团交割仓库。截至2017年底，交割库（包含单体库、集团交割仓库及延伸库区）数量由8家增至39家。其中，延伸库区和集团交割仓库分库从无到有，分别设立20家和10家，单体库（非集团交割仓库及延伸库区）由8家增至9家；分布地点由3个增至18个，从辽宁省扩展到了东北三省一区；总库容由660万吨增至1 590万吨，增长141%，最低保证库容由50万吨增至105万吨，增长110%。通过集团化交割制度，大商所逐步实现了玉米期货交割区域从港口向东北地区的延伸（见表2-4）。

表 2-4　　　　2017 年大商所对玉米期货交割仓库调整一览表

实施时间	设立/取消	仓库名称	仓库性质	升贴水
2017/2/20	取消	大连吴家国家粮食储备库有限公司	指定交割仓库	
2017/2/20	设立	大连良运集团储运有限公司	非基准指定交割仓库	10 元/吨
2017/2/20	取消	锦州港股份有限公司的恒大物流库区	存货地点	
2017/2/20	设立	锦州浦民粮贸有限公司	存货地点	
2017/2/20	增设	中央储备粮大连直属库甘井子港分库	存货地点	
2017/3/10	设立	中储粮北方物流有限公司	非基准指定交割仓库	5 元/吨（2017年4月1日起调整为 0 元/吨）
2017/3/10	取消	营口港务集团有限公司的通辽库库区、博丰库库区、神井库库区	存货地点	
2017/3/10	更名	营口港农垦库库区更名为北大荒库区		
2017/3/10	设立	营口新通合物流有限公司、营口宏通物流有限公司、营口金谷物流有限公司	存货地点	
2017/3/10	设立	锦州市和合粮贸有限公司	存货地点	
2017/3/10	设立	镇赉聚隆昌粮食收储有限公司	延伸库区	
2017/3/10	设立	丹东港集团有限公司	延伸库区	
2017/3/10	设立	中国华粮物流集团曲家中心粮库	延伸库区	
2017/3/10	设立	中国华粮物流集团开原国家粮食储备库	延伸库区	
2017/3/24	设立	辽宁大仓储运有限公司	存货地点	
2017/3/24	设立	营口海星物流有限公司	存货地点	
2017/3/24	设立	东方集团肇源米业有限公司	延伸库区	
2017/3/24	设立	辽宁辽锦生化科技有限责任公司	延伸库区	
2017/3/24	设立	内蒙古通辽八仙筒国家粮食储备库	延伸库区	

续表

实施时间	设立/取消	仓库名称	仓库性质	升贴水
2017/3/24	设立	龙江县江源油脂有限责任公司	延伸库区	
2017/3/24	设立	黑龙江中储粮双城直属库	延伸库区	
2017/3/24	设立	沈阳正鑫粮业有限公司	延伸库区	
2017/3/24	设立	沈阳宏丰粮食储备有限责任公司	延伸库区	
2017/3/24	设立	大连良运集团西丰良运粮食购销有限公司	延伸库区	
2017/3/24	设立	绥滨县盛中农业发展有限公司	延伸库区	
2017/3/24	设立	农安县新元粮油有限公司	延伸库区	
2017/3/24	设立	松原特驱饲料有限公司	延伸库区	
2017/3/24	设立	中央储备粮白城直属库	延伸库区	
2017/3/24	设立	辽宁中润重工有限公司	延伸库区	
2017/3/24	设立	七台河市兴粮农产品有限责任公司	延伸库区	
2017/8/1	设立	中国储备粮管理总公司	集团交割仓库	
		中央储备粮通辽甘旗卡直属库	集团交割仓库分库	100元/吨
2017/8/1	设立	中粮贸易有限公司	集团交割仓库	
		华粮集团松原粮食中转库	集团交割仓库分库	135元/吨
		中粮生化能源（榆树）有限公司	集团交割仓库分库	130元/吨
2017/8/1	设立	维维食品饮料股份有限公司	集团交割仓库	
		维维东北食品饮料有限公司	集团交割仓库分库	195元/吨
2017/8/1	设立	浙江省农村发展集团有限公司	集团交割仓库	
		肇东粮油储备库	集团交割仓库分库	195元/吨
2017/8/1	设立	嘉吉投资（中国）有限公司	集团交割仓库	
		嘉吉生化有限公司	集团交割仓库分库	135元/吨

续表

实施时间	设立/取消	仓库名称	仓库性质	升贴水
2017/8/1	设立	瑞利控股有限公司	集团交割仓库	
		天成玉米开发有限公司	集团交割仓库分库	100元/吨
2017/8/1	设立	雏鹰农牧集团股份有限公司	集团交割仓库	
		吉林雏鹰农牧有限公司	集团交割仓库分库	140元/吨
2017/8/1	设立	吉林云天化农业发展有限公司	集团交割仓库及分库	
2017/8/1	设立	厦门象屿股份有限公司	集团交割仓库	
		绥化象屿金谷农产品有限责任公司	集团交割仓库分库	195元/吨

注：根据大连商品交易所官网业务通知整理。

（二）其他规则调整

在其他规则方面，2017年大商所先后对玉米期货进行了两次调整（见表2-5）。

表2-5　　　　　　　　2017年玉米期货其他规则调整

时间	通知名称	调整措施
2017/1/18	关于2017年春节期间调整各品种最低交易保证金标准和涨跌停板幅度及夜盘交易时间的通知	自2017年1月25日（星期三）结算时起，将黄大豆1号、黄大豆2号、豆油、棕榈油、豆粕、玉米、玉米淀粉、聚乙烯、聚氯乙烯和聚丙烯品种涨跌停板幅度和最低交易保证金标准分别调整至7%和9%；将铁矿石品种涨跌停板幅度和最低交易保证金标准分别调整至10%和12%；焦煤、焦炭、鸡蛋、胶合板和纤维板品种涨跌停板幅度和最低交易保证金标准维持不变。 2017年2月3日（星期五）恢复交易后，自各品种持仓量最大的两个合约未同时出现涨跌停板单边无连续报价的第一个交易日结算时起，铁矿石品种涨跌停板幅度和最低交易保证金标准分别恢复至8%和10%；黄大豆1号、豆粕、豆油、棕榈油、玉米、玉米淀粉、聚乙烯、聚氯乙烯、聚丙烯涨跌停板幅度和最低交易保证金标准分别恢复至5%和7%；黄大豆2号品种涨跌停板幅度和最低交易保证金标准分别恢复至4%和5%。 另外，为了使会员单位更明确2017年春节期间夜盘交易的时间，现提示如下：1月26日（星期四）当晚不进行夜盘交易；2月3日所有期货品种集合竞价时间为08:55~09:00；2月3日当晚恢复夜盘交易。关于夜盘交易的其他各项规定按相关实施细则执行。请各会员单位做好客户夜盘交易时间安排的提示工作，确保市场平稳运行。

续表

时间	通知名称	调整措施
2017/11/24	关于调整豆粕、玉米和铁矿石相关合约交易手续费收取标准的通知	自2017年12月1日交易时（即11月30日晚夜盘交易小节时）起： 1. 豆粕品种的非1月、5月、9月合约，交易手续费标准由1.5元/手调整为0.2元/手。 2. 玉米品种的非1月、5月、9月合约，非日内交易手续费标准由1.2元/手调整为0.2元/手，日内交易手续费标准由0.6元/手调整为0.1元/手。 3. 铁矿石品种的非1月、5月、9月合约，交易手续费标准由成交金额的万分之0.6调整为成交金额的万分之0.06。

四、玉米期货市场发展前景、问题与建议

（一）发展前景

1. 玉米产量进一步下降，种植结构趋于合理。根据国家粮油信息中心发布的数据以及供需报告显示，在经过了连续两年的种植面积调整之后，预计2017年的新季玉米种植面积大约为3 500万公顷，分别比2015年减少310万公顷，比2016年减少170万公顷；2017年新季玉米总产量预计为2.07亿吨，较2015年的历史峰值下降8%左右，较2016年下降5.9%。其中，东北地区玉米整体产量预计为7 860万~8 300万吨左右，较2015/2016年度下降1 700万~2 140万吨。随着"镰刀弯"非优势区玉米种植面积的减少，东北地区粮食种植结构趋于合理。

2. 玉米淀粉加工企业维持较高开机率，需求增加超预期。受原料玉米价格下降影响，淀粉价格处于2009年以来的低位，传统淀粉需求明显增加，如淀粉糖厂、氨基酸、医药行业等。同时还衍生出淀粉在新领域的应用，比如塑料制品厂、煤球制造厂甚至建筑行业等。受需求增加影响，企业收购玉米积极性高涨，高于市场预期。根据天下粮仓数据，2017年全行业开机率运行最高达到84.73%，最低时也接近60%。年内开机率出现两次明显下滑：第一次为农历春节前后，主要由于环保限产、节日放假等因素导致（个别规模较大的企业依旧满负荷生产，降幅较往年减少）；第二次在8月至9月期间，原料供应"青

黄不接"、部分企业停机检修、环保压力的持续等因素共同作用所致。除此之外，行业开机率基本维持在70%~80%运行。第四季度初，已突破80%的上限，维持高位运行。

3. 酒精及燃料乙醇行业也呈扩张趋势。9月13日，国家发展改革委、国家能源局、财政部等15部委联合印发了《关于扩大生物燃料乙醇生产和推广使用车用乙醇汽油的实施方案》。根据方案要求，到2020年，我国将在全国范围内推广使用车用乙醇汽油。2001年，我国就开始在部分省市试点推广车用乙醇汽油，目前已经有11个省份使用了乙醇汽油，占到全国汽油消费总量的五分之一。此次方案的出台，标志着我国开始在全国范围内推广。到2020年，车用乙醇汽油基本实现全国全覆盖，这都将增加玉米工业需求。在供应收缩、泄库压力释放的同时，玉米市场下游需求也有可喜的变化。虽然饲料的消费处于缓慢恢复当中，但依旧对其长期向好持乐观态度。此外，据中国淀粉工业企业统计，2017年东北新建玉米加工企业达16家，加工产能达2 380万吨，在建企业11家，在建产能达1 480万吨。新增产能势必会加快消化庞大的政策性玉米库存。燃料乙醇也是消化我国玉米库存的新亮点，按照1.2亿吨汽油的表观消费量，添加10%燃料乙醇，可带动约3 600万吨玉米的需求量。

4. 政策性玉米库存下降明显。2017年，政策玉米出库效率显著提高。政策玉米出库于2017年5月启动、10月末结束，拍卖以来累计成交5 747万吨，较2016年累计成交2 200万吨有显著提高。其中，定向销售累计投放240万吨，累计成交211万吨，平均成交率62.41%，成交均价1 105元/吨；分贷分还累计投放3 565万吨，累计成交1 970万吨，平均成交率31.19%，成交均价1 204元/吨；包干销售累计投放5 521万吨，累计成交3 294万吨，平均成交率57.75%，成交均价1 430元/吨。从粮源时间来看，2013年以前政策玉米累计成交超过3 000万吨，2014年粮源累计成交近2 700万吨。政策玉米库存已由年初的2.3

亿吨下降至1.8亿吨水平上下。

5. 生猪产能向东北地区转移，当地玉米就地消化的能力增加。根据农业部和国家统计局第三季度数据，生猪生产恢复性增长，玉米大省生猪发展较快。受2016年生猪价格上涨、养殖收益高的影响，养殖户（场）稳步补栏，2017年第一季度生猪生产止跌回升，第二、第三季度继续恢复性增长。据统计，前三个季度全国生猪出栏4.82亿头，比上年同期增长0.6%；猪肉产量3 717万吨，比上年同期增长0.7%。生猪生产向东北生产大省聚集，种养结合取得明显成效。随着水资源和生态环境保护力度加大，国家对南方水网地区生猪养殖布局进行调整优化，在水源地实施生猪限养、禁养政策，南方水网密集区生猪存栏调减2 300万头。生猪生产向非超载区及玉米生产大省转移，农牧结合、种养结合取得显著成效，生产布局逐步优化。前三个季度，上海、江苏、浙江、安徽、江西、湖北、湖南7个省份猪肉产量合计为1 115万吨，比上年同期减少0.6%，占全国猪肉产量的比重为30.0%，比上年同期下降0.4个百分点。河北、内蒙古、辽宁、吉林、黑龙江、山东和河南7个玉米产量在1 000万吨以上省份猪肉产量为1 199万吨，比上年同期增长2.8%，占全国猪肉产量的比重为32.3%，比上年同期提高0.6个百分点。

6. 玉米及替代品进口量下降。根据海关数据，2017年1月、2月玉米进口量均呈现上升趋势。其中，1月进口量为15.88万吨，同比上升18.9倍；2月进口量为14.25万吨，同比上升1.3倍。但3月至6月期间，国际玉米进口量锐减，7月、8月进口量又大幅回升。总体看，2017年中国累计进口玉米283万吨，较2016年进口减少10.7%。2017年玉米均价水平为近五年来的低位水平，受玉米价格大幅走弱的影响，以及随着国家决定将大麦、高粱、木薯和玉米酒糟（DDGS）纳入自动进口许可管理，玉米替代品在饲料中的替代量有所减弱，部分饲料企业调整配方。

（二）当前存在的问题

1. 出现了一定程度的玉米淀粉新增产能过剩问题。2017年，玉米加工产能持续扩增。这虽然可以一定程度化解库存问题，但也带来新增产能过剩的问题。首先，现有加工产能已略有过剩。根据中国淀粉工业协会数据，2016年，我国玉米淀粉产能2 750万吨（折合加工玉米约4 000万吨），玉米淀粉实际产量2 200万吨（折合加工玉米3 000余万吨），玉米加工企业开工率平均为80%，产能过剩约为20%。其次，玉米加工产品需求改善幅度难以支撑产能大幅增长。2017年，玉米产品需求确实有所增加，主要包括：一是由于出口退税政策，玉米淀粉及淀粉糖出口量增加；二是由于木薯淀粉价格高，造纸厂用玉米淀粉替代木薯淀粉；三是由于白糖和玉米淀粉糖的价差较大，饮料企业改进工艺增加淀粉糖用量；四是由于成本差距，多家面粉企业和米粉企业向面粉和米粉中私自添加玉米淀粉。但是，玉米加工产品的需求增幅难以确定。虽然部分企业对玉米产品未来需求表示乐观，但中谷、福洋科技等大型加工企业则表示出担忧。这部分企业认为，未来价格上涨空间有限，前期补库需求提前透支了后期需求，目前已经出现产量与订单不匹配迹象（如日产量1 000吨左右，订单才几百吨左右），企业库存正在增加。

2. 国内玉米价格再次高于国际，可能引发玉米进口增加。2016年1月，美国进口玉米到港完税价格比我国南方港口玉米成交价格低800元/吨；截至2016年12月，国内外玉米价格趋于一致。而2017年1~2月，美国进口玉米完税价格比我国南方港口国产玉米销售价格高出30~50元/吨，进口玉米价格优势丧失，国产玉米成为市场需求的主力。但是从2017年7月开始，国际市场玉米价格再次走低，而国内市场价格持续上涨，国内价格再次高于国际市场。虽然2017年的玉米进口量同比上年下降，但第四季度玉米进口高于上年，2018年企业或重新增加海外预定，玉米及替代品进口可能再次大幅提升，极不利于我国"去库存"。

3. "保险+期货"试点缺乏稳定的财力支持。在大商所2017年的"保险+期货"试点项目中，玉米品种的"保险+期货"项目占多数。由于试点支持资金来源不稳定、资金支持总量有限，缺乏稳定、长效的国家财力支持机制，目前价格险的保费水平相对较高，农民实际保费负担比例接近30%，相当于国际上农民价格险保费负担的上限水平，一定程度上影响了试点的深入推进，也不利于"保险+期货"的进一步拓展。从国际经验看，在农民价格保险和收益保险中，建立稳定的财政保费补贴机制是多数国家通行的惯例，农民承担保费通常在30%以下有利于调动农民参保的积极性。

（三）发展建议

1. 科学规划深加工行业中长期发展战略。基于我国粮食供求关系中长期处于紧平衡的判断，应对玉米深加工发展制定中长期发展战略。不能"政策一松，产能大增"，造成新的供给过剩和浪费。因此，适度发展玉米深加工业，鼓励发展高附加值的精深产品，限制发展供给过剩和高耗能、低附加值的产品以及出口导向型产品，控制深加工消耗玉米数量。

2. 密切跟踪国内外市场变化，适时提前开启临储拍卖。2017年新粮上市后，因东北玉米质量好而价格持续走高，这有利于稳定2018年的玉米种植意愿。但是，市场价格上涨过快，不仅伤害加工企业，也导致进口增加。因此建议密切跟踪国内外市场变化情况，在持续出现国内外价格倒挂情况下，可提前启动国储玉米拍卖，拍卖节奏开始不宜过快，以保证市场平稳运行。

3. 为"保险+期货"建立稳定持久的财政支持机制。着手建立稳定的财政支持机制。国家可考虑从玉米、大豆等生产者补贴资金中划出少量资金，以给生产主体补贴保费的方式，促使他们积极参与"保险+期货"试点，发挥财政补贴"四两拨千斤"的作用。以吉林省为例，其每年玉米产量在3 000万吨以上，按照总产量10%的规模，动员农民投保3个月、目标价格为1 500元/吨的保险产品。财政只需投入4.5亿元的保费补贴，就能负担85%的保费（其余由农民负担），可为农民提供价格风险保障达45亿多元。此外，还应借鉴国际经验，积极探索开展农产品期权权利金补贴的可行性，创新"保险+期货"的有效补贴和支持方式。

专栏

2017年玉米期货大事记

2016年12月22日，黑龙江省政府办公厅下发了《关于对我省外销玉米整车运输减免高速公路通行费的通知》。从12月20日到2017年4月30日，对合法装载的出省外销玉米整车运输车辆实施鲜活农产品绿色通道政策，减免高速公路通行费用，货物超限比例原则上不超过5%。

2016年12月29日，吉林省政府发布《关于吉林省玉米外销整车运输减免省内路桥通行费的通知》，对省内玉米外销整车运输减免路桥通行费，减免时间为2017年1月10日至2017年4月30日。

2月4日，农业部召开全国春管春耕暨种植业结构调整工作视频会议，安排部署春管春耕及种植结构调整工作，指出今年计划再减少1 000万亩籽粒玉米种植面积。

2月24日，大连商品交易所发布通知，决定在玉米期货品种上开展集团交割，修改后的规则自C1709合约起开始施行。

2月，黑龙江、吉林、内蒙古和辽宁纷纷出台饲料企业补贴政策，补贴标准和补贴截止时间与各省对深加工企业的标准相同。

比如，饲料企业的补贴时间为2月中旬（黑龙江为20日，吉林为15日）至2017年4月30日期间配合饲料企业收购入库，且2017年6月30日前加工2016年新产玉米。

3月16日，河北省粮油批发交易中心在石家庄举办2017年省级储备粮竞价销售交易会。本次竞价交易会销售省级储备玉米7 589吨（2013年产，一等定价1 580~1 600元/吨）。参加竞价交易的买方为自愿报名的国内具有粮食经营资格的企业。

3月17日，四川粮油批发中心增加一批网上竞价粮食。本次竞价销售品种包括成都市粮油储备有限责任公司委托销售的玉米7 285.368吨。各购买企业可到实际库点抽样。

3月21日，吉林省对省内未纳入年产量5万吨以上饲料企业补贴范围、年设计生产能力2万吨以上的饲料加工企业，在规定期限内收购加工省内2016年新产玉米每吨给予120元补贴。

3月23日，国家发展改革委发布了《关于深入推进农业供给侧结构性改革的实施意见》（以下简称《意见》）。《意见》提出，要深化粮食等重要农产品价格形成机制和收储制度改革，坚定推进玉米市场定价、价补分离改革，健全生产者补贴制度，鼓励多元市场主体入市收购，防止出现卖粮难。调整东北大豆目标价格政策，统筹玉米、大豆补贴机制，实行市场化收购加补贴机制。《意见》还要求继续稳步有序消化玉米库存，2017年5月至东北地区新产玉米上市前将安排库存玉米销售，按照不打压市场原则确定销售价格，并合理把握销售时机与节奏，促进市场平稳运行。

3月，大连商品交易所积极调整玉米交割仓库，玉米期货交割区域由辽宁省扩展至黑龙江省、吉林省和内蒙古自治区，交割仓库由以前的仅有8个单体交割库（最低保证库容65万吨，总库容270万吨）增加至9个单体交割库和5个集团交割仓库（最低保证库容250

万吨，总库容867万吨）。

4月11日，国务院办公厅印发通知，根据国务院印发的《企业投资项目核准和备案管理条例》，结合当前玉米市场供求形势以及玉米深加工行业发展情况，决定废止《国家发展改革委办公厅关于玉米深加工项目管理有关事项的通知》（发改办产业〔2015〕1017号）。这意味着玉米深加工项目管理有所放松，未来东北产地产能或将进一步增加。

5月5日，根据国家粮食局粮食交易协调中心通告，国家启动竞销分贷分还临时存储玉米和超期蓆芡囤储存玉米。

5月9日，中储粮网发布公告，受中国储备粮管理总公司委托，将于9日上午10点开展中储粮包干销售临储玉米竞价销售专场。

5月12日，黑龙江省政府办公厅印发《黑龙江省玉米和大豆生产者补贴工作实施方案》，在全省范围内施行统一的玉米、大豆生产者补贴政策，原则上大豆生产者补贴标准高于玉米生产者补贴标准，补贴资金将于9月底前通过粮食补贴"一折（卡）通"直接足额兑付发放给补贴对象。

5月18日，国家启动本年内第三次2013年分贷分还临储玉米竞价拍卖。本次拍卖计划交易数量400万吨，成交356.23万吨，成交比率89.02%，成交均价1 409元/吨。

5月19日，国家宣布启动2012年及以前蓆芡囤储存定向竞价拍卖。本次拍卖计划竞销国产玉米98.94万吨、进口玉米1.24万吨。标的年份为2011年和2012年，分布在黑龙江、四川等6个地区。

5月27日，财政部发布《关于在粮食主产省开展农业大灾保险试点的通知》，将在河北、山东、河南等13个粮食主产省的200个县，以水稻、小麦、玉米为标的，主要围绕提高农业保险保额和赔付标准，推出专属农业大灾保险产品。该保险产品保障金额覆盖农资、化肥等直接作物成本和地租，面向家庭农场、专业大户、农民合作社等适度规模经营主体。

6月28日，中国商务部发布了《外商投资产业指导目录（2017年修订）》（商务部令2017年第4号），决定取消重点包括食用油脂、玉米深加工、燃料乙醇等领域外资准入限制。这不仅有助于加速玉米去库存，同时为燃料乙醇行业未来发展注入更多竞争与活力。

7月10日，联合国经合组织和粮农组织发表了《2017—2026年农业展望》报告。根据此报告，因一些新兴经济体需求增长放缓、生物燃料政策影响减弱、国际谷物库存非常充盈等因素影响，全球谷物价格在未来十年将继续保持低位运行。

8月24日，国家粮食局发布了《关于做好政策性粮食销售出库监管工作的紧急通知》（国粮电〔2017〕8号，以下简称《通知》）。《通知》要求全面排查整治政策性粮食销售出库中存在的问题隐患，确保粮食库存顺利消化。

9月13日，国家发展改革委、国家能源局、财政部等十五部委联合印发了《关于扩大生物燃料乙醇生产和推广使用车用乙醇汽油的实施方案》。根据方案要求，到2020年，将在全国范围内推广使用车用乙醇汽油。

9月30日，根据国家粮食交易中心发布的公告，2017年东北地区新产秋粮即将上市，为切实做好玉米和大豆收购工作，鼓励各类市场主体积极入市收购新粮，稳定市场预期，2017年10月底暂停国家临时存储玉米和大豆竞价销售。

11月9日，中美两国元首会晤达成"恢复免征干玉米酒糟进口增值税"的共识。12月20日起，我国进口玉米酒糟免征增值税。

11月9日，由大商所支持，永安期货、人保财险和吉林云天化农业发展有限公司联合开展的2017年玉米"保险+期货"试点项目正式进入理赔阶段。2017年，大连商品交易所在全国7个省区联合25家期货公司、8家保险公司，开展了32个"保险+期货"试点项目。

11月14日，黑龙江省人民政府办公厅发布《关于切实做好秋粮购销工作的通知》（黑政办规〔2017〕64号），要求继续实施外销玉米整车运输减免高速公路通行费的政策，扩大外运能力，分解运输压力，确保有车运粮。

报告三
玉米淀粉期货品种运行报告（2017）

受玉米收储制度改革及深加工补贴政策利好的影响，2017年玉米淀粉产业整体活跃，企业开工率普遍提升，经营利润大幅改观，为市场化改革和玉米去库存作出重要贡献。作为"农头工尾"的重要农业加工品，玉米淀粉期货市场整体表现平稳，法人客户占比稳步提高，期现价格相关性显著提升，成为现货市场平稳运行的压舱石。随着玉米等粮食作物市场化改革的深入推进，玉米淀粉期货市场在玉米产业链上将发挥更重要的作用。

一、玉米淀粉期货市场运行情况

（一）市场规模及发展情况

1. 成交规模同比下降，但成交量占比有所提升。2017年，玉米淀粉成交量和成交额同比均有所下降，但成交量占大商所总成交量比重稳步提升。2017年全年成交量5 043万手，较2016年下降1 702万手，同比下降25.23%。玉米淀粉期货市场自2016年7月开始成交量明显放大，进入2017年，总体呈现逐月下降态势，3月成交量创全年最高，达到708万手，11月成交量有所反弹，之后继续回落。

2017年，玉米淀粉成交额整体呈下降趋势，3月成交额为全年最高，约为704亿元，此后逐月下降，11月成交额大幅反弹，达到451亿元。成交额与成交量走势特点大体一致，上半年，受玉米深加工补贴

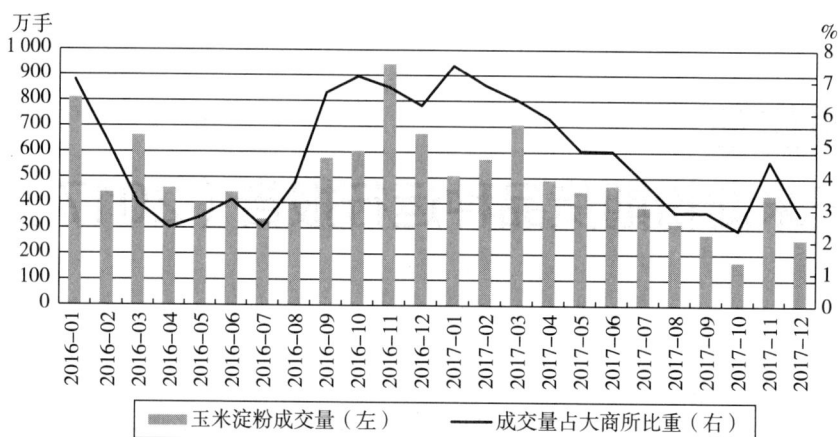

数据来源：大连商品交易所。

图 3-1　2016—2017 年玉米淀粉期货成交量及占大商所比重

政策影响，企业开工率较高，同时玉米价格也持续增长，市场参与度明显提升。进入 5 月，国储玉米拍卖上市，玉米淀粉跟随玉米价格震荡走弱，由于新的补贴政策没有出台，加之受环保政策影响，淀粉行业整体开工率较上半年有所下降。进入 10 月，新季玉米上市后，价格一路走高，淀粉企业在消耗前期玉米库存后，补库需求增加，市场交易活跃度与价格同步启动，在年底成交额出现一定程度提升。

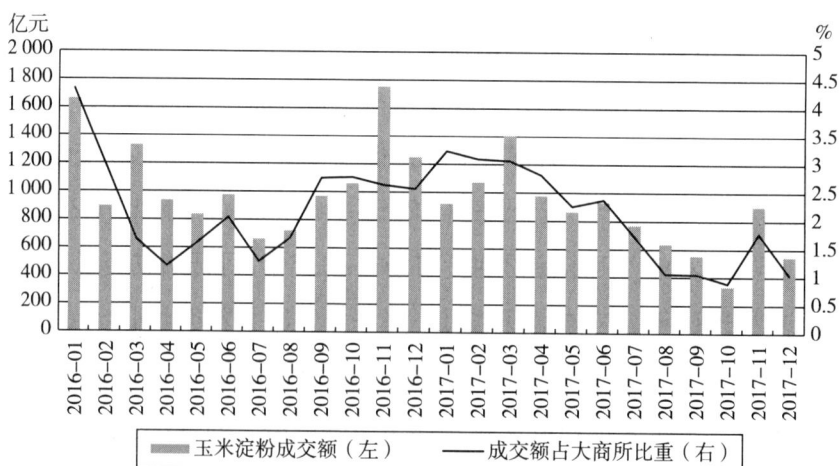

数据来源：大连商品交易所。

图 3-2　2016—2017 年玉米淀粉期货成交额及占大商所比重

2017年，玉米淀粉成交量和成交额占大商所比重分别为4.59%和1.91%，其中成交量占比较2016年增加0.20%，成交额占比减少0.21%。剔除价格因素，玉米淀粉成交量占比连续两年上升，表明该品种在大商所上市品种的权重进一步提高。

2. 月均持仓量呈逐月下降态势但总体保持平稳。2017年，玉米淀粉月均持仓量约为37.36万手，略低于上年，基本保持稳定。从变动特点看，玉米淀粉持仓量和持仓额的变化趋势与成交量基本一致，呈现逐月下降的态势。2017年末，持仓约为20.08万手，较上年末下降30.5万手，同比下降60.30%。

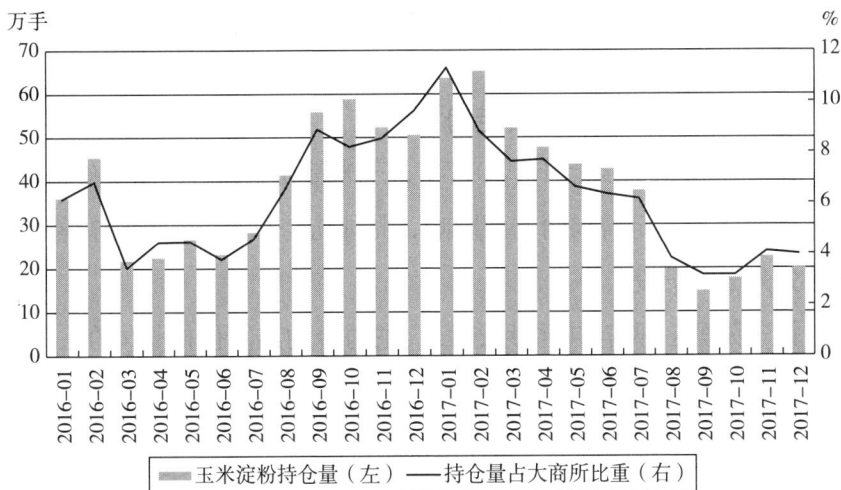

数据来源：大连商品交易所。

图3-3　2016—2017年玉米淀粉期货持仓量及占大商所比重

持仓量（额）呈现上述变化特点主要有两个方面原因：一是持仓量较大月份集中于行业开工率较高的时期（年初和年末），即市场活跃度与持仓高度相关。二是玉米淀粉与玉米持仓量变化特点大体相同，说明产业上下游的联动效果显著，为应对玉米市场的变化，玉米淀粉企业根据玉米行情制定经营策略。

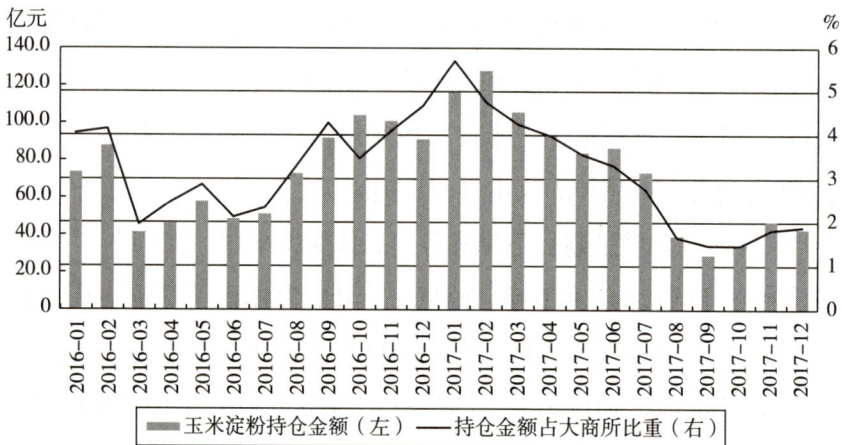

数据来源：大连商品交易所。

图3-4 2016—2017年玉米淀粉期货持仓金额及占大商所比重

（二）期现货市场价格走势

1. 期货价格稳步上升。2017年，玉米淀粉主力合约期货价格受上游玉米价格和下游需求两方面影响，整体走势根据涨速和涨幅特点大体可分为三个阶段：

第一阶段：从年初至3月21日，主力合约结算价格整体在1 770~1 900元/吨区间运行，期间最大波动幅度173元/吨。受2016年玉米行情低迷影响，下游淀粉市场整体低位运行。

第二阶段：从3月22日至11月7日，主力合约结算价格整体在1 900~2 100元/吨区间运行，期间最大波动幅度225元/吨。受深加工补贴政策刺激及下游需求提升，玉米淀粉与玉米价格同步上涨。

第三阶段：从11月8日至年末，主力合约结算价格整体在2 050~2 150元/吨区间运行，期间最大波动幅度114元/吨。新季玉米上市后，价格一路走高，玉米淀粉企业为保持利润，多数提升产品价格。

2. 与玉米期价的相关性显著提升。数据统计显示，2017年玉米淀粉与玉米主力合约结算价格的相关系数为0.87，较上年的0.59显著提升。

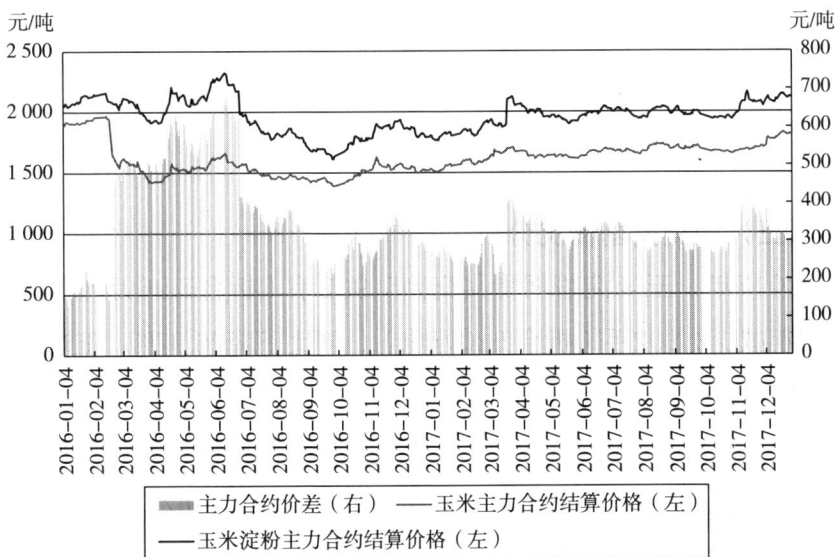

注：主力合约价差＝玉米淀粉主力合约结算价－玉米主力合约结算价。

数据来源：Wind 数据库。

图 3-5　2016—2017 年玉米与玉米淀粉期价走势对比

玉米淀粉与玉米期货价格相关性特点表现在几个方面：一是与2016年相比，玉米淀粉与玉米期货价差绝对值明显下降。2017年，玉米淀粉与玉米主力合约结算价差均值约为295元/吨，远小于2016年水平，并且多数时间低于300元/吨，最大价差出现在11月中下旬，接近500元/吨，但持续时间很短。二是两者价差整体平稳，平均波动幅度较小。2017年，玉米与玉米淀粉主力合约结算价价差的标准差约为86.56元/吨，远小于2016年的171.10元/吨。三是两者价差与玉米淀粉期货价格变动规律相似。从图3-5中可以看出，玉米和玉米淀粉主力合约结算价价差全年出现两次明显高点，分别是3月下旬和11月中下旬，这与玉米淀粉期货价格变动规律一致。此外，二者价差大致也可分为三个阶段，每个阶段与玉米淀粉期货价格的阶段划分高度吻合。

综上所述，玉米与玉米淀粉主力合约价格相关性逐年提高，主要是由于玉米收储改革后，价格更加灵活，市场机制有效发挥，淀粉企业生产经营更多参考玉米原料价格。二者价差体现为玉米淀粉企业收益的变化，下游企业因成本收益的变动而调整采购经营策略，因此二者价差与玉米淀粉价格变动规律大体一致。

（三）期货交割情况分析

2017年，玉米淀粉期货共交割5 962手（折合5.96万吨），较2016年减少2 202手（折合2.20万吨），同比下降26.97%。玉米淀粉期货的交割业务呈现以下特点：

1. 交割量分布更均匀。从交割量月度分布情况看，2017年玉米淀粉期货除了11月之外均有实物交割。交割月份主要分布在1月、5月和9月，其中5月交割数量最多，达到2 250手，占全年比重为37.74%，较上年同期下降1 654手，同比下降42.37%。但与上年相比，2017年各月交割量分布更加均匀，月交割量标准差为904元/吨，远低于2016年的1 490元/吨。

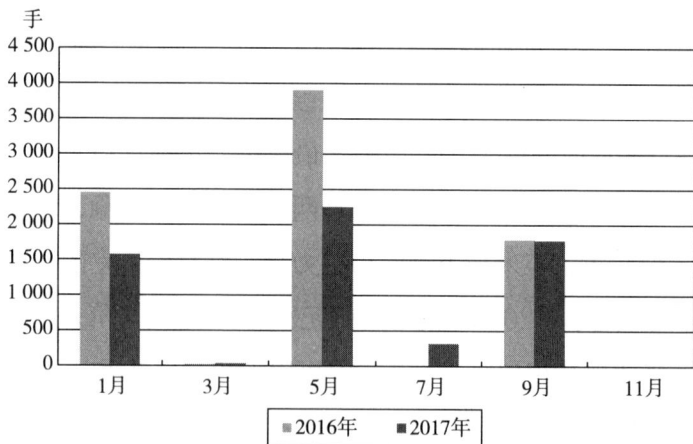

数据来源：大连商品交易所。

图3-6　2016—2017年玉米淀粉期货交割量对比

2. 各省交割量更趋均衡，辽宁省交割量涨幅居首。截至2017年12月，玉米淀粉交割厂（仓）库已达到18家。交割厂库设立在吉林（基准库）、辽宁、黑龙江、山东和河北等地区共16家，标准仓单最大量共31.65万吨；交割仓库设立在辽宁（非基准库，比较基准库升水60元/吨）和山东（非基准库，比较基准库升水95元/吨）共2家，协议库容共10万吨。

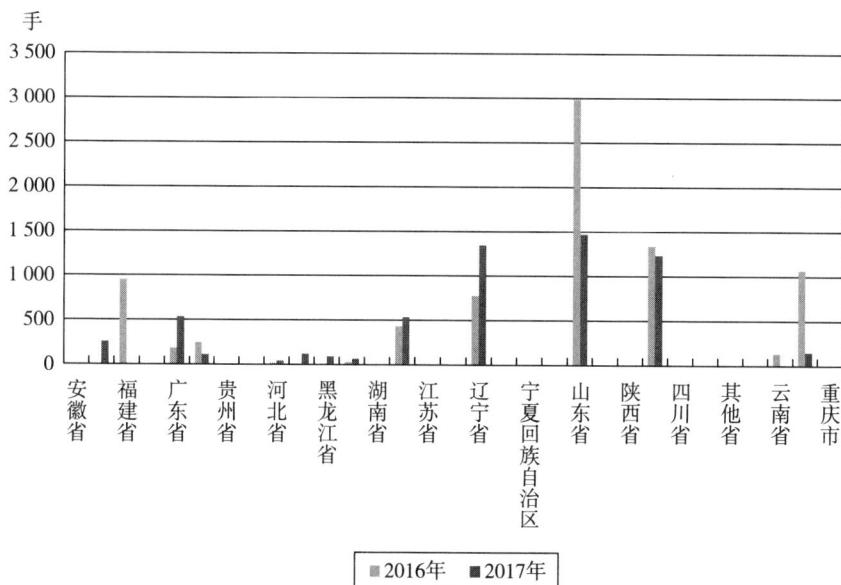

数据来源：大连商品交易所。

图3-7　2016—2017年玉米淀粉期货客户分布及其交割量

玉米淀粉交割客户主要分布在山东、辽宁、吉林、上海和广东等地区。2017年，玉米淀粉交割客户分布较上年更加均衡，各省份客户交割量标准差为403手，低于上年的609手。山东客户交割量居全国首位，交割1 469手（折合1.469万吨）。辽宁客户交割量同比涨幅最大，较上年增加568手；广东客户交割量增速最快，同比上涨190.98%；而浙江省和福建省的客户交割量显著下降。

（四）期货市场结构分析

1. 法人客户交易占比稳步上升。2017年，玉米淀粉期货参与客户数呈下降趋势，10月客户数量有所回升。全年月均交易客户数量为5.06万户，较2016年下降0.5万户，同比下降8.99%。从客户组成结构看，法人客户月均数量为2 076户，较上年增加400户，同比增长23.87%，而自然人客户月均数量为4.85万户，较上年下降0.54万户，同比下降9.96%。从客户占比看，法人客户占全部客户比例逐渐上升，2017年10月占比全年最高，达到5.72%。从各月情况看，2017年上半年客户数量同比增幅较大，下半年客户数量同比下降。

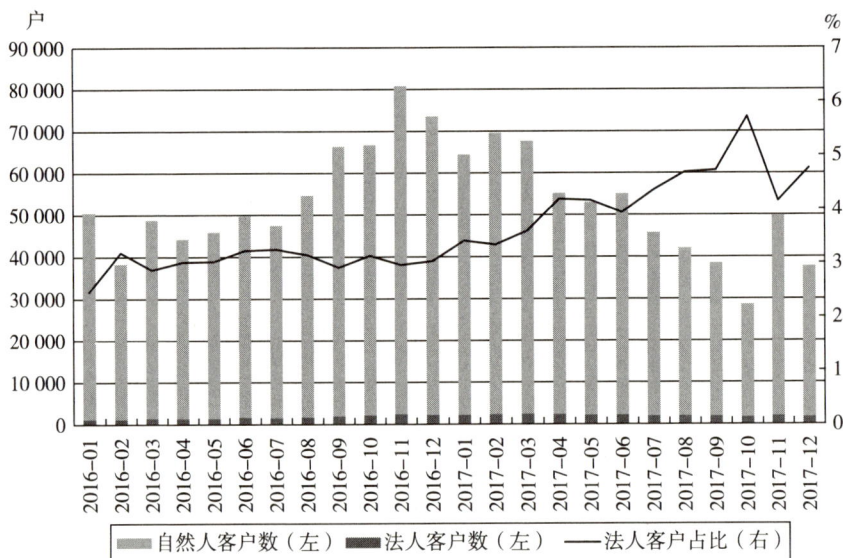

数据来源：大连商品交易所。

图3-8　2016—2017年玉米淀粉期货交易客户组成

玉米淀粉客户数量变化与其主力合约价格走势大体一致。10月之前，玉米与玉米淀粉价格整体在低位徘徊，活跃度及波动率较低，市场参与度整体低迷。之后，由于种植结构调整及优质玉米短缺，玉米及玉米淀粉价格一路走高，市场活跃度显著提升，参与主体逐渐增加，套保和投机需求潜力逐渐释放。随着玉米市场化改革深入推进，下游玉米淀粉产业逐渐活跃，将吸引更多主体参与其中。

表 3-1 2017 年玉米淀粉客户种类及月度同比变化

月份	法人客户变化	自然人客户变化	法人客户增幅（%）	自然人客户增幅（%）
1 月	2 200	62 284	76.71	26.39
2 月	2 321	67 267	89.47	81.12
3 月	2 431	65 261	73.52	37.54
4 月	2 309	52 888	73.09	23.29
5 月	2 209	50 850	59.15	14.20
6 月	2 166	52 950	35.21	10.23
7 月	1 992	43 769	29.10	-4.76
8 月	1 968	40 060	14.15	-24.43
9 月	1 816	36 639	-6.10	-43.16
10 月	1 634	26 950	-21.89	-58.34
11 月	2 074	47 878	-13.33	-38.96
12 月	1 796	35 958	-19.39	-9.58

2. 持仓集中度整体平稳。2017年，玉米淀粉期货持仓量集中度（指持仓量前100名客户的持仓量/市场持仓量）月均值为51.03%，与2016年情况大体一致（2016年均值为51.72%）。

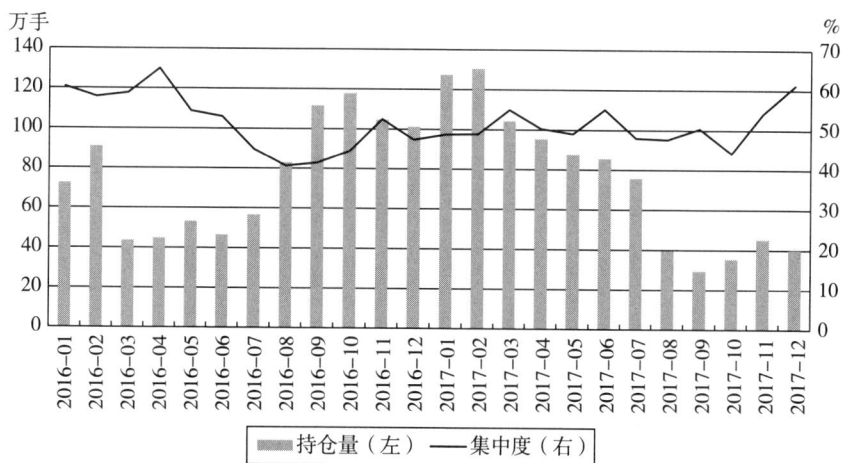

数据来源：大连商品交易所。

图 3-9 2016—2017 年玉米淀粉期货持仓量与持仓集中度

从全年持仓量和集中度比较来看，持仓量的月度变化相对较大，而集中度整体更加平稳，月均波动幅度较小。这表明法人客户的持仓变化对总持仓变化的贡献度较大，也从侧面印证了法人客户比重不断提升。

二、玉米淀粉期货市场功能发挥情况

（一）价格发现功能

2017年，玉米淀粉期现货价格相关系数达到0.64，高于2016年的0.57，并且期现货价格双向引导关系较为显著。表明期货和现货市场运行顺畅，价格反应灵活，二者互为引领，价格发现功能体现较为充分。这主要得益于玉米收储制度改革，市场机制发挥作用愈加充分，市场供需反馈更加快速有效，优质优价更加突出，"农头工尾"的产业链联动机制更加显著。因此，市场机制将使玉米淀粉期现货价格更具相关性，为产业链风险管理提供有力保障。

表 3-2　　　　2016—2017 年玉米淀粉期现价格相关性

检验项	年份	2016 年	2017 年
期现价格的相关性	系数	0.57	0.64
	显著性检验	通过检验	通过检验
期现价格引导关系		双向引导	双向引导

注：现货价格为吉林长春玉米淀粉出厂价格，期货价格为玉米淀粉期货活跃合约结算价，数据频率为日度。

数据来源：大连商品交易所，经过计算整理。

（二）套期保值功能发挥情况

1. 基差逐渐收敛。2017年，玉米淀粉基差表现为先负后正，随后逐渐收敛，波动幅度较上年显著下降。上半年基差为负，7月中下旬基差由负转正，并不断扩大，11月以后，期现货价格逐渐收敛。全年基差最大值158元/吨，最小值-273元/吨；均值为-37.06元/吨，较2016年下降236.04元/吨；波动幅度为431元/吨，较2016年下降168元/吨。从期现货价格走势看，2017年玉米淀粉主力合约价格走势稳中有升，而现货价格增速快于前者，即现货价格围绕期货价格运行，从而产生基差先负后正的特点。这表明玉米淀粉期现货价格运行更加紧密，二者互为依托，有效抑制了市场的大幅波动，使价格运行更加平稳。

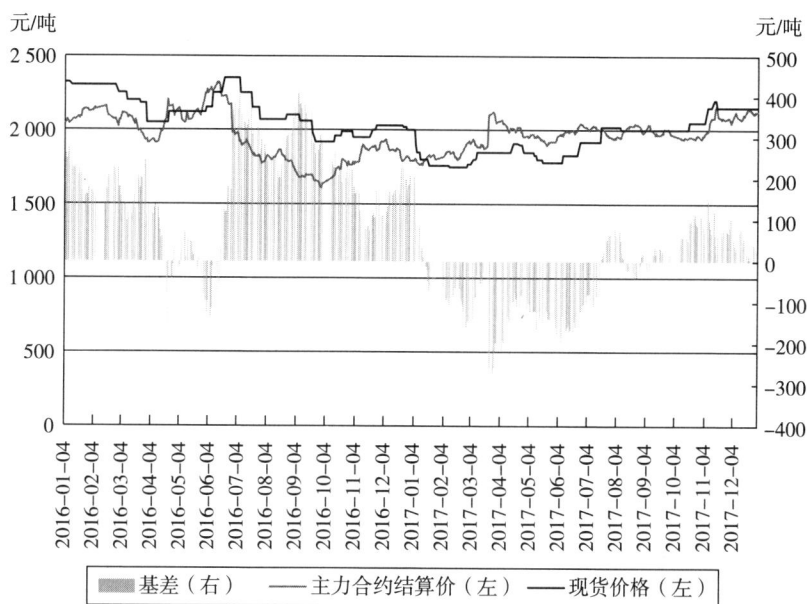

注：现货价格为吉林长春玉米淀粉出厂价格，期货价格为玉米淀粉期货活跃合约结算价。
数据来源：大连商品交易所。

图3-10　2016—2017年玉米淀粉期现价格及基差变化

2. 套期保值效率有所上升。2017年，玉米淀粉套保效率达到30.36%，较上年有所上升，主要原因：一是玉米产业链有效激活，玉米与玉米淀粉期货价格同步波动；二是玉米深加工产能扩张，产业内竞争加剧，企业套期保值参与度提高，间接提升玉米淀粉期货品种运行质量。

表 3-3 　　　　　　　　2016—2017 年玉米淀粉套保有效性

			2016 年	2017 年
基差	均值	元	198.98	-37.06
	标准差	元	131.45	100.82
	变异系数		0.06	0.05
	最大	元	474	158
	最小	元	-125	-273
到期价格收敛性	到期日基差	元	73	134.83
	期现价差率	%	3.33	6.62
套期保值效率	周价（当年）	%	22.28	30.36

注：现货价格为吉林长春玉米淀粉出厂价格，期货价格为玉米淀粉期货活跃合约结算价。
数据来源：大连商品交易所，经过计算整理。

（三）期货市场功能发挥实践

1. 期货市场发挥价格发现功能。2017年，玉米淀粉期货价格走势的三个阶段划分，较好地诠释了价格发现功能。从年初到4月，受玉米深加工补贴政策的影响，玉米淀粉企业大量收购玉米，在带动玉米价格提升的同时，传导至玉米淀粉，间接提升其市场价格。此后，随着国储玉米拍卖，玉米与玉米淀粉价格趋于平稳。10月以来，新季玉米价格不断攀升，玉米淀粉跟随原料价格较快上涨，反映出行业上下游紧密的协同关系。并且随着玉米价格的高位运行，玉米淀粉价格也表现较强，二者差值基本反映了加工利润的变动特征。

由此可见，玉米淀粉价格跟随上游玉米价格同步波动，价格发现功能为淀粉企业的可持续发展提供了重要的经营参考依据。

2. 期货市场发挥避险增效作用。玉米收储制度改革为玉米淀粉企业的市场化道路扫清了一大障碍。市场在资源配置中的作用愈加突出，带来机会的同时，也将面临市场风险。风险管理水平将是未来玉米淀粉企业生产经营的核心竞争力。

2017年上半年，玉米淀粉加工企业开工率显著回升，成交和持仓量也维持相对高位，表明市场参与主体积极活跃。东北玉米主产区深加工企业产能不断扩张，依托原料产地优势开展一体化经营，在一定程度上加剧了行业内竞争。国内一些玉米淀粉企业，合理利用期现货两个市场，取得了不错经营业绩。

保龄宝是我国功能配料制造服务商，拥有玉米—淀粉—淀粉糖—生物多糖完整产业链。保龄宝成为大商所淀粉期货交割库后，将现货业务和期货业务有机结合，打造了独特的套期保值模式。总结其成功经验：一是期现结合。保龄宝结合长期订单和原料远期储备开展套期保值，每年期货操作量控制在现货的30%左右。二是工作机制合理。公司的期货部是服务于现货业务的，两个部门独立管理，在重大采购策略上统一。在会计入账方面，因为是套期保值，期现货共同入账核算[1]。

三、玉米淀粉期货合约相关规则调整

（一）合约及交割流程修改

大商所通过增设交割库，提升交割厂库标准仓单最大量，提高日发货速度等措施，进一步控制风险和提高实物交割便利性。

2017年3月3日，大商所对玉米淀粉部分交割厂库的标准仓单最大量进行调整：中粮生化能源（榆树）有限公司的标准仓单最大量由15 000吨调整至26 000吨，日发货速度由1 000吨调整至1 800吨；嘉吉生化有限公司的标准仓单最大量由15 000吨调整至20 000吨，日发货速度由1 000吨调整至1 400吨；诸城兴贸玉米开发有限公司的标准仓单最大量由10 500吨调整至25 000吨，日发货速度由700吨调整至

---

[1] 摘自大商所《期货与企业发展案例》"保龄宝——十年磨一剑，期货、现货完美结合"。

1 700吨；临清德能金玉米生物有限公司的标准仓单最大量由15 000吨调整至35 000吨，日发货速度由1 000吨调整至2 400吨。

2017年3月17日，大商所对玉米淀粉部分交割厂库的标准仓单最大量进行调整：辽宁益海嘉里地尔乐斯淀粉科技有限公司的标准仓单最大量由15 000吨调整至25 000吨，日发货速度由1 000吨调整至1 700吨；山东寿光巨能金玉米开发有限公司的标准仓单最大量由15 000吨调整至30 000吨，日发货速度由1 000吨调整至2 000吨；保龄宝生物股份有限公司的标准仓单最大量由7 500吨调整至20 000吨，日发货速度由500吨调整至1 400吨；山东中谷淀粉糖有限公司的标准仓单最大量由6 000吨调整至20 000吨，日发货速度由400吨调整至1 400吨。

2017年4月21日，大商所发布《关于调整玉米、玉米淀粉品种指定交割仓库的通知》，主要内容为设立3家玉米集团交割仓库，设立3家玉米指定交割仓库的延伸库区和设立1家玉米淀粉指定交割厂库。其中，设立黑龙江龙凤玉米开发有限公司为玉米淀粉非基准指定交割厂库，升贴水为0元/吨。

2017年8月25日，大商所发布《关于调整玉米淀粉指定交割仓库升贴水的通知》，主要内容是对玉米淀粉品种指定交割仓库升贴水进行调整：一是中粮生化能源（龙江）有限公司调整为非基准指定交割仓库，与基准指定交割仓库的升贴水调整为-70元/吨；二是黑龙江龙凤玉米开发有限公司与基准指定交割仓库的升贴水调整为-70元/吨；三是上述指定交割仓库升贴水调整自2018年8月1日开始实施。

至此，玉米淀粉交割库数量较上市初期的7家增至18家，其中东北地区交割库8家，华北（山东）地区10家。玉米淀粉的厂库标准仓单最大量为31.65万吨，仓库协议库容为10万吨。经过大商所的不断努力，持续增加交割库数量，优化交割库布局，为玉米淀粉稳健运行和功能发挥提供了有力保障。

（二）其他规则调整

1. 保证金调整。2017年，根据风险管理需要，玉米淀粉期货的保证金先后经过两次调整。春节及中秋、国庆的休假时间相对较长，期间的国内外不确定风险因素较多，因此，大商所主要针对这两个长期假日的保证金进行调整。大商所根据市场波动情况，通过适当上浮保证金的手段，有效控制玉米淀粉市场的价格波动风险（见表3-4）。

表3-4　　　　　2017年节假日玉米淀粉合约交易保证金调整

时间	通知名称	调整措施
2017/1/18	关于2017年春节期间调整各品种最低交易保证金标准和涨跌停板幅度及夜盘交易时间的通知	自2017年1月25日结算时起，最低交易保证金标准调整至9%。2月3日恢复交易后，最低交易保证金标准恢复至7%。
2017/9/21	关于2017年中秋节、国庆节期间调整各品种涨跌停板幅度和最低交易保证金标准的通知	自2017年9月28日结算时起，最低交易保证金标准调整至9%。10月9日恢复交易后，持仓量最大的两个合约未同时出现涨跌停板单边无连续报价的第一个交易日结算时起，最低交易保证金恢复至7%。

2. 涨跌停板幅度调整。2017年，根据风险管理需要，玉米淀粉期货的涨跌停板幅度先后经过两次调整（见表3-5），时间上与保证金调整保持同步。

表3-5　　　　　2017年节假日玉米淀粉合约涨跌停板幅度调整

时间	通知名称	调整措施
2017/1/18	关于2017年春节期间调整各品种最低交易保证金标准和涨跌停板幅度及夜盘交易时间的通知	自2017年1月25日结算时起，玉米淀粉涨跌停板幅度调整至7%。2月3日恢复交易后，涨跌停板幅度恢复至5%。
2017/9/21	关于2017年中秋节、国庆节期间调整各品种涨跌停板幅度和最低交易保证金标准的通知	自2017年9月28日结算时起，玉米淀粉涨跌停板幅度调整至7%。10月9日恢复交易后，持仓量最大的两个合约未同时出现涨跌停板单边无连续报价的第一个交易日结算时起，涨跌停板幅度恢复至5%。

3. 商品指数权重调整。2017年7月10日，大商所发布《关于大连商品交易所8只商品指数进行权重调整的公告》，根据已公布的指数编制方案，对农产品期货价格指数等8只商品指数自2017年7月3日起进行权重调整。农产品期货价格指数中的玉米淀粉权重由4.47%调整至5.55%，权重增长24.23%。由此看出，玉米淀粉在农产品期货指数中的重要程度进一步上升。

四、玉米淀粉期货市场发展前景、问题与建议

（一）发展前景

玉米淀粉期货市场的发展必然依托于现货产业发展状况。玉米收储制度改革以来，市场决定价格和资源配置的功能与作用逐渐发挥。特别是2017年以来，受玉米深加工补贴政策的影响，玉米淀粉、酒精及相关行业开工率与产能同比大幅提升。在加工利润增长的同时，玉米下游产业链有效激活，参与主体在期现货两个市场逐渐活跃。从行业发展的角度看，玉米淀粉产业持续发展的环境和条件逐渐成熟，主要表现在以下几个方面：

1. 政策支持。2016年12月，国家粮食局发布《粮油加工业"十三五"发展规划》，提出"在确保口粮、饲料用粮和种子用粮供给安全的前提下，发展玉米等粮食深加工，促进库存陈粮深加工转化，推动发展高附加值产品，带动产业上下游协调发展"。2017年9月，《国务院办公厅关于加快推进农业供给侧结构性改革大力发展粮食产业经济的意见》出台，要求"着力开发粮食精深加工产品，增加专用米、专用粉、专用油、功能性淀粉糖、功能性蛋白等食品以及保健、化工、医药等方面的有效供给，加快补齐短板，减少进口依赖""探索开展淀粉类生物基塑料和生物降解材料试点示范，加快消化政策性粮食库存。支持地方出台有利于粮食精深加工转化的政策，

促进玉米深加工产业持续健康发展"。此外，东北三省一区也陆续出台相关措施和办法鼓励促进粮食加工业发展。良好的政策支持为玉米深加工产业提供了制度保障。

2. 玉米淀粉需求稳步增长。一方面，由于出口退税政策，2017年玉米淀粉及淀粉糖出口量较上年显著增加，预计2018年仍将维持较好的出口势头。另一方面，由于木薯淀粉价格相对较高，下游企业采用玉米淀粉进行替代，比如造纸厂用玉米淀粉替代木薯淀粉。11月，《关于协同推进快递业绿色包装工作的指导意见》出台，明确要求到2020年，可降解的绿色包装材料应用比例将提高到50%。我国快递业务的快速增长为淀粉市场提供了新的蓝海。再者，随着居民消费结构升级，对高端优质食品和饮料等需求大幅增加，间接提升了淀粉糖等的需求，随着玉米淀粉糖与白糖的相对价格的变化，玉米淀粉的阶段性市场需求将不断释放。

3. 玉米淀粉行业运行质量不断提升。随着玉米收储制度改革，玉米价格反应灵活，并与下游产品价格相关性逐渐提高，对于玉米淀粉上下游行业的健康发展大有裨益。因此，市场化的改革必然吸引更多的主体参与竞争，玉米淀粉行业优胜劣汰也将常态化，能有效提升产业竞争力和产品质量。同时，随着上下游市场机制不断发挥作用，参与期货套期保值的经营主体也会增加，间接促进期货市场价格发现，形成行业公允价格。

总之，政策利好不断释放，下游需求稳步增长，加上玉米收储制度改革，从源头激活了产业链。在市场机制的作用下，玉米淀粉产业将迎来新的发展时期，同时也是玉米淀粉期货市场的黄金发展期。

（二）当前存在的问题

当前，玉米淀粉产业发展主要存在以下几个问题：

1. 产能快速扩张可能导致行业过度竞争、资源浪费。2017年以来，玉米主产区加快深加工产能扩张。之后，随着玉米价格不断走高，以及加工补贴政策的推迟，玉米淀粉企业利润大幅缩水，部分企业甚至出现亏损经营。多数企业为维持生产经营，提价收购玉米，进一步加剧了产业内的竞争。

2. 原料玉米可能出现紧张情况。从数据看，虽然玉米淀粉具有一定的市场需求潜力，但随着种植结构调整及玉米库存的不断降低，未来3~5年玉米供给总量有限，无法满足目前玉米淀粉产能扩张的速度。随着市场化改革的深入推进，势必将有相当一部分玉米淀粉企业陷入亏损或者长期处于不饱和开工状态。

3. 随着玉米市场化改革，下游企业尚未做好应对市场风险的准备。玉米收储改革两年来，价格更加灵活，上下游传导更加顺畅，但随之而来的是市场风险的提高。以玉米为原料的淀粉企业，既要面对原料价格的波动，又要面对淀粉市场的波动，同时要兼顾玉米和玉米淀粉的库存管理，这对玉米淀粉企业提出了新的更高要求。而多数企业目前仍采用随用随采或依靠补贴等传统经营方式，尚未采用市场化的风险管理工具。因此，需要进一步加强市场培育，提高企业使用风险管理工具的能力。

（三）发展建议

从产业可持续发展的角度看，应合理有序制定玉米淀粉产业发展规划，具体从以下几个方面着手：

1. 坚持不与人争粮、不与粮争地的玉米淀粉产业发展原则。随着玉米淀粉需求的提升和产能的扩张，对玉米原料的需求未来也将随之增长。未来应将玉米淀粉产业发展与玉米去库存协调统一，统筹利用国内国际两个市场、两种资源。

2. 地方省市应严格审批新增玉米深加工产能。地方政府应科学合理布局当地玉米产业链及深加工产能，制定玉米淀粉产业发展规划，特别对于新增建设项目，坚持从严审批。

3. 进一步提高玉米及玉米淀粉交割服务能力。推广玉米集团交割和延伸交割，创新交割方式，提高期货交割服务水平，不断满足日益增长的实体企业风险管理需求。

4. 构建"粮头食尾"和"农头工尾"的全产业链风险管理体系。形成玉米和玉米淀粉产业一体化思维方式，推进玉米和玉米淀粉期权上市工作，形成涵盖玉米全产业链的上市品种体系，加强对产业链各主体期货期权业务培训与普及，建立风险管理意识，科学合理利用市场工具。

专栏

2017年玉米淀粉期货大事记

1月11日，商务部发布公告，决定自1月12日起，对原产于美国的进口干玉米酒糟（DDGS）征收反倾销税及反补贴税，税率分别为42.2%~53.7%及11.2%~12.0%不等，征收期限为5年。

2月6日，财政部、国家粮食局发布《关于支持实施饲料加工企业补贴政策的通知》，鼓励东北三省和内蒙古自治区积极研究出台饲料加工企业收购加工2016年新产玉米的补贴政策。

3月15日，人大代表方同华提交了《关于重点扶持黑龙江省玉米燃料乙醇项目的建议》，为黑龙江省出现的库存积压玉米找出路。

3月23日，全球第一大谷氨酸钠（味精）、氨基酸、黄原胶生产商阜丰集团的300万吨玉米深加工项目落户齐齐哈尔，该项目将分为三期建设，预计2022年全部完成，届时将成为全球规模最大、技术最先进的玉米生化加工企业。

4月11日，国家发展改革委废止了《关于玉米深加工项目管理有关事项的通知》。2015年，政府通知严控新增玉米深加工产能，鼓励兼并重组，淘汰落后产能，在玉米去库存的背景之下，玉米深加工企业的准入放松，或会推动玉米深加工行业产能继续增加，扩大玉米在深加工行业中的需求。

4月19日，中国淀粉工业协会联合艾格农业发布报告称，预计2017年玉米淀粉产量增至2 450万吨，需求量预计达到2 350万吨左右，较2016年增约4%。

4月21日，大商所调整玉米、玉米淀粉交割库，设立黑龙江龙凤玉米开发有限公司为玉米淀粉非基准指定交割厂库。

6月28日，《外商投资产业指导目录（2017年修订）》正式对外发布，7月28日起在全国实施。文件指出，在粮油领域，正式取消豆油、菜籽油、花生油、棉籽油、茶籽油、葵花籽油、棕榈油等食用油脂加工，大米、面粉、原糖加工，玉米深加工，生物液体燃料（燃料乙醇、生物柴油）生产等领域外资准入限制，将有利于促进我国玉米深加工及燃料乙醇的技术领域的升级改造。

8月10日，农业部向内蒙古自治区农牧厅、辽宁省畜牧兽医局、吉林省畜牧业管理局、黑龙江省畜牧兽医局发布《关于加快东北粮食主产区现代畜牧业发展的指导意见》。

9月8日，《国务院办公厅关于加快推进农业供给侧结构性改革大力发展粮食产业经济的意见》出台，要求"着力开发粮食精深加工产品，增加专用米、专用粉、专用油、功能性淀粉糖、功能性蛋白等食品以及保健、化工、医药等方面的有效供给，加快补齐短板，减少进口依赖""探索开展淀粉类生物基塑料和生物降解材料试点示范，加快消化政策性粮食库存。支持地方出台有利于粮食精深加工转化的政策，促进玉米深加工业持续健康发展"。

9月13日，国家发展改革委、国家能源局等十五部门联合印发《关于扩大生物燃料乙醇生产和推广使用车用乙醇汽油的实施方案》，明确了扩大生物燃料乙醇生产和推广使用车用乙醇汽油工作的重要意义、指导思想、基本原则、主要目标和重点任务。

9月26日，黑龙江省出台了《玉米深加工产业发展指导意见（试行）》，明确了黑龙江省今后玉米深加工产品重点发展方向。

11月9日，我国外交部网站发布的《将大幅度放宽银行业、证券基金业和保险业的市场准入》指出，对干玉米酒糟在进口环节和国内环节实施相同的增值税政策，恢复免征进口环节增值税。

12月19日，财政部表示，从12月20日起取消进口干玉米酒糟粕（DDGS）的增值税。

12月26日，国家发展改革委发布通知，自2018年1月1日起，铁路集装箱、零担各类货物运输价格，以及整车运输的矿物性建筑材料、金属制品、工业机械等12个货物品类运输价格实行市场调节，由铁路运输企业依法自主制定。

报告四
黄大豆1号期货品种运行报告（2017）

2017年，在农业供给侧结构性改革和大豆目标价格补贴改为大豆生产者补贴等政策背景下，国产大豆定价机制逐步走向市场化。2016年及2017年，我国大豆种植面积一改过去几年连续下滑局面，连续两年呈现较大幅度增长态势，国产大豆现货市场基础进一步好转。当前，我国大豆产业还存在诸如科技投入不足、信息化程度落后、龙头企业匮乏等问题；黄大豆1号（以下简称豆一）期货还面临市场参与度有待提升、定价功能有待加强等问题。2017年，豆一期货交易总体平稳，成交量下降，持仓量上升，成交占比水平提高。2017年，国产大豆"保险+期货"试点项目取得了良好的效果；未来，随着国内大豆期货和现货市场的稳步发展，大商所豆一期货服务实体经济的功能将得到进一步提升。

一、豆一期货市场运行情况

（一）市场规模及发展情况

1. 成交规模略有下降。2017年，豆一期货全年总成交量和成交额较2016年有所减少。2017年，豆一全年累计成交2 632万手（折合26 320万吨），较2016年减少625万手，同比下降19.19%。全年累计总成交额为10 246亿元，较2016年减少1 996亿元，同比下降16.30%。

从月度成交情况看，2017年，豆一月均成交219.4万手，2016年为271.4万手，同比月均减少52.1万手；2017年，豆一月均成交额853.8亿元，2016年为1 020.1亿元，同比减少166.3亿元。其中，3月成交量最大，达到347.2万手；11月最少，仅为150.6万手。2016年，月成交量超过200万手的有7个月，其中超过300万手的有4个月，其他月份均在200万手以下；2017年，月成交量超过200万手的有8个月，其中超过300万手的有1个月，200万手以下的有4个月。由此可见，2017年豆一期货成交活跃度较2016年而言整体保持稳定，同比略有下降（见图4-1）。

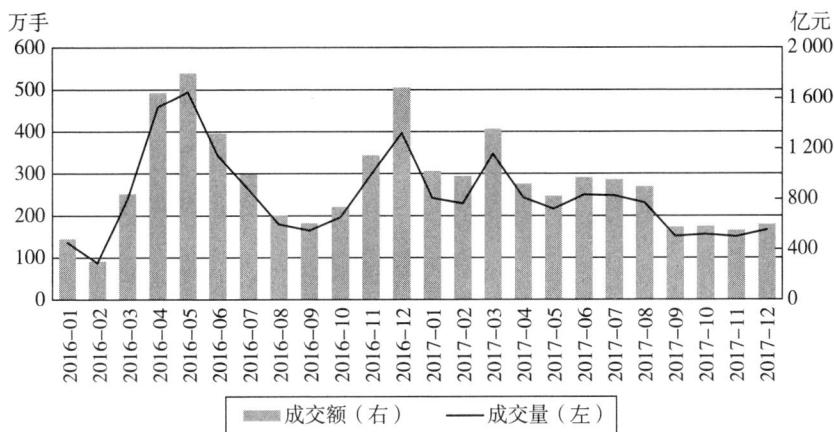

数据来源：大连商品交易所。

图4-1 2016—2017年豆一期货成交情况

2. 市场占比稳步提升。2017年，豆一期货在大商所和全国商品期货市场的成交占比均有所上升。其中，豆一全年累计成交量占大商所总成交量的2.40%，同比增长13.21%；占全国商品期货总成交量的0.86%，同比增长9.25%。月度情况来看，豆一成交量占大商所总成交量比重最高月份为2017年1月，占比为3.58%；2017年1月至4月，豆一连续4个月月度成交量在全国商品期货月度总成交量中的占比超过1%（见图4-2）。

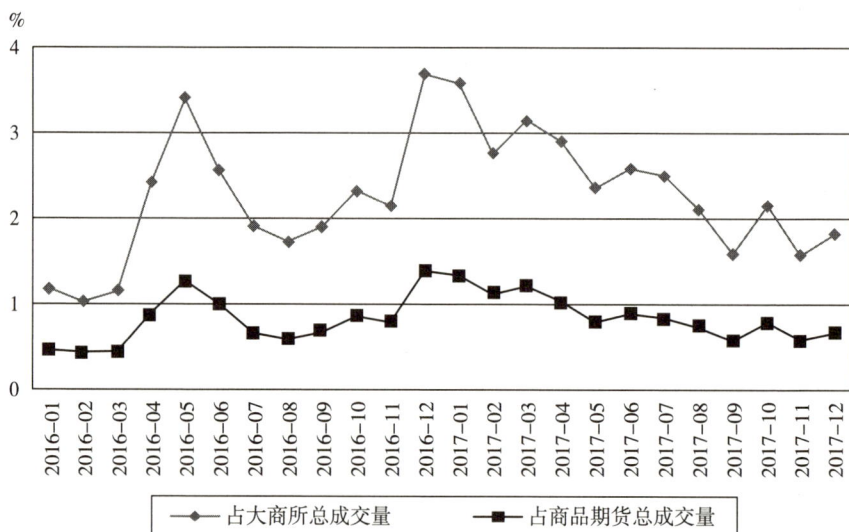

数据来源：大连商品交易所。

图4-2　2016—2017年豆一期货成交量及其在大商所和全国的占比

　　与大商所其他期货品种成交对比看，豆一成交占比位居大商所各品种成交量的第十三位，远低于铁矿石、豆粕及玉米等活跃品种，并继续落后于棕榈油、豆油、玉米淀粉、鸡蛋等农产品期货品种（见图4-3）。

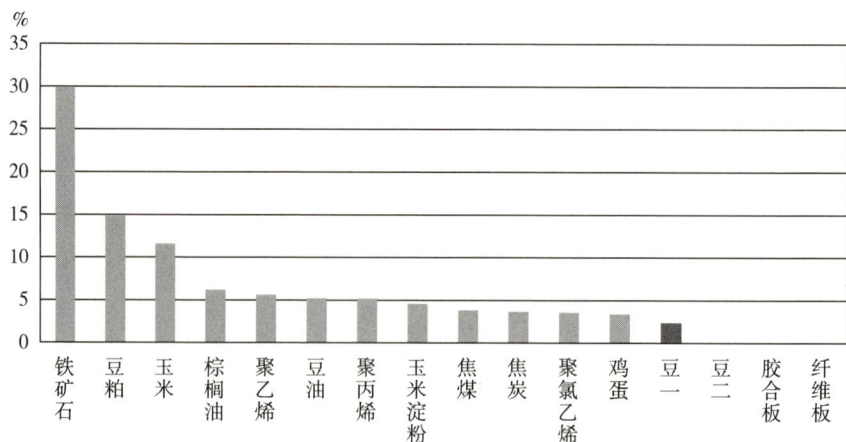

数据来源：大连商品交易所。

图4-3　2017年大商所期货品种成交量占比情况对比

3. 全年持仓量稳中有升，第四季度显著增加。2017年，豆一期货持仓量呈现先低后高走势，持仓量在第四季度增加明显。2017年月均持仓为14.19万手，2016年月均持仓为13.03万手，同比增长8.91%；最高持仓月份为2017年10月，持仓量为22.04万手，最低持仓月份为2017年1月，持仓量仅为9.76万手；2017年豆一月均持仓占大商所总持仓月均比例为2.38%，较2016年月均持仓占比提高了11.59%（见图4-4）。

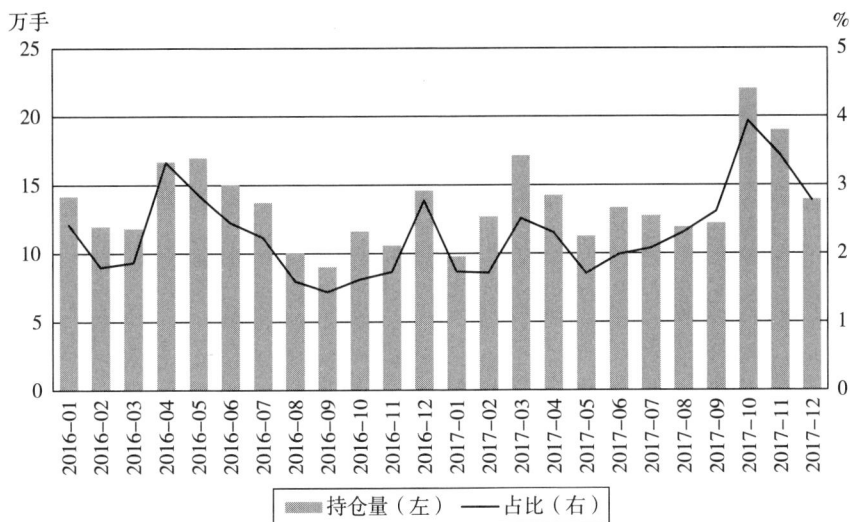

数据来源：大连商品交易所。

图 4-4　2016—2017 年豆一期货持仓量及占大商所总持仓的比重情况

（二）期现货市场价格走势

1. 期货价格整体呈现下跌趋势。2017年，国产大豆价格呈现单边下跌走势。2017年末，豆一均价为3 611元/吨，年初（1月）豆一均价为4 220元/吨，价格较年初下跌14.42%。本年度，国产大豆期现货价格走势大体可以概括为"小幅反弹—大幅下跌—横盘整理—再次下跌"（见图4-5）。

元/吨

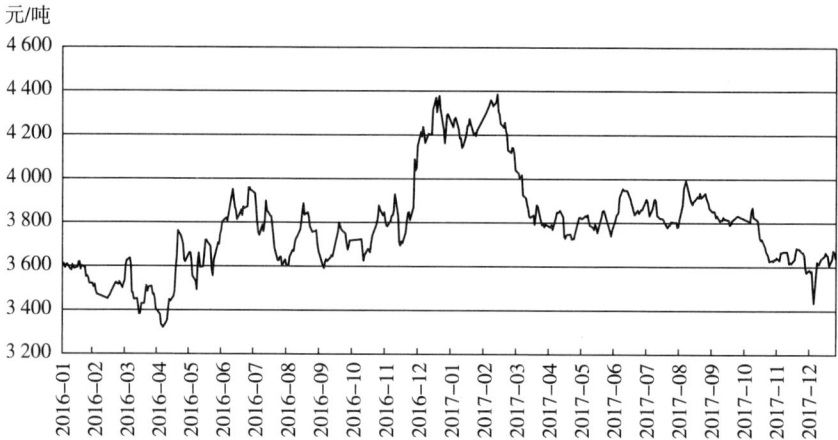

数据来源：Wind 数据库。

图 4-5　2016—2017 年豆一期货活跃合约结算价变化情况

1月至2月中旬，需求回暖和政策预期带动价格小幅反弹。元旦过后，节日消费带动需求，南方优质蛋白豆市场价格持续回暖。国产大豆粮油需求小幅增加，国内大豆价格偏强运行。春节过后，中央一号文件提出农业供给侧改革，继续下调玉米种植面积，使得市场预期国产大豆价格向好，产区大豆种植意向继续增加，种用需求导致优质大豆市场需求旺盛。2月中旬，中储粮部分粮库小幅上调大豆入库价格。因此在需求带动及政策支撑下，产区大豆价格持续呈现偏强运行格局。

2月下旬至4月中旬，美豆下跌及临储大豆拍卖传言带动期价大幅走低。2月下旬以来，CBOT美豆期货价格显著下跌，带动国产大豆期现货价格大幅下行。同时，年后产区国储大豆拍卖传言频现，市场贸易热度下降，各方期待政策大豆出库，贸易主体观望态度增加。

4月下旬至9月，国内大豆期货市场多空交织，期价围绕3 800~4 000元/吨一线窄幅震荡。一方面，大豆需求进入淡季，南方新豆陆续上市，给价格带来一定压力。新年度东北产区大豆种植改为"市场化收购+补贴机制"，令市场对国产大豆热情有所下降。另一方面，农户陆续进入春耕阶段，农户售粮意愿转淡支撑价格，同时随着时间的推移和库存的消耗，国产大豆进入青黄不接的季节，对价格形成一定的支撑。

第四季度，国产大豆期现货价格展开新一轮下跌趋势。国庆节过后，新季的国产大豆开始陆续进入市场，国产新旧大豆交替，缺乏政策指引背景下，贸易商等市场主体以观望情绪为主，期现货市场情绪低迷，导致价格下跌。之后，国储直属库提价收购国产大豆，现货反弹，但有价无市，期货横盘整理。期间，黑龙江主产区毛粮收购价在1.67~1.75元/斤，商品粮收购价在1.8~1.85元/斤，国储直属库国产大豆收购价在1.875~1.9元/斤，这使得国产大豆现货市场价格普遍上涨0.02元/斤左右，给国产大豆价格带来一定支撑，但由于各类市场主体入市收购谨慎，国产大豆市场成交一般，加上国储库收购量有限，对价格提振效果有限。进入12月，随着东北主产区中储粮轮换计划陆续完成，部分国储库库容已满停收，使得新季大豆行情失去支撑。同时，豆一1801合约即将进入交割月，陈豆交割预期给豆一期价带来压力。

2. 国内外大豆价格相关性有所下降。2017年，豆一期货价格与美国芝加哥期货交易所（CBOT）大豆期货价格的相关性较上一年有所下降。2017年，大商所与美国芝加哥大豆期货活跃合约收盘价的相关系数为0.49，2016年为0.57。相关性下降的主要原因：首先，国产非转基因大豆主要用于食品领域，进口大豆基本用于压榨领域，随着国家对进口大豆流向食品领域的严格管控，二者用途的错位互补性增强，价格相关性有所减弱；其次，豆一期货更凸显中国国内的供需形势，CBOT大豆以反映世界供需形势为主，二者基本面涵盖范围存在很大差异；最后，封港检查进口大豆流向、东北主产区调整种植结构、临储大豆拍卖、历年积累的陈豆陆续进入交割环节等因素，令2017年国产大豆价格走势更具独立性（见图4-6）。

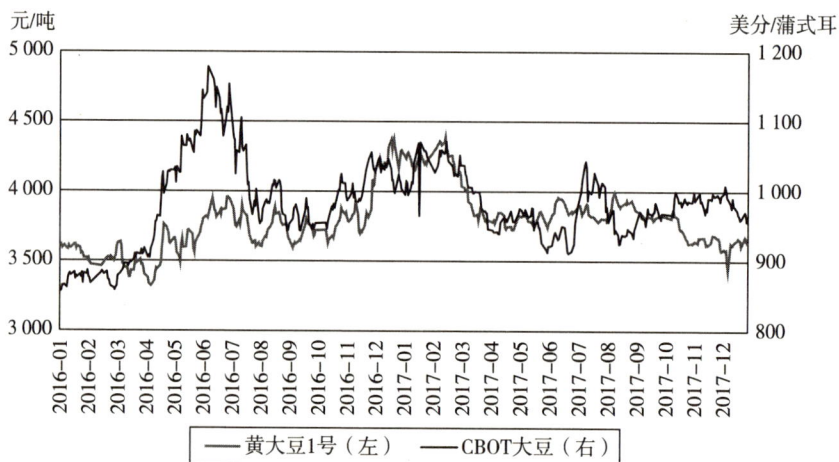

数据来源：Wind 数据库。

图 4-6　2016—2017 年中美大豆期货活跃合约收盘价走势

3. 期货价格波动幅度收窄。2017年，豆一期货价格波动幅度呈下降趋势，月度环比波动区间较2016年有所缩小。2017年，豆一期货价格的月度环比波动区间为（-8.66%，1.57%），2016年的波幅区间为（-3.23%，10.96%）。2017年，大豆价格市场化程度进一步提高，产业客户参与期货市场积极性增强，豆一期货市场整体运行稳定（见图4-7）。

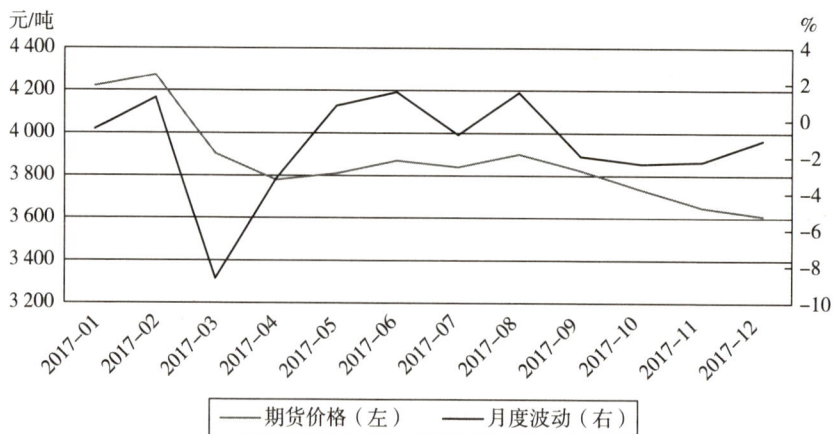

数据来源：Wind 数据库。

图 4-7　2017 年豆一期货市场价格变动情况

（三）期货交割情况分析

1. 交割量较2016年显著增长。2017年，豆一期货共交割54 658手（每手10吨），2016年为10 090手，同比增长441.70%。从月度统计的交割量情况来看，2017年豆一交割月份仍主要集中在1月、5月和9月。2017年1月交割量为21 074手，2016年1月为5 152手，同比增长309.05%；5月交割量为16 964手，2016年5月为1 338手，同比增长1 167.86%；9月交割量为15 362手，2016年9月为1 746手，同比增长779.84%（见图4-8）。

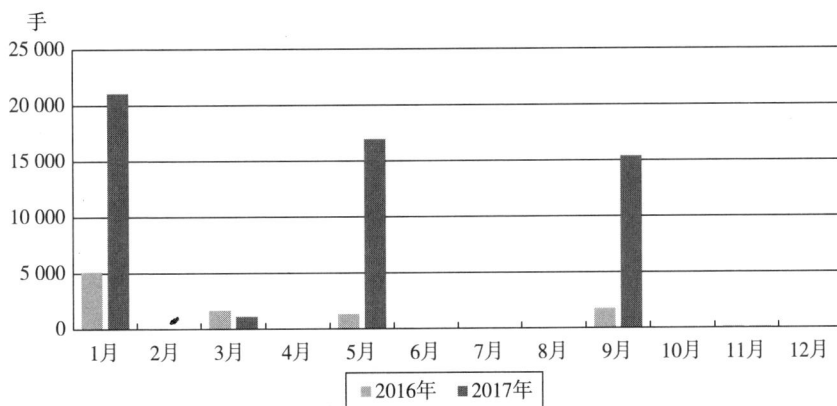

数据来源：大连商品交易所。

图4-8 2016—2017年豆一月度交割量对比

2. 交割客户数较2016年显著增加。从交割客户的数量看，2017年总共有57户完成交割，2016年为30户，较2016年增加27户，同比增长90%。1月、3月、5月、7月、9月和11月分别有34户、4户、24户、2户、12户和4户完成交割（见表4-1）。

表4-1 2017年与2016年豆一交割客户数分月度对比

单位：户

月份	2016年	2017年	增减
1月	14	34	20
2月	0	0	0
3月	7	4	-3

续表

月份	2016 年	2017 年	增减
4 月	0	0	0
5 月	4	24	20
6 月	0	0	0
7 月	3	2	−1
8 月	0	0	0
9 月	14	12	−2
10 月	0	0	0
11 月	4	4	0
12 月	0	0	0

数据来源：大连商品交易所。

（四）期货市场结构分析

1. 交易客户中法人客户数占比继续增长。2017年，豆一期货月均参与交易客户数为50 262户，2016年为44 953户，同比增长11.81%。其中，月均参与交易个人客户数为48 552户，2016年为43 555户，同比增长11.47%；月均参与交易法人客户数为1 710户，2016年为1 399户，同比增长22.23%。从客户结构对比来看，法人客户数量增长速度要快于自然人客户，这种变化说明2017年法人客户参与豆一期货市场的积极性明显提升（见图4-9）。

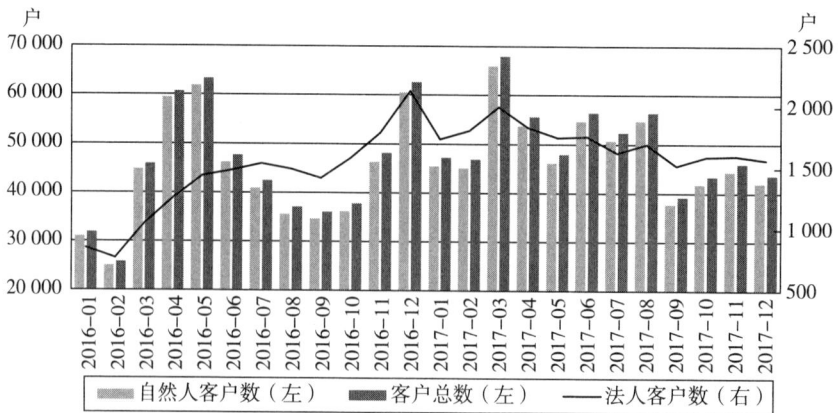

数据来源：大连商品交易所。

图 4-9　2016—2017 年豆一期货交易客户数情况

2. 持仓集中度有所下降。由持仓排名前100名客户的持仓量之和与总持仓量之比可以看出，2017年豆一期货月度持仓集中度均值为50.61%，2016年为57.25%，同比下降11.60%。从月度情况看，2017年前100名客户持仓占比波动较大，占比最高月份为1月，前100名客户持仓占比为63.96%；占比最低月份为10月，前100名客户持仓占比为36.84%（见图4-10）。

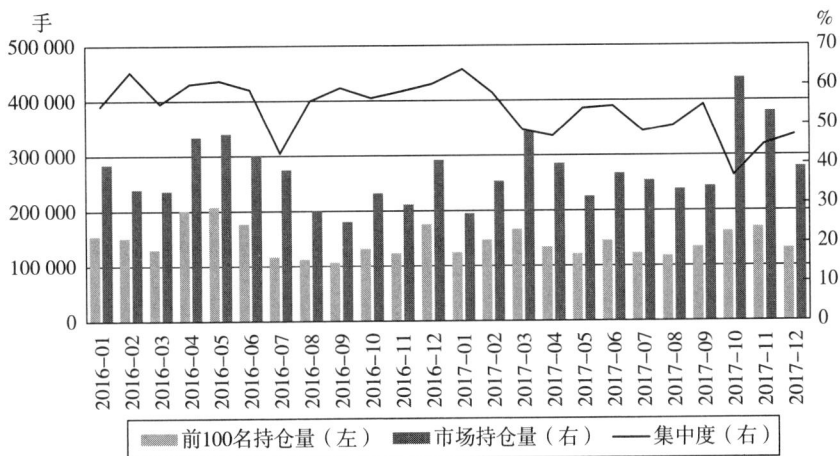

图 4-10　2016—2017 年豆一期货持仓集中度

二、豆一期货市场功能发挥情况

（一）价格发现功能发挥情况

豆一期现货价格相关性有所增强。2017年，豆一期现价格相关系数为0.44，较2016年的0.41有所提高。2017年3月23日，国家发展改革委发布《2017年国家将在东北三省和内蒙古自治区继续深化玉米等收储制度改革》，提出在东北三省和内蒙古自治区调整大豆目标价格补贴为大豆生产者补贴，大豆定价机制进一步市场化。在中储粮开启新年度大豆收储工作后，大豆现货市场价格随之提升。大豆定价市场化使得豆一期现价格相关性有所增强（见表4-2）。

表4-2   2016—2017年豆一期现价格相关性

检验项	年份	2016年	2017年
期现价格的相关性	系数	0.41	0.44
	显著性检验	通过检验	通过检验
期现价格引导关系		期货引导	无引导关系

注：现货价格为辽宁大连收购价格，期货价格为豆一期货活跃合约结算价，数据频率为日度。

（二）套期保值功能发挥情况

1. 到期收敛性增强，基差由负转正。2017年，豆一到期价格收敛性有所提高。本年度年初基差较大，之后逐渐收敛。2017年到期日基差为278.83元/吨，较2016年的356.75元/吨下降21.84%。第四季度开始基差由负转正，这主要是由于中储粮从第四季度开始，各库点陆续开启国产大豆轮换收购工作，因此现货价格坚挺，但是由于国产大豆现货贸易清淡，现货市场有价无市，加之豆一期货1801合约面临交割压力，因此期货价格呈现下跌趋势，所以基差由负转正（见图4-11）。

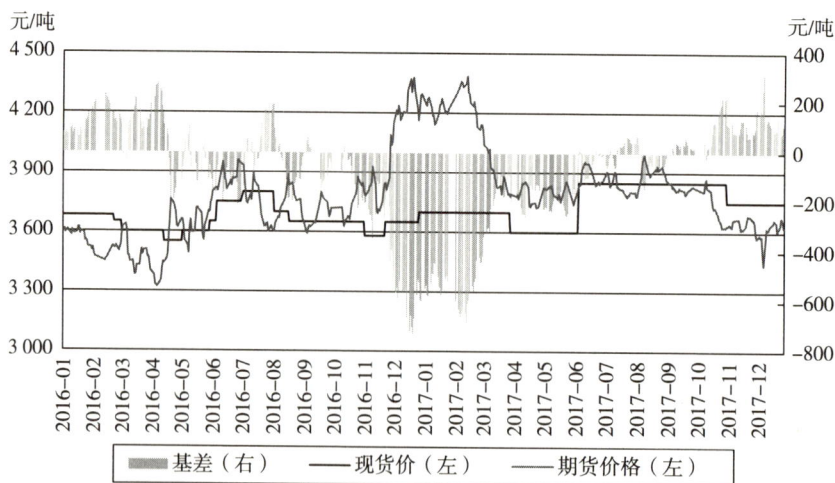

注：现货价格为黑龙江北安大豆现货价格，期货价格为豆一期货活跃合约结算价。

图4-11　2016—2017年豆一期现价格及基差变化

2. 套期保值效率有所下降。2017年，豆一期货品种的套期保值效率为38.39%，2016年为54.61%，套保效率有所下降（见表4-3）。

表4-3　　　　　　　2016—2017年豆一期货套保有效性

			2016年	2017年
基差	均值	元	388.8	291.52
	标准差	元	115.79	192.12
	变异系数		0.05	0.05
	最大	元	598	535
	最小	元	108	-206
到期价格收敛性	到期日基差	元	356.75	278.83
	期现价差率	%	8.9	8.68
套期保值效率	周价（当年）	%	54.61	38.39

注：现货价格为辽宁大连收购价格，期货价格为豆一期货活跃合约结算价，数据频率为日度。

（三）期货市场功能发挥实践

1. 2017年继续稳步扩大"保险+期货"试点项目。2016年和2017年中央"一号文件"连续两年明确指出要"稳步扩大'保险+期货'试点"；2017年3月23日，发展改革委发布《2017年国家将在东北三省和内蒙古自治区继续深化玉米等收储制度改革》，提出在东北三省和内蒙古自治区继续实施和完善玉米市场化收购加补贴机制，调整大豆目标价格补贴为大豆生产者补贴。在农业供给侧改革背景下，实行市场化收购加补贴机制，对优化种植业结构、保障粮食安全、促进农民持续增收具有重要意义，但市场定价和价补分离，使得国产大豆面临价格波动加大的难题，农民面临更大的价格风险。

为响应中央"一号文件"关于稳步扩大"保险＋期货"试点的精神，为大豆生产者补贴政策背景下的广大豆农探索化解价格风险的市场化手段，大商所在2016年和2017年连续两年稳步扩大"保险+期货"试点范围。2016年，大商所就已扩大了"保险+期货"试点范围、数量和支持力度，联合12家期货公司和7家保险公司在黑龙江、吉林、辽宁、内蒙古和安徽等地开展了12个项目，累计支持资金2 000万元，为4 000多户农民提供价格保险服务；2017年，大商所进一步扩大试点范围，有32个项目获批立项，支持资金近7 000万元。在2016年及以前所开展"保险+期货"试点项目主要是尝试"价格险"，2017年开展的32个"保险+期货"项目试点中，有9个试点采取了"收入险"，即保障的是农民的预期收入，也就是当实际收入低于预期收入的时候，赔付农民差额部分，兼顾了农业生产中价格和产量两个核心要素。项目具体要求如下：

（1）试点模式。利用"保险+期货"的操作方式，为农户或直接从事农业生产的新型农业经营主体提供价格或收入风险保障服务。保险产品须以大商所对应品种的期货价格为依据，以期货市场为主要风险分散途径。

（2）试点品种及规模。试点品种为玉米或大豆。价格保险每项试点规模为玉米不少于2.2万吨、大豆不少于1.3万吨；收入保险每项试点规模为玉米不少于1.5万吨、大豆不少于0.6万吨。同时，鼓励立项单位根据实际扩大试点规模，对单个试点规模达到玉米8.8万吨或大豆5.2万吨的价格保险试点项目，大商所将适当增加支持力度。

（3）周期、数量、申报条件。试点区域应为粮食主产区。试点周期应当持续到大豆、玉米具备销售条件，保险期间和场外期权的时间周期须一致且不低于4个月；每个申请单位最多可以申请3个试点项目，须为不同品种或模式；试点申请单位须参与过大商所2016年"保险+期货""场外期权"等试点项目或开展过3笔以上大商所期货品种对应的场外期权业务。合作的保险公司须在试点区域有分支机构，且获得该区域农业保险业务经营资格。服务对象须为普通农户或直接从事农业生产的新型农业经营主体。

（4）试点项目支持。试点项目支持采取"启动资金+结项资金"的资金支持方式，以支付市场服务费形式落实，启动资金占该项目支持资金总额的40%，结项资金占该项目支持资金总额的60%。

2. 国产大豆"保险+期货"试点项目运行情况。2017年，国产大豆"保险+期货"试点项目运行情况见表4-4。

表4-4　　　　国产大豆"保险＋期货"试点项目运行情况

项目名称	品种	数量	状态	赔付金额	类型
黑龙江省、吉林省大豆价格险试点项目	国产大豆	1.3 万吨	完成赔付	83 万元	价格险
黑龙江萝北县宝泉岭农场收入险试点项目	国产大豆	0.6 万吨	完成赔付	309 万元	收入险
辽宁省庄河市大豆价格保险项目	国产大豆	1.3 万吨	完成赔付	67.6 万元	价格险
黑龙江孙吴县大豆价格保险及扶贫保价收购试点项目	国产大豆	1.5 万吨	完成赔付	408 万元	精准扶贫价格险
海伦市大豆价格保险试点项目	国产大豆	1.3 万吨	完成赔付	152.14 万元	精准扶贫价格险
黑龙江桦川县"保险＋期货"试点项目	国产大豆	1.3 万吨	完成赔付	251 万元	精准扶贫价格险
"保险＋期货"大豆收入险	国产大豆	0.6 万吨	完成赔付	146.2 万元	收入险
2017嫩江大豆价格保险项目	国产大豆	1.5 万吨	完成赔付	174.5 万元	价格险

三、豆一合约相关规则调整

（一）合约及交割等规则修改

1. 指定交割仓库调整。2017年2月17日，大连商品交易所调整4家黄大豆1号指定交割仓库。取消辽宁大连粮贸国家粮食储备库、中国外运辽宁储运公司的黄大豆1号指定交割仓库资格，设立中国船舶工业物资大连有限公司为黄大豆1号基准指定交割仓库，以上交割仓库调整事项自通知发布之日起执行；增设中央储备粮大杨树直属库为黄大豆1号非基准指定交割仓库，贴水为200元/吨，自2018年8月1日起执行。

2017年9月14日，大连商品交易所调整2家黄大豆1号指定交割仓库。取消中粮辽宁粮油进出口公司大连储运贸易公司黄大豆1号指定交割仓库资格，自通知发布之日起执行；设立绥滨县盛中农业发展有限公司为黄大豆1号非基准指定交割仓库，贴水为260元/吨，自2019年4

月1日起执行。

2. 指定质检机构调整。2017年4月28日，大连商品交易所规定自即日起取消中国商业联合会饲料质量监督检测中心（哈尔滨）、黑龙江省农业科学院农产品质量安全研究所、黑龙江省粮油卫生检验监测站3家单位的黄大豆1号指定质检机构资格。

（二）其他规则调整

1. 保证金调整。2017年，根据风险管理需要，豆一期货保证金先后经过2次常规性调整，即春节及中秋节、国庆节两个长假期间的保证金调整（见表4-5）。

表4-5　　　　　　　2017年节假日豆一合约交易保证金调整

时间	通知名称	调整措施
2017/1/18	关于2017年春节期间调整各品种最低交易保证金标准和涨跌停板幅度及夜盘交易时间的通知	自2017年1月25日（星期三）结算时起，将黄大豆1号涨跌停板幅度调整至7%。2017年2月3日（星期五）恢复交易后，自各品种持仓量最大的两个合约未同时出现涨跌停板单边无连续报价的第一个交易日结算时起，黄大豆1号涨跌停板幅度恢复至5%。
2017/9/21	关于2017年中秋节、国庆节期间调整各品种涨跌停板幅度和最低交易保证金标准的通知	自2017年9月28日（星期四）结算时起，将黄大豆1号涨跌停板幅度调整至7%。2017年10月9日（星期一）恢复交易后，自各品种持仓量最大的两个合约未同时出现涨跌停板单边无连续报价的第一个交易日结算时起，黄大豆1号涨跌停板幅度恢复至5%。

2. 涨跌停板幅度调整。2017年，豆一期货的涨跌停板幅度先后经过2次常规性调整，即春节及中秋节、国庆节两个长假期间的涨跌停板幅度调整（见表4-6）。

表4-6　　　　　　　2017年节假日豆一合约涨跌停板幅度调整

时间	通知名称	调整措施
2017/1/18	关于2017年春节期间调整各品种最低交易保证金标准和涨跌停板幅度及夜盘交易时间的通知	自2017年1月25日（星期三）结算时起，将黄大豆1号最低交易保证金标准调整至9%。2017年2月3日（星期五）恢复交易后，自各品种持仓量最大的两个合约未同时出现涨跌停板单边无连续报价的第一个交易日结算时起，黄大豆1号最低交易保证金标准恢复7%。

时间	通知名称	调整措施
2017/9/21	关于 2017 年中秋节、国庆节期间调整各品种涨跌停板幅度和最低交易保证金标准的通知	自 2017 年 9 月 28 日（星期四）结算时起，将黄大豆 1 号最低交易保证金标准调整至 9%；2017 年 10 月 9 日（星期一）恢复交易后，自各品种持仓量最大的两个合约未同时出现涨跌停板单边无连续报价第一个交易日结算时起，黄大豆 1 号最低交易保证金标准恢复 7%。

四、豆一期货市场发展前景、问题与建议

（一）发展前景

1. 未来国产大豆种植面积将继续增加。国产大豆未来 5 年发展战略指出，到 2020 年我国大豆面积达到 1.4 亿亩，增加 4 000 万亩。2017/2018 年度中国大豆播种面积 8 194 千公顷，同比增加 986 千公顷，同比增长 13.68%，一改之前几年我国大豆种植面积不断下滑的局面。由此可见，我国国产大豆种植具有较好的发展前景，在有效满足国内食用大豆需求的同时，形成了国产大豆与进口大豆相互补充的健康良性发展轨道。

2. 国产非转基因大豆优势逐步显现。2017 年 1 月 13 日，农业部办公厅发出了《关于做好 2017 年农业转基因监管工作的通知》（以下简称通知）。《通知》指出，继续做好品种审定环节监管。申请单位应对发现非法含有转基因成分的立即终止试验。严格落实未获得农业转基因生物生产应用安全证书的品种一律不得进行区域试验和品种审定的要求；继续做好种子生产、加工经营环节监管。从 2015 年开始至 2017 年，国家多次实施封港政策，加强对进口分销大豆贸易商的检查，控制进口大豆流入商品市场，从港口经销商手中购买进口豆需出示进口转基因大豆加工许可证。近几年，随着封港政策的多次实施，进口大豆流入食品领域数量明显减少，有益于促进国产大豆需求的恢复，有益于市场对国产非转基因大豆和进口转基因大豆进行合理的差

异性定价，有益于提升我国农户种植大豆的信心和决心。

（二）当前存在的问题

1. 我国国产大豆产业信息化程度相对落后。在美国，官方和民间专业机构相互分工，对大豆的产、供、销和库存进行科学系统的调查、统计和分析，并定期发布相关报告，为豆农等市场主体的各种相关决策提供科学依据。尽管我国农业信息化普及率正在逐年提高，但国产大豆信息化程度仍相对落后。具体体现在大豆产业信息体系不健全，提供的大豆产业信息不系统，分析预测水平偏低等。如何利用网络和信息更好地服务国产大豆产业，需要专业的官方和民间机构去做大量的工作，还有很长的路要走。

2. 豆一期货的市场规模不大，产业客户参与率低。随着玉米临储政策的取消和种植结构的调整，近两年，国产大豆的播种面积和产量都有了较快的提升。应该说，客户对豆一期货的需求有着较大潜力。但与国产大豆实施临储大豆收购政策之前相比，当前的豆一期货市场规模仍然偏低，豆一期货的市场规模仍有较大的提升空间。另外，从客户构成来看，豆一期货的产业客户参与率明显偏低。2017年，豆一期货月均参与交易客户数为50 262户，其中月均参与交易法人客户数为1 710户，仅占客户总数的3.4%。

（三）发展建议

1. 提高对国产大豆产业的信息化服务水平。我国应加强大豆农业信息化服务体系建设，建立适合我国国情的官方与民间分工明确、相互补充的大豆产业信息化服务体系。参照国外经验，应向市场提供诸如种植意向报告、天气周报、生长状况周报、出口销售周报、出口检验周报、月度供需报告、压榨月报、季度库存报告等，使市场各参与主体能够根据权威信息决定种植与销售，并为经营和风控决策提供参考依据。

2. 加强豆一期货市场的培育工作。从取消临储大豆收购政策到实施大豆目标价格补贴政策，再到调整大豆目标价格补贴为大豆生产者补贴，实行市场化收购加补贴机制，国产大豆定价市场化进程逐步加快。大豆种植户、大豆贸易商、食品加工企业等市场主体越来越多地暴露到市场风险之中。交易所、期货业协会和期货公司需要进一步加强豆一期货的市场培育工作。定期和不定期为各市场主体进行各种业务培训，对有意愿参与期货的企业给予实际指导。创新期货服务大豆产业手段，推广"保险+期货"、大豆期权等新工具。让市场主体充分了解豆一期货，充分发挥其功能，让豆一期货成为国产大豆产业的好帮手。

专栏

2017年黄大豆1号期货大事记

1月13日，农业部办公厅发出了《关于做好2017年农业转基因监管工作的通知》（以下简称《通知》）。《通知》指出，继续做好品种审定环节监管。申请单位应对参加区域试验的玉米、水稻、大豆、小麦等品种进行转基因成分检测，试验组织单位进行复检，发现非法含有转基因成分的立即终止试验。严格落实未获得农业转基因生物生产应用安全证书的品种一律不得进行区域试验和品种审定的要求；继续做好种子生产、加工经营环节监管。开展种子加工和销售环节转基因成分抽检，严防转基因玉米、水稻、油菜、大豆等种子冒充非转基因种子生产经营。

1月18日，国家质检总局公布了《关于进口哈萨克斯坦和乌拉圭大豆植物检验检疫要求的公告》，根据《中华人民共和国进出境动植物检疫法》等法律法规规定，在风险分析和实地考察基础上，经与哈萨克斯坦、乌拉圭检验检疫部门协商，分别签署了《哈萨克斯坦大豆输华植物检疫要求议定书》和《乌拉圭大豆输华植物检疫要求议定书》。即日起，允许符合"进口哈萨克斯坦大豆植物检验检疫要求"和"进口乌拉圭大豆植物检验检疫要求"的大豆输往中国。

3月23日，国家发展改革委发布《2017年国家将在东北三省和内蒙古自治区继续深化玉米等收储制度改革》，提出在东北三省和内蒙古自治区继续实施和完善玉米市场化收购加补贴机制，同时调整大豆目标价格补贴为大豆生产者补贴，实行市场化收购加补贴机制，旨在充分发挥市场价格调控机制，鼓励引导多元市场主体入市收购，拓宽农民售粮渠道。这标志着实施三年的大豆目标价格政策正式结束。

3月24日，农业部、财政部发布《2017年重点强农惠农政策》，共计包括8个方面31项，其中第三方面（支持农业结构调整）第7项（耕地轮作休耕制度试点）提出：在辽宁、吉林、黑龙江省和内蒙古自治区开展粮改豆（粮豆轮作）试点，支持以玉米改种大豆为主，兼顾改种杂粮杂豆、马铃薯、油料、饲草等作物。

4月28日，财政部和税务总局公布了《关于简并增值税税率有关政策的通知》。纳税人销售或者进口农产品（含粮食），税率为11%，这一规定将使得大豆进口增值税由原来的13%降至11%。

5月12日，黑龙江省政府办公厅正式印发了《黑龙江省玉米和大豆生产者补贴工作实施方案》（以下简称《方案》）。《方案》指出，2017年黑龙江的玉米、大豆生产者补贴的基本原则为：市场定价、价补分离。自2017年起，将大豆目标价格补贴政策调整为大豆生产者补贴政策，玉米和大豆价格由市场决定，政府对玉米和大豆生产者给予一定补贴，生产者随行就市出售玉米和大豆，形成购销主体多元化和多渠道流通的市场格局。大豆生产者补贴标准原则上高于玉米生产者补贴标准。

5月17日，辽宁省财政厅和辽宁省农村经济工作委员会公布了《辽宁省统筹玉米和大豆生产者补贴实施方案》。

7月3日，华信期货联合中国人民财产保险股份有限公司北京市分公司、内蒙古分公司合作推出的"大豆收入保险"在郑州正式签约运作。该项目是国内首单商业性农产品收入保险，使得"保险＋期货"项目从价格保险扩充到收入险。

9月4日，2016年黑龙江省大豆目标价格补贴即将发放，补贴标准为118.58元/亩，2015年补贴标准为130.87元/亩。2017年大豆生产者补贴也即将于2017年9月底发放。

9月15日，国家发展改革委、国家粮食局、财政部、农业部、中国人民银行、中国银行业监督管理委员会发布了《关于切实做好2017年东北地区玉米和大豆收购工作的通知》。

9月18日，国家粮食局发布了大豆、玉米、小麦、稻谷和植物油等17项推荐性行业标准。

9月29日，在国家粮食局粮食交易中心及联网的各省（自治区、直辖市）国家粮食交易中心组织开展国家临时存储大豆竞价交易，计划拍卖大豆300 057吨，实际成交215 469吨，成交率为71.81%。

10月中旬，黑龙江省2017年玉米和大豆生产者补贴资金发放工作正式启动。玉米生产者补贴标准为133.46元/亩；大豆生产者补贴标准为173.46元/亩。

10月12日，中储粮北安直属库启动国储大豆挂牌收购工作，国标三等挂牌收购价格1.90元/斤。之后，吉林敦化、内蒙古大杨树、黑龙江黑河北安、黑龙江齐齐哈尔克东、黑龙江齐齐哈尔逊克等中储粮库点陆续挂牌收购。

10月17日，农业部在黑龙江省海伦市召开东北黑土地保护落实推进会，部署安排《东北黑土地保护规划纲要（2017—2030年）》。会议强调，保护黑土地是一项长期而艰巨的任务，推广玉米与大豆轮作和"粮改饲"。

12月15日，2017年大商所支持的32个"保险+期货"试点项目之一，由国投安信期货及其风险管理公司国投中谷（上海）投资有限公司、人保财险、太平洋财险黑龙江分公司共同推动的黑龙江省孙吴县大豆价格保险及扶贫保价收购试点项目了结。该项目保障了孙吴县6家大豆种植合作社的1.5万吨大豆，其中人保财险承保1万吨，太平洋财险承保0.5万吨，以黄大豆1号期货1801合约价格为保险标的，共计理赔408万元。

报告五
黄大豆2号期货品种运行报告（2017）

2017年，在多方努力下，黄大豆2号（以下简称豆二）期货合约在交割质量标准、厂库交割、期转现交割、交割结算优化、标准仓单要求及扩大交割区域等方面完成调整和优化，并于1805合约正式实施。由于更符合市场需求和降低了交易成本，豆二新的合约规则实施以来，市场运行平稳，市场成交、持仓规模显著增加，并顺利完成一笔期转现交割业务。豆二期货新合约重新踏上征程，为大豆产业链相关企业提供更为便利的风险管理工具，也对促进行业健康发展、提高我国大豆国际话语权以及构建国家粮食安全战略具有重要的现实意义。

一、豆二期货市场运行情况

（一）市场规模及发展情况

豆二期货新合约上市后，市场成交、持仓规模有效提升。豆二期货新合约规则于2017年5月23日正式推出，2017年6月开始市场显著活跃起来。从成交规模来看，2017年豆二期货总成交量为42 551手，总成交金额14.07亿元，相较2016年分别增长了22.2倍和20.42倍。从持仓规模来看，2017年豆二月均持仓量为1 186手，相较2016年增加1 159手，增长42.93倍；全年月均持仓金额为3 903.18万元，较2016年增长38.45倍。

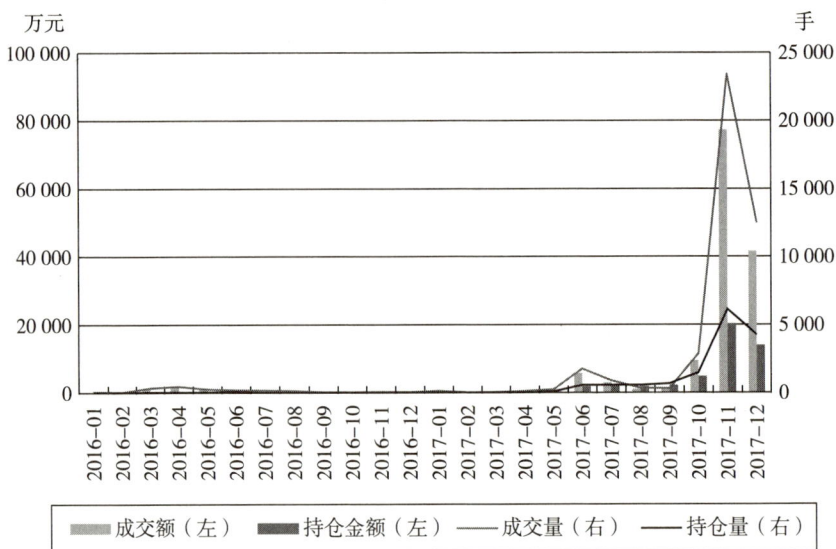

图 5-1   2016—2017 年豆二期货成交持仓情况

从月度成交情况看，2017年豆二月均成交3 546手，月均成交金额1.17亿元，2016年月均成交量和成交金额分别为153手和547.2万元。其中2017年1~5月成交规模与2016年大体相当，除1月外，其他月份与2016年同期相比均有下滑，整体成交寡淡，2月一度创出历史最低成交量21手，成交金额仅为85.95万元。5月成交量虽环比翻倍增加，但同比略降。此后，6~12月成交规模与2016年同期对比出现显著攀升。6月成交量环比增加1 493手，增幅达6.07倍，同比增幅达8.15倍，成交金额5 623.42万元，2016年同期为751.13万元。7~9月成交量维持平稳态势，10月微增，11~12月激增，年度高点出现在11月，达23 408手，环比增加7.21倍，同比增加370.56倍，成交金额7.73亿元，2016年同期为244.93万元。

从月度持仓情况来看，全年豆二持仓量同样呈现前低后高态势，1~4月末持仓与2016年同期相比均有所下降，其中2月和4月末持仓仅为8手。持仓量自5月起回升，6月末持仓548手，环比和同比分别增加6.21倍和6.41倍，至11月高点时月末持仓达6 127手，同比增加407.47

倍，持仓额达2.03亿元。年末持仓量为4 237手，持仓额为1.39亿元，2016年同期分别为11手和43.78万元。

（二）期现货市场价格走势

进口大豆价格震荡走低，豆二期货价格高位回落。2017年，在全球大豆供应趋于宽松的背景下，进口大豆价格从2016年第四季度高位回落，整体运行偏弱。由于阿根廷大豆主产区发生洪涝灾害以及美国农业部调低美豆产量预期，1月的大部分时间美豆价格处于上涨态势，从1 000美分/蒲式耳附近启动，最高涨至1 076.2美分/蒲式耳，收于1 026美分/蒲式耳，月度涨幅为1.89%。2~6月，随着南美新豆逐渐上市和雷亚尔贬值，巴西豆农销售更为积极，市场供给宽松，促使国际大豆市场价格不断走低，6月底最低回落至906.2美分/蒲式耳，较1月高点下降15.79%。6月底，美国农业部大豆种植意向和季度库存偏低，以及美豆天气炒作升温，美豆价格自7月初950美分/蒲式耳附近开始企稳，一周内快速拉升至1 044.4美分/蒲式耳，涨幅高达9.94%。但随着8月美国农业部月度供需报告意外上调美豆单产加之美豆产区天气条件转好，美豆价格急跌至7月初起点950美分/蒲式耳下方。9~12月，由于南美播种天气不利、拉尼娜隐现以及10月美豆产量意外下调、中国需求预期等因素，价格在低位960美分/蒲式耳附近再度获得支撑，小幅震荡走高。美豆年度收跌3.63%，叠加汇率等因素影响，使得2017年进口大豆价格全年下跌近10%。大商所豆二期货受国际大豆价格影响全年下跌近17%，1~5月由于市场参与程度较低，豆二期货价格延续2016年的涨势，围绕3 900元/吨附近高位震荡，期现价差较大，基差均值为−336.48元/吨。5月新合约规则颁布后，豆二期货快速回落至以3 300元/吨为中枢的价格区间窄幅震荡，期现价差显著收窄，基差均值为14.07元/吨。

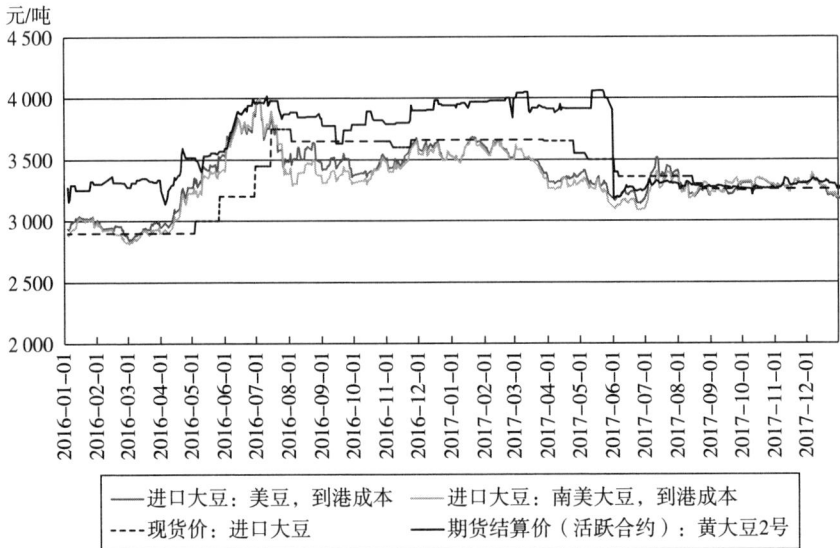

数据来源：Wind 数据库。

图 5-2　2016—2017 年国内外大豆价格变动情况

（三）期货市场结构分析

客户总数显著增加，法人客户占比有所回升。2017年，我国豆二期货市场月均客户数为130户，同比增幅达271%。其中，月均参与交易个人客户数为119户，是2016年的3.61倍；月均参与交易法人客户数为11户，是2016年的5.5倍。2017年1~5月，参与交易客户数量以及客户结构基本延续了2016年的态势；自6月开始，豆二期货的客户数量显著增长，客户结构也呈现积极改善。6月，参与交易客户数为230户，环比增加1.95倍，同比增加4.11倍。11月，交易客户数达到年内高点397户，同比增长15.5倍。伴随着交易客户数量的增加，虽然个人客户仍是交易主体，但2017年月均个人客户占比已经由2016年的94.29%降至91.54%，法人客户数比例由5.71%升至8.46%。这些变化都反映了豆二期货新合约规则实施的有效性。新合约更为贴近现货市场需求，调动起了产业客户的积极性，服务产业的能力也得到有效提升。

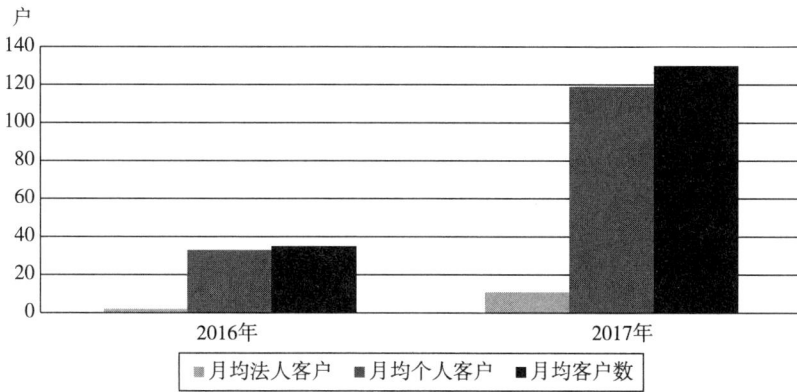

图 5-3　2016—2017 年豆二期货月均客户数量及结构

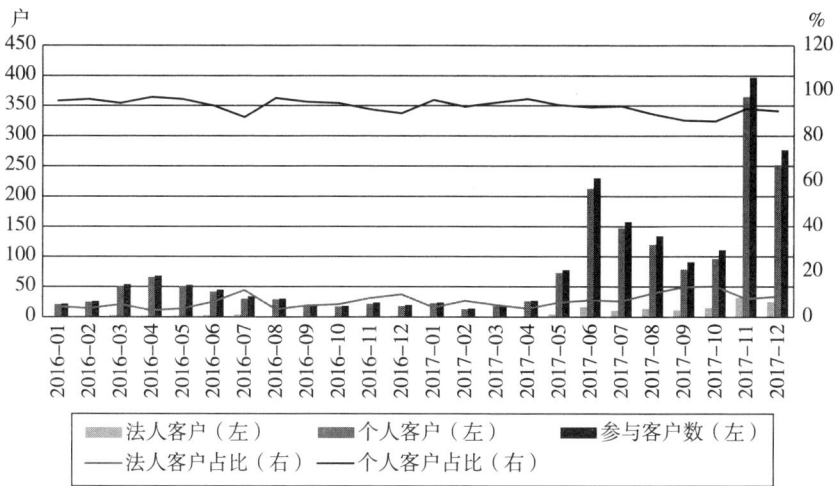

图 5-4　2016—2017 年豆二期货月度客户数量及结构

（四）期货交割情况分析

豆二首例期转现交割顺利完成。2017年1~5月，豆二期货市场整体交投不活跃，产业客户参与程度低。期货合约规则新政实施后，产业客户关注度提高。2017年12月，首例豆二期转现交割顺利完成，期转现数量共计99手。交割卖方为九三集团，沈阳禾丰公司为交割买方，双方使用在港存储大豆作为现货标的物，在完成协商价格和系统开户后，通过进口大豆期货监管信息系统办理用途变更和货权转移，然后办理调离出库将进口大豆运抵指定加工厂，完成了期转现交割的全部流程。首例交割顺利完成，表明新政实施后进口大豆参与期货交割的便利性得到实践检验，也为后续推广期转现业务奠定了基础。

二、豆二期货市场功能发挥情况

（一）价格发现功能发挥情况

期现价格相关性略有回落。2017年，以山东日照港进口大豆价格为现货价格参考，豆二期货价格与现货市场价格的相关性较2016年有所回落，由0.95降至0.88。2017年下半年，豆二新合约才刚刚上市，期货市场价格发现功能正在建设之中，尚不完善，因此期现货价格表现为无引导关系。

表5-1　　　　2016—2017年黄大豆2号期现价格相关性

检验项 \ 年份		2016年	2017年
期现价格的相关性	系数	0.95	0.88
	显著性检验	通过检验	通过检验
期现价格引导关系		现货引导	无引导关系

注：现货价格为山东日照港进口大豆价格，期货价格为黄大豆2号期货活跃合约结算价，数据频率为日度。

（二）套期保值功能发挥情况

1. 基差收敛性有所增强。2017年，豆二期现基差收敛效果较2016年有所增强。数据显示，2017年进口大豆现货价格与豆二主力合约结算价之差的年均值为-123.23，而2016年年均值为-299.18。到期日基差均值为-424.5，2016年为-250.25，但从分合约到期日基差收敛情况来看，2017年第四季度到期日基差收敛效果逐渐增强。

2017年1~5月，豆二期现延续2016年以来长期较高的负基差结构，期货价格显著升水现货。6月以来，这一情况有效改善，6~8月现货一度升水期货，8月中旬至10月维持一段时间平水状态，11月至年底围绕-50元/吨负基差窄幅运行。此前豆二期货受政策限制，市场不活跃，套期保值、价格发现等市场功能发挥受到限制，新合约规则实施后，市场活跃度有所回升，期货更为贴近现货。

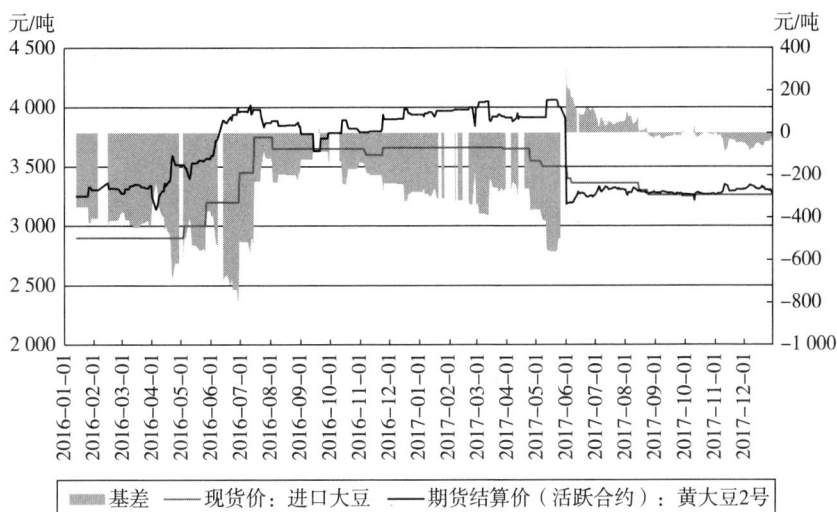

图 5-5　2016—2017 年豆二期现价格及基差变化

2. 套期保值效率略有下降。因新合约上市，新旧衔接中市场价格波动较大，2017年豆二期货周度套期保值效率为77.23%，较2016年下降4.77个百分点。

表 5-2　　　　2016—2017 年黄大豆 2 号套保有效性

			2016 年	2017 年
基差	均值	元	−299.18	−123.23
	标准差	元	92.21	222
	变异系数		0.04	0.06
	最大	元	−92	157
	最小	元	−564	−566

续表

			2016 年	2017 年
到期价格收敛性	到期日基差	元	−250.25	−424.5
	期现价差率	%	−7.48	12.19
套期保值效率	周价（当年）	%	82	77.23

注：现货价格为山东日照港进口大豆价格，期货价格为黄大豆 2 号期货活跃合约结算价，数据频率为日度。

三、豆二期货合约相关规则调整

（一）合约及规则修改

2017年5月23日，大商所发布调整黄大豆2号合约和规则的通知。为发挥黄大豆2号期货市场功能，进一步服务产业和实体经济，经大商所理事会审议通过，并报告中国证监会，大商所对《大连商品交易所黄大豆2号期货合约》《大连商品交易所结算细则》《大连商品交易所交割细则》《大连商品交易所标准仓单管理办法》《大连商品交易所指定交割仓库管理办法》及《大连商品交易所风险管理办法》等合约规则进行了调整。新合约规则主要变化包括：一是调整交割质量标准，综合考虑南美和北美大豆品质，突出体现销区导向型的市场特点，并根据进口大豆现货储存的实际情况，对部分质量指标设置了不同的出入库标准。二是引入厂库交割及委托加工制度。厂库交割出库时，货主有权委托厂库将进口大豆加工成豆粕和豆油，使得企业参与交割更为便利。三是优化期转现交割制度，延长期转现时间至交割月份，推动期转现信息平台建设，并可为非标准仓单期转现提供结算服务。四是优化交割结算制度，确保进口大豆交割时符合检验检疫相关政策要求，并给予卖方客户充足的交割准备时间。五是调整标准仓单要求，进一步贴近进口大豆现货贸易习惯。六是扩大交割区域，将全国主要进口大豆口岸设为交割地点等。其中，除关于非标准仓单期转现可委托交易所办理货款收付的规定具体实施时间需另行通知外，其他合约和规则修改自 B1805 合约开始施行。

（二）涨跌停板幅度和最低交易保证金调整

2017 年，豆二期货涨跌停板幅度和最低交易保证金标准先后经历了两次调整。分别是：春节期间，将涨跌停板幅度和最低交易保证金标准分别调整至 7% 和 9%，节后恢复正常水平；中秋节、国庆节期间，将涨跌停板幅度和最低交易保证金标准分别调整至 7% 和 9%，节后恢复正常水平。

表 5-3 　　　　　2017 年节假日豆二合约交易保证金调整

时间	通知名称	调整措施
2017/1/18	关于 2017 年春节期间调整各品种最低交易保证金标准和涨跌停板幅度及夜盘交易时间的通知	自 2017 年 1 月 25 日结算时起，将黄大豆 2 号品种涨跌停板幅度和最低交易保证金标准分别调整至 7% 和 9%。2017 年 2 月 3 日恢复交易后，持仓量最大的两个合约未同时出现涨跌停板单边无连续报价的第一个交易日结算时起，涨跌停板幅度和最低交易保证金标准分别恢复至 4% 和 5%。
2017/9/21	关于 2017 年中秋节、国庆节期间调整各品种涨跌停板幅度和最低交易保证金标准的通知	自 2017 年 9 月 28 日结算时起，将黄大豆 2 号品种涨跌停板幅度和最低交易保证金标准分别调整至 7% 和 9%。2017 年 10 月 9 日恢复交易后，持仓量最大的两个合约未同时出现涨跌停板单边无连续报价的第一个交易日结算时起，涨跌停板幅度和最低交易保证金标准分别恢复至 4% 和 5%。

四、豆二期货市场发展前景、问题与建议

（一）发展前景

1. 我国大豆进口量持续上升，国内企业避险需求不断增加。我国大豆进口贸易量大且对外依存度高。2017 年，全年进口量达到 9 554 万吨，较 2016 年大幅增加 1 163 万吨，增幅高达 13.9%，连续第六年创下大豆进口量的历史最高纪录。国内压榨企业进行扩建，压榨需求增加以及 2017 年 7 月开始中国将农产品增值税由 13% 下调至 11% 是进口量增加的主要原因。此外，2017 年人民币兑美元升值也使得企业进口

成本下降，刺激进口。2018年，中国大豆进口量有望继续呈现增加的趋势。一方面，国内压榨企业在2018年仍有扩建计划，国内的压榨需求呈上升趋势；另一方面，随着农业供给侧结构性改革逐步深入，饲料养殖行业规模化程度不断提升，对于饲料需求将进一步增加。预计2018年中国大豆进口量有望突破1亿吨。目前，我国大豆对外依存度已超过85%，豆二期货以人民币计价，国内企业通过其套保、定价，可以有效规避国际市场大豆原料价格的变动风险，还可以规避基差、运费、汇率、税费等采购环节的价格风险，还将与豆粕、豆油等期货品种联动，形成更具中国特色、更体现中国需求的避险链条。

2. 新合约规则实施更贴近现货市场，更能满足市场需求。2017年，在中国证监会、国家质检总局及辽宁出入境检验检疫局的大力支持和大商所的努力推动下，自2014年启动的豆二期货合约创新修改工作取得了实质性的突破，豆二期货新合约和规则自1805合约开始施行。

2017年，豆二期货合约修改从企业角度出发，适应市场的最新发展，对于助推豆二期货市场功能充分发挥具有积极的影响。事实证明，豆二新合约挂牌上市以来，价格贴近现货价格，成交规模逐渐提升，持仓规模稳步增长。伴随着市场活跃，豆二期货市场价格发现和套期保值功能将得到进一步发挥，对于促进国内油脂行业健康发展、打造全球销区价格中心、提升我国期货市场的国际影响力以及维护国家粮食安全战略都将具有重要的现实意义。

（二）存在问题

1. 豆二期货市场功能发挥仍有限。新修订的合约推出仅半年，新政策效果仍未完全显现。2017年，豆二期货市场活跃度虽有增强，但潜力仍待进一步挖掘，功能发挥水平有限，产业链相关企业对于新规的学习和了解仍待加强。为了规避价格波动风险，国内大豆企业仍是优选美国进行点价和套期保值交易，这对我国大豆加工企业乃至整个大豆压榨产业发展仍非常不利。

2. 我国大豆市场定价中心地位尚未建立。国际贸易中，大宗商品的定价多是以期货价格为核心的基差定价，大豆也不例外。目前，进口大豆定价中心在美国，与我国作为全球最大的大豆进口国地位不匹配。大豆进口过程中，贸易规则主要由国际市场上的跨国企业来定，我国只能被动在美国芝加哥期货交易所（CBOT）等市场进行点价，灵活性较差。国内大豆进口企业为完成进口采购贸易必须受限制通过"点价"操作才能完成贸易，而不能通过其他方式来确定价格，使进口企业的头寸暴露在外，在期货市场开展"点价"操作时容易被国际市场资金狙击，甚至遭受巨大损失。此外，除了原料价格风险，中间环节成本包括基差、运费、汇率、税费等价格的不确定性也为国内企业采购造成巨大风险。CBOT价格是产地价格，市场更需要一个能体现中国需求的销区价格来规避风险。

（三）发展建议

1. 引入现货做市商制度。豆二期货踏上新的征程，处于稳起步阶段，市场流动性有效提高能够满足稳起步阶段产业客户的避险需求。做市商制度对于提供市场流动性、有效稳定市场、增强期货价格发现功能等具有较为积极的意义。豆二对应的进口大豆，属于现货物流有所限制的品种，更需要现货做市商的积极参与，现货做市商制度在铁矿石品种上得到了非常成功的验证，这为进一步活跃豆二期货新合约提供了很好的借鉴。

2. 增强市场培育工作。豆二新合约规则的实施取得显著成效，但市场参与者特别是实体产业客户对于新规的敏感度参差不齐。先行的企业，例如参与首例豆二期转现的九三集团和沈阳禾丰公司，自2016年11月期货检验检疫新政发布后即意识到新政策对于进口大豆加工产业链的重要意义，新政落地实施后尝试了期转现交割。实际操作标准案例的宣传、推广将有效增加产业链相关企业对新规的了解，促进它们积极参与豆二的交易和交割。

3. 努力构筑豆二期货的国际化发展路径。新修订的豆二期货标的主要是进口转基因大豆，能够覆盖美国、巴西、阿根廷等主要国家的大豆品种，非常有利于国内外产业客户利用豆二期货进行点价交易和套期保值。豆二合约的修改与活跃对我国提高大豆贸易话语权提供了千载难逢的良好机遇，对此，一要抓住时机，积极推进豆二新合约期货品种的国际化，充分利用期货市场加快我国大豆定价中心建设，提高我国在国际农产品市场的话语权和企业竞争力，这是期货市场国际化的核心。二要充分利用国内国际两个市场，循序渐进引入境外机构投资者参与国内豆二期货交易，丰富市场投资者结构，活跃市场流动性，为大豆压榨企业充分利用国内期货市场进行套期保值提供更大的便利和更多渠道。三要在活跃豆二期货基础上，努力推进以中国期货的交割质量标准为基础的原则，通过确定大豆国际贸易的质量标准，积极打造大豆国际贸易领域的"中国标准"和"中国价格"。

专栏

2017年黄大豆2号期货大事记

1月11日，我国终裁大幅上调美国DDGS反倾销税率。自2017年1月12日起，大幅上调进口美国DDGS反倾销税率至42.2%~53.7%，较4个月前初裁提高约16%；反补贴税率提高至11.2%~12%，增幅约1%；实施期限五年。

1月，阿根廷中部作物饱受降雨和洪水影响。圣达菲南部及布宜诺斯艾利斯省西北部地区的关键大豆产区出现暴风雨，导致大豆播种及作物早期生长受侵扰。

2月23日，美国农业部举行农业展望论坛，发布了2017/2018年度美国大豆平衡表预估。预估2017年美豆种植面积将达到8 800万英亩纪录高位，因种植大豆收益相对高于玉米，较2016年的8 340万英亩增加了460万英亩。

3月底，美国农业部种植意向报告显示，2017年美豆种植面积预估为8 948.2万英亩，高出市场预期且创历史最高纪录。季度库存报告显示，截至3月1日，当季美豆库存为17.3亿蒲式耳，高于2016年同期的15.3亿蒲式耳，也超出市场预期，为十年最高水平及历史第二高水平。

5月，巴西总统丑闻事件持续发酵，雷亚尔大幅贬值，巴西农户积极销售大豆。

5月12日，大商所发布关于延迟黄大豆2号1805合约上市交易的通知，根据黄大豆2号合约和规则调整的需要，经研究决定，将延迟黄大豆2号1805合约上市交易。

5月23日，大商所发布通知调整黄大豆2号期货合约和规则，以充分发挥黄大豆2号期货市场功能，更好服务产业和实体经济。新合约规则自黄大豆2号1805合约开始实施，B1805合约自2017年5月31日起上市交易。

6月30日，美国农业部发布的季度库存报告显示，截至6月1日，美国大豆库存为9.63亿蒲式耳，2016年同期为8.72亿蒲式耳，预期为9.83亿蒲式耳；美国大豆种植面积8 951.3万英亩，2016年终值为8 343.3万英亩，预期为8 994.6万英亩。种植面积和季度库存报告双双低于市场预期。报告公布后，美豆价格强势反弹。

7月，美豆主产区持续干旱，市场担心影响作物生长，引发一轮天气炒作，美豆价格走高。进入8月，旱情缓解，美国农业部8月月度供需报告调高单产和库存预估，预估2017/2018年度美豆单产49.4蒲式耳/英亩，7月预估为48蒲式耳/英亩，预期为47.5蒲式耳/英亩。美豆产量为43.81亿蒲式耳，上月为42.6亿蒲式耳，预期为42.03亿蒲式耳，结转库存由7月预估的4.6亿蒲式耳上调至4.75亿蒲式耳，远高于市场预期，美豆价格快速挤出天气升水。

7月13日，中国商贸采购团在衣阿华州签署非约束性协议，采购1 253万吨美国大豆，这也是中美两国签署的大豆采购协议的次高纪录。

8月8日，大商所发布"关于提交进口大豆期货监管信息系统申请材料"的通知。进口大豆期货监管信息系统将上线运行，并将在所有已上市交易的黄大豆2号合约上使用。

8月15日，中国10家进口企业签订协议，将采购总量约380万吨美国大豆，采购协议价值约15.6亿美元，至此2017年中国大豆采购商协议采购美豆累积总量高达1 633万吨，创历史纪录。

8月起，环保督查在我国山东、河北、河南、四川等北方及内陆省市进一步展开，靠近主城区的饲料企业几乎都处于停产整改检查状态。山东部分油厂分别因环保、检修以及憋库原因，面临进一步停机限产格局。

10月12日，美国农业部意外调低美豆单产至49.5蒲式耳/英亩，9月预估为49.9亿蒲式耳/英亩，低于市场预期。结转库存预估因旧作库存调低下降至4.3亿蒲式，9月预估为4.75亿蒲式耳，同样低于预期，报告利多。

11月8日~10日，美国总统特朗普展开访华之旅。11月9日，中美两国企业签署了史上最大的合作协议和订单，经贸合作的金额达到2 535亿美元。在农业领域，中国同意在2017/2018年度再进口1 200万吨美国大豆，总金额达50亿美元。50亿美元的农业大单来自两份意向书：一单来自中国食品土畜进出口商会将采购800万吨美国大豆，金额为34亿美元；另一单则来自著名的四大粮商ABCD之一的ADM与中粮集团签署的，中粮意向采购400万吨美国大豆，金额为16亿美元。

11月，市场聚焦中国农业部严控大豆GMO证书发放的动向。华北因环保限产、华南和山东地区进口大豆到港延迟、分布不均及进口商GMO许可证等因素共振，使得豆类市场表现偏强。

12月，阿根廷部分地区出现降雨，缓解种植面积减少和产量下降的担忧，拉尼娜定调强度弱、周期短。12月，美国农业部月度供需报告美豆产量不变，但出口略降，令期末库存有所提高，报告中性偏空，美豆价格承压。

12月22日，大商所发布"关于征集黄大豆2号指定交割仓库（厂库）"的通知，为更好地发挥期货市场功能，服务大豆压榨产业发展，公开征集黄大豆2号期货指定交割仓库（厂库）。

12月29日，黄大豆2号期货首例期转现交割顺利完成。本次交割过程中，九三集团为交割卖方，沈阳禾丰公司为交割买方，双方使用在港存储大豆作为现货标的物，在完成协商价格和系统开户后，通过进口大豆期货监管信息系统办理用途变更和货权转移，然后办理调离出库将进口大豆运抵指定加工厂，完成了期转现交割的全部流程。

报告六
豆粕期货品种运行报告（2017）

2017年，豆粕期货市场整体运行平稳有序，豆粕期货价格波动幅度缩小，期货成交量和持仓量较上年有所下降，豆粕期货成交量在大商所品种中位列第二名，持仓量位列第一名。豆粕期货客户结构保持成熟稳定，企业参与豆粕期货市场的力度明显增强。豆粕期货功能发挥愈加完善，服务现货产业能力进一步提升。

一、豆粕期货市场运行情况

（一）市场规模及发展情况

1. 成交规模下降。豆粕期货是国内最成熟的农产品期货品种之一，2017年整体运行平稳。全年豆粕期货共成交16 287.79万手，同比减少58.12%；成交金额45 853.85亿元，同比减少58.97%。2017年，豆粕期货价格呈现区间波动局面，交易机会减少，因此成交量与成交金额均较上一年出现较大幅度下降。随着豆粕基差定价模式逐渐成熟，企业参与期货市场的程度进一步提高，2017年豆粕成交量虽较上年出现明显下降，但仍位居大商所期货成交量第二位，名列大商所农产品期货成交量第一位。

从月度成交数据看，2017年豆粕月均成交量为1 357.32万手，较2016年的3 241.25万手减少58.12%；2017年豆粕每月成交量分布相对均衡，每月成交量占全年比重在2月和7月超过10%，在10月下降至最

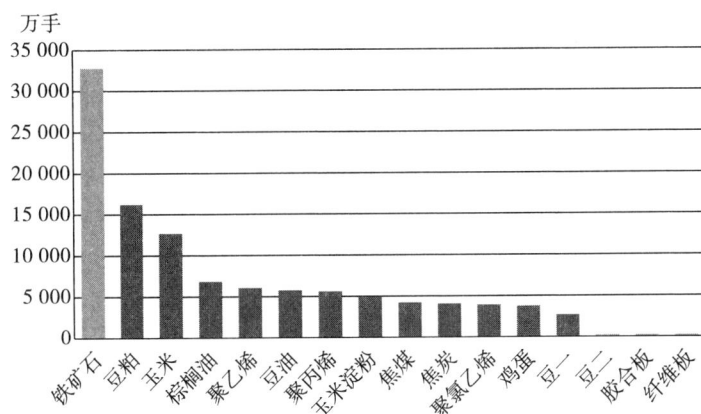

数据来源：大连商品交易所。

图6-1　大商所2017年度各品种期货成交量

低5%。主要是因为2月南美大豆丰产得到确认，豆粕价格短期呈现下跌趋势，吸引市场参与者进行交易；7月是美国大豆生长关键时期，豆粕价格在天气因素影响下上涨，市场交易活跃。而10月豆粕价格波动幅度不大，且受国庆长假因素影响，豆粕市场交易转淡。由于豆粕价格全年呈现区间波动，因此豆粕月度成交金额变化情况与成交量变化情况保持一致。

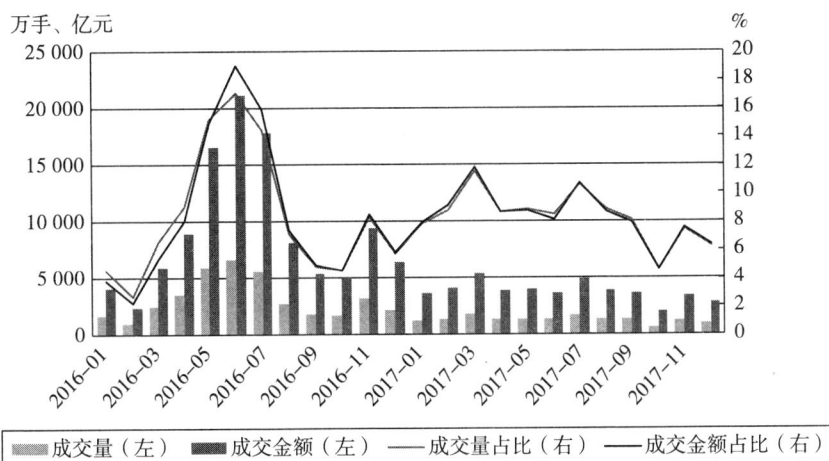

数据来源：大连商品交易所。

图6-2　2016—2017年豆粕期货成交量与成交额

2. 持仓量较上年略有下降。2017年，豆粕期货持仓量位列大商所期货品种第一名，持仓总体平稳。截至2017年12月末，持仓量为113.80万手，较2016年同期减少18.66%；月均持仓量为140.21万手，较2016年减少6.56%。从全年变化趋势来看，豆粕持仓自5月达到年内最高点170.74万手以后，呈现下降趋势，在12月降至最低的113.80万手，主要是因为豆粕价格波动幅度持续缩小，市场交易机会减少，市场参与者减少对豆粕的交易。从年内波动来看，豆粕持仓在10~11月出现短暂上升，主要是因为10月以来国内大豆到港因转基因安全证书问题受阻，吸引参与者进入市场，因此持仓增加。

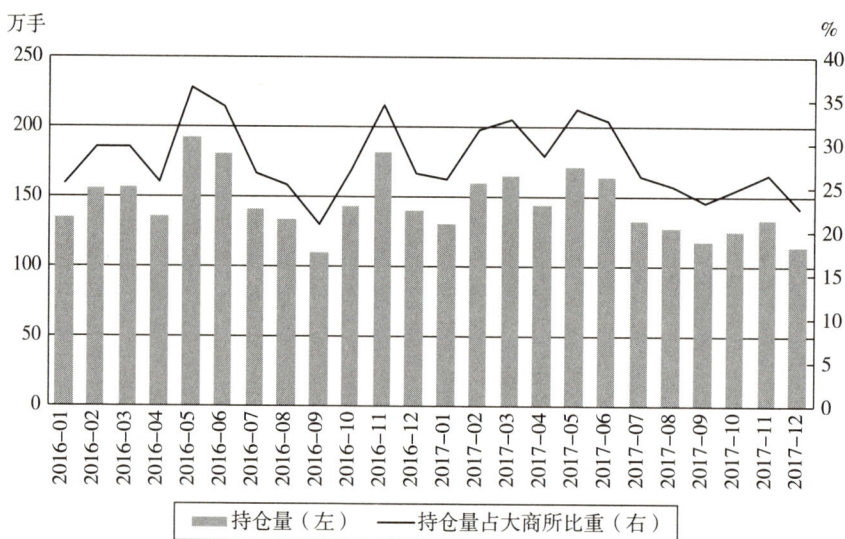

数据来源：大连商品交易所。

图6-3　2016—2017年豆粕期货月末持仓量及占比变化

（二）期现货市场价格走势

1. 豆粕期货价格保持区间波动。2017年，国内豆粕期货价格较上年末小幅下跌，豆粕现货价格跌幅略大，总体保持区间震荡走势。豆粕期货主力连续合约结算价由2016年末的2 812元/吨下跌至2017年末的2 780元/吨，跌幅为1.14%，期间最高价为3 028元/吨，最低价为

2 604元/吨，波动幅度为16.28%；同期，豆粕现货价格（江苏张家港）由3 380元/吨下跌至2 960元/吨，跌幅为12.43%，期间最高价为3 380元/吨，最低价为2 650元/吨，波动幅度为27.55%。豆粕供需基本平衡是豆粕价格呈现区间震荡走势的主要原因。供应方面，2017年我国大豆进口量达到9 554万吨，较2016年同期的8 446万吨增加1 108万吨，增幅为13.12%。需求方面，2017年我国饲料养殖业豆粕需求量明显增加，首先，我国生猪养殖规模较上年继续扩大，饲料需求同比增长10%左右[①]；其次，我国水产饲料需求较上年增加15%~20%，上半年我国草鱼价格上涨20.7%，水产养殖利润提高，导致养殖密度和轮补频率大幅提升，进而提升豆粕需求；最后，由于国际大豆价格下跌，导致国内豆粕与菜粕、棉粕的价差缩小，豆粕对菜粕、棉粕和DDGS等杂粮的替代需求增加。综合大豆进口增速和豆粕需求增速来看，我国豆粕供需保持平衡。

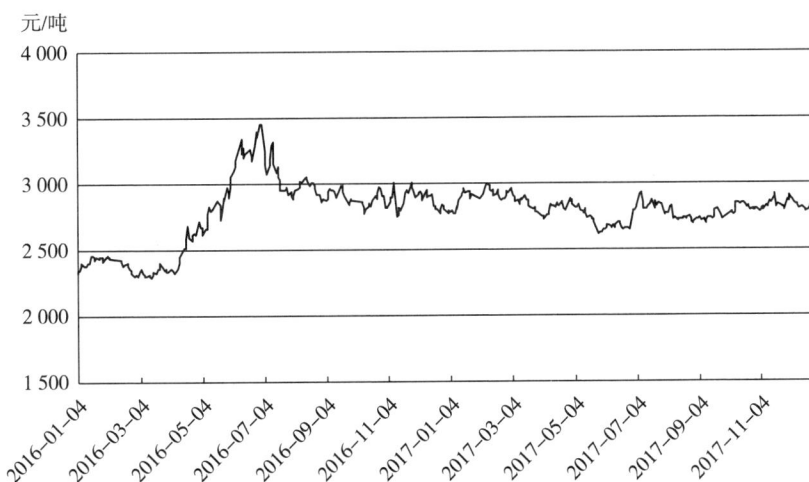

数据来源：Wind数据库。

图6-4　2016—2017年豆粕连续合约价格走势

---

① 根据对海大和温氏集团的调研获得。

2. 期货价格呈现粕强油弱特征。豆油与豆粕是大豆压榨后的主要产成品，两个产品的价格变化对企业利润影响较大，因此油粕比[①]趋势性变化受到压榨企业与个人投资者的重点关注，通过对油粕比的变化特点可以从另外的角度更好地了解豆粕的变化趋势。

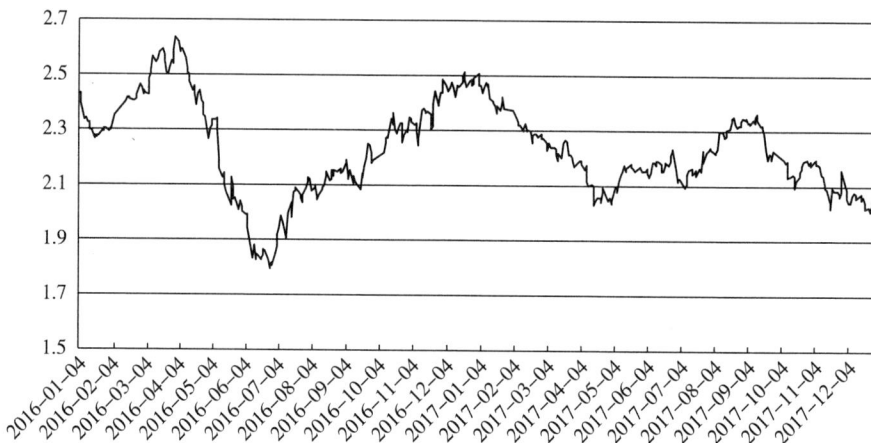

数据来源：Wind 数据库。

图 6-5 2016—2017 年豆粕、豆油期货主力合约油粕比走势

2017年，大商所豆油与豆粕主力合约比价呈现下降趋势，油粕比值由年初的2.5下降至年末的2，表明豆粕价格明显强于豆油价格，主要原因是我国豆粕需求增速高于豆油需求增速。根据美国农业部数据显示，2017年我国豆油消费增速仅为6.51%，而豆粕需求增速为9.55%。为满足国内快速增长的豆粕需求，2017年我国大豆进口量大幅增加，增速达到13.12%，大豆压榨量8 994万吨，较上年增加9.66%，导致国内豆油供应压力增加，豆油库存持续上升。

（三）期货交割情况分析

1. 豆粕交割量平稳，但略有下降。从交割数据看，2017年豆粕期

---

① 豆油价格除以豆粕价格。

货全年共交割10 258手，较2016年减少2 065手。从交割时间分布看，1月交割3 040手，较2016年同期减少2 118手；5月交割3 114手，较2016年同期增加1 701手；7月交割75手，较2016年同期增加75手；9月交割3 550手，较2016年同期减少2 201手；12月交割479手，较2016年同期增加478手。交割主要分布在1月、5月、9月三个月。其中1月和9月交割量较2016年下降，主要是由于在这两个月份，国内豆粕现货供应紧张，市场更多地转为现货贸易，造成期货交割意愿下降；5月豆粕交割量较2016年增加，主要原因是豆粕销售不畅，油厂出现胀库停机，豆粕供应压力较大，因此企业增加期货交割以缓解现货销售压力。

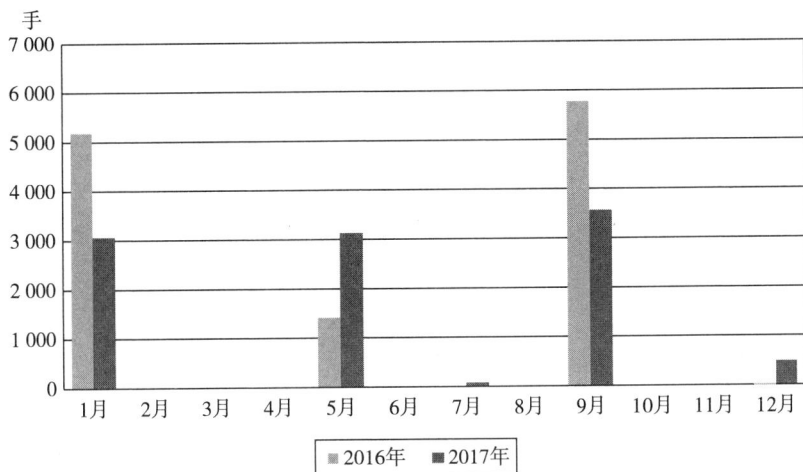

数据来源：大连商品交易所。

图6-6　2016—2017年豆粕期货交割数据

2. 豆粕交割客户数量稳中增加。2017年，豆粕交割客户数量较上年提升，参与交割共45户，较2016年增加15户。其中，1月为22户，较2016年同期增加10户；5月为16户，较2016年同期增加7户；7月为3户，较2016年同期增加3户；9月为12户，较2016年同期增加2户。1月、5月、9月和12月交割客户数较2016年同期增加，表明客户交割积极性和活跃性增强，证明期货市场功能已经成为重点企业客户常态化运作工具。

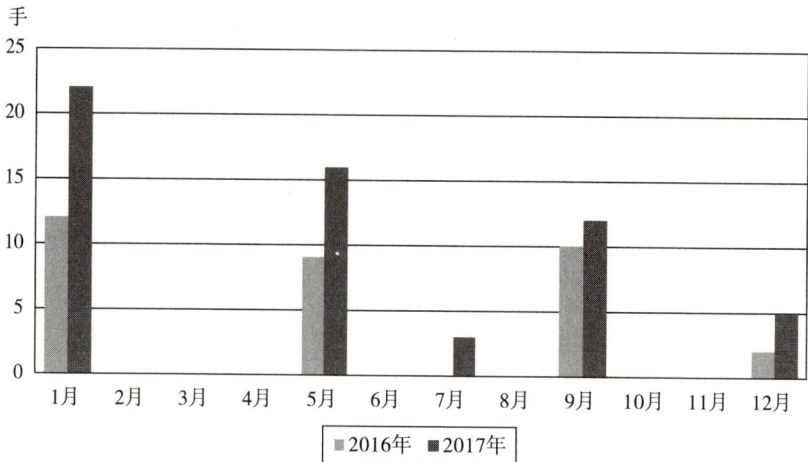

图6-7　2016—2017年豆粕期货交割户数

（四）期货市场结构分析

1. 法人客户持续增长。豆粕期货市场已经进入稳定成熟周期，产业客户参与度不断提高，特别是在基差销售被油厂大量运用之后，豆粕下游企业参与积极性大幅提高，法人客户数量保持增长趋势。2017年，参与期货交易的法人客户数量月均为3 442户，较2016年3 299户增长4.33%。

从月度数据看，2017年1~12月，期货交易法人客户数量为3 442户，每月分布情况较为均匀。法人客户参与数量增长表明，现货企业对豆粕期货认同度持续提高，企业对基差合同风险对冲需求明显增强，豆粕期货服务实体企业功能得到进一步发挥。

交易客户总量方面，2017年参与豆粕期货交易的客户数量月均达到114 730户，较2016年减少25.05%。从月度数据看，第一至第三季度参与交易的总客户数量相对稳定，但在第四季度出现明显下降，主要是由于豆粕价格波动幅度变窄，投资者参与交易积极性不高。

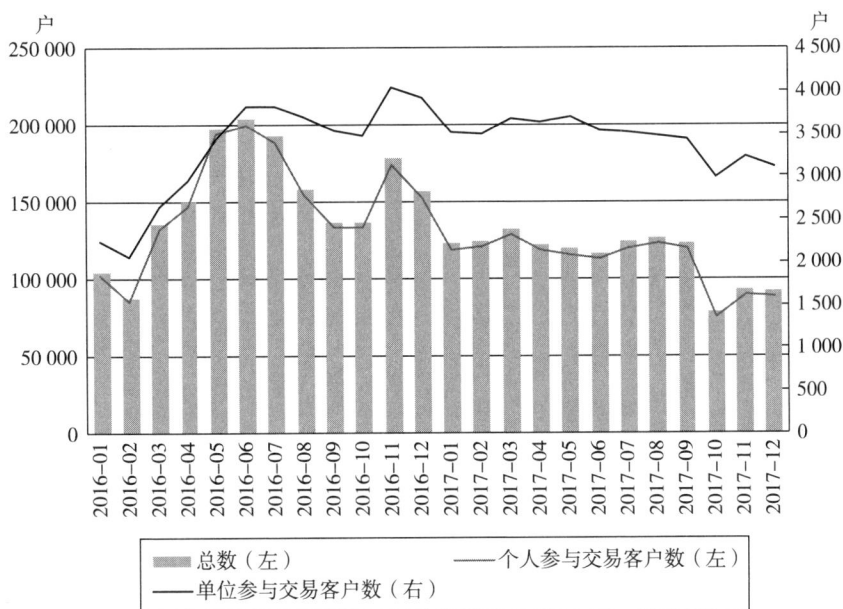

数据来源：大连商品交易所。

图6-8 2016—2017年豆粕期货市场客户结构

2. 豆粕持仓集中度稳定。作为国内最成熟的农产品期货品种之一，豆粕期货持仓集中度（指持仓量前100名客户的持仓量/市场持仓量）除8月出现较明显波动外，总体较为平稳。2017年，持仓集中度运行区间为（48%，62%）。第一季度持仓集中度小幅下降，第二季度持仓集中度逐渐回升，第三季度持仓集中度出现明显波动，在8月下降后快速回升，主要是由于8月豆粕价格波动幅度逐渐缩小，持仓量出现下降趋势，前100名客户持仓量下降明显，因此导致客户集中度下降。9月豆粕价格波动扩大，持仓量再度回升，持仓集中度也上升。整体看，豆粕产业客户参与充分，表现出成熟期货品种的持仓结构特征。

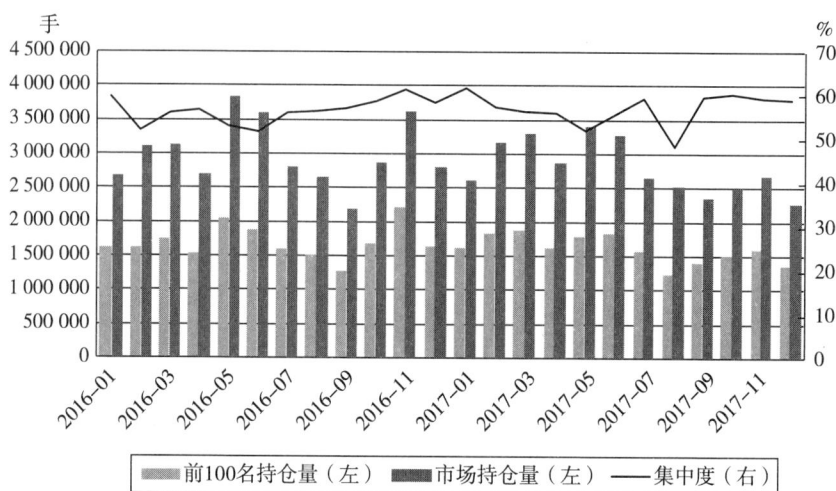

数据来源：大连商品交易所。

图 6-9　2016—2017 年豆粕期货持仓集中度

3. 企业积极参与豆粕期货套期保值。从2016—2017年豆粕期货法人短线交易客户数和法人持仓客户数来看，法人参与豆粕期货的数量提升，且进行短线交易的数量下降，表明企业参与期货的力度增强。2017年，月均法人短线交易客户数为1 779户，较上年减少14.78%；月均法人持仓客户数为3 172户，较上年增长9.26%。

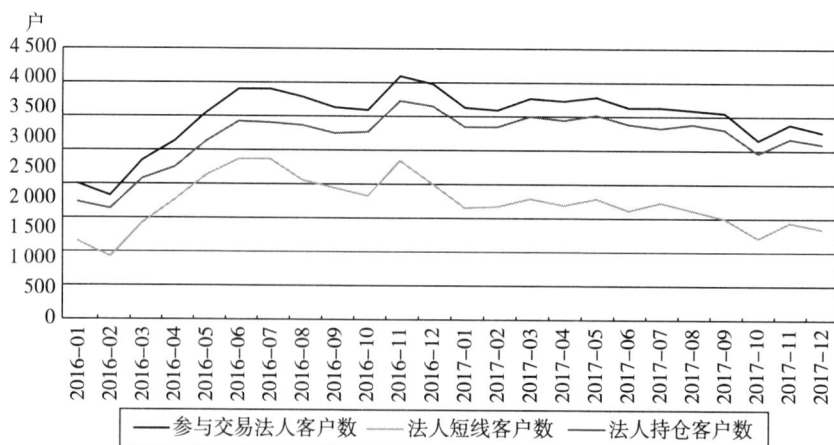

数据来源：大连商品交易所。

图 6-10　2016—2017 年豆粕期货单位参与客户数

二、豆粕期货市场功能发挥情况

（一）价格发现功能发挥情况

期现价格相关保持高相关性。2017年，豆粕期货与现货价格相关性为0.8，较2016年小幅下降0.1个百分点，继续保持在较高水平。随着豆粕基差合同的进一步推广，豆粕基差销售比例提高，多数豆粕报价为期货加基差形式，基差报价主要反映远期豆粕现货价格，而部分豆粕报价为传统一口价模式，一口价方式下的价格主要反映即期现货价格，因此期货价格与即期现货价格之间存在一定差异，豆粕期现价格相关性略微降低。

表6-1　　　　　　　　2016—2017年豆粕期现价格相关性

检验项	年份	2016 年	2017 年
期现价格的相关性	系数	0.9	0.8
	显著性检验	通过检验	通过检验
期现价格引导关系		期货引导	无引导关系

注：现货价格为江苏张家港43%蛋白豆粕现货价格，期货价格为活跃合约结算价。

（二）套期保值功能发挥情况

1. 基差变化准确反映供需。2017年，豆粕基差先降后升，均值为126.70元/吨，较上年的158.19元/吨有所下降。上半年，豆粕基差呈现下降趋势，主要是由于南美大豆丰收上市，我国进口大豆到港量逐步增加，大豆压榨量和豆粕库存提升，缓解国内豆粕供应紧张的局面，豆粕基差回落，在年中时降至负基差。下半年，豆粕基差进入上升趋势，主要原因是国内大豆集中到港压力逐步释放，大豆库存和豆粕库存进入下降阶段。此外，进口大豆到港在10月后受转基因安全证书放缓影响而受阻，推动豆粕基差上升。

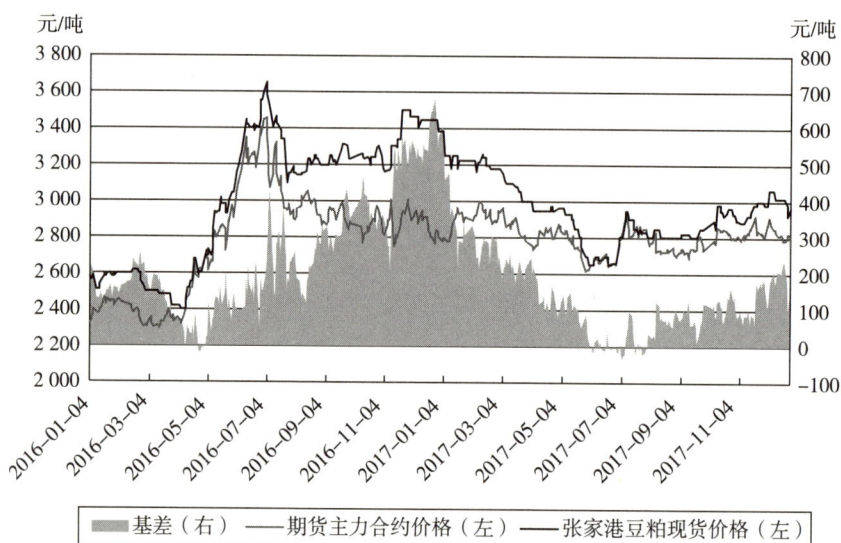

注：现货价格为张家港普通蛋白粕出厂价格，期货价格为 C1 连续价格，数据频率为日度。

图 6-11　2016—2017 年豆粕期现价格及基差变化

2. 套期保值效率继续保持较高水准。

表 6-2　　　　　　2016—2017 年豆粕期货套保有效性

			2016 年	2017 年
基差	均值	元	158.19	126.70
	标准差	元	68.55	110.34
	变异系数	%	0.03	0.04
	最大	元	307	533
	最小	元	-34	-46
到期价格收敛性	到期日基差	元	95.6	57.88
	期现价差率	%	3.25	2.93
套期保值效率	周（当年）	%	91.96	80.26

由于期现相关性略有下降，因此豆粕基差套保效率较上年有所下降，但保持在较高水平。同时，豆粕基差收敛性提高，期货到期日基差为57.88元/吨，低于上年的95.61元/吨，表明豆粕期现货价格交割时趋同性增强。

（三）期货市场功能发挥实践

1. 基差定价方式帮助企业实现精细化风险管理。2013年以来，大豆压榨行业针对豆粕市场广泛推广基差定价模式。目前，国内基本绝大多数压榨企业都采取基差方式进行豆粕定价，超过一半以上的豆粕通过基差方式销售，销售周期最长可延长至一年以上，这样可以帮助压榨企业提前把压榨利润完全锁定，饲料企业则可以通过基差定价方式实现远期采购，且提高价格控制的灵活性。2017年，我国豆粕价格保持区间波动，而豆油价格出现下跌趋势，压榨企业面临利润下降的风险，不过我国大豆压榨企业通过期货市场进行压榨利润套保以规避风险，行业运行稳定。例如：某压榨企业在2017年3月14日与贸易商以50美分/蒲式耳的升贴水签订大豆进口合同，在CBOT以1 000美分/蒲式耳买入大豆期货，并在DCE分别以2 800元/吨的价格和6 800元/吨的价格卖出豆粕和豆油期货，同时以200元/吨和100元/吨的基差销售豆粕和豆油现货，通过基差销售方式，压榨企业将豆油和豆粕的现货销售价格锁定在3 000元/吨和6 900元/吨，利润锁定为106元/吨[①]。

2. 豆粕期权上市完善实体企业风险管理体系。2017年3月31日，国内首个商品期权——豆粕期权正式推出，完善了实体企业的风险管理体系。豆粕期权的上市，增强了企业豆粕价格风险管理的可选择性，同时加强了企业进行风险管理组合的灵活性。如：2017年上半年，随着进口大豆集中到港，国内豆粕价格下跌的概率加大，某企业认为未来豆粕价格将下跌，此时企业可以选择卖出豆粕期货套保，也可以选择买入豆粕看跌期权或者卖出行权价格较高的豆粕虚值看涨期权。又如：饲料企业在通过豆粕基差贸易实现远期交易的同时，还可

[①] 大豆压榨利润 =［（DCE 豆粕期货价格 + 基差）×0.75+（DCE 豆油期货价格 + 基差）×0.195］–（CBOT 大豆价格 + 升贴水)/100×36.7437+ 海运费）×1.03×1.13× 汇率 – 加工费。

以通过豆粕期权将"点价"期间豆粕价格波动的风险锁定。

三、豆粕期货合约相关规则调整

（一）交割库调整及开展新仓单串换试点

1. 豆粕交割库调整。2017年2月17日，大商所调整3家豆粕指定交割仓库。取消山东新良油脂有限公司指定交割厂库资格；取消江苏省江海粮油贸易公司张家港储运部指定交割仓库资格；设立江苏省江海粮油集团有限公司为基准指定交割仓库。

2. 开展新一期豆粕期货仓单串换试点。为解决国内期货市场上交割买方经常面临的交割地点不确定性难题，大商所自2013年开始推出豆粕期货仓单串换试点，客户在最后交割日买入的试点集团所属厂库豆粕标准仓单，可申请在该集团其他厂库提取现货或者串换为该集团其他厂库的标准仓单，并每年针对仓单串换试点运行情况进行业务延续。2017年8月31日，上一期豆粕期货仓单串换试点业务结束，大商所于2017年9月15日开展新一期豆粕期货仓单串换试点，至2018年8月31日结束。本次参与豆粕期货仓单串换的企业包括：中国粮油控股有限公司、嘉吉投资（中国）有限公司、中纺粮油进出口有限责任公司、邦吉（上海）管理有限公司、九三粮油工业集团有限公司、益海嘉里投资有限公司、中储粮油脂有限公司、金天源（中国）投资有限公司、来宝农业贸易（上海）有限公司和路易达孚（中国）贸易有限责任公司十大集团。新一期试点相较往期有三点变化，其中最主要的创新是在豆粕品种上增加了集团间串换业务，客户通过交割买入张家港江海粮油工业有限公司的豆粕厂库仓单，可申请到路易达孚（中国）贸易有限责任公司相关的串换库提取豆粕现货。此外，本期豆油仓单串换业务新增1家集团，即路易达孚（中国）贸易有限责任公司；同时，豆油现货报价新增1家第三方信息机构，即邦成在线，进一步完善了油粕品种报价体系。

（二）其他规则调整

2017年11月24日，大商所发布通知：自2017年12月1日交易时（即11月30日晚夜盘交易小节时）起：豆粕品种的非1月、5月、9月份合约，交易手续费标准由1.5元/手调整为0.2元/手。通过调降非1月、5月、9月合约手续费，以促进其他月份合约活跃。

表 6-3　　　　　2017 年节假日豆粕交易保证金调整

时间	通知	调整内容
2017/1/18	关于 2017 年春节期间调整各品种最低交易保证金标准和涨跌停板幅度及夜盘交易时间的通知	自 2017 年 1 月 25 日（星期三）结算时起，将豆粕品种涨跌停板幅度和最低交易保证金标准分别调整至 7% 和 9%。2017 年 2 月 3 日（星期五）恢复交易后，自各品种持仓量最大的两个合约未同时出现涨跌停板单边无连续报价的第一个交易日结算时起，豆粕涨跌停板幅度和最低交易保证金标准分别恢复至 5% 和 7%。对同时满足《大连商品交易所风险管理办法》有关调整交易保证金标准和涨跌停板幅度的合约，其最低交易保证金标准和涨跌停板幅度按照规定数值中较大值执行。
2017/4/21	关于加强 2017 年劳动节放假期间风险管理的通知	根据《大连商品交易所风险管理办法》第九条规定，经研究决定，2017 年劳动节休市期间，我所各品种期货合约交易保证金标准和涨跌停板幅度保持不变。请各会员单位做好对客户的风险提示工作，加强市场风险防范，确保市场平稳运行。
2017/5/19	关于 2017 年端午节期间调整各品种最低交易保证金标准和涨跌停板幅度的通知	自 2017 年 5 月 25 日(星期四）结算时起，对同时满足《大连商品交易所风险管理办法》有关调整交易保证金标准和涨跌停板幅度的合约，其最低交易保证金标准和涨跌停板幅度按照规定数值中较大值执行。
2017/9/21	关于 2017 年中秋节、国庆节期间调整各品种涨跌停板幅度和最低交易保证金标准的通知	自 2017 年 9 月 28 日（星期四）结算时起，将豆粕品种涨跌停板幅度和最低交易保证金标准分别调整至 7% 和 9%。2017 年 10 月 9 日（星期一）恢复交易后，自各品种持仓量最大的两个合约未同时出现涨跌停板单边无连续报价的第一个交易日结算时起，豆粕品种涨跌停板幅度和最低交易保证金标准分别恢复至 5% 和 7%。对同时满足《大连商品交易所风险管理办法》有关调整交易保证金标准和涨跌停板幅度的合约，其最低交易保证金标准和涨跌停板幅度按照规定数值中较大值执行。

四、豆粕期货市场发展前景、问题与建议

（一）发展前景

豆粕期货市场参与者将继续提升，市场成熟度将进一步提高。随着油厂向产业链下游企业推广基差定价模式，参与豆粕期货交易的企业客户数将持续增加，豆粕期货市场投资者结构将进一步优化。豆粕仓单串换的延续将解决不同区域买方客户接货困难，豆粕交割的便利性提高，豆粕期货与现货价格之间的一致性将增强，豆粕期货市场继续保持成熟稳定发展。

（二）当前存在的问题

豆粕基差贸易模式推广后，下游贸易商和饲料企业对期货工具的利用水平有待提升。我国自2013年开始广泛推广豆粕基差贸易模式，在基差贸易模式推广过程中，下游贸易商和饲料企业在参与过程中，由于对期货工具应用不熟练，曾出现过大量投机基差而亏损的事件，目前大型饲料企业和贸易商在经过历练后，对期货工具的使用水平提升，对风险的控制水平也在提高。不过我国饲料企业参差不齐，多数小型饲料企业受限于人员专业水平和资金等原因，对期货市场不够熟悉，参与期货套期保值的经验不足。

（三）发展建议

继续加强对中小型企业的期货知识培训，促进期货风险管理子公司与中小型企业之间的合作。2017年，大商所通过产业基地等方式，以龙头企业为抓手，对各地油脂油料产业相关企业进行期货知识培训，并取得了一定成效。但由于我国饲料企业数量众多，中小型饲料企业占比较大，建议在现有基础上，进一步加强对中小企业培训的覆盖范围。此外，中小型饲料企业人才储备不足，且企业存在个性化

的风险管理需求，建议加强期货风险管理子公司与中小型企业之间的合作，通过合作套保等方式，帮助中小企业解决期货交易经验不足问题。

2017年豆粕期货大事记

2017年3月17日，大商所发布《关于豆粕期货期权上市交易有关事项的通知》（大商所发〔2017〕99号），要求豆粕期权合约自2017年3月31日（星期五）9时起上市交易，标志着2017年中国商品期货市场进入"期权元年"。

2017年7月12日，国家质量监督检验检疫总局、国家标准化管理委员会批准《饲料原料 豆粕》等312项国家标准公布实施。其中《GB/T 19541—2017饲料原料 豆粕》代替标准号《GB/T 19541—2004饲料用大豆粕》，于2018年2月1日实施，其中氨基酸、溶解度等指标大幅提高。

2017年10月以来，中国农业部对进口转基因大豆审查调整的影响显现，进口贸易商获得"境外贸易商申请农业转基因生物安全证书（进口）"（简称"GMO进口安全证书"）的周期开始变长，这一措施导致部分工厂因原料供应不足而陷入停产。

2017年12月20日，根据市场消息，中国检验检疫局和美国动植物卫生检验局达成一致，美国动植物检疫局将按照以下方式签发植物检疫证书：如果杂质含量小于或等于1%，则签发不带附加声明的植物检疫证书；如果杂质含量超过1%，则在植物检疫证书附加声明中注明"该批货物杂质含量超过1%"。

报告七
豆油期货品种运行报告（2017）

2017年，大商所豆油期货在全球油料供应充裕、主要食用油消费增速减缓影响下震荡下行。全年成交量、成交金额降幅较大，持仓量小幅下降，交割量增加。价格下跌引发成交量下降，持仓兴趣略降。豆油价格下行，一方面对降低国内食品价格、降低CPI作出贡献；另一方面，也促进了交割量的小幅增长，提升了实体企业参与期货市场、寻求价格保护、进行风险管理的积极性。同时，产业企业参与者对豆油期货工具的运用日趋成熟，豆油期货服务实体经济的功能得到体现。

一、豆油期货市场运行情况

（一）市场规模及发展情况

1. 成交规模同比下降。2017年，豆油期货总成交量5 715.84万手，同比下降39.68%；总成交额为3.55万亿元，同比下降40.25%，已是连续两年下降。成交量、成交金额大幅下降，显示投资者在价格下跌势中成交兴趣有所减弱。同时，国内农产品期货板块总体走弱，也对豆油期货的成交量下降产生了一定影响。

在大商所农产品期货品种中，豆油期货成交量排名第四，比2016年下降一位，落后于豆粕、玉米和棕榈油。在大商所所有品种中，豆油期货成交量占比为5.2%，名列前七名。在全国商品期货品种中，豆油期货成交量占比为1.88%，较2016年略有增长，市场活跃度仍居前列。

　　从月度成交规模看，1月、10月成交量相对偏低，仅为735.99万手和543.33万手，其余月份月度成交量均在741万手以上。相对应的成交额，除10月、12月为1 657.09亿元和2 153.48亿元外，其余月份的月度成交额均在2 263亿~4 454亿元。10月是豆油年内成交的低点，主要是因为国庆放假期间交易天数偏少，加上豆油节日生产旺季结束，资金关注度下降。从全年成交特征看，第二季度、第三季度成交活跃，每月成交量均在503.08万手至691.18万手之间，成交金额在2 935.69亿~4 454.82亿元。第二季度、第三季度成交量上升，特别是5月、6月、7月、8月四个月，月度成交量均超500万手。主因在于：豆油夏季需求上升，美豆播种期天气影响，以及为国庆而进行的节日备货需求。第四季度后，豆油期货成交转弱，10月、11月、12月分别成交271.6万手、373.45万手和370.9万手，成交金额分别为1 657.1亿元、2 262.6亿元和2 153.5亿元，低于全年均值。原因在于：南美大豆种植顺利、中国市场大豆进口巨量以及油厂豆油库存增加，导致豆油价格出现下跌趋势，因此投资者减少短线交易。

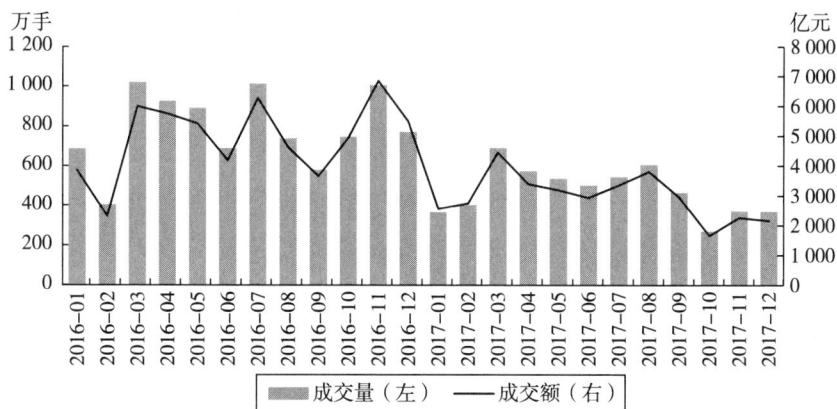

数据来源：大连商品交易所。

图 7-1　2016—2017 年豆油期货成交情况

2. 持仓规模略降。2017年，豆油期货的月末持仓量均值为49.38万手，同比下降4.00%；月末持仓金额均值为302.29亿元，同比下降6.16%。与2016年相比，持仓规模略有下滑。从月度情况看，3月和6月末持仓量最高，分别为58.74万手和55.23万手；对应的持仓金额分别为356.26亿元和330.23亿元，同比小幅下滑。3月处于习惯上的交易活跃月份，6月处于价格反弹上升期，反弹势中一般容易吸引投资资金的进入。其余月份的持仓量为39.4万~53.2万手，持仓金额维持在272亿~351亿元之间。

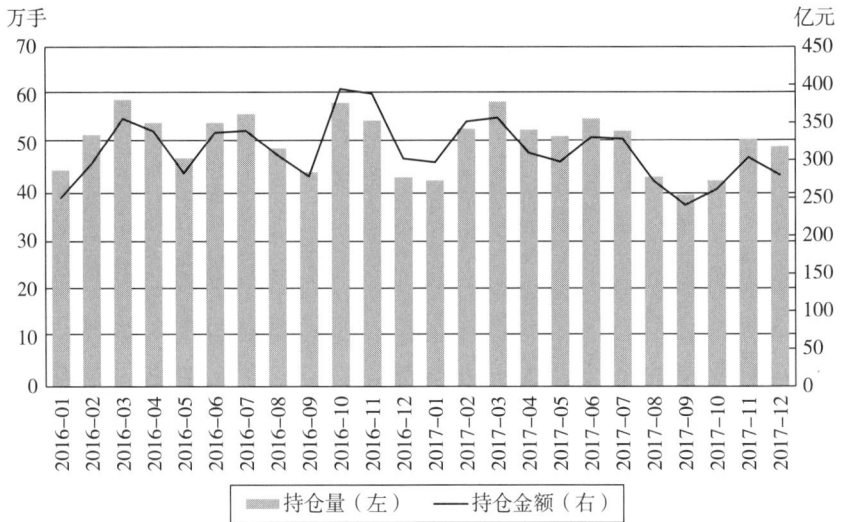

数据来源：大连商品交易所。

图7-2　2016—2017年豆油期货持仓情况

3. 成交量、持仓量占大商所的比例小幅下滑。从成交量的占比看，2017年，豆油期货的成交量占大商所总成交量的比例为5.21%，同比回落0.95%。2017年，豆油期货月末平均持仓量占大商所总持仓的比例为8.28%，同比回落0.14%。因2017年豆油价格总体下行，其他品种相对活跃，使得豆油成交、持仓均出现小幅下滑，但下滑幅度不大，整体来看仍维持较为稳定的势头。

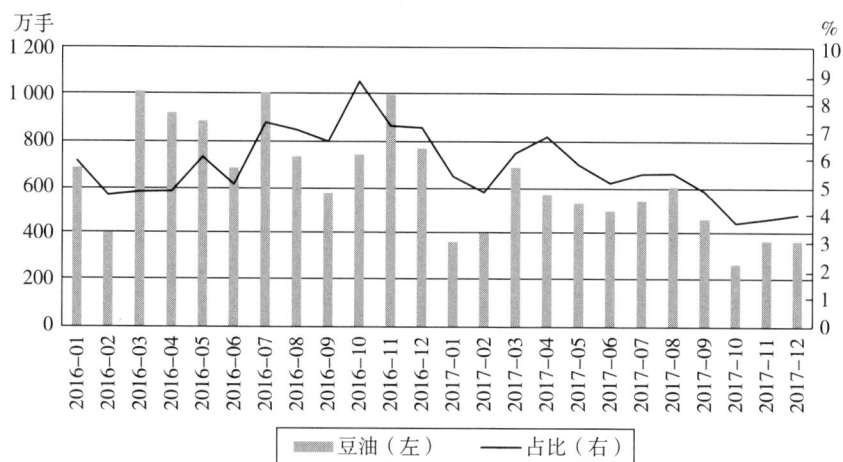

数据来源：大连商品交易所。

图7-3　2016—2017年豆油期货成交与大商所总成交占比情况

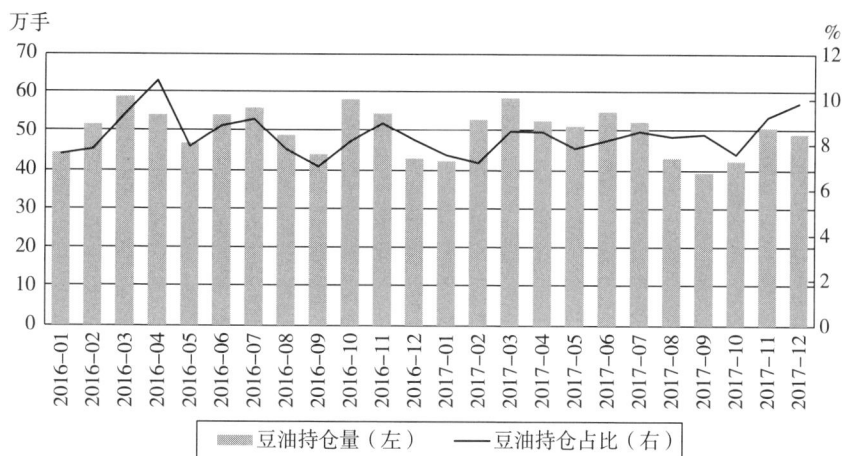

数据来源：大连商品交易所。

图7-4　2016—2017年豆油期货持仓量在大商所占比情况

（二）期现货市场价格走势

1. 价格震荡下跌。豆油全年走势为震荡下跌。豆油价格在春节后节日消费减少、国家启动菜籽油抛储、美国大豆种植面积扩大、中国大豆进口高位等因素影响下，延续震荡下滑态势，豆油期货主力连续合约结算价由2016年末的6 980元/吨下跌至2017年末的5 694元/吨，跌幅为18.42%，期间最高价为7 066元/吨，最低价为5 622元/吨，波动幅度为25.68%。同期，豆油现货价（张家港、四级豆油）由2016年末的7 200元/吨下跌至2017年末的5 530元/吨，跌幅为23.19%，期间最高价为7 200元/吨，最低价为5 480元/吨，波动幅度为23.89%。1~5月，节后消费淡季和美豆种植预期增加，施压豆油价格。6月、7月、8月三个月，国内市场进入消费旺季，节日生产有所加速，加之美国种植区发生一定干旱，美国生物柴油政策开始影响市场，价格出现反弹，三个月的反弹幅度达到13.67%。10月后，受中国节日消费减少、美国大豆单产及产量增加、美国对阿根廷豆油和印尼棕榈油发起反倾销行动、全球天气炒作因素消退等因素影响，豆油价格重新恢复弱势。

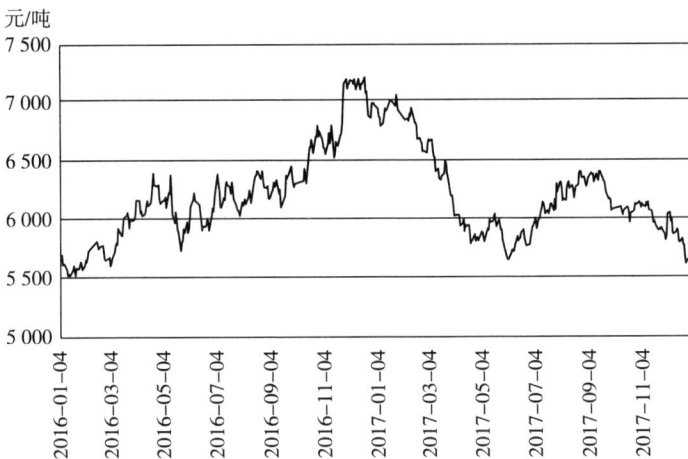

数据来源：Wind 资讯。

图 7-5　2016—2017 年豆油活跃合约结算价走势

2. 与国际市场及国内市场相关产品之间的关联度走弱。2017年，豆油期货价与相关外盘商品价格的联动性发生变化，与原油的相关性由2016年0.70下降至0.27，与CBOT豆油的相关性由2016年的0.67下降至0.60，与内盘棕榈油的相关性由2016年的0.78下降至0.77，与菜油的相关性由2016年的0.92下降至0.68，与DCE大豆的相关性由2016年的0.82上升至0.87，与DCE豆粕的相关性由2016年的0.58下降至0.30。

表 7-1　　　　2016—2017 年国内外油脂油料价格相关性

	NYMEX 原油	CBOT 大豆	CBOT 豆粕	CBOT 豆油	DCE 大豆	DCE 豆粕	DCE 豆油	DCE 棕榈油	CZCE 菜油
周期：日线 2017/01/01—2017/12/31									
DCE 豆油	0.2668	0.5130	0.1128	0.6019	0.8667	0.2985	1	0.7703	0.6836
DCE 棕榈油	0.1473	0.4517	0.1580	0.2775	0.8337	0.3603	0.7703	1	0.3056
CZCE 菜油	0.1045	0.4540	0.0962	0.8860	0.4527	0.2292	0.6836	0.3056	1
周期：日线 2016/01/01—2016/12/31									
DCE 豆油	0.6985	0.1957	0.0573	0.6689	0.8208	0.5779	1	0.7833	0.9176
DCE 棕榈油	0.6795	0.0060	0.2191	0.6648	0.6019	0.4655	0.7833	1	0.7586
CZCE 菜油	0.7190	0.2682	0.0011	0.6738	0.8467	0.7302	0.9176	0.7586	1

豆油与原油以及CBOT豆油联动性同比2016年走弱，说明豆油内外盘价格的主要影响因素发生变化，国内油脂市场受到大豆进口巨量、库存高企等因素影响走弱。而外盘豆油受美国国内豆油市场供需及美国生物柴油政策变化影响，与国内豆油走势有所不同。国内方面，棕榈油市场与豆油市场面临的影响因素较为一致，同样受主产国增产、库存高企和大豆进口压榨量增加等影响，因此与豆油保持较高的相关性。

（三）期货交割情况分析

2017年，豆油期货交割量与交割金额同步增加，且交割金额增幅较大。交割量达3.93万手，即39.30万吨，同比增幅达57.63%；交割总金额为48.77亿元，同比增加63.22%。豆油期货交割呈现如下特征：

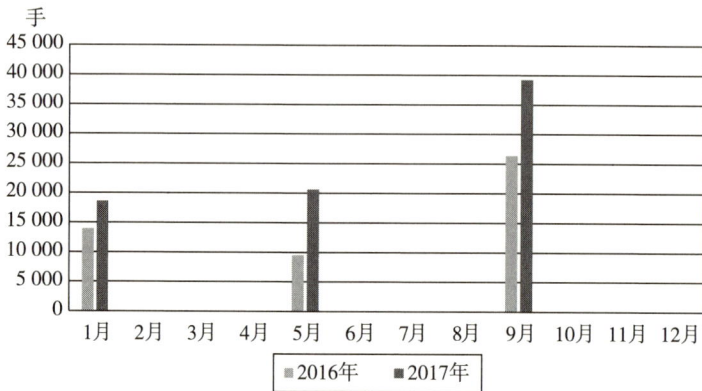

数据来源：大连商品交易所。

图 7-6　2017 年豆油期货交割量

1. 交割量较2016年有所增加。2017年，豆油交割总量大幅增加，交割集中度与往年基本一致，主要在1月、5月、9月三个月份中。9月交割量最大为19 600手，5月交割10 300手，1月交割9 284手。除此之外，3月、8月、11月也有少量交割。交割集中度的提高，与现货生产的备货周期、销售周期和消费周期呈现正相关关系。

2. 华东继续占据交割龙头地位，华北地区交割量明显增加。2016年，豆油交割客户主要分布在华东地区的上海、江苏和山东等地区，华北地区客户仅有少量交割。2017年，华东地区继续保持龙头地位，华北地区产业客户交割迅速上升，其中北京地区完成交割11 311手，同比增长65.49%；河北地区完成交割2 000手，同比增长410.2%。华北地区交割量增多，从侧面反映了这一地区企业运用期货工具规避市场风险的意识有所增强。

（四）期货市场结构分析

1. 法人客户参与数量有所上升。从参与交易的法人客户数方面看，2017年全年法人客户月均数量为2 730户，同比2016年上升5.24%。分月看，2017年法人客户参与交易数量最多的为3月、4月、5月三个月，参与的交易客户数均超过2 900户，其中3月达到3 022户的峰值。

从个人客户数方面看，2017年全年个人客户月均数量为5.92万户，同比2016年减少6.03%。从月度参与情况看，3月、4月和5月参与的客户数最高，均超过了6.9万户，其中4月参与客户数为70 402户，创下年内之最。

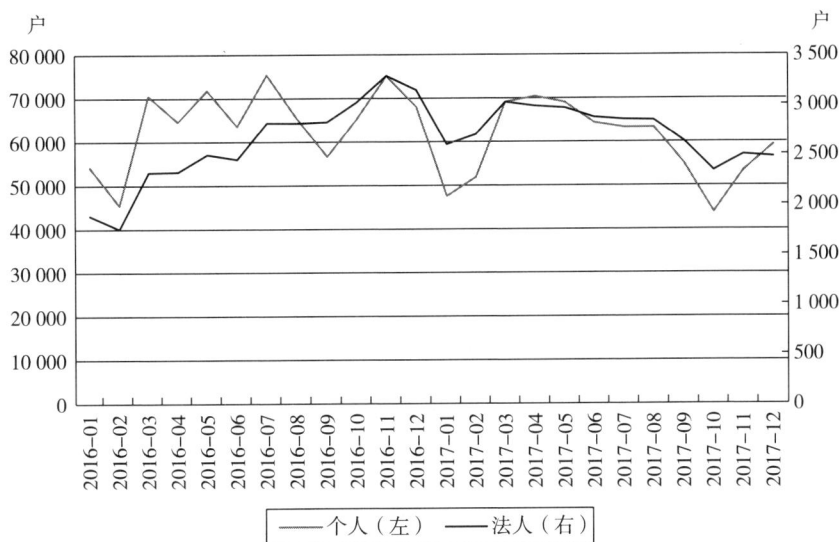

数据来源：大连商品交易所。

图7-7 2016—2017年豆油期货交易客户数情况

整体看，2017年末参与交易的客户总数为6.17万户，相较于2016年的7.12万户下滑了13.34%。总交易客户数量虽然略有下滑，但法人客户数量变化不大，说明产业企业参与风险管理的热情保持常态。2017年1月、10月，法人客户和个人客户数量均为最少，因1月、10月春节、国庆放假时间较长，市场交易清淡。

2. 持仓集中度基本持平。2017年豆油期货持仓集中度方面，持仓排名前100名客户的持仓量之和与总持仓量的比例均值达31.33%，与2016年占比基本接近，品种运行较为平稳。

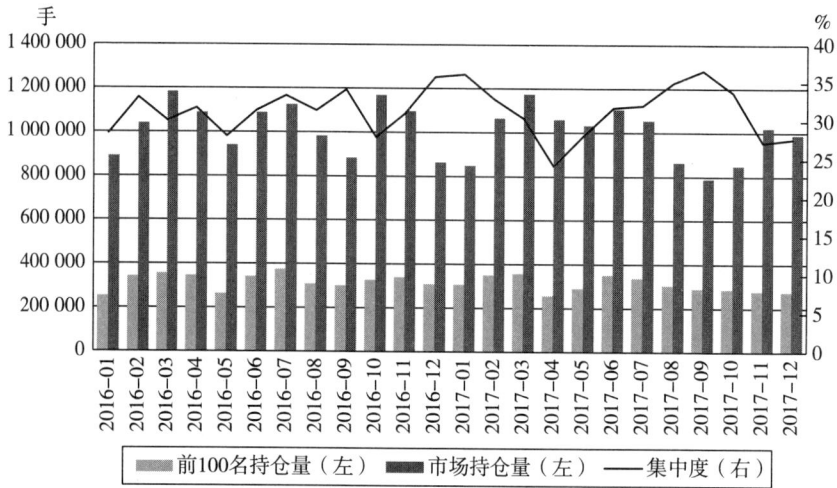

数据来源：大连商品交易所。

图7-8　2016—2017年豆油期货持仓集中度情况

3. 空头占比仍高。2017年，豆油买方前100名持仓集中度低于卖方前100名持仓集中度，持仓集中度差值的均值为-30.57%，同比下降2.97%。2017年，空头力量继续占据优势，且有攀升的态势，表明尽管2016年全球油脂去库存化已经开始，但2017年库存压力依然较大，期货市场趋势性抛盘和套保性空头抛压仍然较大。

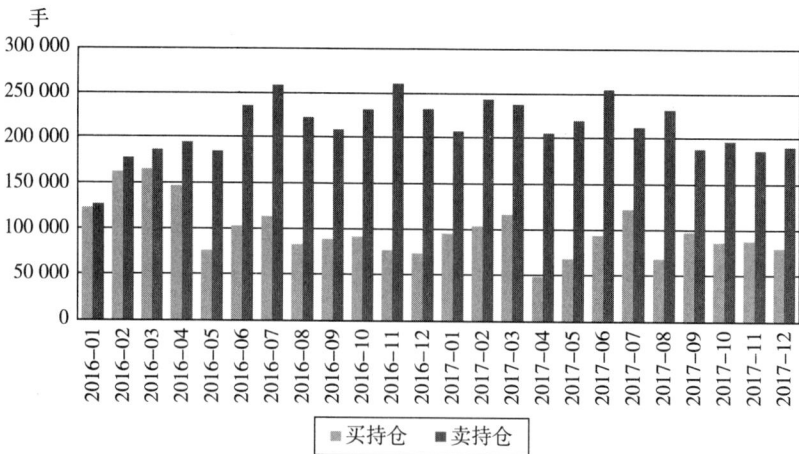

数据来源：大连商品交易所。

图7-9　2016—2017年豆油期货多空持仓集中度情况

二、豆油期货市场功能发挥情况

（一）价格发现功能发挥情况

期现价格相关性较高且引导关系显著。2017年，豆油的期现货相关系数为0.96，虽然该相关系数与2016年相比出现微幅下降，但是相关性还是维持在较高水平。我国豆油现货价格均参考期货定价，因此豆油期货与现货之间的相关性较高。期货价格发现功能发挥良好，因此形成了豆油期货引导现货市场的格局。

表 7-2　　　　　2016—2017 年豆油期现价格相关性

检验项	年份	2016 年	2017 年
期现价格的相关性	系数	0.97	0.98
	显著性检验	通过检验	通过检验
期现价格引导关系		期货引导	期货引导

（二）套期保值功能发挥情况

1. 基差维持稳定，到期价格收敛性出现收缩。2017年，豆油期货的基差均值为78.53，基差均值比2016年有所收窄。2017年，基差主要运行区间在（-332，296），2016年基差的主要运行区间在（-256，316），与2016年相比，基差波幅略有放大，这与豆油期货市场、现货市场运行状况基本相符。

2. 套期保值有效性略增。套期保值效率是衡量参与套期保值后收益风险的降低程度。如表7-3所示，2017年豆油期货的套期保值效率为90.74%，比2016年的91.72%小幅下降。油厂对现货后市阶段性变化的预估反映在期价走势上，套保积极性增加，这与豆油期货市场运行平稳和产业客户利用期货市场成熟度提高有很大关系。

表 7-3 2016—2017 年豆油套保有效性

			2016 年	2017 年
基差	均值	元	91.78	78.53
	标准差	元	133.99	162.76
	变异系数	—	0.06	2.07
	最大	元	316	434
	最小	元	−256	−326
到期价格收敛性	到期日基差	元	135	−164
	期现价差率①	%	1.0794	−0.8800
套期保值比率		—	0.4498	0.4404
套期保值效率	日（当年）	%	91.72	90.74

注：①期现价差率 =（现货价格 − 期货价格）/ 现货价格。

（三）期货市场功能发挥实践

1. 产业企业对期货市场的需求不断升级。2017年，我国年加工大豆数量在1亿吨以上，大豆加工规模已经跃居世界第一，而原料多由进口满足，每年原料大豆价格和产成品油料价格波动频繁，企业规避价格风险、实现稳定经营的诉求不断上升。而油脂油料系列品种，作为国内期货市场发展最早、最为成熟的产业链品种体系之一，既有流动性做依托，又有相对公平、公正的交易交割制度作支撑，相关产业企业已经开始主动寻求利用期货市场管理风险，通过内外盘期货品种实现压榨利润套利，并在此基础上推广基差贸易模式，将企业压榨利润完全锁定，为企业经营保驾护航。

2017年以来，随着豆粕期权上市以及场外期权发展，产业企业在对压榨利润进行精细化管理的同时，在场外探索符合个性化避险工具的需求扩大，形成场内场外相结合的风险管理模式，油脂油料期货在助力相关产业发展上，发挥了积极的作用。2017年，法人客户月均数量为2 730户，同比2016年上升5.24%。国内日压榨能力1 000吨以上的油脂企业90%以上参与期货交易，现货套保比例达70%。油脂油料企业成为国内利用期货工具、管理风险的样板。

2. 基差定价模式逐步被油脂企业认可使用。基差定价模式对国内交易者来说，一般是指交易双方在进行交易谈判时，不是按照固定价格来签订销售合同，而是按照"期货+基差"的模式，由买入方自主决定其在期货市场的"点价"时间和"点价"价格，并协商基差，之后完成交易。通过这种贸易模式，一方面可以使销售方锁定销售价格和销售利润，在事实上进行了套期保值规避风险，稳定了生产经营；另一方面，对下游企业也减少了一口价定价交易带来的价格波动风险，提升了企业自主决定采购价的自由度，减少了采购成本，为提升利润创造了条件。

经历十余年的交易实践，我国油脂企业已经逐步学习、探索并接受期货基差贸易这种贸易模式，为其生产经营服务。2016年，参与我国油脂油料期货的客户涉及大豆产业的上、中、下游全产业链条，豆粕、豆油、棕榈油等品种产业链龙头企业的参与比例已经较高。

三、豆油期货合约相关规则调整

（一）豆油交割库调整

2017年2月17日，大连商品交易所发布《关于调整黄大豆1号、玉米、豆粕、豆油、鸡蛋品种指定交割仓库的通知》，取消山东新良油脂有限公司指定交割厂库资格。

2017年9月14日，大连商品交易所发布《关于调整黄大豆1号、玉米、豆油、棕榈油、鸡蛋品种指定交割仓库、车板交割场所、质检机构的通知》，增设南京铁心桥国家粮食储备库有限公司为豆油基准指定交割仓库。

（二）开展新仓单串换试点

大商所发布《关于开展新一期油粕品种仓单串换试点的通知》，推广大商所与各大集团继续开展新一期豆粕、豆油和棕榈油仓单串换试点，于2017年9月15日开始，至2018年8月31日结束。指定豆油仓单串换企业为中国粮油控股有限公司、嘉吉投资（中国）有限公司、中纺粮油进出口有限责任公司、中储粮油脂有限公司、路易达孚（中国）贸易有限责任公司和益海嘉里投资有限公司6大集团。棕榈油仓单串换企业为中国粮油控股有限公司、嘉吉投资（中国）有限公司、中储粮油脂有限公司和益海嘉里投资有限公司4大集团。要求试点集团承诺按照本通知规定在试点期间提供豆粕、豆油和棕榈油仓单串换服务。

（三）华南地区增设交割库，着手实施动态升贴水

大商所于2018年1月19日发布公告，为适应市场需要，在豆油期货合约上增加动态升贴水制度，解决华南地区设立豆油交割库所遇到的升贴水难以确立的问题。规定实施时间为，自1903合约开始实施。现有豆油期货交割库在新规则实施后仍采用固定升贴水制度，豆油华南地区新设交割库于豆油期货1903合约启用，并采用动态升贴水制度。

豆油华南地区新设交割库动态升贴水标准：豆油华南地区新设交割库动态升贴水中非价差固定值为-50元/吨，豆油华南地区新设交割库动态升贴水中的价差区间的最小值为-200元/吨，豆油华南地区新设交割库动态升贴水中的价差区间的最大值为-100元/吨。

四、豆油期货市场发展前景、问题与建议

（一）发展前景

从当前大商所豆油期货市场运行情况看，豆油期货价格与现货价

格拟合度较高，主力合约日成交维持在30万手上下，日均持仓维持在80万手上下，市场流动性充沛，完全可以满足贸易商、油脂加工企业和下游饲料加工企业以及养殖企业的套保和基差贸易需求。期现价格较高的拟合度和充沛的流动性，也为期货市场实现价格发现、规避风险以及服务实体经济等功能，奠定了坚实的基础。

2017年新年开始，大商所推出的增设华南豆油交割库和动态升贴水制度，又从细节上深化了服务市场的具体举措，对服务占据全国豆油生产、消费重要地位的华南地区的油脂企业，无疑是一重大利好。这些服务市场措施的逐步推出，将有效提升豆油期货的市场影响力，更广泛地扩大期货市场服务范围，实质性地改善豆油期货的市场结构。

在我国大豆加工业进口大豆使用量占据绝对统治地位的当下，大商所对黄大豆2号交割细则进行修改，无疑是适应当前大豆加工行业的现状，满足大豆加工企业亟需进口大豆价格指引，适度适时进行风险管理的需要，也为活跃黄大豆2号合约交易，以及进行全产业链风险管理提供了新的渠道。

（二）相关问题

我国大豆压榨行业是利用期货工具最为成熟的行业之一，在长期的经营实践中，多数大豆压榨企业已经形成专业的压榨利润套保体系。不过西部以及东部等少数地区压榨企业较为封闭，对期货工具的运用水平还相对较低，下游养殖企业进入期货市场的时间也晚于压榨企业，在参与基差定价模式过程中，部分中小型企业还存在专业性不足等问题。

（三）发展建议

继续发挥产业培训基地示范作用，进一步创新服务产业模式。

2017年，大商所创新产业培育服务模式，充分发挥品种集散中心和产业聚集区龙头企业及期货利用典型企业的示范带动作用，构建了集行业人才培训、企业培育开发、市场调研及信息反馈、市场功能发挥宣传等功能于一体的综合性培育平台——产业培育基地，首批设立11家产业培育基地。一年来，各产业培育基地累计举办培训20期、培训学员1 855人次、辐射企业1 302家。内容上，相关基地或进行综合性期货知识培训，或结合自身创新业务推广基差点价、场外期权，或培训行业从业人员。建议继续通过产业培训基地集中培训方式，加强对偏远地区企业、下游中小型企业的培训工作，并在此基础上探索更为紧密的培训模式。

专栏

2017年豆油期货大事记

2月，大商所召开会议，贯彻落实中央"一号文件"精神，提升服务"三农"能力。大商所还进一步创新试点玉米期货集团交割制度、完善鸡蛋车板交割配套制度、制定玉米淀粉地域升贴水调整机制、完善豆油交割库布局等，这些创新举措便利了农业产业企业参与利用期货市场，提升了市场效率。

4月24日，大商所首批培育基地签约仪式在大连举行，依托九三粮油工业集团、青岛港国际股份有限公司等11家机构及期货公司会员，建立涉及大豆、铁矿石、鸡蛋等12个品种的产业培育基地，并作为期货学院现场教学点，在期货公司会员单位及地方相关部门支持下深度开展市场培育工作。

4月10日，大连商品交易所正式发布了由其自主研发的6只大连商品交易所商品期货系列指数，分别为农产品、油脂油料、饲料类、大豆类4只多商品期货价格指数，以及豆粕、铁矿石2只单商品期货价格指数。

9月4日，大商所又有两家产业培育基地揭牌，分别是九三粮油工业集团有限公司和黑龙江省大豆协会。揭牌仪式后，两家产业培育基地分别举办了首期油脂油料期现结合培训班，大豆产业相关企业、农业合作社负责人近200人参加了培训。

9月，大商所2016/2017年度场外期权试点项目继续推广，在打造"场外期权+基差采购"的豆油业务新模式上继续做出努力。

9月15日，为加快场外市场建设，大商所立项支持了16个场外期权试点项目，深化油粕品种仓单串换业务，探索开展集团间仓单串换。

11月，印度将食用油进口关税上调至十多年来的最高水平，全球豆油价格都受到影响而下跌。

11月15日，"第十二届国际油脂油料大会"在广州召开。国际油脂油料大会始创于2006年，在各方的大力支持下，经过十二年发展，已经成为国内与国外、产业上游与下游、现货与期货市场参与者分析形势、交流合作、共赢发展的高端平台，累计吸引了9 000多名油脂油料产业和企业界代表参会，其中产业客户占比超过60%，目前已经成为我国油脂油料及相关产业最具知名度和影响力的行业盛会。

12月，我国豆油库存从168万吨的历史高位下降，截至12月底，国内豆油商业库存总量165.04万吨，较上个月的168.29万吨降3.25万吨，但仍较2016年同期的91.3万吨增加73万吨。

12月，与国外相关期货市场成交规模对比，DCE豆粕和豆油成交量分别是CBOT交易量的4.1倍和1.4倍，棕榈油交易量是大马交易所的4.3倍。

2017年全年，我国毛豆油进口620 927吨，同比增长18.6%；豆油出口102 437吨，同比增长21.4%；全年呈现净进口。

2017年，大商所加强对套保客户的事中和事后监管。截至年底，共取消1名客户套保资格、2名客户套保额度，对多名套保客户采取了约谈措施，并对38名套保客户采取了限制开仓1~3个交易日措施。

报告八
棕榈油期货品种运行报告（2017）

2017年，棕榈油经历了震荡性的下跌行情，因为全球气候转型拉尼娜，东南亚油棕种植园已走出低产周期，主产国棕榈油的产量开始回升，而主要需求国中国豆油、菜油供应压力大，印度政府大幅抬升进口植物油税率门槛，欧盟准备逐渐废除棕榈油生物燃料，均压制棕榈油进口需求。在供需双重打压下，全球棕榈油库存高企，同时全球其他油脂表现也低迷，因此棕榈油告别了延续两年的牛市行情。期间，大商所积极推动场外市场建设，优化仓单串换业务，并研究棕榈油国际化，提升棕榈油期货服务实体经济功能。

一、棕榈油期货市场运行情况

（一）市场规模及发展情况

1. 棕榈油期货成交下滑。2017年，棕榈油期货成交量为6 804.65万手，同比下降51.10%；在全国商品期货品种中，棕榈油期货成交占比为2.23%，在农产品中居于第三位；在大商所各品种中，棕榈油期货成交量占比为6.20%，名列第四位；棕榈油期货成交量在三大油脂期货中占比45%，较2016年下降了8.27%。棕榈油成交量下降的原因如下：中国饲料中豆粕需求增速较快，大豆进口量激增，接近1亿吨，豆粕需求增速快于豆油的情况下，使得豆油产量快速增加，豆棕价差维持低位，对棕榈油的需求存在替代；国内菜油抛储，整体国内油脂供应宽松，影响棕榈油的需求量和进口贸易量；2017年棕榈油盘面进口利润窗口打开时间较窄，贸易融资退出后国内贸易量缩小，全年基差正值时间较长，套保时机较少；东南亚油棕种植园已走出低产周期，棕榈油告别了延续两年的牛市行情，展开了震荡下滑的走势，油脂市场影响因素复杂性提高，交易难度加大，成交下滑。

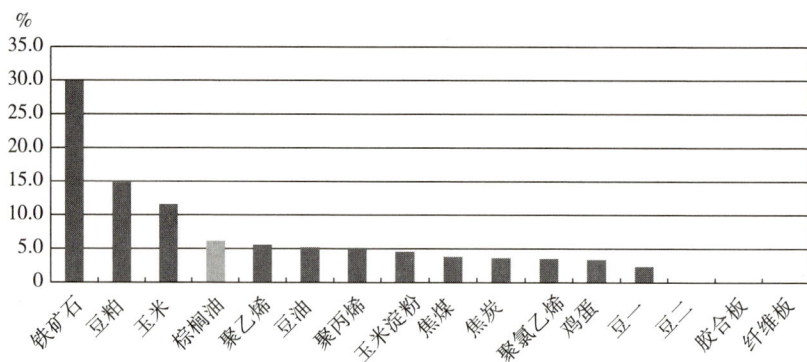

注：成交占比 = 单个品种全年成交量 / 大商所所有品种全年成交总量。

数据来源：大连商品交易所。

图 8-1　2017 年大商所所有品种成交量占比

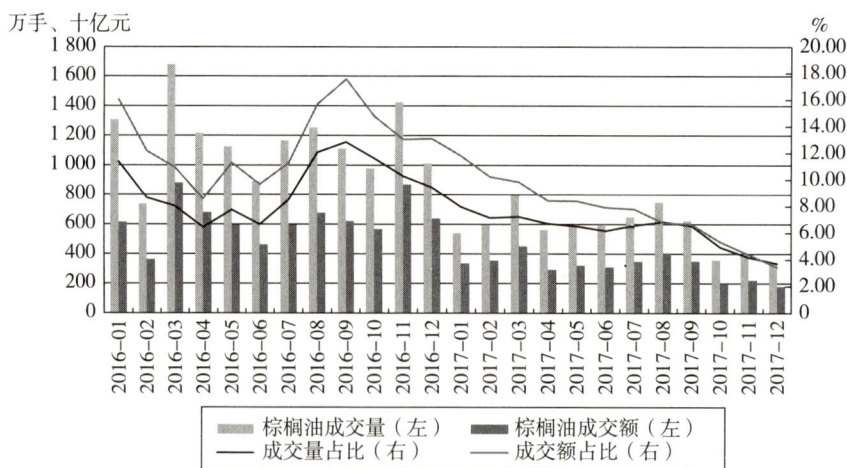

注：成交量 / 额为单边，成交占比 = 成交量 / 大商所成交量；成交额占比 = 成交额 / 大商所成交额。

数据来源：大连商品交易所。

图 8-2　2016—2017 年棕榈油期货成交情况

从月度成交变化情况看，2017年棕榈油月度成交量均同比下滑，月均成交量为567万手，较2016年的月均值1 160万手减半。

其中4月、9月、10月、12月的成交量月度环比下滑幅度较大，分别下滑29%、17%、43%和15%。8月之前，成交量波动幅度不大，8月之后成交量环比开始了快速的下滑。主要原因是马来西亚棕榈油产量开始恢复，棕榈油库存回升超预期，同时印度尼西亚产量也在快速恢复，年底印度大幅上调植物油进口关税影响棕榈油的需求，棕榈油牛市行情结束；而国内豆油产出量不断增加，豆油库存创下历史高位，抛储菜油仍需时间消化，棕榈油需求量下滑；油脂市场影响因素复杂性提高。

2. 棕榈油期货持仓量下滑。2017年，棕榈油期货持仓量月均值为35万手，比2016年的39万手下滑10.26%。

第一季度持仓量呈现同比下滑的状态，1月和3月持仓量分别为31万手和39万手，同比分别下滑17%和25%；2月持仓量为47万手，变化不大；主要原因是市场预期马来西亚棕榈油将进入增产周期。第一季度，南美大豆丰产压力不断释放，国内豆油库存增加，国储拍卖菜油陆续入市，油脂供应压力加大，而国内棕榈油处于消费淡季，价格疲弱，持仓量下降。

4~8月，持仓量月均值为39万手，同比回升，回升均值为22%。由于马来西亚棕榈油产量增长幅度不及预期，叠加需求旺季，而美豆处于天气炒作期，国内棕榈油进口量少，库存持续下滑，且货权集中，共同提振价格走强，持仓量也随之回升。

9~12月，持仓量月均值为28万手，同比下滑，下滑均值为30%。由于马来西亚棕榈油产量恢复，库存快速回升，印度大幅提高进口关税抑制需求，国内豆油、棕榈油库存持续攀升，油脂整体压力较大，价格震荡趋弱，持仓量随之下降。

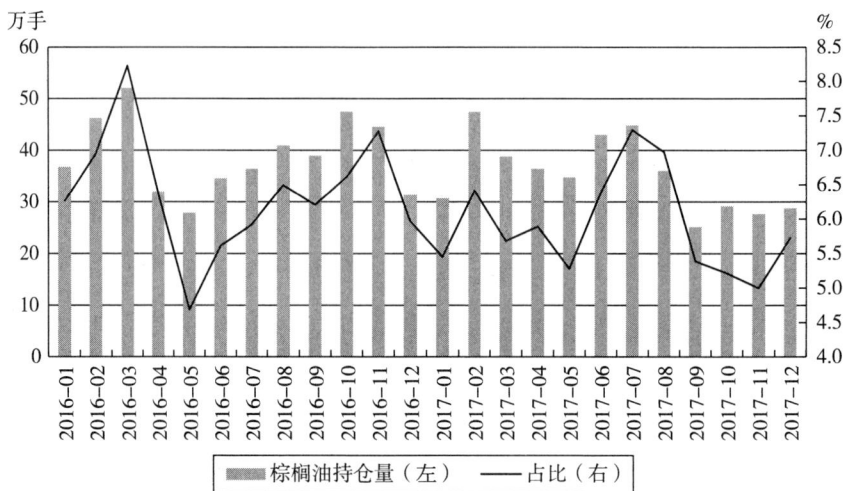

注：月末持仓占比 = 月末持仓量 / 大商所月末持仓量。

数据来源：大连商品交易所。

图8-3　2016—2017年棕榈油期货持仓情况

3. 棕榈油期现规模比下滑。从期现规模比来看，我国棕榈油交易活跃度下滑。期现规模比是指期货品种的成交量与相应现货生产量、消费量比值。2017年，我国（进口量）棕榈油期现规模比为143.25，较2016年的310.76下降了53.9%。而2017年豆油和菜籽油的期现规模比分别为216.51和88.01。

（二）期现货市场价格走势

1. 供应回升，棕榈油价格呈现震荡下滑。2017年，全球油脂产量增幅超过需求增幅，油脂供需宽松，油脂价格普遍震荡下行。棕榈油上半年价格一路下滑；第三季度因棕榈油高产月份产量不及预期和需求较好，价格有所反弹；第四季度棕榈油库存增加，价格又重新走弱。行情走势分为以下三个阶段：

第一阶段：2017年1月至4月底，沿海主流港口棕榈油价格下调至5 552元/吨，较2016年底的6 630元/吨大跌1 078元/吨。巴西大豆产量创历史新高，收割持续推进，南美大豆丰产在望，全球大豆库存充足，给美豆市场带来沉重打击。而市场预计马来西亚棕榈油出口转弱及产量不断恢复，库存将得到重建，对马盘市场形成打压。另外，1~4月大豆到港量同比增长18%，大豆供应充足，豆油库存继续放大，国储拍卖菜油陆续入市，油脂供应压力不断加大，而国内棕榈油处于消费淡季，棕榈油市场走货情况极其低迷。

第二阶段：2017年4月底至10月底，沿海主流港口棕榈油价格震荡反弹至5 907元/吨，较4月底的5 552元/吨涨355元/吨。此阶段处于马来西亚棕榈油的增产期，市场预计马来西亚棕榈油产量会恢复性增长，但现实情况是增长幅度不及预期，棕榈油的增产预期与现实情况出现错配；市场预期大豆到港量大增，看空未来豆系的走势，但现实情况是到港延迟，整体节奏被打乱；同时8月初以来，国家环保限产力度加大，整个商品市场利多氛围强烈；另外，国内棕榈油进口利润窗口打开时间较窄，国内棕榈油买船量较小，当前贸易商手中货源不多，大多货权集中在工厂手里。因此，在国内供应不多的背景下，棕榈油展开了反弹。

第三阶段：2017年10月底至12月底，沿海主流港口棕榈油价格震荡回调至5 160元/吨，较上阶段的5 907元/吨下跌747元/吨。印度大幅上调植物油进口关税，马来西亚棕榈油出口疲软，棕榈油库存回升超预期，11月、12月产量略有下降，但是产量水平居于年度内高位，季节性消费淡季促使库存进一步增加；国内工厂大豆货源供应充裕，且榨利良好，油厂积极开机，压榨量曾一度达200万吨/周的罕见高位。豆油产出量也不断增加，豆油库存创下近170万吨的历史高位；国内外油脂市场利空氛围浓厚，国内棕榈油下跌速度快于豆油，国内豆棕盘面及现货价差均有回升，但仍处较低范围，而此阶段天气温度较低，各地棕榈油勾兑份额大幅降低，导致棕榈油市场需求量极差。受此推动，国内棕榈油库存快速增加，价格也随之下跌。

元/吨

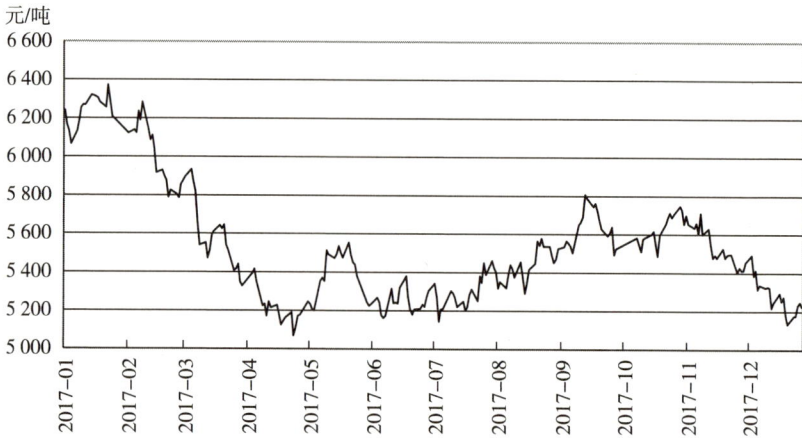

数据来源：大连商品交易所，Wind 资讯。

图 8-4　2017 年棕榈油期货活跃合约价格走势

元/吨

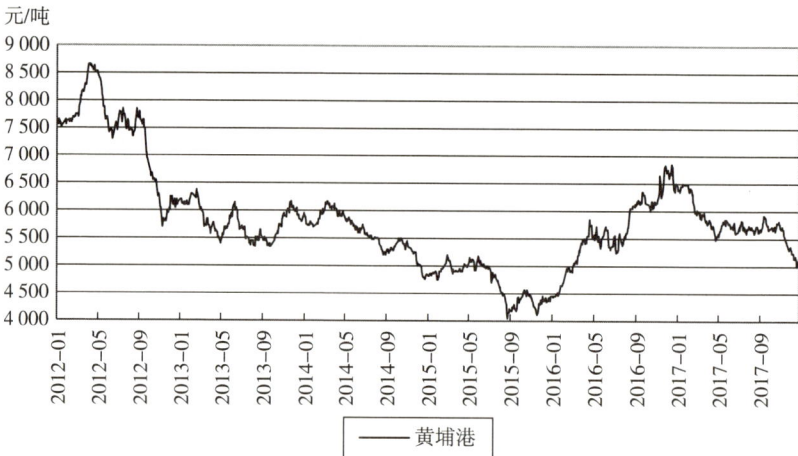

── 黄埔港

数据来源：大连商品交易所，Wind 资讯。

图 8-5　2012 年以来棕榈油现货价格走势

2. 价格波动情况分析。2017年，棕榈油期货价格波动减弱。棕榈油期货主力合约价格波动率为13.5%，较之2016年的19.7%出现了较大的下滑。波动率在第二季度有所放大，主要是经过第一季度的持续大跌之后，利空不断释放，后期进入美豆播种期天气反复，且马来西亚棕榈油产量增长幅度不及预期，库存没有有效累积，预期和现实出现矛盾，使得价格波动加大。

2017年1~6月，棕榈油盘面内外价差基本处于倒挂状态，原因在于国外库存边际压力尚未增加，而国内油脂供应压力较大。7~8月中旬，国内油脂处于小包装备货旺季，而国外库存即将重建，内外价差走强。9~12月上旬，国内油脂库存持续回升，内外价差震荡走弱。12月下旬，随着人民币升值，国外棕榈油供需双弱，内外价差震荡走好。全年来看，内外价差较2016年波动缩小。

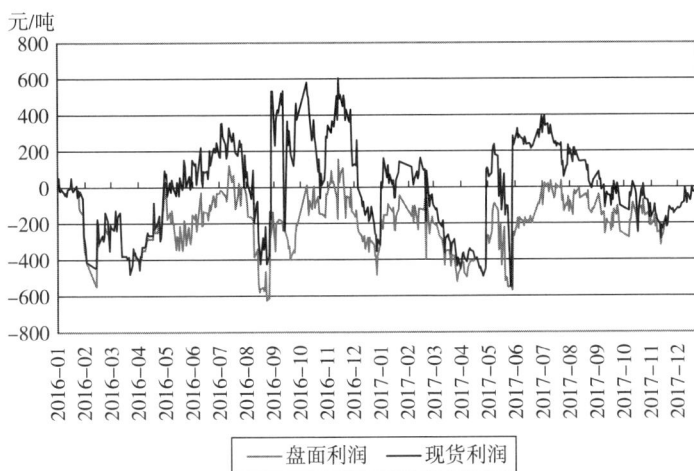

注：国内外价差＝棕榈油进口价格－黄埔港24度棕榈油价格。

数据来源：大连商品交易所，Wind资讯。

图8-6　2016—2017年棕榈油进口利润

（三）期货交割情况分析

1. 交割量同比下滑。2017年，我国棕榈油期货交割量达到18 504手，同比下降10 571手，降幅为36.36%。棕榈油的交割量在大商所所有品种中排名第四。2017年，棕榈油的交割量出现了下滑，由于棕榈油库存从第四季度开始明显累积，在国内供应不多的背景下，棕榈油现货走势较为坚挺，基差大部分时间表现强势，且全年盘面进口利润间歇性在7月和8月表现较好。

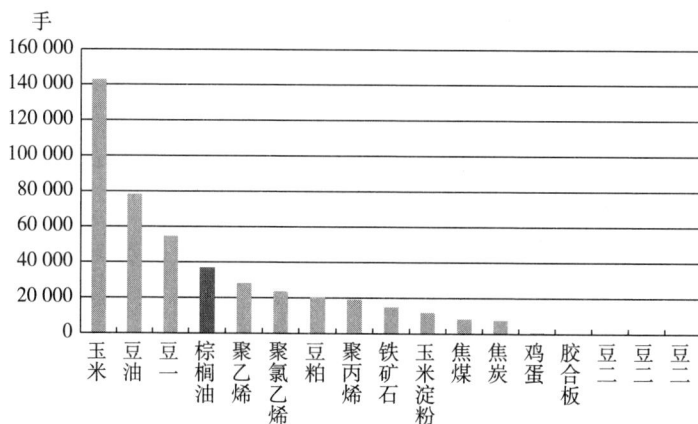

数据来源：大连商品交易所。

图 8-7　2017 年大商所所有品种交割量

2. 交割客户来源区域分布集中度提升。2017年，棕榈油期货交割客户来源区域分布集中度进一步提升。其中59.33%交割客户来自于华东地区；其次为华南地区，占比16.07%；华北地区以8.31%位居第三。与2016年相比，交割客户来源占比提升的主要有：华南地区占比提升8.17%，华中地区占比提升2.7%，西北地区占比提升1.8%。客户占比下滑情况为：华东地区占比下降8.27%，东北地区占比下降7.5%，华北地区占比下降2.73%。

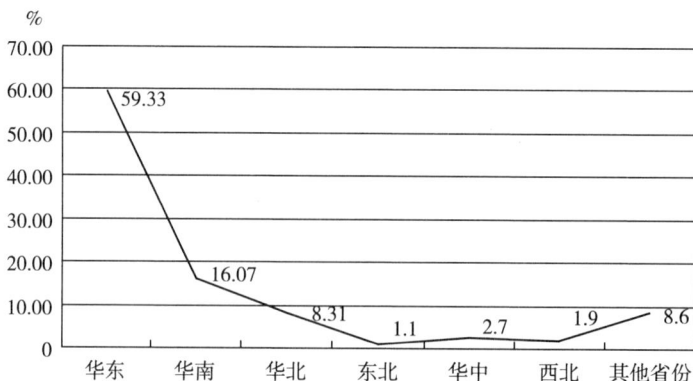

数据来源：大连商品交易所。

图 8-8　2017 年棕榈油期货交割区域分布

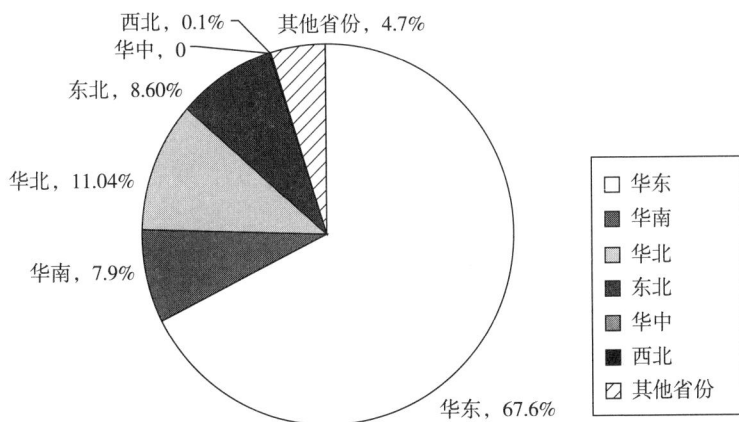

数据来源：大连商品交易所。

图 8-9　2016 年棕榈油期货交割区域分布

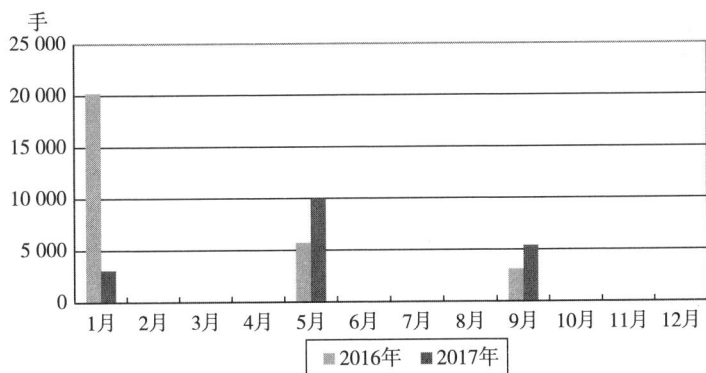

数据来源：大连商品交易所。

图 8-10　2016—2017 年棕榈油期货交割量

3. 交割月份高度集中。上市以来，棕榈油期货交割月份高度集中，这主要是受到棕榈油期货交易特点影响。2017年，棕榈油交割月份主要集中于交易活跃的1月、5月和9月合约，交割数量分别为3 093手、10 011手、5 400手，其他月份没有交割，与往年交割时间分布特征一致。单次交割量对比看，2017年1月棕榈油交割量同比2016年同期的20 222手大幅下滑84.7%，主要是因为进口倒挂，国内棕榈油库存低。

2017年5月交割量回升至10 011手，同比2016年同期的5 727手大幅增长74.8%，主要是4月国内基差转弱，期间出现负基差的情况。

2017年9月交割量与2016年9月交割量差异不大。

（四）期货市场结构分析

1. 法人客户参与度继续提高。2017年，棕榈油期货交易主体仍然以个人客户为主，但法人客户参与度继续上升，且增幅较上年扩大，表明现货产业对棕榈油期货需求度明显增加。而棕榈油告别了延续两年的牛市行情，展开了震荡下滑的走势，投资交易难度加大，个人客户交易数下滑。具体数据如下：2017年，棕榈油月均交易客户数为79 697户，较2016年下降10 756户，降幅为11.89%。其中，月均法人交易客户数为2 911户，同比增加206户，增幅为7.62%。

月均短线客户数为56 712户，较2016年下降16 397户，降幅为22.43%。其中，月均法人短线客户数为1 521户，同比下降202户，降幅为11.72%。

月均持仓客户数为52 569户，较2016年下降3 895户，降幅为6.90%。其中，月均法人持仓客户数为2 669户，同比增加288户，增幅为12.09%。

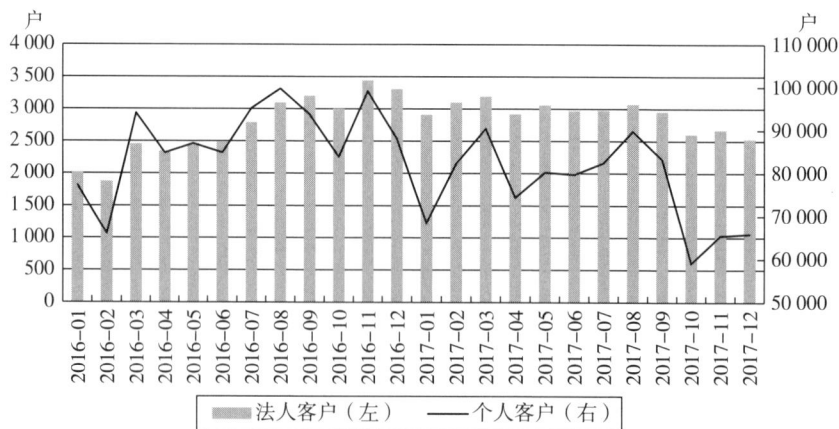

数据来源：大连商品交易所。

图 8-11　2016—2017 年棕榈油交易客户数量

2. 分类客户个人户下滑。2017年，棕榈油期货参与交易客户数有所下滑。个人户下滑较大，表明棕榈油期货交易主体在2017年趋向成熟。

棕榈油月均个人交易客户数为76 786户，同比下降10 962户，降幅为12.49%。月均个人短线客户数55 191户，同比下降16 195户，降幅为22.69%。月均个人持仓客户数49 899户，同比下降4 183户，降幅为7.73%。

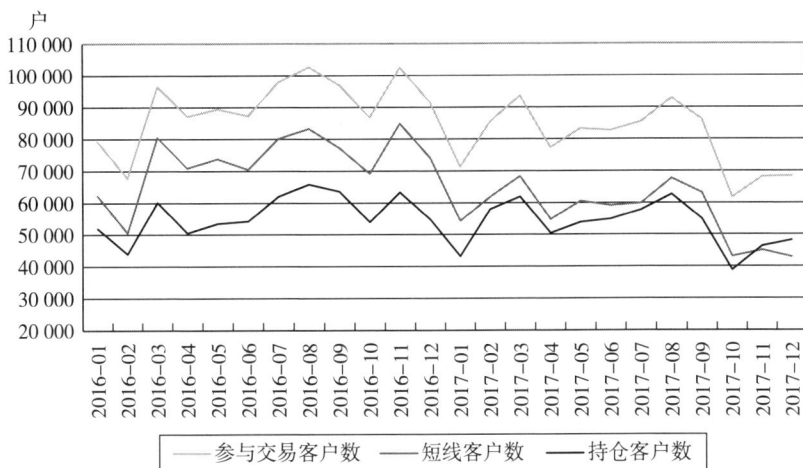

数据来源：大连商品交易所。

图8-12 2016—2017年棕榈油分类交易客户数

3. 市场集中度略有波动。2017年，棕榈油期货市场集中度（指持仓量前100名客户的持仓量/市场持仓量）月均集中度为53.67%，同比下降2.09%。其中前100名月均持仓量为376 034手，较2016年下降61 259手，降幅为14.01%。市场持仓量月均值为705 227手，较2016年下降77 343手，降幅为9.88%。

前100名持仓量和市场持仓量在5~7月同比有较大的回升，市场集中度随着持仓量放大。而其余月份随着持仓量的缩小而均同比下降。

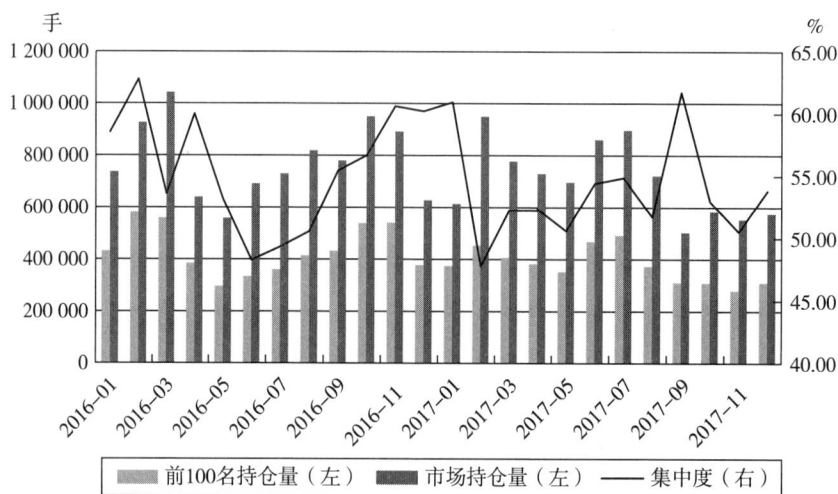

数据来源：大连商品交易所。

图 8-13　2016—2017 年棕榈油期货持仓量与持仓集中度

二、棕榈油期货市场功能发挥情况

（一）价格发现功能发挥情况

期现货价格高度相关。2017年，我国棕榈油期现相关系数为0.82，较2016年有所下降。我国棕榈油完全依赖进口，国际棕榈油价格参考马来西亚衍生品交易所的棕榈油期货定价，国内棕榈油定价则参考大连商品交易所棕榈油期货，两者之间保持较高的联动性。从中长期看，我国棕榈油期现货价格走势趋于一致，相关度较高。

表 8-1　　　　2016—2017 年棕榈油期现价格相关性

检验项	年份	2016 年	2017 年
期现价格的相关性	系数	0.92	0.82
	显著性检验	通过检验	通过检验
期现价格引导关系		期货引导	无引导关系

注：现货价格为广东黄埔港 24 度棕榈油交货价，期货价格为活跃合约结算价，数据频度为日度。

数据来源：大连商品交易所。

（二）套期保值功能发挥情况

1. 基差套保机会出现。2017年，棕榈油基差波动区间为（-134，534），波动范围较2016年的（-406，772）缩小，2017年的基差中位数为150元/吨，比2016年的215元/吨同样缩小。

2017年1~4月，基差走势趋弱，基差由正转负，进入4月出现负基差。市场预期马来西亚棕榈油的产量会增加，上半年将会处于重建库存的过程，预期价格趋弱，因此期货率先出现了快速下跌，提前交易供应压力的预期。而现货方面起初因为延续2016年的低库存状态，现货价格相对坚挺，基差表现坚挺。随着豆油库存不断增加，国储拍卖菜油陆续入市，油脂供应压力不断加大，棕榈油与其他油脂过小的价差限制了其实际需求，成交萎靡，现货也逐渐趋弱。期货经过持续大跌之后，利空不断释放，后期进入美豆播种期天气反复，期货盘面也表现抗跌，时有反弹。因此，此阶段棕榈油基差趋势性转弱，但大部分时间维持正基差状态，进入4月，负基差情况出现。

5~8月，由于中国进口量较少，棕榈油库存持续下降，加之当前贸易商手中货源不多，大多货权集中在工厂手里。7~8月，油脂市场迎来小包装备货旺季，同时期间大豆到港延迟，棕榈油现货价格表现坚挺。因全球大豆供应充裕，且马来西亚棕榈油库存即将重建，8月下半月和9月棕榈油到货较为集中，市场预计后面国内货源紧张局面缓解，棕榈油期货价格将面临下跌，期货价格比现货价格弱，因此，此阶段表现为正基差，波动幅度不大，基差较为坚挺。

9~12月，由于中国进口商对8月和9月船期采购量提升，国内棕榈油库存重建，10月之后库存环比逐步增加。而豆油产出量也不断增加，豆油库存创下近170万吨的历史高位，豆棕价差较低，棕榈油成交疲弱，现货价格表现弱。10月之后，马来西亚棕榈油产量开始逐步回升，出口疲软，而印度大幅上调植物油进口关税，季节性消费淡季将促使库存进一步增加，棕榈油库存回升超预期，期货盘面表现也疲弱，基差逐渐走弱。11月下旬之后到年底，基差由正值转为负值。

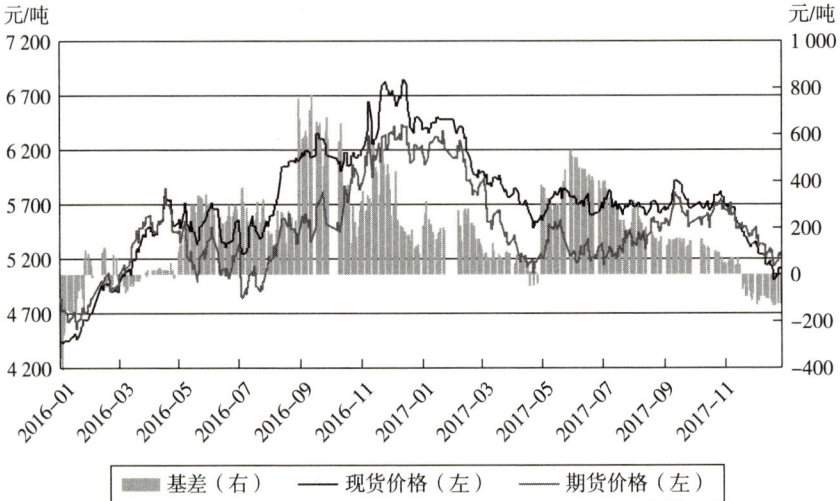

注：现货价格为广东黄埔港24度棕油交货价，期货价格为活跃合约结算价。

数据来源：大连商品交易所。

图 8-14　2016—2017 年棕榈油期现价格及基差变化

表 8-2　　　　　　　　　　2016—2017 年棕榈油套保有效性

			2016 年	2017 年
基差	均值	元	171.79	165.17
	标准差	元	272.12	156.74
	变异系数		0.11	0.03
	最大	元	760	534
	最小	元	−370	−134
到期价格收敛性	到期日基差	元	330.5	−71.5
	期现价差率	%	6.27	2.88
套期保值效率	周价（当年）	%	56.3	77.66

注：现货价格为广东黄埔港24度棕油交货价，期货价格为活跃合约结算价，数据频度为日度。

数据来源：大连商品交易所。

2. 套期保值效果回升。棕榈油基差波动范围缩小，企业套保难度减弱，套保效率回升。2017年，由于国际棕榈油产量开始恢复，国内外棕榈油库存回升，基差变动幅度缩小，由2016年的（-370，760）元/吨缩小至（-134，534）元/吨，市场套期保值效果回升。2017年，棕榈油套期保值率（周）为77.66%，同比上升了21.36%，表明企业利用期货市场套保的实际效果良好。

（三）期货市场功能发挥实践

1. 新一期仓单串换试点推出。为促进油粕期货市场功能有效发挥，为客户提供更加便利的交割服务，在总结前期油粕品种仓单串换试点经验的基础上，与各大集团联合推出新一期豆粕、豆油和棕榈油仓单串换试点。2017年，大商所与棕榈油仓单串换企业中国粮油控股有限公司、嘉吉投资（中国）有限公司、中储粮油脂有限公司和益海嘉里投资有限公司4大集团联合推出新一期仓单串换试点。本次试点进一步降低了串换成本，增加了交割月串换申请机会，扩大了试点集团数量，并完善了报价体系。

2. 构建全国性油脂品种现货价格体系。仓单串换催生了大型集团和下游中小企业均普遍认可的区域价差基准，为仓单串换双方提供了定价依据，也为市场提供了重要的定价参考，有效提高了市场谈判效率。在此过程中，通过串换平台建立全国性的油脂品种现货价格体系，提升期货市场对现货价格的引导作用，构建以期货价格为核心、串换平台地区性价差与品质价差为补充的完整价格体系。

3. 开展棕榈油国际化研究。为稳步推进棕榈油期货国际化，推进国际化战略，深化实体经济服务，目前大商所已制订棕榈油期货国际化初步方案，广泛征求了国内多家棕榈油现货企业的意见和建议，并通过深入境外走访现货企业、实地考察港口仓储设施和召开业务论证会，进一步完善设计方案。研究引入境外投资者参与交易，扩大境内外交割区域，探索境外设库，为跨国企业提供境内外集团交割服务。推动棕榈油国家质量标准与国际接轨，持续优化规则制度，为相关品种国际化奠定基础。

三、棕榈油合约相关规则调整

为了防范棕榈油期货市场风险，抑制市场过度投机行为，使棕榈油期货更好地为实体企业服务，2017年，大商所对棕榈油期货合约进行了相应修改，主要包括三个方面内容：调整指定交割库、调整手续费收取标准及合约手续费条款。

1. 指定交割库调整。4月28日，调整4家棕榈油指定交割仓库：取消丰益（上海）生物技术研发中心有限公司、金光食品（宁波）有限公司指定交割仓库资格；启用益海（泰州）粮油工业有限公司为非基准指定交割仓库，升水50元/吨；设立金天源食品科技（天津）有限公司为非基准指定交割仓库，升水100元/吨。

9月14日，调整4家棕榈油指定交割仓库：取消中纺油脂（天津）有限公司、靖江龙威粮油工业有限公司棕榈油指定交割仓库资格；设立仪征益江粮油工业有限公司为棕榈油非基准指定交割仓库，升水50元/吨；调整中粮东海粮油工业（张家港）有限公司为棕榈油非基准指定交割厂库，升水50元/吨。

2. 节假日保证金及涨跌停板幅度调整。根据《大连商品交易所风险管理办法》第九条规定：如遇法定节假日休市时间较长，交易所可以根据市场情况在休市前调整合约交易保证金标准和涨跌停板幅度。2017年，因节假日影响，大商所先后调整了2次棕榈油期货品种最低交易保证金标准和涨跌停板幅度。其中春节期间，棕榈油期货最低交易保证金调整至9%；在中秋节、国庆节期间，棕榈油期货最低保证金调整至9%。

表 8-3　　　　　　　2017 年节假日棕榈油合约交易保证金调整

时间	通知名称	调整措施
2017/1/18	关于 2017 年春节期间调整各品种最低交易保证金标准和涨跌停板幅度及夜盘交易时间的通知	自 2017 年 1 月 25 日（星期三）结算时起，将棕榈油最低交易保证金标准调整至 9%。2017 年 2 月 3 日（星期五）恢复交易后，自棕榈油持仓量最大的两个合约未同时出现涨跌停板单边无连续报价的第一个交易日结算时起，将最低交易保证金标准恢复至 7%。
2017/9/21	关于 2017 年中秋节、国庆节期间调整各品种涨跌停板幅度和最低交易保证金标准的通知	自 2017 年 9 月 28 日（星期四）结算时起，将棕榈油最低交易保证金标准调整至 9%。2017 年 10 月 9 日（星期一）恢复交易后，自棕榈油持仓量最大的两个合约未同时出现涨跌停板单边无连续报价的第一个交易日结算时起，将最低交易保证金标准恢复至 7%。

资料来源：大连商品交易所。

2017 年，因节假日影响，大商所先后调整了 2 次棕榈油期货涨跌停板幅度。其中春节期间，棕榈油期货涨跌停板幅度调整至 7%；中秋节、国庆节期间，棕榈油期货涨跌停板幅度调整至 7%。此外，在法定假日前一个交易日，均不进行夜盘交易。

表 8-4　　　　　　　2017 年节假日棕榈油合约涨跌停板幅度调整

时间	通知名称	调整措施
2017-1-18	关于 2017 年春节期间调整各品种最低交易保证金标准和涨跌停板幅度及夜盘交易时间的通知	自 2017 年 1 月 25 日（星期三）结算时起，将棕榈油涨跌停板幅度调整至 7%。2017 年 2 月 3 日（星期五）恢复交易后，自棕榈油持仓量最大的两个合约未同时出现涨跌停板单边无连续报价的第一个交易日结算时起，涨跌停板幅度恢复至 5%。
2017-9-21	关于 2017 年中秋节、国庆节期间调整各品种涨跌停板幅度和最低交易保证金标准的通知	自 2017 年 9 月 28 日（星期四）结算时起，将棕榈油涨跌停板幅度调整至 7%。2017 年 10 月 9 日（星期一）恢复交易后，自棕榈油持仓量最大的两个合约未同时出现涨跌停板单边无连续报价的第一个交易日结算时起，将涨跌停板幅度恢复至 5%。

资料来源：大连商品交易所。

表 8-5　　　　　　　2017 年节假日棕榈油合约夜盘交易调整

时间	通知名称	调整措施
2016-12-26	关于 2017 年元旦期间夜盘交易时间提示的通知	2016 年 12 月 30 日（星期五）当晚不进行夜盘交易；2017 年 1 月 3 日（星期二）所有期货品种集合竞价时间为 08:55-09:00；2017 年 1 月 3 日（星期二）当晚恢复夜盘交易。

续表

时间	通知名称	调整措施
2017-1-18	关于2017年春节期间调整各品种最低交易保证金标准和涨跌停板幅度及夜盘交易时间的通知	1月26日（星期四）当晚不进行夜盘交易；2月3日所有期货品种集合竞价时间为08:55-09:00；2月3日当晚恢复夜盘交易。
2017-3-27	关于豆粕期货期权上市及2017年清明节期间交易时间提示的通知	3月31日（星期五）当晚不进行夜盘交易；4月5日（星期三）豆粕期权和所有期货品种集合竞价时间均为08:55-09:00；4月5日（星期三）当晚恢复豆粕期权和所有期货夜盘品种的夜盘交易。
2017-4-27	关于2017年劳动节期间夜盘交易时间提示的通知	4月28日（星期五）当晚不进行夜盘交易；5月2日（星期二）所有期货品种集合竞价时间为08:55-09:00；5月2日（星期二）当晚恢复夜盘交易。
2017-5-24	关于2017年端午节期间夜盘交易时间提示的通知	5月26日（星期五）当晚不进行夜盘交易；5月31日（星期三）所有合约集合竞价时间为08:55-09:00；5月31日（星期三）当晚恢复夜盘交易。
2017-9-27	关于2017年国庆节期间夜盘交易时间提示的通知	9月29日（星期五）当晚不进行夜盘交易；10月9日（星期一）所有合约集合竞价时间为08:55-09:00；10月9日（星期一）当晚恢复夜盘交易。

资料来源：大连商品交易所。

四、棕榈油期货市场发展前景、问题与建议

（一）发展前景

1. 国际棕榈油产量预期继续回升。东南亚油棕种植园已走出低产周期。因可耕地面积逐渐减少，马来西亚棕榈油种植面积增长潜力有限。印度尼西亚方面，尽管种植面积增速放缓，却因树龄偏小而潜力较强。因此，在彻底告别厄尔尼诺现象后，若后续没有其他恶劣天气的阻挠，印马两国棕榈油总产量将继续恢复。USDA预期2017/2018年度全球棕榈油产量预计达到6 942万吨，其中印度尼西亚棕榈油产量预计为3 850万吨，高于2016/2017年度的3 600万吨。马来西亚棕榈油产量预计为2 050万吨，高于2016/2017年度的1 886万吨。未来一

年，印度尼西亚与马来西亚的棕榈油产量将分别增加250万吨和164万吨，棕榈油主产国供给宽松。

此外，印度两次提高进口植物油关税之举对需求端无疑是一记重创，欧盟是否废除棕榈油—生物燃料目前仍然需要关注，上述两项政策对棕榈油的出口需求影响很大。

2. 国际棕榈油价格表现疲弱。由于东南亚油棕种植园已走出低产周期，国外棕榈油供应逐渐回升，而印度政府大幅抬升进口植物油税率门槛，欧盟准备逐渐废除棕榈油生物燃料，因此在供需双重打压下，产地棕榈油库存高企，价格趋弱。预计在2018年，国内棕榈油供需关系与国际市场供需趋于一致，棕榈油价格表现更为理性，利于优化企业生产经营和期货工具应用，提升投资者参与棕榈油期货的积极性。

（二）当前存在的问题

棕榈油期货国际化程度不高。虽然国内主要外资企业均参与国内棕榈油期货，但大商所棕榈油期货主要代表国内供需市场，国际化程度不高。大商所棕榈油期货上市后在服务产业和实体经济发展方面发挥了积极作用，但市场相对封闭，参与者主要以国内投资者为主。虽然主要外资企业均参与国内棕榈油期货交易，但其价格形成具有明显的"中国特色"，对国际市场的辐射力和影响力还不够。

（三）发展建议

1. 推动场外市场发展。通过扩大仓单串换试点，构建棕榈油现货系统，形成棕榈油场外报价系统。仓单串换一方面增强产业客户交割买卖双方在地域选择的灵活性，另一方面也能发现不同地区现货与期货之间的基差关系以及地域之间的价差关系。因此，在仓单串换的过程中形成一套系统的现货和基差报价系统，有助于企业进行基差分析，利于套保操作，减少基差风险，进而提升客户参与程度，提升套保效率。

2. 推动棕榈油期货国际化进程。推动棕榈油期货国际化，构建双向流通的期现货市场，使价格传递更为顺畅，扩大棕榈油期货国际影响力。通过棕榈油期货国际化，构建物流交割基础，吸纳国际市场参与者进入国内，将连通国内外棕榈油期现货市场，进一步扩大国内棕榈油企业的贸易领域，扩大国内棕榈油期货市场对应的现货规模，同时将扩大国内棕榈油期货价格的国际影响力。

专栏

2017年棕榈油期货大事记

2月28日，因美国再生燃料协会主管表示，美国总统特朗普领导的政府将解除精炼厂进行生物燃料掺混的责任。美国生物燃料政策的调整可能包括，夏季销售的汽油可以掺混更高比例的乙醇，美国豆油需求有望放大。

4月19日，中国政府宣布，从2017年7月1日起，将增值税税率由四档减至17%、11%和6%三档，取消13%这一档税率；将农产品、天然气等增值税税率从13%降至11%。同时，对农产品深加工企业购入农产品维持原扣除力度不变，避免因进项抵扣减少而增加税负。

7月28日，美国国家环境保护局（EPA）在制定在美国销售的汽油和柴油中的生物燃料强制掺混标准时出错，下令EPA重新计算。

8月23日，美国商务部建议：对进口自印度尼西亚和阿根廷的生物柴油征收关税；对进口自阿根廷的生物柴油征收最多64%的关税；对进口自印度尼西亚的生物柴油征收最多68%的关税。

　　11月21日，印度将毛棕榈油进口关税提高一倍，达到30%；精炼棕榈油进口关税从25%提高到40%；毛豆油进口关税从17.5%提高到30%；精炼豆油进口关税从20%提高到35%。印度政府还将大豆进口关税从30%提高到45%。

报告九
鸡蛋期货品种运行报告（2017）

2017年，鸡蛋价格呈现先抑后扬走势。上半年，受"蛋周期"和H7N9疫情影响，鸡蛋现货价格大幅下跌，一度创下10年新低；随着养殖户的大规模淘鸡，5月中旬，鸡蛋价格筑底回升，下半年鸡蛋价格高位震荡。为了提升鸡蛋期货服务实体经济的能力，帮助产业客户更好地抵御鸡蛋价格的大幅波动风险，2017年，大商所以鸡蛋交割制度为核心的制度创新落地实施。相关制度创新使得2017年鸡蛋期货运行质量明显提升，期货的成交量和持仓量大幅增长，产业客户数量明显增加，交割出现爆发式增长，期现相关性显著增强，鸡蛋期货成为国内首个连续活跃的农产品期货。2017年，鸡蛋期货市场功能得到有效发挥，服务实体经济能力显著增强。

一、鸡蛋期货市场运行情况

（一）市场规模及发展情况

1. 成交规模大幅增长。2017年，由于鸡蛋价格的剧烈波动和鸡蛋期货市场效率的提高，产业客户和投资者参与鸡蛋期货的热情得到充分释放，鸡蛋期货的成交量和成交金额大幅增长。2017年，鸡蛋期货的全年成交量和成交金额分别达到3 726.24万手和14 228亿元，同比分别增长65.8%和76.25%。鸡蛋期货成交量在大商所期货总成交量中的占比显著提高，由2016年的1.46%上升至2017年的3.39%。从月度成交情况看，5~8月成交量相对较大，月度成交量均在380万手以上；其余月份成交量相对较小，在150万~290万手之间。其中，6月份成交量最大，达到773.77万手；12月成交量最小，为152.45万手，仅为6月成交量的五分之一。5~8月成交量大的主要原因是其间鸡蛋价格波动剧烈，套保和投机需求大幅增加所致。5月，鸡蛋现货价格一度创下10年新低，而6~8月蛋价又出现了快速反弹，河北邯郸地区的8月末蛋价较5月最低点上涨126%。2017年，鸡蛋期货的成交金额与成交量变化趋势大致相同，5月至8月成交金额较大，月度成交金额均在1 300亿元以上。其中，6月成交金额最大，为2 891.55亿元；1月成交金额最小，为591.98亿元，仅为6月的五分之一（见图9-1）。

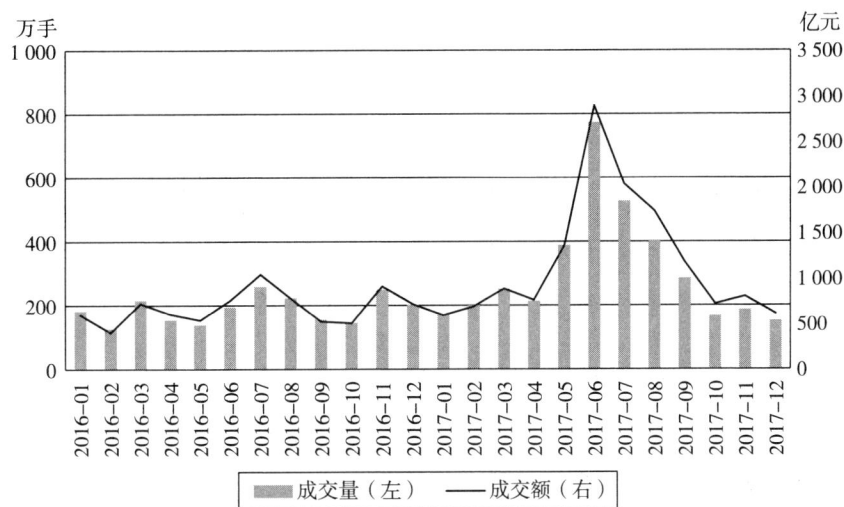

图9-1　鸡蛋期货月度成交变化

2. 持仓量显著增加。2017年末，鸡蛋期货的持仓量为14.31万手，同比上升34.04%；在大商所期货总持仓中的占比为2.84%，同比增长34.04%；持仓额为55.94亿元，同比增长51.64%。年度日均持仓17.99万手，同比增长60.69%，在大商所期货品种中的占比为2.94%。2017年，鸡蛋期货持仓显著增长，反映了本年度鸡蛋价格大幅波动以及鸡蛋期货市场运行质量提高所带来的客户参与度提升。

从2017年全年的情况看，鸡蛋期货月度持仓量变化与上年存在一定差异。2016年，鸡蛋期货月度持仓与鸡蛋价格的变化总体一致，2月和8月为鸡蛋现货价格年内的两个高点，这两个月份的持仓也是年内两个高点。而2017年，鸡蛋期货月度持仓的高点发生在5月和6月，5月持仓量较大的原因是该月鸡蛋价格创下10年新低，产业客户和投机客户投资需求增加所致（见图9-2）。

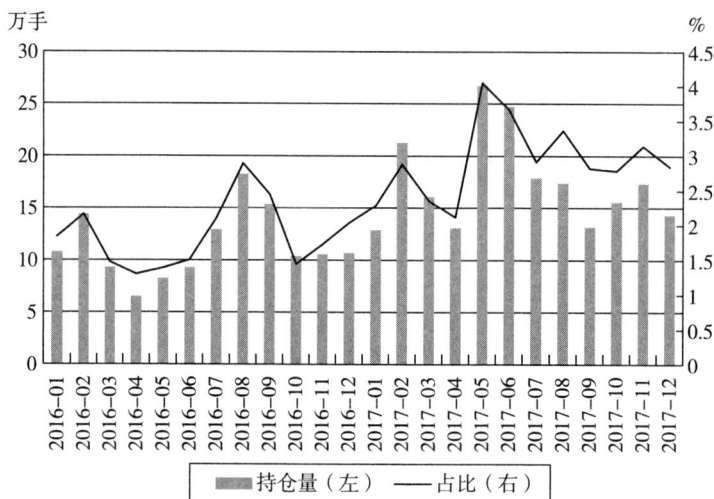

图 9-2　鸡蛋期货月度持仓变化

（二）价格运行规律分析

1. 期货价格先抑后扬。2017年末，鸡蛋期货主力合约的结算价为3 816元/500kg，较上年末上涨13.1%；鸡蛋主力合约年内最高价为4 585元/500kg，最低价为2 891元/500kg，波动幅度为58.6%。2017年，鸡蛋期货价格运行大致分为三个阶段：第一阶段（1~5月），期货价格跟随现货价格持续下跌；第二阶段（6~8月），期货价格跟随现货价格震荡上行；第三阶段（9~12月），期货价格震荡盘整（见图9-3）。

元/500kg

图 9-3 中所示曲线图

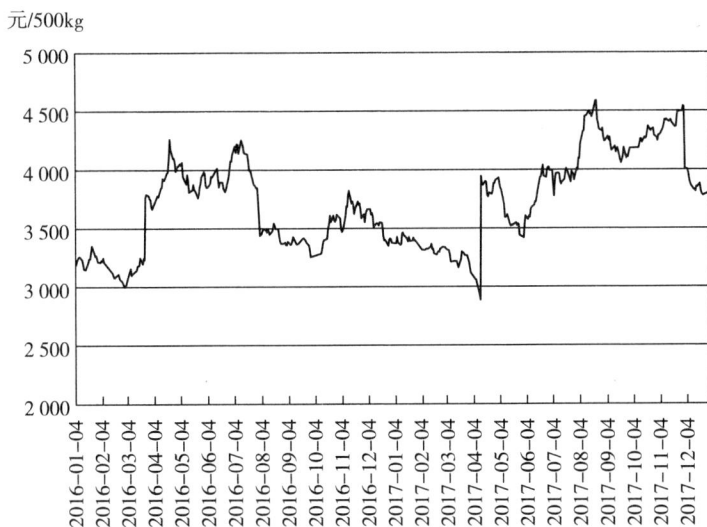

图 9-3　2017 年鸡蛋期货价格运行情况

　　第一阶段：本轮鸡蛋期货价格下跌始于2016年11月，2017年前5个月，鸡蛋期货继续延续上一年跌势，并于5月下旬见底。本轮期货价格下跌主要是受同期现货价格持续下跌影响。

　　第二阶段：6~8月，期货价格震荡上行，主力合约由6月1日的3 534元/500kg上升至年内最高点8月22日的4 585元/500kg，涨幅为29.74%。5月中旬，鸡蛋现货价格见底回升，在现货价格上涨的拉动下，期货价格也随之上涨。

　　第三阶段：9月至年底，随着现货价格逐渐走稳，期货价格震荡盘整，波动幅度变小。

　　由于鸡蛋价格本身的季节性波动以及本年度的强"蛋周期"，使得鸡蛋期货近远月价差较大，但仍处于合理范围，且远月合约之间的价差相差不大。5月23日，1705合约、1709合约和1801合约结算价格分别为2 125元/500kg、3 523元/500kg和3 782元/500kg；1705合约与后两个远月合约价差分别达到1 398元/500kg和1 657元/500kg。

元/500kg

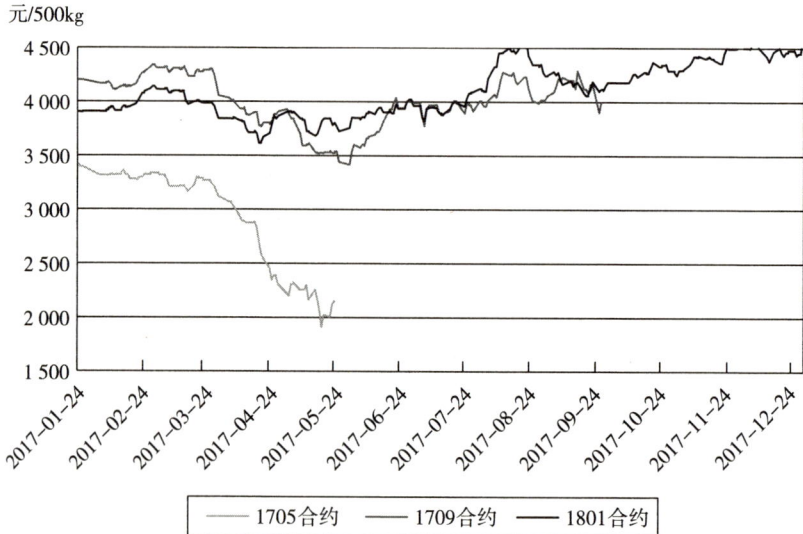

图 9-4　2017 年部分鸡蛋期货合约价格运行情况

2. 现货价格宽幅震荡。2017年末，河北邯郸鸡蛋现货价格为
4 300元/500kg，较上年末上涨43.33%。年内，鸡蛋现货最高价为
4 400元/500kg，最低价为1 870元/500kg，波动幅度为135.29%。
2017年，鸡蛋现货价格宽幅震荡，呈现"U"形走势。受"蛋周期"
和H7N9流感疫情影响，5月鸡蛋现货价格曾一度创下10年新低。

1~5月中旬，鸡蛋现货价格持续下跌。本轮鸡蛋价格下跌主要是受
"蛋周期"的影响。2014—2015年，我国鸡蛋价格曾出现过一轮持续
上涨的行情。在蛋鸡养殖效益利好的刺激下，养殖户在2016年进行了
大规模的蛋雏鸡补栏，使蛋鸡存栏不断增加。自2016年9月开始，过
高的蛋鸡存栏使得鸡蛋价格持续下跌，本轮蛋价下跌一直持续到2017
年5月中旬。另外，2017年上半年的H7N9流感疫情较为严重，也在一
定程度对蛋价下行起到助推作用。

5月中旬至7月中旬，受鸡蛋价格见底回升影响，鸡蛋现货价格剧
烈震荡。前5个月的蛋价低迷使得养殖户亏损严重，加速淘汰蛋鸡，5
月中旬，鸡蛋供过于求的局面已得到充分缓解，鸡蛋价格见底回升。

伴随着鸡蛋价格见底，鸡蛋供需又出现短期的不稳定，价格暴涨暴跌。6月1日至6月19日，河北邯郸的鸡蛋价格从1 950元/500kg上涨至3 380元/500kg，涨幅为73.33%；6月20日至7月4日，两周的时间，鸡蛋价格又暴跌34.91%。

7月中旬至12月，鸡蛋现货价格震荡上行。由于鸡蛋过剩产能去除完毕，再加上中秋、国庆节日需求提振，7月中旬开始鸡蛋现货价格震荡上行。年末，河北邯郸的鸡蛋价格维持在4 300元/500kg附近（见图9-5）。

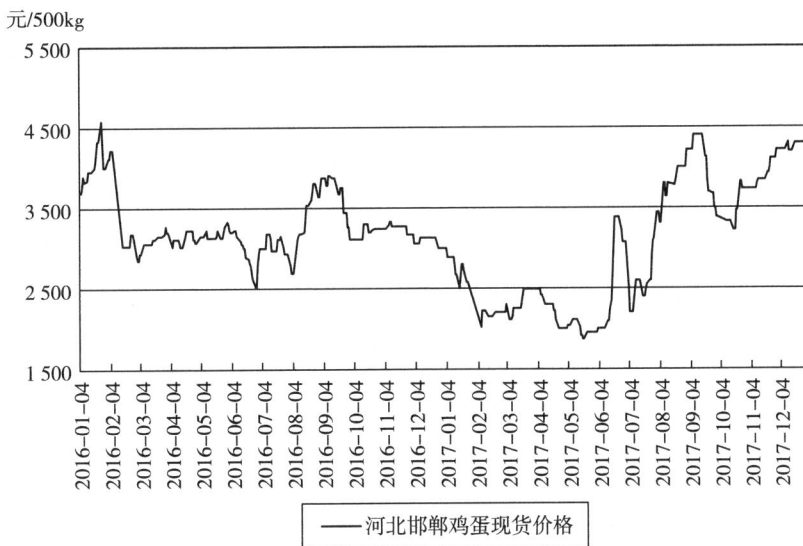

图9-5　2016—2017年鸡蛋现货价格运行情况

（三）期货市场结构分析

1. 客户数量稳步增长。2017年，鸡蛋期货的客户参与数量稳步增长。全年月均交易客户数为7.84万户，较上年度的5.7万户增长37.5%。其中，月均法人交易客户数为2 062户，较上年度的1 534户增长34.42%；月均个人交易客户数为7.64万户，较上年度的5.55万户增长37.66%。

从分月来看，法人和个人交易客户数的变化趋势基本相同，均呈现两头低、中间高的倒"U"形态。1~6月，法人和个人交易客户数量稳步增加，在6月达到年内最高点；随后交易客户数量出现下降，法人交易客户数量在12月达到年内最低点，个人交易客户数量在12月达到年内次低点。2017年，鸡蛋期货交易客户数量与鸡蛋价格的变化方向相反，上半年鸡蛋价格持续下跌，而交易客户数量稳步增长；下半年鸡蛋价格震荡上行，而交易客户数量却不断减少（见图9-6）。

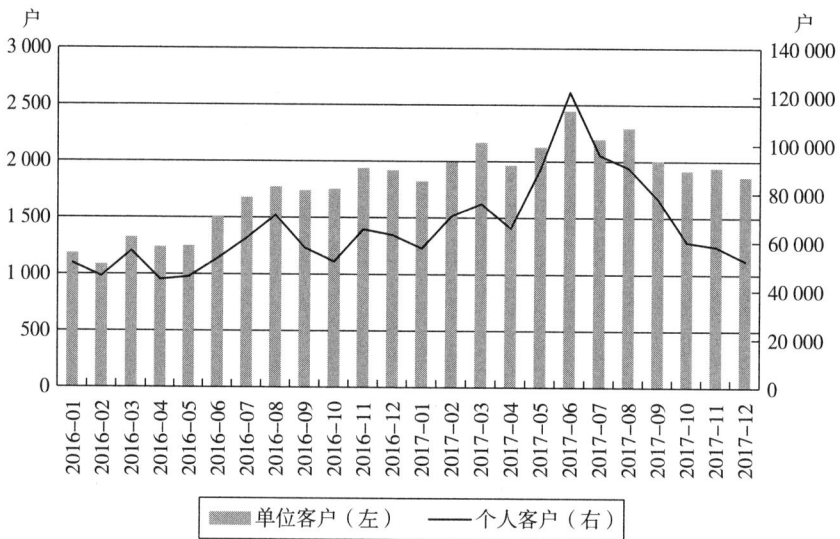

图9-6 2016—2017年鸡蛋期货市场交易客户数

2017年，个人交易客户数量的月度变动幅度要明显高于法人交易客户。个人交易客户数量最高的月份客户数为12.18万户，最低的月份为5.23万户，前者是后者的2.33倍；法人交易客户数量最高的月份为2 448户，最低的月份为1 823户，前者是后者的1.34倍。个人交易客户数量的高波动性，表明个人客户在鸡蛋期货交易中具有更强的投机性。

参与鸡蛋期货交易的主体以个人客户为主。2017年，个人客户在鸡蛋期货交易客户数中的占比为97.37%，与2016年的97.31%相比变化很小。这意味着，个人客户在鸡蛋期货交易客户中占据主导地位，客户结构近期总体稳定。

2. 持仓集中度、成交集中度出现下降。2017年，鸡蛋期货持仓集中度出现下降。2017年持仓集中度的月度均值为16.2%，比2016年的月度均值19.28%下降15.98%。2017年月度持仓集中度呈现前低后高走势，与鸡蛋现货价格变化趋势大体一致。1~4月，月度持仓集中度持续走低；5~6月，持仓集中度筑底反弹；7月以后，持仓集中度震荡上行，12月的持仓集中度达到年内最高值，为20.88%。

2017年鸡蛋期货的成交集中度也出现了下降。2017年成交集中度的月度均值为17.24%，比2016年的月度均值18.39%下降6.25%。从成交集中度的月度变化来看，各月成交集中度相对稳定，大致在15%~20%波动。

从2017年全年来看，鸡蛋期货的成交集中度和持仓集中度的波动幅度明显小于2016年，品种运行情况更加稳定（见图9-7）。

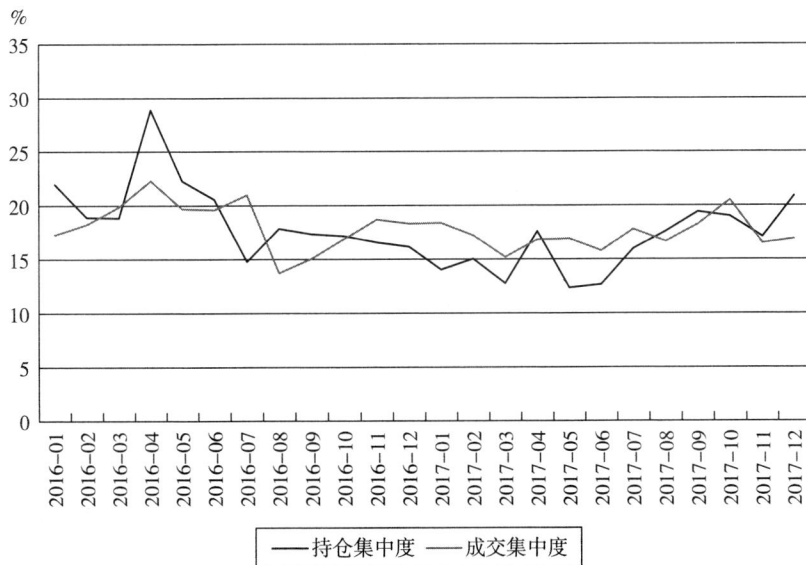

图9-7　2016—2017年鸡蛋期货持仓集中度和成交集中度

从前100名客户持仓实力对比看，2017年鸡蛋期货多方力量由弱变强，并在下半年占据优势。2016年1月至2017年2月，多空持仓集中度差值为负，空头占明显优势；2017年3~5月，多空双方力量基本相当；2017年6月，多空持仓集中度差值由负转正，多方力量开始明显占优，12月多空持仓集中度差值达到年内的最高值13.91%（见图9-8）。

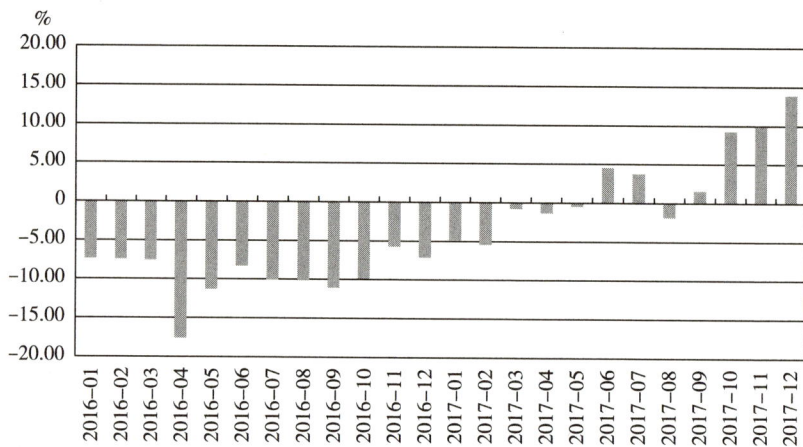

图9-8　2016—2017年鸡蛋期货多空持仓集中度差值

（四）期货交割情况分析

1. 交割量出现大幅增加。2017年，鸡蛋期货全年共交割375手，同比增长942.67%；交割金额总计0.11亿元，同比上升863.88%。2016年，大商所对鸡蛋期货的交割制度进行了创新，主要包括引入车板交割和全月每日选择交割，相关制度自鸡蛋1703合约开始施行。自3月开始，鸡蛋期货的交割量明显增长。

从交割月份看，3月和7月交割量最大，分别达到126手和73手；2月和12月交割量最小，均为0手。反观2016年，10月交割量最大，为10手；另有5个月份交割量为0。对比2016年和2017年交割量数据，鸡蛋的交割量变化没有呈现出明显的季节性（见图9-9）。

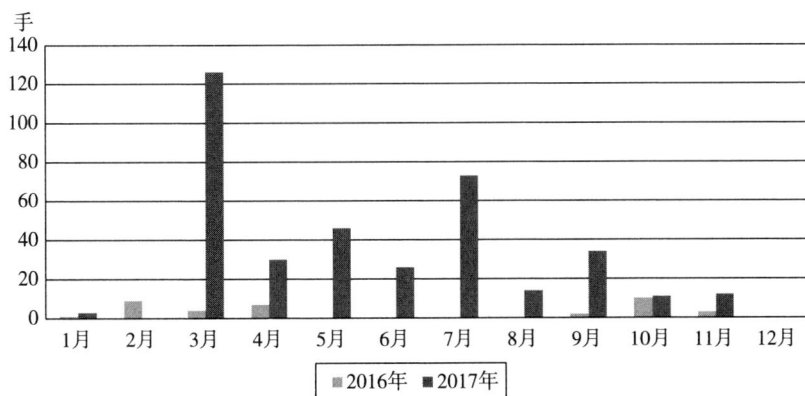

图 9-9　2016—2017 年鸡蛋期货交割情况

　　整体看，鸡蛋期货的交割量仍十分有限。2017年，在大商所活跃期货品种中，鸡蛋期货的交割量是最小的，仅占总交割量的0.17%。

　　2. 交割客户数出现较大增幅。2017年，鸡蛋期货交割客户数量出现显著增加，共有78户完成交割，同比增长387.5%。其中，3~9月交割客户的数量较多，月交割客户数量均在10户以上；其他月份交割客户数量较少，月交割客户的数量在6户以下，2月和12月交割客户数均为0。需要指出的是，受益于交割制度创新，2017年，鸡蛋期货交割客户数量是大商所各活跃期货品种中最高的，而2016年的数量是各活跃品种中最低的（见图9-10）。

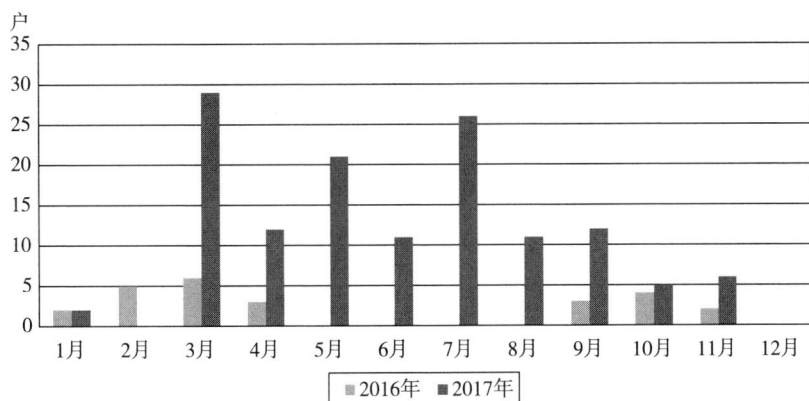

图 9-10　2016—2017 年鸡蛋期货月度交割客户数

从交割客户的地理分布看，参与鸡蛋交割的地区数量出现了大幅增加。2017年，有22个省市的客户参与了鸡蛋期货的交割，而2016年只有9个省市的客户参与了交割。参与鸡蛋交割的客户多集中于鸡蛋主产和主销区，2017年交割客户数量前三位的省份分别是湖北、山西和福建，而2016年前三位的省份分别是福建、湖北和河北。

二、鸡蛋期货市场功能发挥情况

（一）价格发现功能发挥情况

鸡蛋期货的期现价格相关性较强，但引导关系不显著。2017年，鸡蛋的期现货相关系数为0.94，相对于2016年的-0.34，期现价格的相关性得到明显提升。大商所的鸡蛋交割制度创新是鸡蛋期现价格相关性提高的根本原因，鸡蛋交割制度创新使期货的可交割性和产业客户的套利能力大大增强，交割量出现大幅增加，缩小了交割月的期现货基差，使得期现价格的相关性明显提升。2017年2月，鸡蛋期货交割月的日平均基差为-566元/500kg；3月交割量增加以后，交割月的基差持续下降，6月的交割月日平均基差下降为-35元/500kg。尽管本年度鸡蛋期货期现价格的相关性得到明显提升，但由于鸡蛋属于生鲜农产品，鸡蛋价格更多的是受到短期供需影响，故鸡蛋期货的期现价格之间不存在协整和引导关系（见表9-1）。

表9-1　　　　　　2016—2017年鸡蛋期现价格相关性

检验项	年份	2016年	2017年
期现价格的相关性	系数	-0.34	0.94
	显著性检验	通过检验	通过检验
期现价格引导关系		无引导	无引导

注：现货价格为河北邯郸鸡蛋收购价，期货价格为鸡蛋活跃合约结算价，数据为日度数据。
资料来源：Wind数据库。

（二）套期保值功能发挥情况

1. 基差波幅较大，到期价格收敛性有所下降。2017年，鸡蛋的基差波幅仍然较大。2017年鸡蛋基差在（-1 831，537），基差波幅高达2 368点。尽管本年度鸡蛋价格创下10年新低，现货价格波幅远大于2016年，但与2016年相比，2017年的鸡蛋基差波幅变化不大，仅增加了39点。鸡蛋基差波幅较大的主要原因是鸡蛋价格具有较强的周期性，不同月份的鸡蛋价格存在较大的价差。

2017年，鸡蛋期货的到期价格收敛性出现了一定幅度下降。2017年鸡蛋期货到期日基差为-292.3，与2016年的到期日基差117.95相比，明显增大。到期价格收敛性出现下降的主要原因是，2017年鸡蛋价格的波动幅度远高于2016年，同时鸡蛋包装的纸箱和蛋托价格大幅上扬。

2. 套期保值效率显著提升。2017年，鸡蛋期货套期保值效率为87.76%，较2016年的40.88%出现大幅度的上升。套期保值效率显著提升的主要原因是，大商所进行的鸡蛋交割制度创新使得产业客户参与鸡蛋期货交割的数量大幅增加，交割量的激增使得鸡蛋期货的期现价格的相关性显著增强，市场效率明显提高（见表9-2）。

表 9-2　　　　　　　　2016—2017 年鸡蛋套保有效性

	指标		2016 年	2017 年
基差	均值	元	-315.26	-826.39
	标准差	元	658.4	614.91
	变异系数	—	0.28	0.16
	最大	元	1 068	537.17
	最小	元	-1261	-1 831.83
到期价格收敛性	到期日基差	元	117.95	-292.3
	期现价差率	%	3.29	11.66
套期保值效率	周（当年）	%	40.88	87.76

注：现货价格为河北邯郸鸡蛋收购价，期货价格为鸡蛋活跃合约结算价。

（三）期货功能发挥实践

1. 创新鸡蛋交割制度，满足产业套保需求。为进一步提升期货市场服务产业水平，满足企业套保需求，大商所对鸡蛋期货的交割制度进行了创新，主要包括与鸡蛋产业每日连续生产销售特点相适应的每日交割制度和与鸡蛋现货贸易习惯相一致的车板交割方式。调整后的规则自1703合约开始实施，目前客户可以灵活选择期转现交割、一次性交割和每日交割三种交割方式；在货物交收方面，可以选择厂库标准仓单交割和车板交割两种交割方式。修改后的规则降低了产业客户参与鸡蛋期货交割的难度，促进了期现价差进一步收敛；增加了可供交割量，降低了交割风险；使得近月合约的流动性得到了改善，合约连续性提高，交割量快速增长。

2017年3月以来，鸡蛋近月合约的成交、持仓规模均明显增加，打破了国内期货市场只有1月、5月、9月合约活跃的"怪圈"，成为国内首个近月合约活跃的农产品期货品种。鸡蛋期货的连续活跃极大地满足了产业客户的连续套保需求，产业客户的风险管理能力显著增强。上半年，蛋鸡养殖行业面临20年来最为严重的全行业亏损，蛋价的剧烈波动让养殖户及企业苦不堪言。在这一波危机中，鸡蛋期货发挥了重要作用。能够利用鸡蛋期货及相关工具的企业，都取得了不错的成绩，降低了现货价格下跌给企业经营带来的风险，提高了企业的竞争力，充分体现了期货市场在行业危机之时服务实体经济的能力。

2. "保险+期货"解除养殖户后顾之忧。"保险+期货"连续两年被写入聚焦"三农"的中央"一号文件"，保险公司和期货公司两类金融机构的合作，为涉农主体参与金融衍生品市场打造了便捷的路径，也为我国的农产品价格改革提供了新的思路。

2017年，华信期货和中华财险联合推出了辽宁省首个畜牧领域的鸡蛋"保险+期货"项目。参保客户为辽宁黑山县、北镇市以及朝阳县的三个蛋鸡合作社，该项目得到了大连商品交易所、辽宁省畜牧局以及试点县畜牧局的大力支持。参保合作社实际自缴保费比例仅为10%，其余90%保费由省畜牧局和大连商品交易所及华信期货共同承担，大大降低了参与门槛，提升了参与的积极性。项目总承保数量为1 500吨，保险期限为三个月，保障鸡蛋目标价格为4 390元/500kg，设置了三个理赔周期，每月一次，每月会根据当月鸡蛋期货1801合约收盘价平均值计算一次理赔数据。其中，前两个周期实现了理赔，赔款金额合计33.8万元。第三个理赔周期，由于鸡蛋期货价格大幅上涨，没有触发理赔，但参保合作社在现货销售中获得了价格上涨带来的利润。12月12日，华信期货和中华财险辽宁分公司的代表按照大连商品交易所鸡蛋期货1801合约收盘均价，向辽宁黑山县、北镇市以及朝阳县的三个蛋鸡合作社颁发了理赔证明，目前理赔款已经全额支付到参保合作社的银行账户中。"保险+期货"解决了养殖户面对价格下跌时的后顾之忧，使得养殖户安心生产，把更多精力放在提升蛋品质量上，成为期货市场服务养殖业的利器。

三、鸡蛋期货合约相关规则调整

（一）合约及交割流程修改

1. 关于征集鸡蛋交割厂库和车板交割场所的通知。2017年7月14日，为更好地发挥期货市场功能，服务鸡蛋现货产业发展，大商所发布《关于征集鸡蛋交割厂库和车板交割场所的通知》（大商所发〔2017〕219号），公开征集鸡蛋期货指定交割厂库和车板交割场所。具体要求如下：

（1）申请企业要求

地点要求：申请企业应位于辽宁、河北、河南、山东、山西、陕西、江苏、安徽、江西、湖北、北京、上海和广东等交割区域内。（非交割区域申请企业也可提交材料，大商所将根据申请情况，开展扩大交割区域的相关工作。）

财务及库容（存栏数量）要求：①申请成为指定交割厂库的，其注册资本、净资产均不低于500万元，蛋鸡养殖场养殖量在20万只以上。②申请成为车板交割场所的，应为鸡蛋集散地（批发市场附近优先），且具备良好的财务条件和一定规模的贸易规模。

其他要求：①申请企业设立运营应满两年，并且在此期间未有股东变化等重大变更事项。②申请企业须接受交易所各项规则、制度，提供交割服务，愿意接受交易所及会员、客户监督。

（2）申请流程

交割厂库及车板交割场所的申请流程，请参照大连商品交易所《申请农业品交割仓库主要流程及相关标准文本》的相关规定（网页浏览路径：交易所首页→流程指引→农业品交割业务指引→交割仓库申请与管理），向大连商品交易所农业品事业部提交《关于申请鸡蛋品种交割仓库/厂库/车板交割场所的情况说明》。该情况说明包括但不仅限于以下内容：基本情况，运输条件及装卸能力，计量能力，检验能力，是否获得企业管理相关资质认证，库容情况，主要管理人员从业经历等，周边区域相应品种的现货生产、消费、物流情况。

（3）申请时间

符合条件且愿意开展鸡蛋期货交割业务的企业，于2017年7月30日前将规定材料寄（送）至大商所，大商所将根据材料和考察情况，择优选用。

2. 鸡蛋交割库调整。2017年2月17日，大商所发布《关于调整黄大豆1号、玉米、豆粕、豆油、鸡蛋品种指定交割仓库的通知》，调整4家鸡蛋指定交割仓库。取消湖北神鹭水产品有限公司指定交割厂库资格；设立大连绿康禽业发展有限公司为基准指定交割厂库；设立铜川春蕾绿色禽业有限公司、丰城圣迪乐村生态食品有限公司为非基准交割厂库。

2月23日，为进一步规范和加强鸡蛋指定车板交割场所管理，大商所制定了《大连商品交易所鸡蛋指定车板交割场所管理工作办法（试行）》，并自公布之日起实施。

2月23日，大商所设立湖北家和美食品有限公司为鸡蛋指定车板交割场所，每日最大可交割数量为50吨，升水为50元/500kg。该指定车板交割场所于2017年3月1日启用。

3月24日，大商所新设立1家鸡蛋指定交割仓库，设立山西晋龙养殖股份有限公司为非基准指定交割厂库，与基准指定交割仓库的升水为0元/500kg，自2017年5月1日起执行。

9月14日，大商所调整了5家鸡蛋指定交割仓库、指定车板交割场所、指定质检机构。取消石家庄双鸽食品有限公司、河南龙丰实业股份有限公司鸡蛋指定交割仓库资格；设立四川圣迪乐村生态食品股份有限公司为鸡蛋非基准指定交割厂库，交割库点为四川圣迪乐村生态食品股份有限公司沧州分公司，升水0元/500kg；设立济南良新商贸有限公司为指定车板交割场所，每日最大可交割数量为25吨，升水0元/500kg；设立中国检验认证集团辽宁有限公司为指定质检机构。

2017年12月29日，为做好豆粕、豆油、棕榈油、鸡蛋的交割相关工作，系统全面掌握品种的交割业务流程，保障期货平稳运行，大商所分别为会员、指定交割仓库和指定质量检验机构制定了相应品种的交割指南。

（二）其他规则调整

1. 保证金调整。2017年，大商所对鸡蛋期货合约的交易保证金标准进行了两次调整。其中，2017年7月11日的保证金标准调整主要是因为当时鸡蛋期货市场波动幅度较大，为防范潜在的市场风险，交易所上调交易保证金标准；另一次保证金标准调整，则是中秋节、国庆节期间的例行调整（见表9-3）。

表 9-3　　　　　　　　　　　2017 年鸡蛋合约保证金调整

时间	通知名称	调整措施
2017/07/11	关于调整鸡蛋期货合约涨跌停板幅度和最低交易保证金标准的通知	自 2017 年 7 月 13 日（星期四）结算时起，鸡蛋期货 1708 合约、1709 合约、1710 合约最低交易保证金标准调整为 10%。
2017/09/21	关于 2017 年中秋节、国庆节期间调整各品种涨跌停板幅度和最低交易保证金标准的通知	自 2017 年 9 月 28 日（星期四）结算时起，将鸡蛋品种（除 1710 合约）最低交易保证金标准由现行的 8% 提高至 9%。2017 年 10 月 9 日（星期一）恢复交易后，最低交易保证金标准恢复至 8%。

2. 涨跌停板幅度调整。2017年，大商所对鸡蛋期货合约的涨跌停板幅度进行了两次调整。这两次涨跌停板幅度调整的时间和动机与保证金标准调整相同（见表9-4）。

表 9-4　　　　　　　　　　2017 年鸡蛋合约涨跌停板幅度调整

时间	通知名称	调整措施
2017/07/11	关于调整鸡蛋期货合约涨跌停板幅度和最低交易保证金标准的通知	自 2017 年 7 月 13 日（星期四）结算时起，鸡蛋期货 1708 合约、1709 合约、1710 合约涨跌停板幅度调整为 7%。
2017/09/21	关于 2017 年中秋节、国庆节期间调整各品种涨跌停板幅度和最低交易保证金标准的通知	自 2017 年 9 月 28 日（星期四）结算时起，将鸡蛋品种（除 1710 合约）涨跌停板幅度由现行的 5% 提高至 7%。2017 年 10 月 9 日（星期一）恢复交易后，自各品种持仓量最大的两个合约未同时出现涨跌停板单边无连续报价的第一个交易日结算时起，涨跌停板幅度恢复至 5%。

四、鸡蛋期货市场发展前景、问题与建议

（一）市场发展前景

我国是全球最大的鸡蛋生产和消费国，2017年，我国鸡蛋产量预计为2 600万吨左右，约占全球产量的35%。我国蛋鸡养殖现货市场体量巨大，另外，鸡蛋也是我国农产品期货中价格波动幅度最大的品种。综合看，国内鸡蛋产业客户使用鸡蛋期货进行风险管理的需求十分巨大。自鸡蛋期货推出以后，鸡蛋期货的成交量、持仓量和客户参与量稳步上升。2017年，鸡蛋期货的全年成交量和成交金额分别

达到3 726.24万手和14 228亿元，同比分别上升65.8%和76.25%；在大商所期货总成交量的占比由2016年的1.46%上升至3.39%。2017年末，鸡蛋期货的持仓量为14.31万手，同比上升34.04%；年度日均持仓17.99万手，同比增长60.69%。2017年，鸡蛋期货的客户参与数量也稳步增长。全年月均交易客户数为7.84万户，较上年度的5.7万户增长37.5%。随着鸡蛋期货各项制度的不断健全完善，市场效率的不断提高，市场培育工作的进一步深入，未来我国鸡蛋期货市场仍将会出现较快发展。

（二）当前存在的问题

1. 产业客户对鸡蛋期货参与率偏低。我国是世界上蛋鸡养殖规模最大的国家，存栏在1万只以上的规模蛋鸡养殖户数约有4万户，鸡蛋贸易商近万户。我国鸡蛋市场由于参与者众多，基本处于自由竞争状态，市场竞争激烈，价格波动大，鸡蛋养殖户和贸易商对使用衍生工具进行风险管理的需求大。自2013年大商所推出鸡蛋期货以来，法人客户参与比例逐年提高，2017年月均法人交易客户数为2 062户，较上年度的1 534户增长34.42%。尽管鸡蛋期货的法人客户参与率不断提高，但规模鸡蛋养殖户和贸易商参与鸡蛋期货的比例仍然偏低，2017年产业客户的鸡蛋期货参与率不到5%。产业客户参与率偏低影响了鸡蛋期货的功能发挥和期货服务实体经济的能力。

2. 鸡蛋期货非1月、5月、9月合约的流动性有待提高。我国农产品期货合约通常只有1月、5月、9月三个月份合约活跃，其他月份合约则成交十分清淡。活跃合约不连续使我国农产品产业客户不能有效进行连续月份套保，降低了产业客户的风险管理能力，影响了期货市场的功能发挥。2017年3月以来，通过交割制度创新，大商所鸡蛋期货的运行质量出现显著提高，合约出现连续活跃，鸡蛋期货现已成为近年来国内首个连续活跃的农产品期货品种。在非1月、5月、9月合约活跃性增强的同时，鸡蛋主力合约为1月、5月、9月合约的格局并没有改变。例如，2017年12月，鸡蛋主力合约仍为5月合约，鸡蛋1月、5月、9月合约仍是交易量最大的合约，这三个合约的成交量占鸡蛋期货当月成交量的95.8%。而美国农产品期货的主力合约通常是滚动的，一般每个月份的合约都会在交割月前2个月或3个月成为主力合约。鸡蛋非1月、5月、9月合约的流动性偏弱，制约了非1月、5月、9月合约的市场效率和产业客户使用非1月、5月、9月合约的套保能力。

（三）期货市场发展建议

1. 加强鸡蛋期货的市场培育工作。产业客户的鸡蛋期货参与度偏低，与产业客户对期货市场不够了解、不熟悉、不会用鸡蛋期货有很大关系。我国蛋鸡养殖户和贸易商的文化层次普遍偏低，对金融衍生工具使用缺乏必要的专业知识。未来，交易所和期货公司应该加大鸡蛋期货的市场培育力度，多为鸡蛋养殖户和贸易商举办期货交易培训会，送期货到基层养殖场和贸易商，使鸡蛋期货知识能够在产业客户中更加普及。另外，要充分发挥龙头企业和合作社的龙头带动作用。大型鸡蛋龙头企业和合作社的专业人才相对充裕，使用鸡蛋期货的能力较强，中小蛋鸡养殖户可以通过与龙头企业和合作社合作，通过这些组织间接参与期货市场。

2. 通过交割制度创新，进一步提高产业客户参与率。2017年，大商所的鸡蛋交割制度创新使得产业客户参与鸡蛋期货的交割能力大大增强。本年度鸡蛋期货共交割375手，同比增长9.4倍。鸡蛋期货交割量的大幅提升缩小了交割月的期现货基差，提高了近月合约的市场效率。鸡蛋期货市场效率的提高，使得鸡蛋期货的套保效率明显提升。一是进一步优化交割质量标准和相关流程，吸引更多产业客户参与。二是放宽客户交割月持仓限额。进入交割月，鸡蛋期货客户持仓限额仅为5手，不利于规模较大的客户进行交割和近月套保。三是进一步优化交割库地区分布，适度增加交割厂库数量。现有的鸡蛋交割厂库多集中于产区，而北京、上海和广州等鸡蛋传统销区缺少鸡蛋交割场所，随着鸡蛋期货成交量的增加，也有必要进一步增加交割厂库的数量。

3. 通过制度创新，提高非1月、5月、9月合约的流动性。针对鸡蛋期货非1月、5月、9月合约流动性不强的现状，需要通过制度创新，吸引客户参与非1月、5月、9月合约。一是适度放宽鸡蛋期货的持仓限额，这既能有效提高产业客户的套保能力，也能大大提高投资者参与鸡蛋期货的积极性；二是降低非1月、5月、9月合约的交易费用，通过对不同鸡蛋期货合约实行差别化交易手续费标准，吸引投资者参与非1月、5月、9月合约。

专栏

2017年鸡蛋期货大事记

2月17日，大商所举办视频培训，对鸡蛋期货新交割规则实施后的交割时间、交割方式、交割质量标准等要点及注意事项进行了详细解读。

2月17日，大商所取消湖北神鹭水产品有限公司鸡蛋指定交割厂库资格；设立大连绿康禽业发展有限公司为鸡蛋基准指定交割厂库；设立铜川春蕾绿色禽业有限公司和丰城圣迪乐村生态食品有限公司为鸡蛋非基准交割厂库。

2月23日，大商所设立湖北家和美食品有限公司为鸡蛋指定车板交割场所。同日，大商所发布实施《大连商品交易所鸡蛋指定车板交割场所管理工作办法(试行)》（以下简称《办法》）。《办法》对车板交割场所的设立条件、设立程序、重大事项变更、权利和义务、监督管理等几方面进行了明确。

3月6日，鸡蛋期货在湖北浠水的湖北家和美食品有限公司进行了首单车板交割。此次车板交割为JD1703合约3手，共680箱，合15吨。

3月24日，大商所设立山西晋龙养殖股份有限公司为鸡蛋非基准指定交割厂库。

4月10日，大商所发布了由其自主研发的6只大连商品交易所商品期货系列指数，分别为农产品、油脂油料、饲料类、大豆类4只多商品期货价格指数，以及豆粕、铁矿石2只单商品期货价格指数。

5月，大商所组织经济日报、农民日报、中央电视台、期货日报、华夏时报等媒体，深入湖北地区开展调研，了解当地鸡蛋市场的运行情况以及对鸡蛋期货工具的运用情况。

5月，鸡蛋价格连续8个月下跌，创下10年新低，多数主产区鸡蛋价格下探至不足2元/斤。5月下旬，主产区鸡蛋价格见底回升。

6月，我国在产蛋鸡存栏10.53亿只，创下一年多以来新低。

7月，大商所在大连召开鸡蛋交割仓库（厂库）交割业务培训会，来自交割仓库、交割厂库和质检机构的部分企业负责人参加了培训会。

9月14日，大商所调整了5家鸡蛋指定交割仓库、指定车板交割场所、指定质检机构。取消石家庄双鸽食品有限公司、河南龙丰实业股份有限公司鸡蛋指定交割仓库资格；设立四川圣迪乐村生态食品股份有限公司为鸡蛋非基准指定交割厂库，交割库点为四川圣迪乐村生态食品股份有限公司沧州分公司；设立济南良新商贸有限公司为指定车板交割场所；设立中国检验认证集团辽宁有限公司为指定质检机构。

9月21日，大商所对国庆、中秋期间鸡蛋期货涨跌停板幅度和最低交易保证金标准作调整：自2017年9月28日（星期四）结算时起，将鸡蛋品种（除1710合约）涨跌停板幅度和最低交易保证金标准由现行的5%和8%分别提高至7%和9%。2017年10月9日（星期一）恢复交易后，鸡蛋品种（除1710合约）涨跌停板幅度和最低交易保证金标准分别恢复至5%和8%。

12月，国内首个由地方财政补贴保费的政策性农产品（鸡蛋）"保险+期货"项目，获得了2017年青岛市金融创新奖一等奖。该项目中，养殖户向中国人寿保险青岛分公司投保价格保险，保费由政府补贴60%，农户自付40%。

12月，由大连商品交易所支持、一德期货举办的"送期权进产业"系列活动走进农业龙头企业山西晋龙集团饲料有限公司，公司管理层和业务人员、相关现货贸易商、养殖专业户参加了本次培训。

报告十
胶合板期货品种运行报告（2017）

2017年，胶合板期货市场整体运行平稳，未出现不利于市场稳定的风险事件。此外，合约规则也没有出现较大修改。数据显示，2017年度胶合板期货成交、持仓以及市场份额均呈现下滑的趋势，交投清淡，市场活跃程度依旧低迷。持仓、成交高度集中，期货市场流通性继续下降。期现货相关性虽有提高，但是套期保值效率显著下降。交割数量、交割地点有所增加。未来，胶合板期货市场有望走出低迷状态。

一、胶合板期货市场运行情况

（一）市场规模及发展情况

1. 成交持仓规模萎缩。2017年，胶合板期货市场成交量和持仓量均较2016年大幅度下降。截至2017年12月，胶合板累计成交量为1 286手，同比下降84.23%，合64.3万张细木工板；总成交金额为6 986.47万元，同比下降84.23%。2017年第一季度成交较为活跃，2月成交量达到全年最高的554手，随后全年呈现持续下降态势。

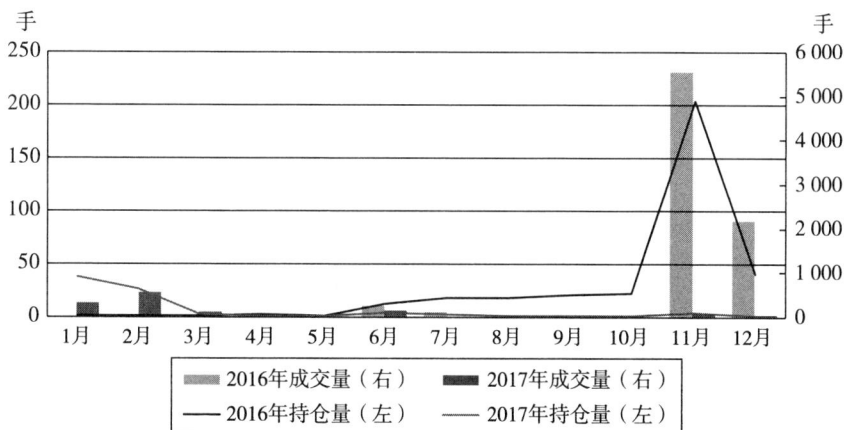

数据来源：大连商品交易所。

图 10-1　2016—2017 年胶合板期货成交持仓量情况统计

2. 期货市场份额大幅下降。2017年，胶合板期货合约年末持仓量由2016年8 156手下降至1 286手，降幅达到84.23%，位列大商所各期货品种同比降幅第一位。投资者2017年对胶合板期货的关注度进一步降低。

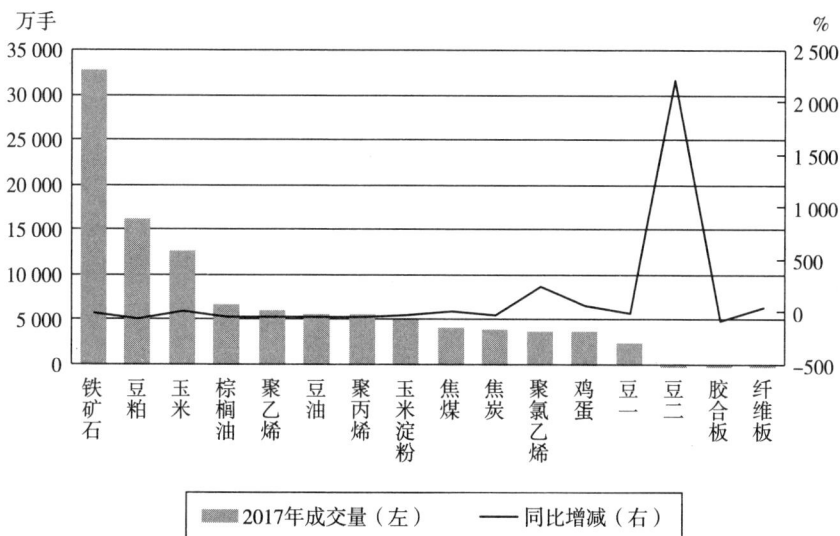

数据来源：大连商品交易所。

图 10-2　2017 年大商所各期货品种成交量情况统计

截至2017年底，胶合板期货成交量在2016年的基础上进一步下降，成交占比几乎可以忽略不计，与豆二及纤维板同为市场上的不活跃品种。

（二）期现货市场价格走势

1. 期货价格震荡上行。2017年，胶合板期货价格总体呈现震荡上行态势。胶合板期货活跃合约结算价格由1月3日的77.50元/张一度上涨至12月29日的129元/张，涨幅为66.45%。期间最高价为132.7元/张，最低价为77.50元/张，波动幅度为71.23%。

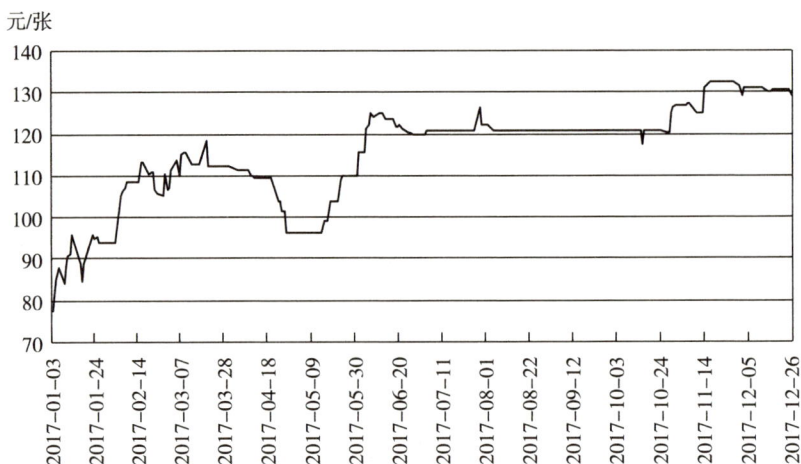

数据来源：Wind 资讯。

图 10-3　2017 年胶合板活跃合约期货价格统计

2. 现货价格窄幅运行。现货市场价格较期货价格运行相对偏弱，整体波动区间较小。2017年，现货市场价格先抑后扬，总体波动区间较2016年大幅收窄。2017年上半年，由年初的117元/张下跌至111元/张，跌幅为5.13%；下半年，由111元/张上涨至118元/张，涨幅为6.31%。2017年，胶合板现货（鱼珠）最高价为118元/张，最低价为111元/张，波动幅度为6.31%。

元/张

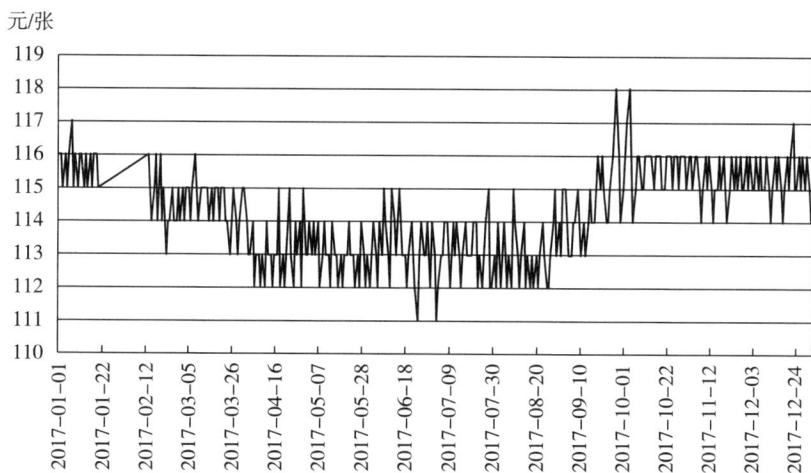

数据来源：Wind 资讯。

图 10-4　2017 年胶合板现货价格统计

（三）期货交割情况分析

1. 交割量增加。2017年，胶合板期货交割量显著增加。全年总共交割140手，合计7万张细木工板，较2016年的36手交割量同比增长288.9%，并且全年总交割量集中在第一季度，以1月和3月为主，4月、5月仍有少量交割，其他月份均无交割。

手

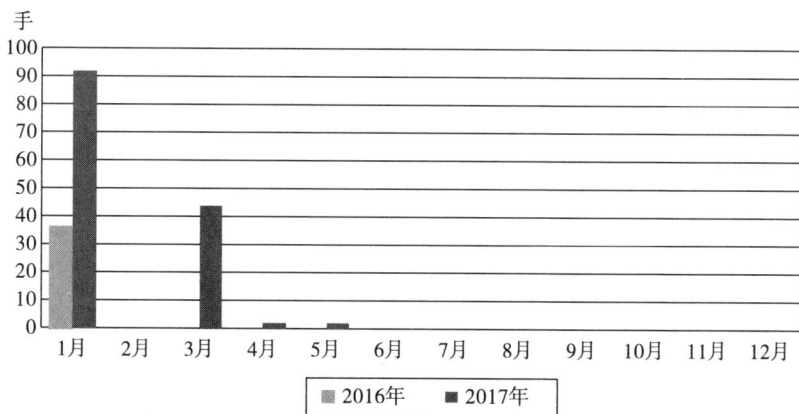

数据来源：大连商品交易所。

图 10-5　2016—2017 年胶合板期货交割量统计

2. 交割地数量增加。2016年，仅有广东、山东、上海和浙江有总共不足20手的交割量。2017年，交割地域覆盖面扩大，北京、河南、河北、内蒙古等地均有交割。其中，浙江省交割最多，共交割39手，同比增长550%；河南省交割最少，仅交割2手。

（四）期货市场结构分析

1. 持仓高度集中。由于胶合板期货市场成交量和持仓量进一步较少，目前总持仓量高度集中。截至2017年底，前100名交易客户全年平均持仓量为1.62手，平均市场集中度达到100%。

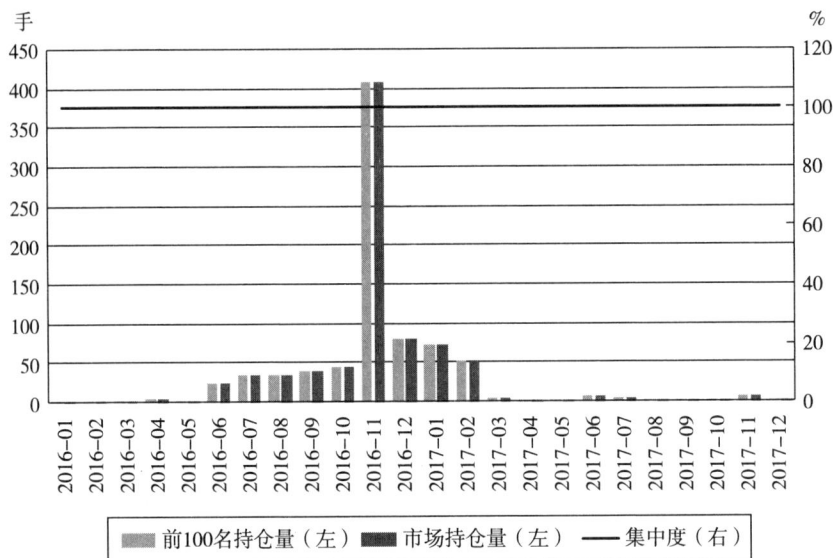

数据来源：大连商品交易所。

图10-6　2016—2017年胶合板持仓量集中度统计

2. 个人与法人成交量悉数走低。2017年，胶合板期货成交量持续低迷，个人客户和法人客户数量呈现双降态势。2017年，月均个人客户数量为29.8户，而法人客户月均数为3.8户，法人客户（月度）占比4月达到全年最高，为35.71%。

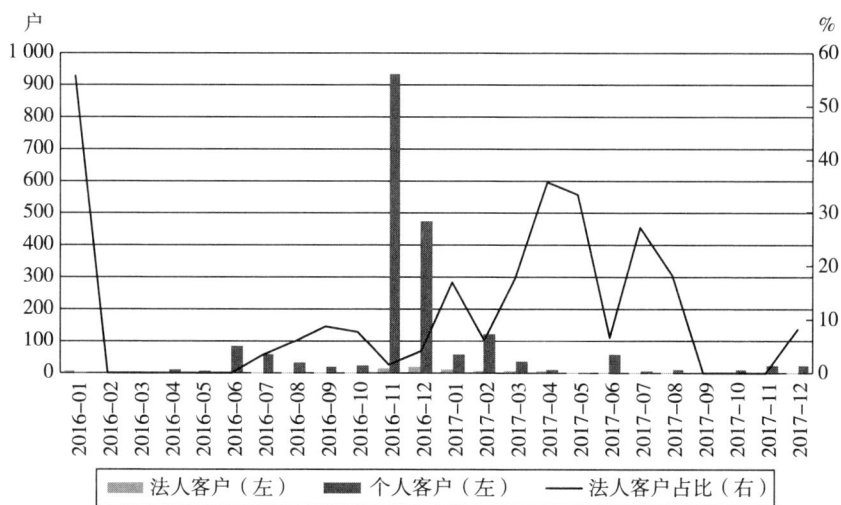

数据来源：大连商品交易所。

图 10-7　2016—2017 年胶合板期货市场客户结构统计

二、胶合板期货市场功能发挥情况

（一）价格发现功能发挥情况

1. 期现价格相关性显著提高。期现货市场的相关性一定程度上反映了期货市场价格发现功能是否有效。根据实证分析，通过选取大商所胶合板活跃合约结算价和鱼珠市场15mm细木工板现货价格，计算胶合板期现价格相关性、期现货引导系数来评估期货市场的价格发现功能，计算结果如表10-1所示。

表 10-1　　　　　2016—2017 年胶合板期现价格相关性

检验项 \ 年份		2016 年	2017 年
期现价格的相关性	系数	0.055	0.38
	显著性检验	通过检验	通过检验
期现价格引导关系		无引导	无引导

注：现货价格为鱼珠市场 15mm 细木工板报价，期货价格为主力合约结算价，数据为日度数据。

2017年，胶合板的期货价格与现货价格相关系数为0.3814，相关性自2016年转为正相关后继续提高，期货价格反映现货市场状况的功能有了明显提高。目前，胶合板期货市场交投依旧低迷，成交量也没有较大提高。此外，从引导关系上来看，现货价格和期货价格继续呈现相互不引导的状态。

2. 期货市场流动性明显降低。流动性是衡量期货市场价格发现功能的辅助性指标，也体现出交易者参与期货市场交易的成本，在本报告中主要通过短线量成交占比来衡量胶合板期货市场流动性走势。2017年，胶合板期货市场流动性大幅降低，个人投资者和机构投资者参与短线交易的意愿较弱，导致产业客户参与胶合板期货市场的成本上升，流动性进一步下降。

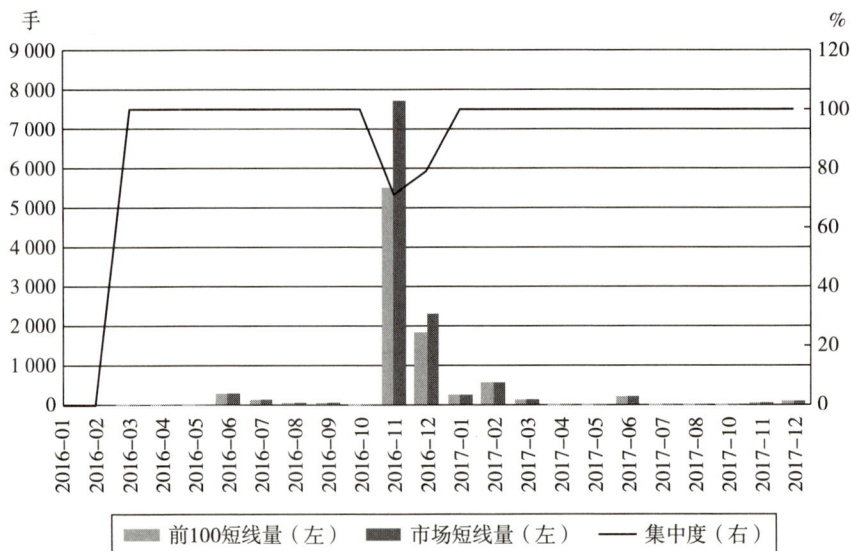

数据来源：大连商品交易所。

图 10-8 胶合板短线量成交占比走势统计

（二）套期保值功能发挥情况

1. 盘面上涨为主的基差修复。2017年，细木工板基差上半年整体维持现货升水结构，盘面运行相对较弱。基差修复以盘面价格上涨为主要方式。下半年情况截然相反，现货市场总体维持贴水格局，盘面价格运行相对较强。但贴水幅度较小，最大仅20元上下。2017年，期现结构的修复总体围绕"期价上涨、现货稳定"这一主线。

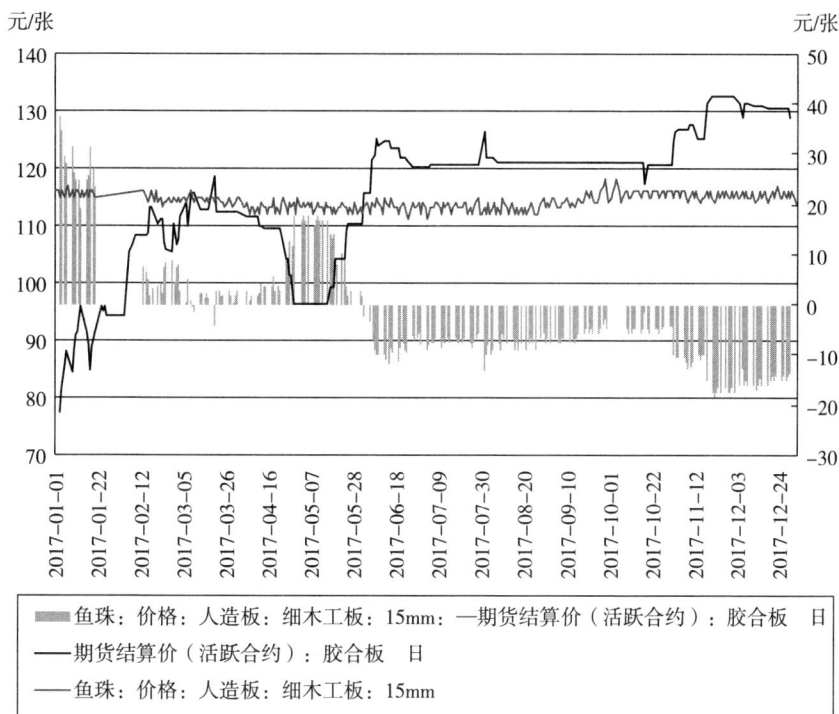

注：现货价格为鱼珠市场15mm细木工板报价，期货价格为大连胶合板活跃合约结算价，数据为日度数据。

数据来源：Wind资讯。

图 10-9　2017 年胶合板期现价格及基差变化

2. 套期保值有效性降低。套期保值效率反映市场以最优套保比率参与套保交易后风险的降低程度，套期保值效率越高，说明期货市场套期保值功能发挥越好。从测算数据发现，2017年套期保值效率为12.81%，较2016年明显下降。期现价格走势相关性有所提高，到期价格收敛性也显著提高。

表 10-2　　　　　　2016—2017 年胶合板套保有效性

			2016 年	2017 年
基差	均值	元	21.12	0.61
	标准差	元	16.23	10.58
	变异系数		0.01	0.09
	最大	元	116	30.2
	最小	元	1.3	−18.7
到期价格收敛性	到期日基差	元	62.34	10.06
	期现价差率	%	44.53	9.83
套期保值效率	周价（当年）	%	29.5	12.81

数据来源：Wind 资讯。

三、胶合板合约相关规则调整

2017年，大商所针对胶合板期货合约的相关规则未见调整，节假日期间对胶合板的保证金、手续费及涨跌停板幅度也保持不变。

四、胶合板期货市场发展前景、问题与建议

（一）发展前景

我国目前是世界上胶合板产量最大的国家。虽然整体产品质量较发达国家仍有差距，技术含量偏低，高新技术产品、特殊用途产品比例小，但是，随着产业不断整合和发展，胶合板会越来越多地应用于生产生活的各个方面，如特种胶合板、功能胶合板等。产业发展前景广阔。

随着产业环境的不断升级和优化，竞争也会逐步加剧。原料等方面价格的波动会给企业正常生产经营带来诸多的不确定性，运用期货工具规避价格风险的需求会随着产业不断优化发展而日益增加。

合理利用胶合板期货工具不仅可以给企业的生产经营以及发展助力、提升企业自身竞争力，而且也有助于在原料价格波动加剧的情况下提升相关产品的国际竞争力。

（二）当前存在的问题

1. 资源匮乏和竞争力下降导致企业套保需求不强。我国森林资源相对匮乏，胶合板所需大径级原木资源已接近枯竭。此外，水曲柳等已经面临断档。加之政策上对天然森林的进一步保护，使得原本就并不充裕的原料更显得捉襟见肘。

伴随着供需矛盾的日益突出，大量进口以缓解供需矛盾成为主流趋势。海关数据显示：截至2017年前11个月，进口原木数量累计达5 019万立方米，累计同比增长12.50%；累计进口金额89.6亿美元，累计同比增长21.40%。依赖进口将使我国市场持续面临资源短缺以及原料价格不确定性加大的窘境，大大降低国内市场的国际竞争力。

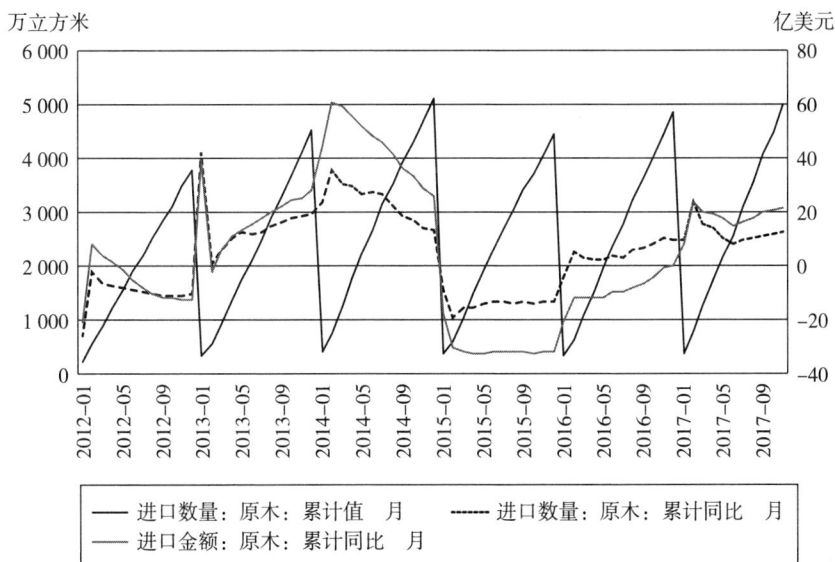

数据来源：Wind 资讯。

图 10-10　原木进口数量以及金额（累计同比）

此外，依赖进口使得国内企业对价格的接受显得较为被动，加之目前期货市场交投清淡，价格内外以及国内期现联动不足，企业参与期货套期保值的积极性较低。

2. 期现货关联度低。2017年，胶合板市场现货波动较小，高低点价差仅7元/吨。期货市场波动较大，有近60元/吨上下的波动。期现货价格走势关联度非常低。期货市场成交持仓量持续下降，交投依旧清淡。期货市场价格发现等功能无法有效发挥，利用期货工具对现货市场价格波动带来的生产经营风险无法有效规避，套期保值效率低下。

（三）发展建议

1. 提升产业竞争力。通过关键要素的不断升级、强化，形成属于我国独有的产业生态环境，增强国际竞争力。具体措施包括：一是资源供应多样化，加快园林培育；二是加强技术进步，加强大径级胶合板用材林的生产技术研究，新型胶黏剂的研发，不同原料组合的新产品开发（竹木、竹塑和木塑复合制品），功能型、环保型等优质胶合板的研发和年产10万立方米的胶合板生产线的研发；三是加快推进森林认证；四是适应新时代的产业政策调整；五是国际化经营视野，企业可直接投资国际原料较为丰富的国际市场，加快扩大产品市场份额，提升中国胶合板市场的综合竞争力。

2. 促进期现货价格趋同。调研现货市场情况，进一步研究现货市场中主流胶合板的质量标准和主要生产地区价格影响力，根据现货市场标准，修改调整胶合板期货质量标准和升贴水设置标准，促进现货企业参与期货交易，使胶合板期货逐步活跃，增强期货与现货价格之间的相关性。

2017年胶合板期货市场大事记

2月27日，国家认监委官网公布，针对潍坊木业企业生产规模、企业管理水平参差不齐的特点，积极推动出口木制品企业申请ISO 9001、ISO 14000、ISO 18000等体系认证，提升企业体系管理水平，满足国际市场及国外供货商的要求，同时在出口木制品企业注册登记、换证复查方面对涉及体系管理的考核部分予以认可，提高出口木制品企业自愿提升企业管理的主动性和积极性。

4月28日，商务部获悉，美国商务部作出对华胶合板产品反补贴调查初裁，裁定我国两家强制应诉企业圣福源与东方柏利补贴幅度分别为9.89%与111.09%，其他企业为9.89%。

5月1日，缅甸林业产业协会宣布为保护森林生态环境，缅甸将停止木材和木制品的出口。

6月2日，摩洛哥外交与国际合作部发布公告，对自中国进口的胶合板产品发起反倾销日落复审调查。

6月26日，生态板凭借"一带一路"的优惠政策迎来了发展机遇。其中广西柳州的环保型生态板材，产品畅销新加坡、泰国、马来西亚、老挝等"一带一路"沿线国家。

9月30日，中国林产工业协会获悉，随着供给侧改革的不断深化，全国胶合板主要产区的九个省份已关停11 700家胶合板生产企业，其中约48%正处于改造中。

11月4日，美国商务部公布对华胶合板产品反倾销与反补贴调查最终裁定，裁定中国企业倾销幅度为183.36%，补贴幅度为22.98%~194.90%。

报告十一
纤维板期货品种运行报告（2017）

纤维板相关产业在2017年继续受到环保与供给侧结构性改革的影响，一方面，上游原材料及自身产能均受限制；另一方面，下游部分工厂也遭受停工整顿，纤维板现货价格全年平稳运行，窄幅波动。从期货市场看，与其他品种相比，纤维板期货的成交量和持仓量仍然较低、流动性相对缺乏，但同比有所好转。大商所未来将通过加强市场培育工作、改进交割品质量标准等方式继续提升市场的交投活跃度。

一、纤维板期货市场运行情况

（一）市场规模及发展情况

1. 市场交投较为清淡，但同比有所好转。2017年，纤维板期货市场交投依然较为清淡，截至12月底，累计成交量1 056手（单边，下同），合52.80万张纤维板，总成交金额4 192.89万元。2017年共244个交易日，日均持仓量为10.33手。与2016年相比，纤维板期货的累计成交量同比增长48.73%，日均持仓量同比增长31.59%，市场活跃度有所提升。

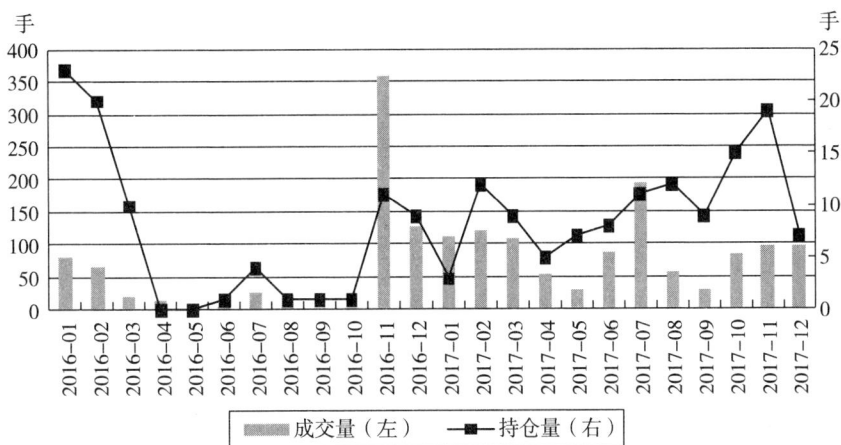

数据来源：大连商品交易所。

图 11-1　2016—2017 年纤维板期货成交持仓量（月度数据）情况统计

2. 成交和持仓占比偏低。2017 年，纤维板期货的成交量及持仓量均在低位，在市场总量中的占比极低。以成交量为例，虽然纤维板期货的成交量同比增加，而其他商品的成交量同比大多出现下降，但是纤维板期货 2017 年累计成交量仅占大商所 16 个上市品种总累计成交量的 0.0001%。

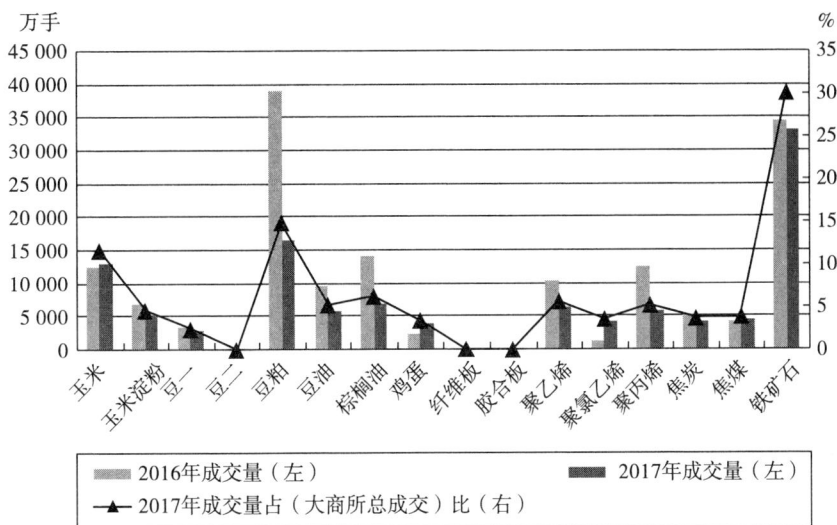

图 11-2　2016 年、2017 年大商所各期货品种成交量情况统计

（二）期现货市场价格走势

1. 期货价格涨幅明显。2017年，纤维板期货价格上涨趋势比较明确，而波动幅度较2016年变小。12月29日，纤维板期货主力合约1805的结算价为104.20元/张，较上年末上涨48.54%。纤维板期货主力合约年内最低价是70.30元/张，最高价是104.20元/张，波动幅度为48.22%，而2016年纤维板期货价格波动幅度则是91.88%。节奏上看，纤维板期货在年初1~2月延续了2016年波动较大的特点，波动区间为70.60~86.05元/张。3月开始，纤维板期货价格进入偏强震荡期，3~9月纤维板期货价格从近70元/张逐渐攀升至77元/张，期间7月时最高增至79.20元/张。第四季度是全年涨幅最大的一段时期，纤维板期货价格从约77元/张顺畅上涨至104元/张，涨幅为35.1%，主要是受到环保督查等因素的影响。

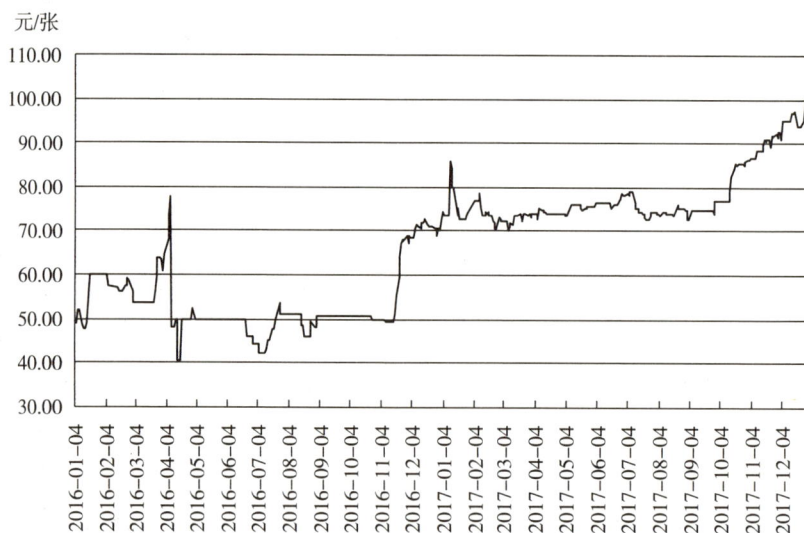

图 11-3　2016—2017 年纤维板活跃合约期货价格统计

2. 现货价格窄幅震荡。2017年，纤维板现货价格的波动幅度收窄，与期货价格相比，运行偏平稳。12月31日，纤维板现货价格（鱼珠市场15mm中纤板）为78元/张，仅比2016年末上涨2.63%。纤维板现货价格年内最低价是73元/张，最高价是79元/张，波动幅度为8.22%，不到期货价格波幅的五分之一。与期货价格一致的是，纤维板现货价格在第四季度同样呈现上涨走势，从季度初的74元/张上涨至季度末的78元/张，涨幅为5.41%。环保因素不仅影响了纤维板自身的生产，也影响了其下游开工，因此纤维板现货价格以稳为主。

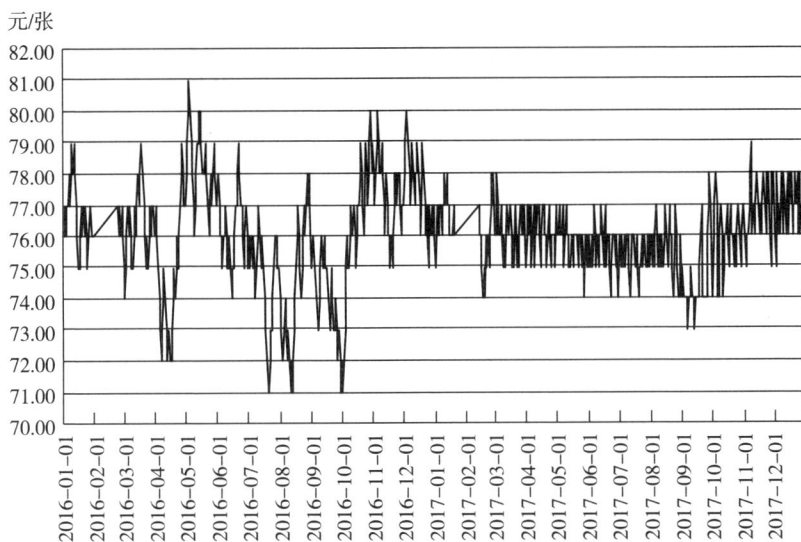

数据来源：Wind 资讯。

图 11-4　2016—2017 年纤维板现货价格统计

（三）期货市场结构分析

1. 持仓集中度高。纤维板期货市场在2017年交投低迷，持仓量偏低，但持仓量集中度（指前100名客户持仓量占市场总持仓量的比）非常高。2017年，纤维板期货的持仓客户数最大的时候只有12名，出现在2月，其余的11个月里持仓客户数均不足10名，因此持仓量集中度均为100%。成交量集中度与持仓量集中度情况相同，同样为100%。

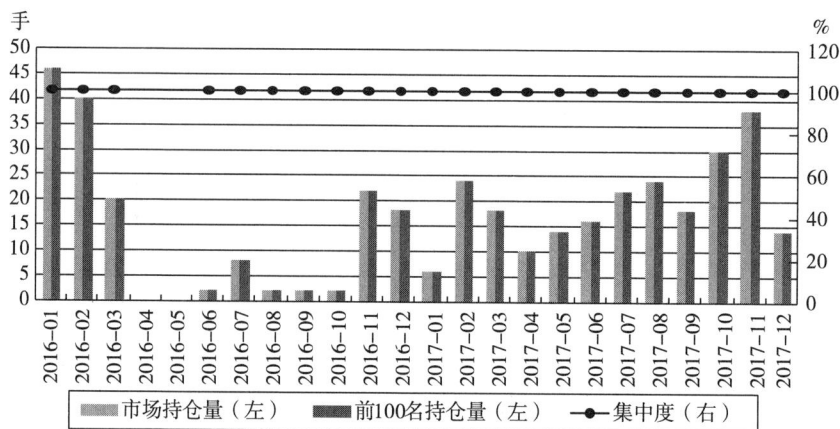

图 11-5　2016—2017 年纤维板持仓量集中度统计

2. 法人与个人客户数双增。2017年，纤维板期货较现货波动明显，虽然整体交投清淡，但是参与交易的法人客户和个人客户数均呈现增加的态势。2017年，参与纤维板交易的法人客户月均数为3.50户，较2016年增加1.05户，增幅为42.9%。参与纤维板交易的个人客户月均数为375户，较2016年增加65户，增幅为21%。2017年，参与纤维板期货交易的法人客户占比平均值为10.69%，较2016年的17.75%出现下降。

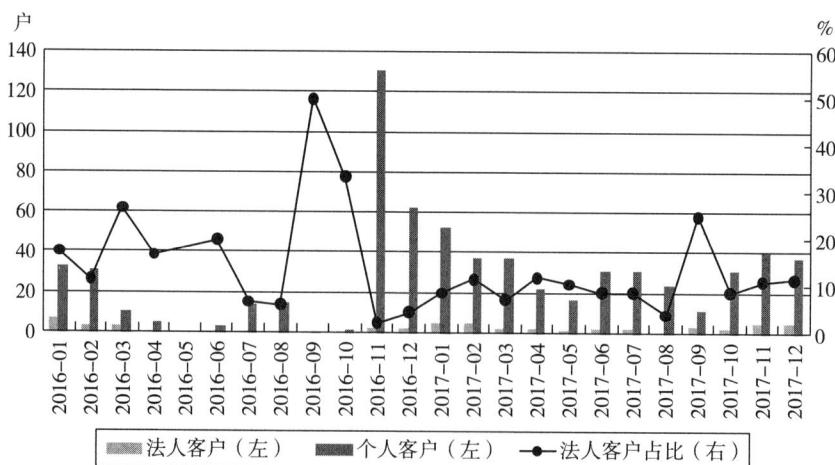

图 11-6　2016—2017 年纤维板期货市场客户结构统计

（四）期货交割情况分析

纤维板期货2017年全年无交割。继2016年纤维板交割量大幅萎缩后，2017年的成交仍然低迷，流动性较差，产业客户缺乏参与热情，因此2017年未出现交割。

二、纤维板期货市场功能发挥情况

（一）价格发现功能发挥情况

1. 期现价格相关性提升。2017年，纤维板期货价格和现货价格的相关系数是0.35，相较2016年的0.20有所提高。虽然纤维板期货的流动性较差，且期货价格的波动幅度也较现货价格大，但是期货价格的变动趋势和现货价格的趋势依然是比较吻合的，但受限于成交量与持仓量均偏低，现货企业缺乏参与期货市场避险的积极性，使得期货价格和现货价格之间难以构成明确的引导关系。

表 11-1　　　　　2016—2017 年纤维板期现价格相关性

检验项	年份	2016 年	2017 年
期现价格的相关性	系数	0.196	0.35
	通过检验	通过检验	通过检验
期现价格引导关系		无引导	无引导

注：现货价格为鱼珠市场 15mm 中纤板，期货价格为主力合约结算价，数据为日度数据。

2. 期货市场流动性持续偏低。流动性是衡量期货市场价格发现功能的辅助性指标，也体现出交易者参与期货市场交易的成本。短线交易量及其占比是衡量期货市场流动性的指标之一。纤维板期货2017年的短线交易量月均不足100手，最大的月度短线交易量是176手。与之相比，大商所其他活跃品种如铁矿石的月均短线交易量超过2 500万手，豆粕和玉米的月均短线交易量均超过1 000万手。

纤维板期货的市场参与度过低，持仓量和成交量均有限，进而增加了期货参与者的成本以及流动性风险，反过来继续抑制了交易者的关注度和参与度。

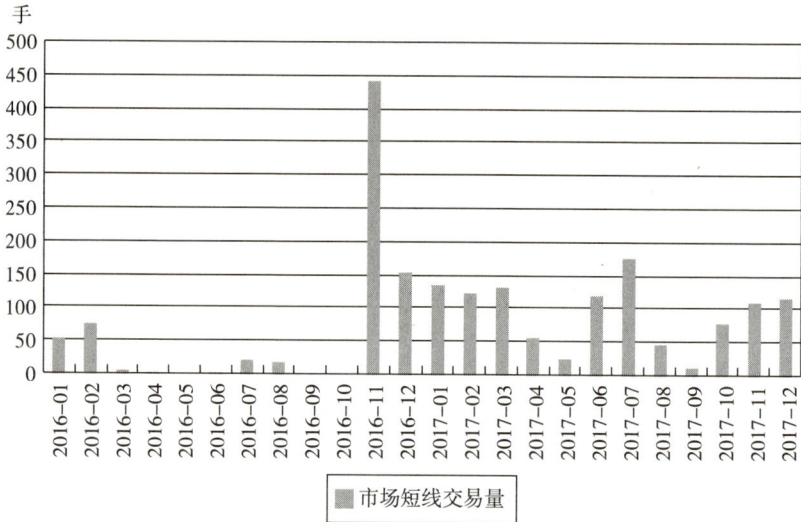

图 11-7　2016—2017 年纤维板短线成交量统计

（二）套期保值功能发挥情况

1. 基差呈现趋势性下跌走势。商品现货价格与期货价格之差的变化趋势，即基差的走势是期货市场价格发现和套期保值两大功能发挥情况的重要体现。2016年，纤维板期货的基差整体高位运行，到年末开始走低。2017年则延续了2016年末的下降走势，整个年度的基差都处于低位运行，且出现负基差。

从统计数据看，2016年的基差波动区间为（-5.00，33.80），均值为22.56元/张。2017年，纤维板基差波动区间为（-27.20，5.70），均值为-2.88元/张。2017年第四季度，伴随期货价格的快速拉升，基差快速下跌，并稳定在负值区间，11月、12月两个月的基差均值达到-15元/张。

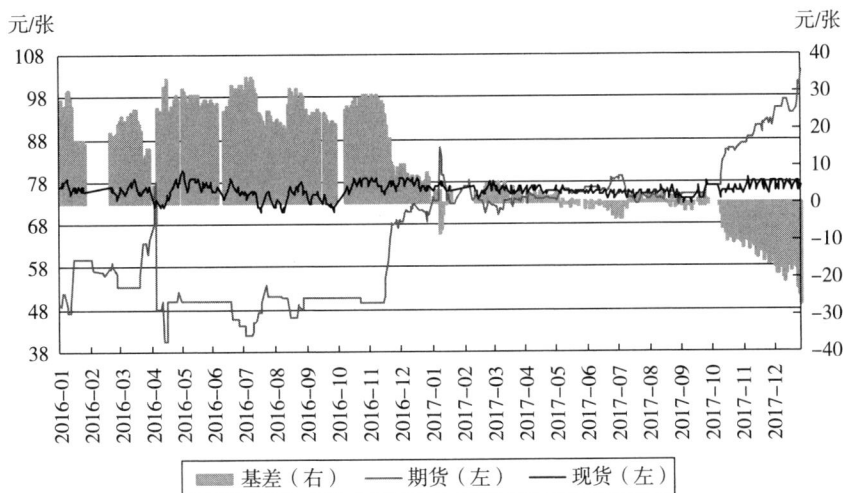

注：现货为鱼珠市场 15mm 中纤板，期货价格为活跃合约结算价，数据为日度数据。

图 11-8　2016—2017 年纤维板期现价格及基差变化

2. 到期价格收敛性提升。2017年前三个季度，纤维板的基差走势较为平稳，期现价格的吻合度上升，但第四季度期货价格的走势明显强于现货，基差大幅走弱。从全年的统计数据看，纤维板期货的到期日基差从2016年的12.19元/张降至7.17元/张，说明到期价格的收敛性转好。同时，2017年纤维板的套期保值效率为12.84%，较2016年下降16.76%，同比降幅为56.62%。

表 11-2　　　　　　　　　2016—2017 年纤维板套保有效性

			2016 年	2017 年
基差	均值	元	22.56	-2.88
	标准差	元	12.89	7.15
	变异系数		0.01	0.09
	最大	元	33.80	5.70
	最小	元	-5	-27.20
到期价格收敛性	到期日基差	元	12.19	7.17
	期现价差率	%	17.92	23.73
套期保值效率	周价（当年）	%	29.60	12.84

注：现货为鱼珠市场 15mm 中纤板，期货价格为活跃合约结算价。

三、纤维板合约相关规则调整

2017年，大商所针对纤维板期货合约的相关规则未作调整，节假日期间对纤维板的保证金、手续费及涨跌停板幅度也保持不变。

四、纤维板期货市场发展前景、问题与建议

（一）发展前景

纤维板期货与胶合板期货作为独特的林木类商品，其上市交易丰富了国内商品期货的产品结构，给人造板产业带来了规避价格风险的金融工具。纤维板上市之初是比较活跃的，但半年之后慢慢沉寂，主要受纤维板现货市场产品细分多、标准化程度低等因素影响。经过近几年发展，纤维板产业规模化有所增强，产品技术水平有所提升，近两年环保治理及供给侧结构性改革，使纤维板现货产品的质量得到提高，但是因定价家具的比例正在升高，标准化程度呈现下降态势。纤维板期货在上述变化的基础上，修订相关规则，将有望改进之前存在的问题，使纤维板期货重新变得活跃，从而发挥服务实体功能，为纤维板产业的健康有序发展起到保驾护航的作用。

（二）当前存在的问题

1. 交割标的的质量标准有待改进。交割标准品的质量标准是期货合约中的核心内容，关系到市场的安全运行和功能的有效发挥。纤维板期货交割基准品质量标准设计中，以厚度和甲醛释放量等作为重要指标，设计了包括外观质量、幅面尺寸、密度及偏差、含水率、物理力学性能和甲醛释放量等指标体系。

最初制定纤维板交割标的质量标准的时候，充分参考了现货特点、最大可交割量等因素，随着时间的推移和产业的发展，以及新国

标的制定，最初制定的纤维板期货交割质量标准和升贴水设计有待改进。

2. 交割区域和方式有待扩充。目前，纤维板交割仓库所在地仅限于天津、江浙还有广东这些东部沿海地区。但是，随着人造板产业的发展以及近几年制造业向内地的转移，国内纤维板现货的主产销区发生了一些变化，交割区域有待扩充。另外，目前纤维板的交割方式也较为单一，随着产业发展和集中度的增强，可以考虑开展厂库交割，调动大中型企业参与期货交割的积极性。

3. 市场参与度不够。纤维板期货在上市之初也是比较活跃的品种，主力合约的成交量最多的时候约达30万手，持仓量最高时近10万手。随着成交和持仓量的下降，投资者参与纤维板期货的成本和流动性风险越来越大，导致参与积极性也跟随下降，目前已成为期货市场的冷门品种。

（三）发展建议

根据上述提到的问题，大商所将从以下几个方面进行优化，以增强纤维板期货的活跃度，促进期货功能的有效发挥。

1. 改进交割品质量标准。针对上述交割标准存在的问题，主要通过以下三个方面进行优化。一是针对密度方面，将采集多地现货样本进行计算，研究适当缩小其范围的可行性。二是针对厚度升水进行调整，使其更加符合市场实际，以扩大市场可交割量，增加上下游企业参与期货交割的意愿。三是研究取消甲醛释放量贴水的可行性。

2. 扩大交割区域。为了适应产业发展需要，将根据人造板产业迁移情况，参考新的产销量情况，对交割区域进行扩充。如四川省在纤维板产业上发展迅速，产销及现货贸易量均比较集中，且逐渐往规模化发展，其价格也是市场中有代表性的价格，可考虑设置为新的交割区域。

3. 增设厂库交割。纤维板期货设立之初，产业的规模化程度不高，设立厂库的意义不大。随着产业集中度的发展和产业发展中的品牌效应扩张，未来有必要对纤维板期货增设厂库交割，降低客户交割成本。

4. 多措并举活跃纤维板期货。除了对交割品质量标准进行改进、增设厂库交割和扩大交割区域，拟从以下多个措施入手，增强市场参与的积极性。一是增强市场培育工作。目前，在期货市场上，纤维板产业客户逐渐退出，投机客户则基本对纤维板商品感到陌生。因此，可以通过沙龙、培训、在其他品种推广服务活动中发放纤维板期现货手册等方式加强市场重新培育工作。二是重点吸引和培育产业客户的关注，做好龙头企业培训、宣传和厂库建设等服务工作，使其在活跃纤维板期货中起到良好带头效果。三是通过降低保证金等方式吸引短线投资者的参与。

专栏

2017年纤维板期货大事记

2017年，国家质检总局组织开展了中密度纤维板产品质量国家联动监督抽查。

4月22日，中国国家标准公告2017年第9号，关于批准发布《室内装饰装修材料人造板及其制品中甲醛释放限量》（GB 18580—2017）的国家新标准，修改了甲醛检测试验方法及其甲醛释放限量值，执行日期为2018年5月1日。修订后的标准最明显的变化就是提升了甲醛释放量限量的要求，甲醛释放量限量值为0.124mg/立方米，限量标志为E1级，取消了原来的E2级别，与国际标准同步。此外，新标准还取消原标准中的干燥器法、穿孔萃取法的检测方法，统一为"1立方米气候箱法"。

5月25日，中国西部首个木材贸易港项目落户重庆巴南区，山城将借此打造内陆首个国家级木材贸易储备加工基地，并辐射西部省区。

1~9月，我国原木进口量累计完成4 066.34万立方米，比上年增长11.14%，比上年同期进口量增加407.7万立方米，9月进口量达到493.83万立方米。由于我国"一带一路"倡议的实施和房地产市场持续升温，使原木消费量增加，加上我国对天然林实施禁伐，为我国原木进口创造条件，导致原木进口出现大幅度增长。

2017年9月15日至2018年1月4日，环保部派出102个巡查工作组进驻京津冀大气污染传输通道的"2+26"所有城市。绝大部分企业下半年复工生产基本无望，导致木材原材料严重短缺，化工原材料暴涨，生产成本大幅提高，最后导致板材产品价格上涨。

10月底，环保部决定对《环境保护主管部门实施限制生产停产整治办法》进行修订。环保部指出，征求意见稿将限制地方环保部门自由裁量，同时规定了三个月停产整治的期限要求。

1~11月，纤维板累计出口191.1万吨，增长1%，11月出口16.5万吨。从到货量来看，三大陆路口岸木材到货量都明显增加，满洲里日到货大约400车皮。

1~11月，临沂市环境空气质量综合指数居全省第9位，同比改善6.1%。环保治理中，有346家板材企业完成深度治理。

12月28日，中华人民共和国环保部发布《优先控制化学品名录（第一批）》（以下简称《名录》）公告，甲醛赫然在列，成为环保部重点关注和识别的污染化学品。众所周知，甲醛是纤维板企业重点排放的污染物，被列入《名录》，表示环保部对甲醛排放的控制将更加严格。2017年，中国全面禁止天然林的商业性砍伐，在国内木材供给有限的情况下，面对日益增加的社会需求，中国不得不向外拓展，寻求国际资源支撑。然而就在人们对国外木材资源寄予厚望的同时，产材国限伐禁砍的政策却层出不穷。非洲、东南亚等木材传统供应大国开始逐步意识到严峻的环境问题，纷纷加强木材管理政策，尤其是对中高档木材出口限制更加严格。

报告十二
铁矿石期货品种运行报告（2017）

2017年是供给侧结构性改革的深化之年，上半年的行情围绕打击"地条钢"①展开，下半年则主要围绕采暖季限产展开，铁矿石的需求明显承压，加上国外主要矿山仍处于扩产周期，供应过剩的格局还在延续。铁矿石价格整体呈现震荡下跌走势，高低品位铁矿石之间的结构性矛盾自2016年第四季度开始成为影响行情的核心因素，并贯穿2017年全年。

2017年，大商所铁矿石期货整体运行平稳，参与者结构日趋合理，市场功能继续良好发挥，国内外影响力进一步提升。2018年，供给侧结构性改革将继续在钢铁行业深入推进，结构性矛盾仍有可能阶段性推升铁矿石期现货价格的波动率，继而加大产业客户的套期保值需求。大商所将通过加快推进铁矿石期货对外开放、优化铁矿石仓单服务商制度和推进期货做市商业务等方式，改善投资者结构，优化铁矿石品种功能发挥情况，更好地服务实体经济。

---

① 地条钢是指以废钢铁为原料、经过感应炉等熔化、不能有效地进行成分和质量控制生产的钢及以其为原料轧制的钢材。

一、铁矿石期货市场运行情况

（一）市场规模情况分析

1. 铁矿石期货成交规模整体保持平稳。2017年，大商所铁矿石期货累计成交3.29亿手（单边，下同），同比减少1 352.16万手，降幅为3.95%，交投活跃度小幅下滑，但整体保持平稳。同时，得益于铁矿石平均价格的上升，期货总成交额达到17.08万亿元，同比增加2.60万亿元，增幅为17.96%。

分阶段看，2017年第一季度，在春节假期的影响下，铁矿石期货市场交投活跃度环比下降，年内最低点出现在1月，成交量为1 266.88万手，为2016年同期的一半左右。春节过后，市场交易热情逐步提高，2月、3月成交量环比回升，分别增至1 618.73万手和2 388.72万手。第二季度，"地条钢"的清理工作进入最后的执行阶段，铁矿石价格波动性环比增强，期货市场活跃度增加，季度成交量达到7 911.78万手，季度环比增幅达50%。进入下半年，以河北钢厂采暖季限产方案出台为代表的"去产能"和环保治理题材密集充斥市场，给予交易者强烈地供给收缩预期，钢材价格在7~8月出现大幅上涨，钢厂利润上升提振高品位铁矿石需求，铁矿石期货价格跟随走强，期货市场交易活跃度进一步提升，年内成交量高点出现在8月，达到3 804.19万手。第四季度，采暖季限产进入落地期，铁矿石的结构性矛盾仍然存在，期货市场交投活跃的氛围一直延续至年底，12月期货成交3 474.33万手，为年内第二高。

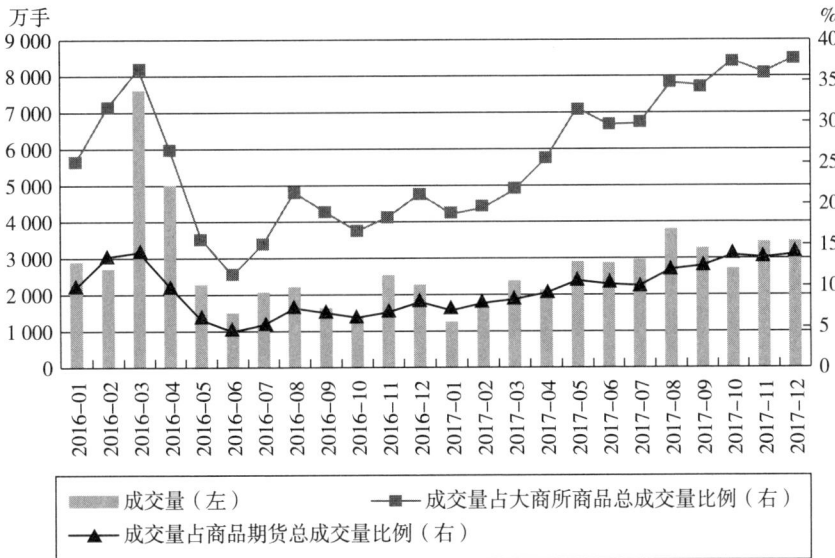

数据来源：大连商品交易所。

图 12-1　2016—2017 年铁矿石期货成交量和占比

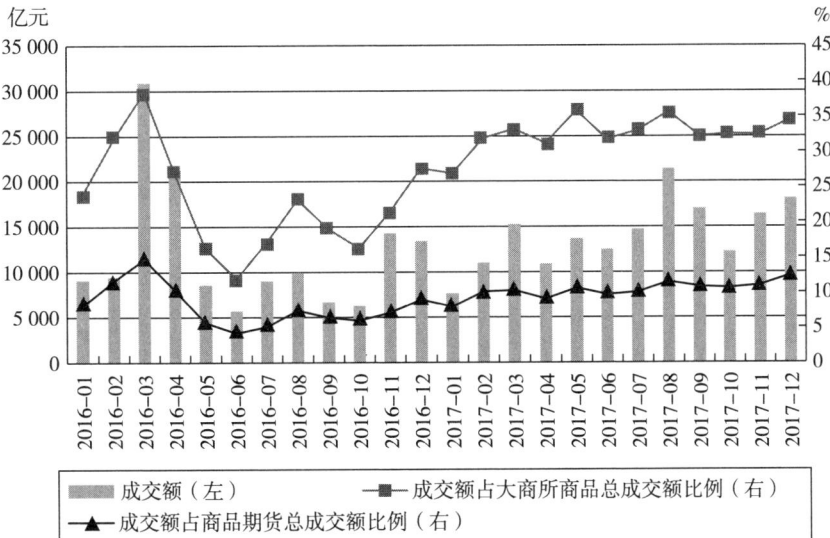

图 12-2　2016—2017 年铁矿石期货成交额和占比

2017年，大商所期货总成交量为10.98亿手，铁矿石期货的占比为29.95%，同比上升7.67%，超过豆粕，跃居大连市场第一名。从整个国内商品期货市场看，2017年国内商品期货总成交量为30.48亿手，铁矿石期货占10.79%，同比上升2.48%。成交量占比数据显示：2017年，大商所和国内商品期货总成交量均出现较大幅度的下滑，但铁矿石期货的成交规模基本保持稳定，在两个市场中的占比均有所提升。

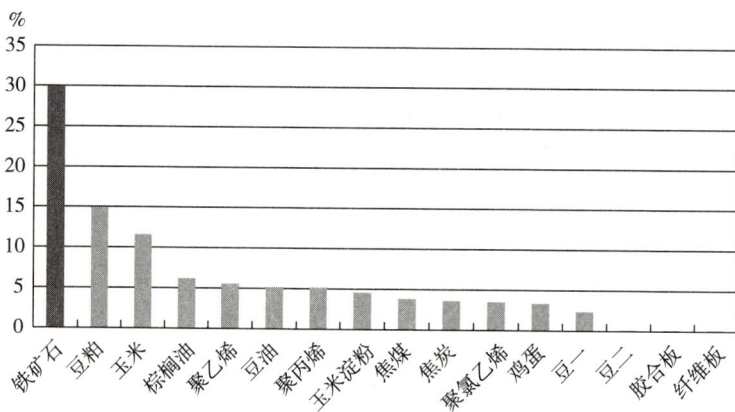

注：成交占比 = 单个品种全年成交量 / 大商所所有品种全年成交总量。

图 12-3　2017 年大商所所有品种成交量占比

2. 铁矿石期货持仓规模大幅上升。2017年，铁矿石期货月均持仓量为102.25万手，年末持仓量为101.87万手，同比分别增加17.38万手和46.79万手，增幅分别为20.49%和84.97%，持仓规模呈现较大幅度的增长。从持仓金额看，因铁矿石价格底部有所抬升，2017年铁矿石期货月均持仓金额达到526.28亿元，同比增加174.4亿元，增幅为49.56%；年末持仓金额为539.64亿元，同比增加237.97亿元，增幅为78.88%。

分阶段看，1月因临近春节假期，期货市场参与者的持仓意愿较低，持仓量仅57.54万手，为2017年的最低点，不足全年高点的二分之一。春节过后，"地条钢"的清理和严格的环保督查使铁矿石价格波动率处于较高水平，实体企业套期保值的需求上升，持仓量逐步回升，从2月的81.89万手增至6月的120.11万手，增幅高达46.67%。进入下半年，采暖季限产的题材充斥市场，企业利用衍生品工具规避原材料价格波动风险的需求不减，持仓量继续保持在较高水平。第四季度，北方钢厂的采暖季限产逐步进入执行期，持仓量于10月达到年内高点134.15万手，且11~12月一直保持在100万手以上的较高水平。从持仓金额看，上半年，铁矿石月度持仓金额震荡攀升，由年初的366.97亿元增至6月的562.51亿元，从2月开始，一直在520亿元至570亿元的区间内窄幅震荡。下半年，铁矿石月度持仓金额前低后高，年内高点同样出现在10月，达到581.41亿元，且之后的两个月一直维持在530亿元以上的高位。

2017年，铁矿石期货的持仓规模在大商所和国内商品期货市场中的占比同比均小幅上升。具体来看，铁矿石期货月均持仓量占大商所商品月均总持仓量的17.15%，同比上升3.26%；月均持仓金额占大商所商品月均总持仓金额的21.95%，同比上升5.82%。从国内商品期货市场看，铁矿石期货月均持仓量占商品期货月均总持仓量的7%，同比上升0.7%；月均持仓金额占7.8%，同比上升1.24%。

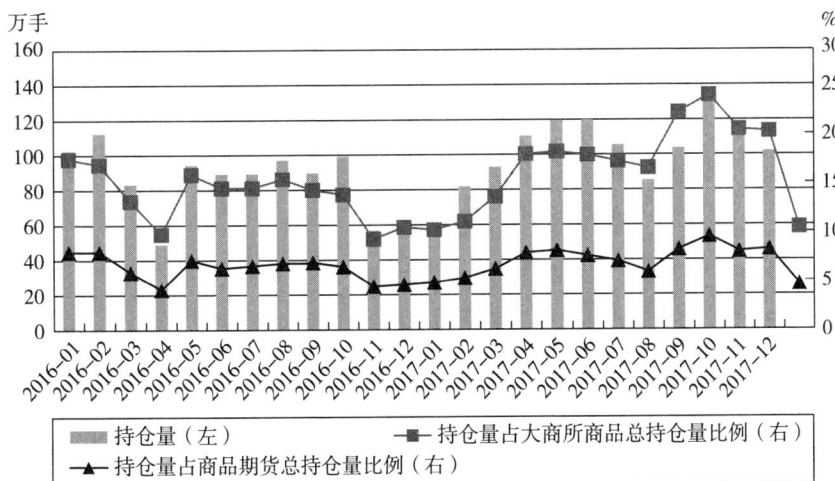

图 12-4　2016—2017 年铁矿石期货持仓量和占比

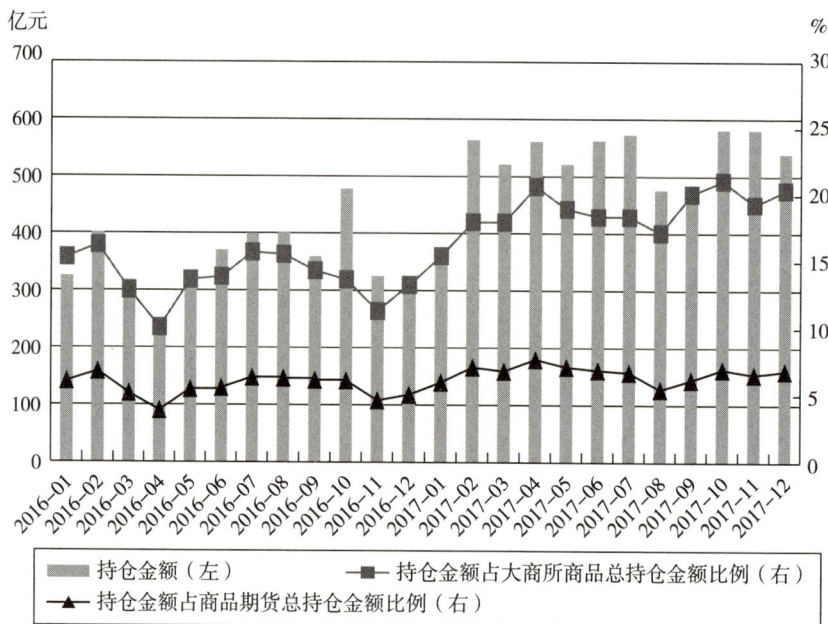

图 12-5　2016—2017 年铁矿石期货持仓金额和占比

（二）期现货市场价格运行规律分析

1. 期现货价格震荡小幅下跌。与2016年的上涨行情不同，2017年，国内外铁矿石期现货价格在供应过剩的格局下几乎全部呈现震荡小幅下跌走势。具体而言，大商所铁矿石期货活跃合约结算价自年初的550.50元/吨下跌至年底的530元/吨，累计下跌20.50元/吨，跌幅为3.72%；青岛港纽曼粉（62.5%）车板价从年初的640元/湿吨降至551元/湿吨，累计下跌89元/湿吨，跌幅为13.91%，幅度略高于期货。从国外期现货价格看，新交所铁矿石期货（连续合约）结算价从年初的71.10美元/吨小幅上涨至72.42美元/吨，涨幅为1.86%；普氏指数从年初的78.35美元/吨下跌至74.35美元/吨，跌幅为5.11%。

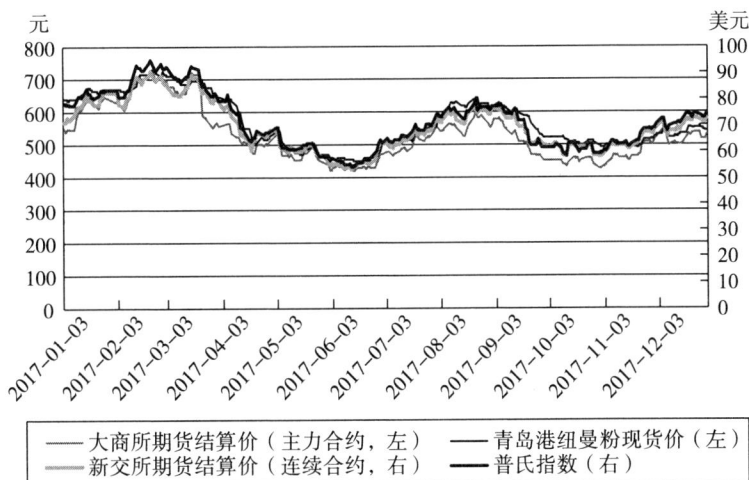

数据来源：大连商品交易所、Wind 数据库。

图 12-6 国内外铁矿石期现货价格

2017年，铁矿石市场供大于求的格局仍在延续，虽然国外矿山的产能投放周期已经接近尾声，但仍有新增产能释放，铁矿石供应增加；需求方面，2017年上、下半年的行情分别围绕"地条钢"的清理和北方钢厂的采暖季限产展开，钢厂供给受限并向上挤压原料端的需求，令铁矿石价格承压。其间，高低品位铁矿石之间的结构性矛盾曾阶段性地推高铁矿石价格，但未能扭转整体的弱势格局。

具体来看，上半年，大商所铁矿石期货价格先涨后跌，活跃合约结算价自1月初的550.50元/吨涨至3月中旬的721元/吨，主要原因是：年初，铁矿石现货市场延续了自2016年第四季度以来的结构性矛盾，钢铁行业的去产能政策持续发力，尤其是2月15日五部委发布《关于进一步落实有保有压政策促进钢材市场平衡运行的通知》，明确上半年要彻底清除生产建筑用钢的中频炉、工频炉产能，加上环保限产措施升级，环保督察组开始进驻京津冀以及周边地区，钢材价格上涨，钢厂生产利润空间加大，通过提高入炉品位增加产出，高品位铁矿石资源紧张，铁矿石价格跟随上行。3月下旬至6月底，铁矿石期货活跃合约结算价从696元/吨降至471元/吨，跌幅高达32.33%，期间一度跌至421元/吨的年度最低点。主要原因是：高品位铁矿石的到港量增加，缺口陆续补足，资源结构性紧张的问题得到解决，库存压力开始显现。来自西本新干线的数据显示：铁矿石港口库存自年初开始不断累积，截至6月23日，攀升至14 405万吨的纪录高位。需求方面，虽然钢厂的生产积极性仍然较高，但是利润自高位回落，对原材料的补库需求难以大幅放量，对铁矿石价格的支撑减弱。

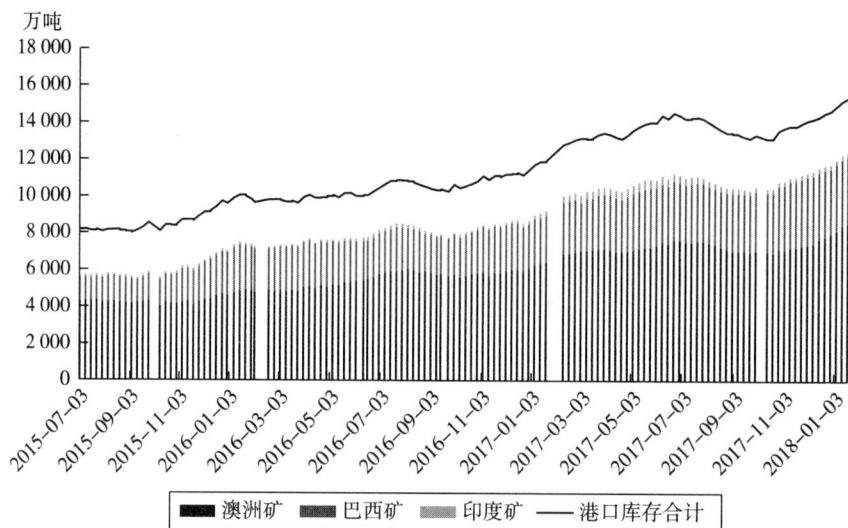

数据来源：Wind 数据库。

图 12-7　港口铁矿石库存总量

下半年，铁矿石期货价格经历两轮上涨和一轮下跌行情，分阶段看，7月初至8月底，铁矿石期货价格上涨80.50元/吨至559元/吨，涨幅为16.82%。主要原因是：国内加强环境治理，严格的环保督查推动更多的钢厂使用高品位铁矿石以提升产出，高品位铁矿石需求强劲，高低品位铁矿石的价差达到了2011年有记录以来的最高水平。同时，高品位铁矿石发货量下降，港口库存自高位回落，供应压力缓解，价格有所回升。进入9月，外矿发货力度环比增加，港口库存止跌回升，需求方面，受环保限产影响，包括唐山、邯郸在内的多个钢铁重镇的高炉开工率下滑，对铁矿石的需求构成压制，同时钢材终端需求旺季不旺，社会库存连续累积，打击市场交易者信心，铁矿石期货价格理性回调，截至10月底，期货活跃合约结算价累计下跌151.50元/吨至426元/吨，跌幅为26.23%。11~12月，铁矿石期货价格再度呈现上涨态势，年底最后一个交易日的结算价为530元/吨，较11月初上涨22.54%，主要原因是："2+26"城市采暖季限产进入执行期，以螺纹钢为代表的主要钢材社会库存连降十周，钢价一度涨至近六年高位，钢厂生产利润屡攀新高，对高品位铁矿石的需求强劲带动铁矿石价格上涨。

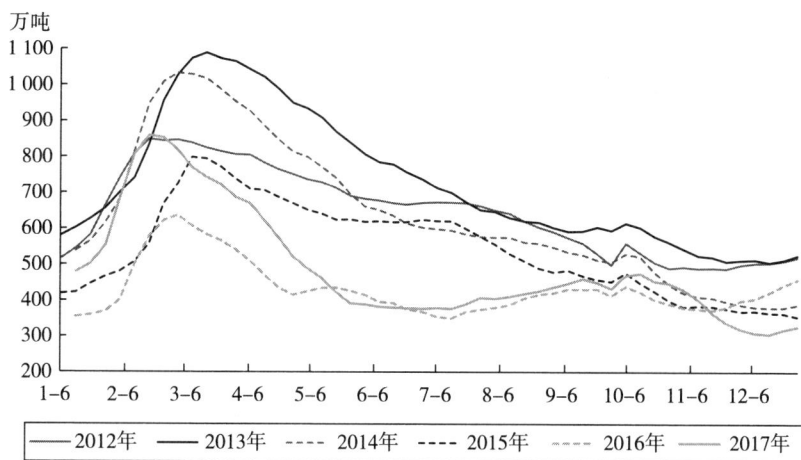

数据来源：西本新干线。

图 12-8　螺纹钢社会库存

2. 铁矿石期货与国内黑色金属产业链其他期货品种关联性有一定下降。2017年，大商所铁矿石期货合约与上期所螺纹钢和热轧卷板期货合约价格的相关性大幅走低，分别仅为0.11和0.13，同比下降88.66%和86.46%；与焦煤、焦炭期货合约价格的相关性也有所降低，分别为0.55和0.16，幅度略小于成材。主要原因是：2017年，在"地条钢"清理和环保限产政策的双向推进下，供应受限使得以螺纹钢为代表的黑色产业链相关商品价格几乎全部延续上涨态势，但铁矿石受制于国外矿山的投产步伐还在继续，供应量增加的同时，钢厂限产使需求承压，分化的供需基本面使得铁矿石价格呈现偏弱走势，但总体趋势与产业链中其他品种基本一致。

表 12-1   2016—2017 年铁矿石期货与国内黑色金属产业链
其他期货品种相关性

	螺纹钢期货	热轧卷板期货	焦煤期货	焦炭期货
2016 年	0.97	0.96	0.84	0.86
2017 年	0.11	0.13	0.55	0.16
变动幅度	−0.86	−0.83	−0.29	−0.7

注：期货价格为活跃合约结算价，数据为日度数据。
数据来源：Wind 数据库。

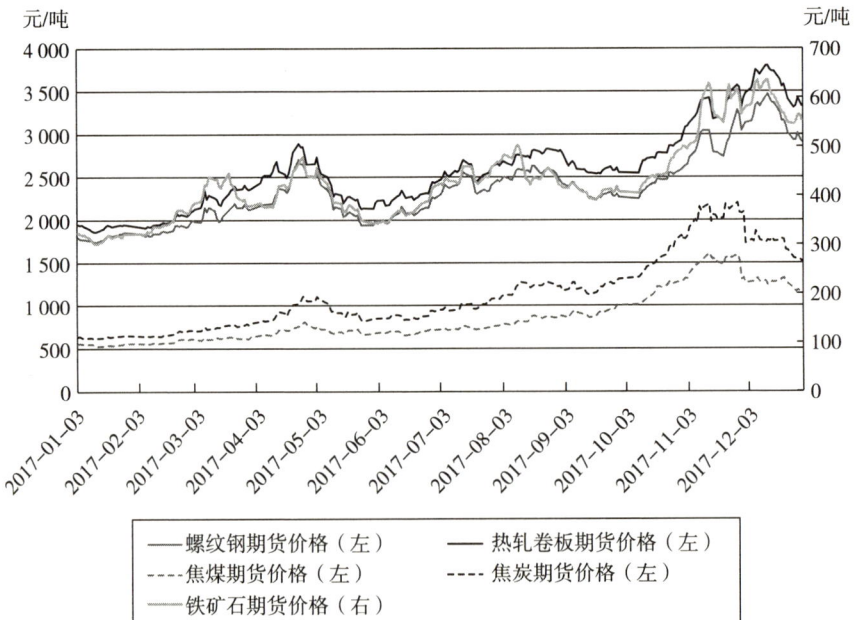

数据来源：Wind 资讯。

图 12-9   黑色金属产业链期货价格走势

3. 铁矿石期货与相关期货、现货品种关联性。2017年，大商所铁矿石期货合约与新交所期货、普氏指数、青岛港纽曼粉现货价格等重要价格指标的相关性同比有升有降，但全部继续保持高位，分别为0.95、0.97和0.97，其中与新交所期货价格的相关性出现0.02的小幅下降，与普氏指数的相关性同上年持平，与青岛港纽曼粉价格的相关性上升0.01，说明国内外铁矿石期现货价格间呈现较强的关联性，联动机制运行良好。

表 12-2　2016—2017 年铁矿石期货与相关期货、现货品种相关性

	新交所期货	普氏指数	青岛港纽曼粉
2016 年	0.97	0.97	0.96
2017 年	0.95	0.97	0.97
变动幅度	−0.02	0.00	0.01

数据来源：Wind 资讯。

（三）期货市场结构分析

1. 客户数量稳步增加，法人客户占比提升。2017年，参与铁矿石期货交易的客户数量稳步增加，月均达到157 720户，较2016年增加35 227户，增幅为28.76%。

从参与者结构看，在供给侧结构性改革深入推进的大背景下，铁矿石现货市场的结构性矛盾频发，价格波动率维持在较高水平，越来越多的实体企业意识到利用期货工具规避价格风险的重要性，与此同时，包括基金、私募等在内的更多机构投资者也参与到期货市场中。2017年，铁矿石期货月均法人客户数量较2016年增加1 186户至4 431户，增幅为36.52%，在参与交易的总客户数中的占比同比提升了0.16%。另外，铁矿石期货市场运行平稳以及交投活跃的氛围也吸引了越来越多的个人投资者参与交易，2017年，铁矿石月均个人客户数量为153 289户，较2016年增加3 4041户，增幅为28.55%。

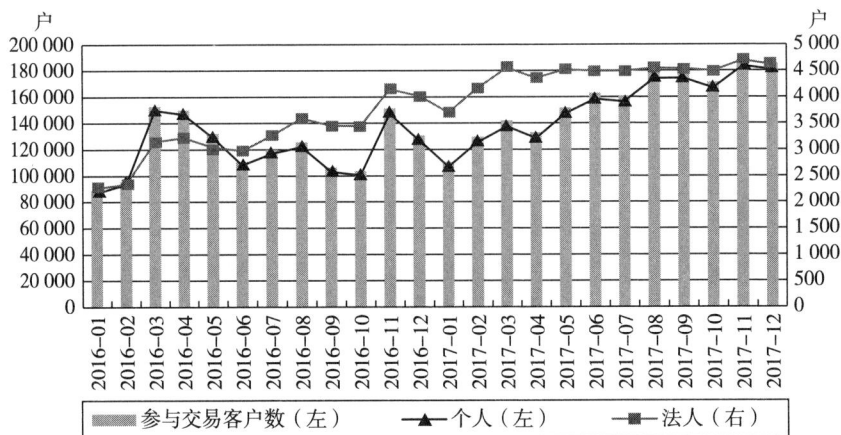

图 12-10　2016—2017 年铁矿石期货市场客户变动情况

2. 短线客户数量增加，但占比下降。2017年，铁矿石期货吸引了更多的客户参与短线交易，月均短线客户数量为124 253户，同比增加26 230户，增幅为26.76%，进一步增加了期货市场的流动性。从占比看，2017年，月均短线客户数占年均总成交客户数的78.78%，同比下降1.24%，说明虽然铁矿石期货的短线客户数量随着市场总成交客户数的增加而增加，但幅度小于市场总成交客户数的增长幅度，所以在市场总成交客户数中的占比有所下降。

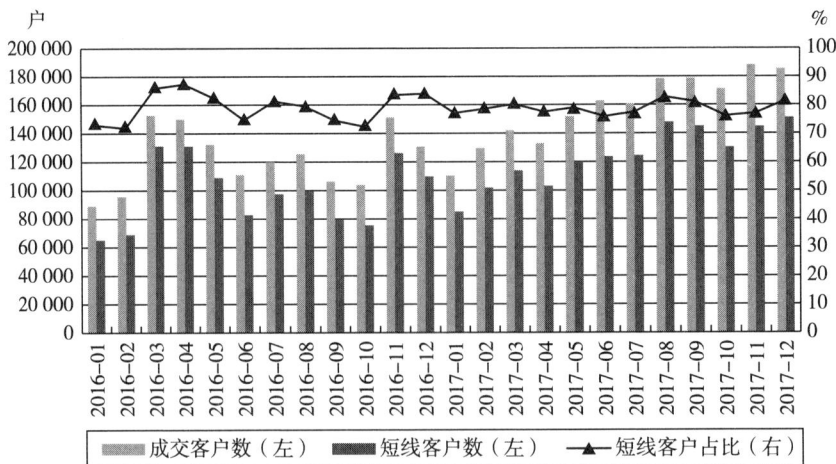

图 12-11　2016—2017 年短线客户数和占比

（四）交割情况分析

1. 交割量同比下降。2017年，铁矿石期货总交割量为7 500手（以单边计），折合75万吨，同比下降64.29%；交割金额为4.25亿元，约为2016年的二分之一。按交割手数统计，铁矿石的交割量在大商所全部品种中处于第九位。从具体的交割月份看，仍然集中在活跃合约月份，即1月、5月和9月，分别交割了2 100手、3 200手和2 000手，占总交割量的97.33%，剩余200手的交割量则发生在7月。从参与交割的客户数量看，2017年共有26名客户参与交割，较2016年减少4名。

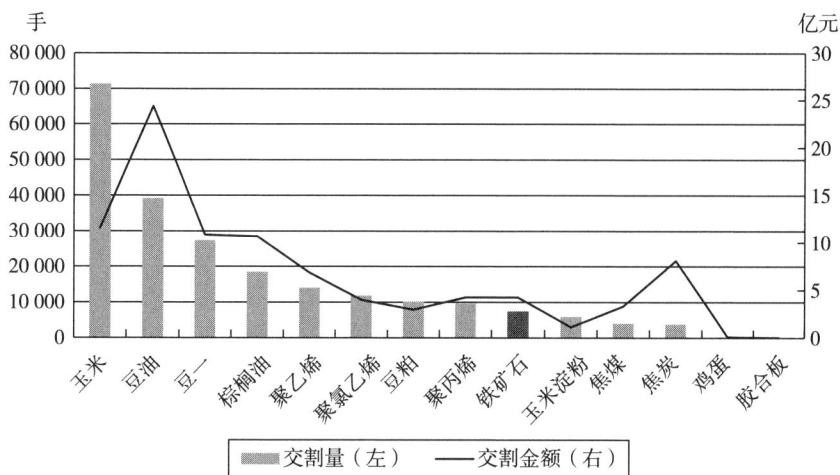

图 12-12　2017 年大商所期货各品种交割量和交割金额

2. 上海和北京两市的交割量占比大幅提升。华东和华北地区是我国最主要的铁矿石进口集散地和交割仓库所在地，2017年，铁矿石期货的交割客户仍然高度集中在这两个地区，来自华东和华北地区的交割客户占总交割客户数的98.67%，集中度同比提升；剩余100手的交割量则来自陕西省，占比仅为1.33%。

从铁矿石参与交割客户的具体分布省市来看，2017年，江苏省的交割活跃度大幅下滑，仅交割450手，较2016年减少6 650手。与此同时，上海和北京两市分别交割2 450手和2 100手，交割量占比明显提升，分别跃居第一和第二位。

手

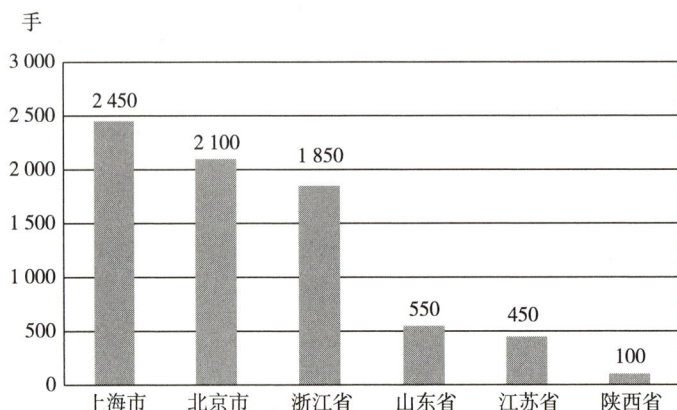

图 12-13　2017 年铁矿石各省市交割量

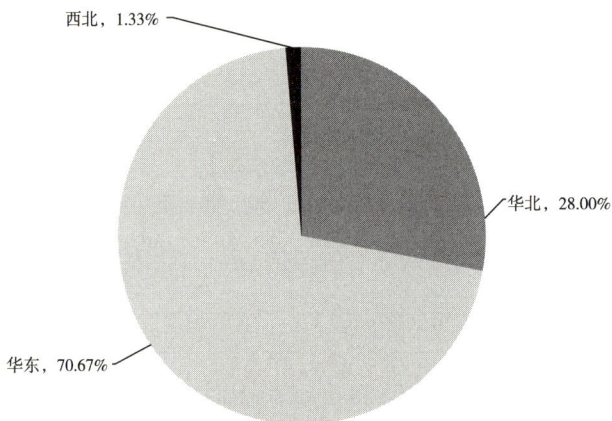

图 12-14　2017 年铁矿石交割区域分布

二、铁矿石期货市场功能发挥情况

（一）价格发现功能发挥情况

2017年，铁矿石期现货价格相关性较之前一年小幅下降，但仍保持在相当高的水平。从具体数据看，2017年，铁矿石期现货价格的相关性为0.95，通过显著性检验，较2016年下降了2个百分点，引导关系表现为现货引导期货。自上市以来，铁矿石的期现货价格之间一直保持着较强的相关性，多数时间期货价格对现货价格存在引导作用，说明大商所铁矿石期货的价格发现功能发挥良好。

表 12-3　　　　　2016—2017 年铁矿石期现价格相关性

检验项	年份	2016 年	2017 年
期现价格的相关性	系数	0.97	0.95
	显著性检验	通过检验	通过检验
期现价格引导关系		期货引导	现货引导

注：现货价格为青岛港铁矿石价格，期货价格为活跃合约结算价，数据为日度数据。

（二）套期保值功能发挥情况

1. 基差持续为正，均值同比增加。2017年，铁矿石期现货基差的均值为76.99元/吨，运行区间为（22，142.56）元/吨，最小和最大基差均出现在3月，全年基差均为正数，即现货升水于期货，且现货升水的幅度同比有所增加。主要原因是：在供给侧结构性改革深入推进的背景下，钢铁行业盈利能力继续提升，在高利润的驱动下，钢厂对高品位铁矿石的强劲需求提振现货价格走势，但铁矿石市场供给过剩的格局并未扭转，期货市场悲观氛围偏浓，导致价格走势稍弱于现货。

分阶段看，第一季度铁矿石期现货价差波动较大，年度最低点和最高点均在3月出现，一个原因是：在对远期价格的悲观预期下，1709合约深度贴水于1705合约，在换月之后产生较大的价差，导致期货价格迅速转为深度贴水状态；另一个原因是：年初去产能政策持续发力，彻底清除"地条钢"的政策逐步明确，加上环保限产措施升级，环保督察组开始进驻各地，期货价格在强烈的供给收缩预期下呈现较强走势，贴水幅度不断修复，随后，高品位铁矿石的供应缺口逐渐补足，港口库存压力显现，期货市场被悲观氛围笼罩，现货价格重回高升水状态。4月中旬至7月底，铁矿石价格先跌后涨，期现货基差窄幅震荡运行。进入8月，基差开始扩大，较高的基差水平一直持续至10月底，主要由于期货市场在采暖季"2+26"城市限产影响原料需求的预期下呈现偏弱走势。11~12月，环保限产的力度和终端需求表现超出预期，期货领涨现货，基差再度走弱。

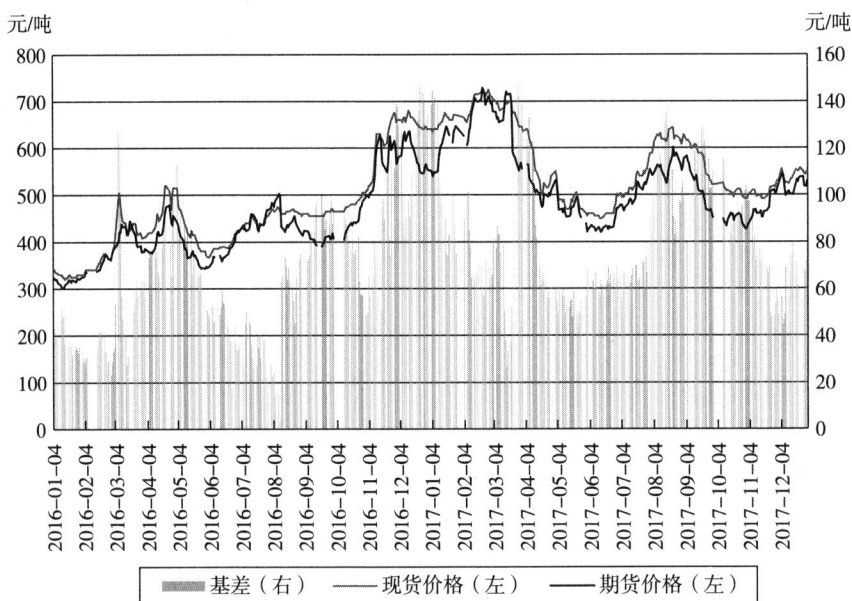

注：现货价格为青岛港铁矿石价格，期货价格为活跃合约结算价，数据为日度数据。

图 12-15　2016—2017 年铁矿石期现价格及基差变化

2. 套期保值效率维持较高水平。2017年，大商所铁矿石期货到期价格收敛性和套期保值效率仍保持在较高水平。从具体指标看，到期日基差为49元/吨，较2016年降低9.94元/吨，期限价差率为9.41%，较2016年上升2.17%。同时，2017年，铁矿石周套保效率高达88.87%，虽然同比出现6.21%的下滑，但仍处于较高水平，在大商所所有品种中位居第四名，仅低于豆油和部分化工品种。

表 12-4 2016—2017 年铁矿石套保有效性

	指标		2016 年	2017 年
基差	均值	元	21.61	76.99
	标准差	元	21.42	26.69
	变异系数	—	0.01	0.04
	最大	元	90.5	142.56
	最小	元	−33	22
到期价格收敛性	到期日基差	元	39.06	49
	期现价差率	%	7.24	9.41
套期保值效率	周（当年）	%	95.08	88.87

注：①现货价格为青岛港铁矿石价格，期货价格为活跃合约结算价，数据为日度数据。
②2016 年铁矿石基差计算中现货数据选用铁矿石湿吨价，2017 年起统一将湿吨价折算为干吨价，故基差有所增加，特此说明。

（三）期货市场功能发挥实践

1. 交割质量标准调整提升期货价格代表性。近年来，随着国外新矿山的投产和混矿的销售，一些非主流铁矿石逐步流入现货市场，加上钢铁行业供给侧结构性改革的深入推进，钢厂盈利能力增强，在产能受限的情况下更加青睐高品位铁矿石，使得高低品位矿种之间的价格扩大，固定的期货升贴水价格无法覆盖异常扩大的现货价差，期货最便利交割品发生改变。为了更好地维护期货价格的代表性和稳定性，提升产业服务水平，大商所于2017年9月13日发布正式通知修改铁矿石期货合约质量标准，对交割标准品及替代品的相关指标和升贴水进行了调整，严格规范了硅、铝、硫和有害微量元素的允许范围，加大了对硅、铝的扣罚力度，并对粒度指标进行了调整等，使期货价格的升贴水设置更加贴近现货价差，提升了期货价格的代表性，有助于企业更好地开展套期保值业务。

2. 港口库存结构性矛盾凸显，利用期货市场转移价格风险。2017年，国外主要矿山仍有新增产能释放，随着供应量的增加，国内港口的铁矿石库存不断攀升。截至12月29日，铁矿石港口库存达到14 655万吨，为有记录以来的最高水平，同比增加3 216万吨，增幅高达28.11%。在港口库存不断累积的同时，高品位铁矿石占比不高但需求旺盛，库存的结构性矛盾较为突出。在此背景之下，面对资源结构性矛盾导致的价格频繁波动，国内铁矿石贸易商和钢企等积极利用铁矿石期货工具转移价格风险，平滑利润曲线，实现稳定经营。以南京钢铁为例，目前其已经构建了一套新的行之有效的期货套保机制，基本实现了基础套保常态化，战略套保和低风险的套利也进入了操作阶段，期现结合的经营方式改善了企业的长期销售模式，实现了价格风险的转移。

三、铁矿石期货合约相关规则调整

（一）合约及交割流程修改

1. 修改铁矿石期货合约质量标准。为进一步贴近市场需求，提升产业服务水平，经理事会审议批准，并报告中国证监会，大商所对铁矿石期货合约质量标准进行了修改，并于9月13日正式公布规则修正案，修改后的规则自11809合约起施行。《大连商品交易所交割细则》修正案如表12-5所示。

表 12-5 　　　　　　　　铁矿石标准品质量要求

指标	质量标准
铁（Fe）	= 62.0%
二氧化硅（SiO_2）	≤ 4.0%
三氧化二铝（Al_2O_3）	≤ 2.5%
磷（P）	≤ 0.07%
硫（S）	≤ 0.03%
微量元素	铅（Pb）≤ 0.02% 锌（Zn）≤ 0.02% 铜（Cu）≤ 0.20% 砷（As）≤ 0.02% 二氧化钛（TiO_2）≤ 0.80% 氟＋氯≤ 0.20% 氧化钾（K_2O）＋氧化钠（Na_2O）≤ 0.30%
粒度	6.3毫米以上的占比不超过20%且0.15毫米以下的占比不超过35%

表 12-6　　　　　　　　　　铁矿石替代品质量差异与升贴水

指标	允许范围	升贴水（元 / 吨）
铁（Fe）	≥ 60.0%	≥ 60.0% 且 < 62.0% 时，每降低 0.1%，扣价 1.5； > 62.0% 且 ≤ 65.0% 时，每升高 0.1%，升价 1.0； > 65.0% 时，以 65.0% 计价
二氧化硅 （SiO_2） + 三氧化二铝 （Al_2O_3）	8.5%	在二氧化硅 > 4.0% 时，二氧化硅每升高 0.1%，扣价 1； 在三氧化二铝 > 2.5% 时，三氧化二铝每升高 0.1%，扣价 1.0
二氧化硅 （SiO_2）	≤ 6.5%	> 4.0% 且 ≤ 4.5% 时，每升高 0.1%，扣价 1.0； > 4.5% 且 ≤ 6.5% 时，每升高 0.1%，扣价 2.0，与前档扣价累计计算
三氧化二铝 （Al_2O_3）	≤ 3.5%	> 2.5% 且 ≤ 3.0% 时，每升高 0.1%，扣价 1.5； > 3.0% 且 ≤ 3.5% 时，每升高 0.1%，扣价 3.0，与前档扣价累计计算
磷（P）	≤ 0.15%	> 0.07% 且 ≤ 0.10% 时，每升高 0.01%，扣价 1.0； > 0.10% 且 ≤ 0.15% 时，每升高 0.01%，扣价 3.0，与前档扣价累计计算
硫（S）	≤ 0.20%	每升高 0.01%，扣价 1.0
粒度	0.075 毫米以下的占比不低于 70%	0

2. 调整铁矿石品种指定交割库。2017年，为方便投资者参与交割，更好地发挥期货市场的作用，大商所对铁矿石品种指定交割仓（厂）库进行了调整，具体调整情况如下：

7月5日，发布《关于调整焦煤、焦炭、铁矿石品种指定交割仓库的通知》，对铁矿石品种指定交割仓库进行调整：（1）设立唐山港京唐港区进出口保税储运有限公司为铁矿石品种基准指定交割仓库；（2）取消唐山市港口物流有限公司铁矿石品种指定交割仓库资格。

7月26日，发布《关于调整焦煤、焦炭、铁矿石品种指定交割仓库的通知》，对铁矿石品种指定交割仓库进行调整：（1）设立大有资源有限公司为铁矿石指定交割厂库；（2）取消山西明迈特实业贸易有限公司铁矿石指定交割厂库资格。

3. 实施铁矿石品种交易限额。为做好风险防范工作，维护市场稳定运行，大商所对铁矿石品种实施交易限额，具体通知如下：

根据《大连商品交易所风险管理办法》相关规定，经研究决定，自2017年8月22日交易时（即21日晚夜盘时间段）起，非期货公司会员和客户在铁矿石品种1801合约和1805合约上，单个合约单个交易日买开仓数量与卖开仓数量之和不得超过6 000手；套期保值交易开仓数量不受限制；具有实际控制关系的账户按照一个账户管理。

4. 手续费收取标准修改。2017年，为保证铁矿石期货市场平稳运行，大商所对手续费收取标准先后做三次修改，具体通知如下：

自2017年4月17日交易时（即14日晚夜盘交易小节时）起，铁矿石品种非日内交易手续费标准由成交金额的万分之1.2调整为成交金额的万分之0.6；铁矿石1月、5月、9月合约日内交易手续费标准由成交金额的万分之3调整为成交金额的万分之2.4，非1月、5月、9月合约日内交易手续费标准由成交金额的万分之3调整为成交金额的万分之0.6。

自2017年7月25日交易时（即24日晚夜盘交易小节时）起，铁矿石1月、5月、9月合约日内交易手续费标准由成交金额的万分之2.4调整为成交金额的万分之1.2。

自2017年12月1日交易时（即11月30日晚夜盘交易小节时）起，铁矿石品种的非1月、5月、9月合约，交易手续费标准由成交金额的万分之0.6调整为成交金额的万分之0.06。

（二）其他规则调整

2017年，铁矿石期货合约总体运行良好，在风控规则方面，大商所根据节假日、成交量变化、持仓量变化等情况，对铁矿石的风控参数（涨跌停板、交易保证金幅度）进行了调整。

表 12-7　　　铁矿石期货涨跌停板和交易保证金幅度调整情况

时间	通知名称	调整措施
2016/1/18	关于 2017 年春节期间调整各品种最低交易保证金标准和涨跌停板幅度及夜盘交易时间的通知	自 2017 年 1 月 25 日（星期三）结算时起，将铁矿石品种涨跌停板幅度和最低交易保证金标准分别调整至 10% 和 12%。2017 年 2 月 3 日（星期五）恢复交易后，自各品种持仓量最大的两个合约未同时出现涨跌停板单边无连续报价的第一个交易日结算时起，铁矿石品种涨跌停板幅度和最低交易保证金标准分别恢复至 8% 和 10%。
2017/3/23	关于 2017 年清明节期间调整各品种最低交易保证金标准和涨跌停板幅度及夜盘交易时间的通知	自 2017 年 3 月 30 日（星期四）结算时起，将铁矿石品种期货合约涨跌停板幅度和最低交易保证金标准调整至 9% 和 11%。2017 年 4 月 5 日（星期三）恢复交易后，自铁矿石品种持仓量最大的两个合约未同时出现涨跌停板单边无连续报价的第一个交易日结算时起，铁矿石品种期货合约涨跌停板幅度和最低交易保证金标准分别恢复至 8% 和 10%。
2017/5/19	关于 2017 年端午节期间调整各品种最低交易保证金标准和涨跌停板幅度及夜盘交易时间的通知	自 2017 年 5 月 25 日（星期四）结算时起，将铁矿石品种涨跌停板幅度和最低交易保证金标准分别调整至 9% 和 11%。2017 年 5 月 31 日（星期三）恢复交易后，自铁矿石品种持仓量最大的两个合约未同时出现涨跌停板单边无连续报价的第一个交易日结算时起，铁矿石品种涨跌停板幅度和最低交易保证金标准分别恢复至 8% 和 10%。
2017/9/21	关于 2017 年中秋节、国庆节期间调整各品种涨跌停板幅度和最低交易保证金标准的通知	自 2017 年 9 月 28 日（星期四）结算时起，将铁矿石品种涨跌停板幅度和最低交易保证金标准分别调整至 9% 和 11%。2017 年 10 月 9 日（星期一）恢复交易后，铁矿石品种涨跌停板幅度和最低交易保证金标准分别恢复至 8% 和 10%。

四、铁矿石期货市场发展前景、问题及建议

（一）发展前景

1. 供给侧改革深化之年，钢铁行业盈利水平继续提升。2017年是我国供给侧结构性改革的深化之年，各项去产能政策在钢铁行业继续稳步推进。年初，国家发展改革委就表示要在6月30日之前全面清除各省的"地条钢"，为国家层面首次提出明确的整治期限。2月15日，五

部委又发布《关于进一步落实有保有压政策促进钢材市场平衡运行的通知》，明确上半年彻底清除生产建筑用钢的中频炉、工频炉产能，"地条钢"的清理工作上升为政治任务。随着落后产能的淘汰以及采暖季限产措施的执行，钢材价格一度攀升至近六年新高，钢铁行业的整体盈利水平在2016年的基础上继续提升。国家统计局数据显示，2017年1~11月，黑色金属冶炼和压延加工业实现利润总额3 138.8亿元，同比增长180.1%，11月黑色金属冶炼和压延加工业销售利润率为4.99%，创下2009年以来新高。

2. 兼并重组继续推进，但产业集中度提升之路任重道远。在2016年宝钢和武钢顺利完成大合并的基础上，2017年兼并重组工作在钢铁行业继续推进，包括中信集团战略重组青岛特钢、沙钢和本钢重组东北特钢、北京建龙重工集团重组北满特钢、宝武系的四源合基金与重庆战新基金共同出资设立长寿钢铁公司参与重庆钢铁破产重整等，产业集中度止降回升，但与60%的目标尚有较大差距，且行业整体议价能力较弱的问题仍然突出，产业集中度提升之路任重而道远。2018年，钢铁行业将继续加大企业间的重组力度，并加快兼并重组的实施进程，维护行业的长期健康稳定运行。

3. 落后产能的去除为电炉钢发展带来新机遇。目前，国内钢铁的生产仍以长流程工艺为主，主要原料是炼焦煤和铁矿石，但随着国家对"地条钢"产能的集中彻底清理，这部分需求重新回归至正规企业，市场秩序好转给电炉钢的发展带来新的机遇。除此之外，废钢积蓄量的增加也给电炉钢的发展提供了资源基础，统计数据显示，截至2015年底，国内钢铁积蓄量已经超过70亿吨，预计到2020年，国内废钢资源的年产量将超过2亿吨。2017年12月31日，工信部印发《钢铁行业产能置换实施办法》，未来电炉钢的产量在电炉钢产能置换逐渐落地的情况下，将大概率呈现增加态势。

（二）存在的问题

1. 铁矿石期货投资者结构仍待完善。随着大商所铁矿石期货市场功能的完善，国内越来越多的包括矿山、钢厂和贸易商等在内的产业客户开始参与期货交易，铁矿石期货的法人客户占比提升，客户类型日益多元化。虽然证监会也于2018年2月2日正式确定铁矿石期货为境内特定品种，但目前铁矿石期货尚未正式引入境外交易者，投资者结构不完善仍是铁矿石期货存在的问题之一。

2. 近月非主力合约成交量有待提高。与国内其他大多数期货品种一样，铁矿石期货也存在近月合约不活跃、主力合约不连续的问题。为进一步深化铁矿石期货服务实体经济的功能，大商所以铁矿石为试点，创新性地推出仓单服务制度，并于5月23日由上海慧鸿国际贸易有限公司和嘉吉投资（中国）有限公司完成了首笔铁矿石仓单交易。该制度通过在铁矿石各交割地设置仓单服务商的方式，为客户提供买卖铁矿石标准仓单的途径，打消客户因交割能力较差而回避近月合约的顾虑。目前，制度的推出时间不足一年，铁矿石近月合约不活跃的问题尚未彻底解决，近月合约成交量仍待提高，相关业务还需要进一步推广和优化。

3. 结构性矛盾频繁出现，现货与期货价格波动率处于较高水平。从2016年第四季度开始，随着焦炭价格的上涨，钢厂通过提高铁矿石入炉品位降低焦比，同时钢厂受利润驱动倾向于使用高品位铁矿石来增加产出，铁矿石现货市场结构性供应短缺的问题开始显现。2017年，高品位铁矿石的供应有所增加，但钢厂利润继续攀升，高低品位铁矿石之间的结构性矛盾频繁出现，不断推升铁矿石现货与期货价格的波动率。2018年，在供给侧结构性改革继续深入推进的背景下，结构性矛盾仍有可能阶段性地推动铁矿石价格走高，预计期现货价格波动率仍将处于较高水平。

（三）发展建议

为了更好地服务实体经济，提升铁矿石期货的国际影响力，进而增强我国企业在铁矿石国际贸易中的定价话语权，仍需从以下几个方面着手，继续对铁矿石期货加以完善。

1. 稳妥地推进铁矿石期货对外开放。为完善参与者结构，进一步增强我国铁矿石期货的国际影响力，在铁矿石期货被批准为境内特定品种之后，大商所将积极做好引入境外交易者的各项准备工作，稳妥地推进铁矿石期货对外开放。主要工作包括面向市场征求关于国际化规则的意见、拟定和发布引入境外交易者的正式通知，推进境外经纪机构所内备案和市场宣传推广等。同时，大商所也将积极研究在现有交割港口推广复制保税交割业务的可行性。

2. 优化铁矿石仓单服务商制度和推进期货做市商业务。为打消客户参与近月交割的顾虑，大商所创新性地推出仓单服务商制度，并将继续优化仓单交收流程，进一步降低仓单交易成本，同时将引入期货做市商，通过主动报价为近月合约提供流动性，以改变近月合约上报价稀少的局面，为有意愿参与的投资者提供适度的交易机会，进一步解决近月合约不活跃、价格形成机制不完善的问题。

3. 继续推进产业深度培育工作，增强实体企业对价格波动风险的应对能力。为提升产业对期货工具的利用水平，更具针对性地推动与发挥龙头企业的带动和示范引导作用，2017年，大商所构建了集行业人才培训、企业培训开发、市场调研、信息反馈及市场功能发挥宣传于一体的综合性培训平台：大商所—山东华信产业培育基地，并于6月14日成功举办了首期培训，就铁矿石行业发展现状、期货风险管理案例等内容进行了授课。7月，由大商所支持，唐山市钢铁工业协会和报春钢铁网共同运营的大商所唐山产业培训基地也正式挂牌，并创新性地开展网络直播和"一对一"精准培训。2018年，在供给侧结构性改革继续深入推进、铁矿石价格波动率预计仍处于较高水平的大背景下，大商所将继续推进产业深度培育工作，形成多层次的培育体系，引导更多的企业正确认识并有效运用期货工具，促进行业稳定发展，更好地服务实体经济。

专栏

2017年铁矿石期货大事记

1月4日，国家发展改革委公告称，对列入《产业结构调整指导目录（2011年本）（修正）》钢铁行业限制类、淘汰类装置所属企业生产用电继续执行差别电价，在现行目录销售电价或市场交易电价基础上实行加价，其中：淘汰类加价标准由每千瓦时0.3元提高至0.5元，限制类加价标准为每千瓦时0.1元。

1月10日，据报道，河北省发展改革委日前下发《关于产能置换比例不足1：1.25的已备案钢铁冶炼项目立即停建整改通知》，要求相关各项目单位在收到本文件至完善相关审批手续前，已建成项目不得投产、已开工项目要处于停工状态、未开工项目不得开工建设，违者按违法违规建设钢铁冶炼项目严肃查处。

1月10日，国家发展改革委副主任林念修表示，今年上半年(6月30日以前)"地条钢"必须彻底出清，这是一项政治任务。部际联席会议派出了12个督查组再次进行督查，"地条钢"就是这次督查的重点。

2月9日，工信部网站发布第一批拟撤销规范公告的35家钢铁企业名单，向社会公示。

2月23日，中钢协发布《关于支持打击"地条钢"、界定工频和中频感应炉使用范围的意见》，明确不属于三类界定范围的所有中（工）频炉生产线，不论其规模大小、生产装置新旧程度、是否配置钢水精炼手段和连铸、轧钢装备、是否配置除尘设备等环保设施等，都属于"地条钢"范围。

3月14日，大商所发布关于实施《大连商品交易所铁矿石仓单服务管理办法（试行）》的通知：经研究决定，自2017年5月2日起，大商所实施《大连商品交易所铁矿石仓单服务管理办法（试行）》，指导仓单服务商为客户提供买卖铁矿石标准仓单的有偿服务。客户和仓单服务商参与本业务需通过各自的会员办理，会员参与本业务需向交易所申请开设仓单服务权限。同时，为活跃近月合约，大商所在不同时间，对指定铁矿石合约的交易手续费，暂按交易所规定标准的10%收取，试行期自2017年5月2日起至2017年7月31日止，如有调整，另行通知。

3月27日，发展改革委、工信部等多部委在京召开钢铁去产能工作会议。会议指出，钢铁去产能要把握好"三条线"：第一条线是"底线"，要确保完成5 000万吨左右的去产能任务；第二条线是"红线"，要彻底取缔"地条钢"；第三条线是"上线"，要密切关注钢材市场价格，防止市场出现大起大落。

3月27日，据《经济观察报》报道，2017年4月起，中央环保督察组将分两批次，对湖南、安徽、新疆、西藏、贵州、四川、山西、山东、天津、海南、辽宁、吉林、浙江、上海、福建15个以上的省（市）进行督察。时间期限为三个月，同时督查还将下沉到每个省3个左右的地级市。

4月1日，中共中央、国务院印发通知，决定设立河北雄安新区。根据2016年固定资产投资消费钢铁强度来测算，考虑到新区建设的单位固定资产投资消耗钢铁强度要大于全国平均水平，实际未来几年可增加需求预计在1 000万~2 000万吨。

4月5日，环保史上最大规模的国家层面行动启动。环境保护部当日决定开展为期一年的大气污染防治强化督察，将抽调5 600名环境执法人员参与，为期一年。

4月26日，新利钢铁全面停产，本次影响产能300万吨左右。霸州新利钢铁总产能350万吨。新利钢铁本次退出钢铁行业，虽然涉及总产能不大，但释放重要信号，环北京三市廊坊、张家口、保定2 200万吨产能关停可期待。

4月26日，从中钢协获悉，中钢协副会长迟京东表示，各省区已清理出"地条钢"企业共500多家，涉产能1.19亿吨。5月2~25日，去产能部际联席会将派出9个工作组对各地"地条钢"清理工作开展专项督察。预计到7月、8月，会对去产能"地条钢"出清工作进行总验收。

4月28日，大连商品交易所发布《关于铁矿石仓单服务系统上线试运行的通知》：铁矿石仓单服务系统将于2017年5月2日上线试运行，该系统链接地址为https://otc.dce.com.cn，用户可通过本所网站"业务/服务—铁矿石仓单服务系统"栏目访问；客户可以登录该系统查询《大连商品交易所铁矿石仓单服务管理办法（试行）》及相关规定、业务通知、仓单价格、仓单服务商、仓单服务会员等信息；获批仓单服务资格的会员可以登录该系统办理仓单服务。

5月9日，唐山印发《唐山市改善空气质量攻坚月行动方案》，整治时间为2017年5月9日至31日，共分三个阶段。其中，11日至25日为重点整治阶段，严格对照环保法律法规和污染物排放标准，对工业污染源达标、散乱污企业、燃煤锅炉、工业扬尘、重型柴油车实施专项整治，不达标的停产整治，并依法高限处罚。

6月14日，大连商品交易所与山东华信工贸有限公司在日照举行大商所—山东华信黑色品种产业培育基地揭牌仪式，仪式后，基地联合山东期货业协会举办了"山东期货分析师铁矿石培训"首期培训班。来自山东省内期货公司的50余名分析师和营业部负责人参与了培训。培训邀请黑色期现货行业专家，对大商所黑色系品种运行情况及未来行情展望，现货企业运用铁矿石期货进行风险管理的具体案例，铁矿石产业现状、发展及贸易模式等进行了授课。

6月15日，据《中国冶金报》报道，河北省政府办公厅公布了《河北安丰钢铁有限公司高炉转炉项目产能减量置换方案》和《迁安市九江线材有限责任公司转炉项目产能减量置换方案》。

6月30日，据新华社报道，截至目前，绝大部分省份已公示了"地条钢"查处情况。除北京、上海外，各地几乎都发现了"地条钢"。从国家发展改革委、工信部获悉，经彻底清理排查，上半年，我国共取缔、关停"地条钢"生产企业600多家，涉及产能约1.2亿吨。7月、8月，相关部门将对"地条钢"取缔地区开展专项抽查。对违法违规产能，我国将始终保持高压态势，防止"地条钢"死灰复燃。

7月27日，环保部正式发布《排污许可证申请与核发技术规范 钢铁工业》（HJ846—2017），钢铁行业新排污许可工作正式开始，要求京津冀及周边"2+26"城市、长三角、珠三角区域于2017年底完成许可证的申领，其他地区钢铁企业应于2018年底前完成许可证的申领。

7月28日，由大商所支持，唐山市钢铁工业协会和报春钢铁网共同运营的大商所唐山产业培训基地（以下简称"培训基地"）正式挂牌，并与银河期货成功举办了首期培训。成立以来，培训基地围绕钢厂的培训交流共组织13次活动，包括产业基地培训、举办论坛沙龙、"一对一"的企业拜访。参与各项培训活动人数累计超过2 000人，培训对象既有钢厂的高层管理者，也包括采购、销售部门负责人以及部门骨干业务人员等，培训基地带动示范作用凸显。

8月9日，环保部通报京津冀及周边大气污染防治强化督察情况。6个督察组共检查110家企业，发现15家企业涉及大气污染问题，属于"散乱污"问题的公司3家，未安装污染治理设施的公司2家，治污设施不正常运行的2家，挥发性有机物（VOCs）治理存在问题的公司8家。分析人士指出，第四批环保督察工作将于秋季完成，秋季正值大气污染高发季节，今年作为"大气十条"收官之年，各地将面临考核压力。在环保督察高压态势之下，相关领域投资机会将逐渐增多。

8月，中国铁矿石原矿产量为11 549.1万吨，同比下滑0.5%。2017年1~8月，中国铁矿石原矿产量为86 387.9万吨，同比增长5.9%。铁矿石8月原矿产量排名前十位的地区分别是河北省、辽宁省、山西省、内蒙古自治区、安徽省、江西省、湖北省、广东省、北京市、吉林省。其中，排名前两位的地区产量均达1 000万吨以上，河北省产量高达5 558.2万吨，居全国产量第一位。

9月13日，大连商品交易所发布的《关于修改铁矿石期货合约质量标准的通知》指出："为进一步贴近市场需求，提升产业服务水平，经理事会审议批准，并报告中国证监会，大商所对铁矿石期货合约质量标准进行了修改。现将规则修正案予以公布，修改后的规则自11809合约起施行。"

10月23日，巴基斯坦国家关税委员会发布螺纹钢反倾销调查终裁，裁定自中国进口的螺纹钢存在倾销且对巴基斯坦国内产业造成损害，决定自10月23日起对上述产品征收29.36%的反倾销税，为期5年。

11月8日，海关公布的数据显示，10月铁矿石进口量较前月创下纪录的高位下降近23%，进口量降至7 949万吨，而9月达到1.0283亿吨；1~10月进口量同比增长6.3%，达到8.96亿吨。

11月15日，北方地区"2+26"个城市采暖季错峰限产正式启动，据"我的钢铁网"统计，河北省石家庄、邯郸、邢台、廊坊、保定、沧州、衡水市高炉陆续停产，截至15日，以上城市已停产37座高炉，涉及减少炼铁产能395万吨/月；唐山15日核实的35家全流程钢厂139座高炉中，已明确限产的高炉有57座，总影响日均生铁产能15.2万吨，其中19座高炉在今日之前已停产检修，其余38座高炉均在今天限产到位，共计减少日均生铁产能10.5万吨；同时，另外有7座非限产高炉仍处于检修、停产状态，影响铁水产量2.02万吨。

12月21日，鞍钢国贸公司与浙江永安资本管理公司决定共同出资组建合资公司，开展黑色产业链期现结合业务。据介绍，新组建的合资公司将本着"互惠、互利、互补"的原则，凭借鞍钢国贸在黑色产业链拥有成熟的原料采购渠道与成品销售渠道，拥有全国品牌影响力及资源优势，以及浙江永安资本在期现结合与风险管理业务的风险管理能力，在矿产品、金属材料、建材、机电产品、煤炭、焦炭、沥青、有色金属及铁合金等的采购与销售领域开展有效合作，推进行业创新发展。

报告十三
焦煤期货品种运行报告（2017）

2017年是煤炭供给侧结构性改革的深化之年，受澳洲突发飓风、取缔"地条钢"、环保督察等多重因素的影响，焦煤期现货价格均大幅波动，而且走势出现较大差异，期现价格相关性下降，基差扩大。主要是因为期现货两个市场对短期因素和中长期因素的反应节奏不同。虽然价格剧烈波动，但大商所多措并举防控风险，积极主动完善期货合约，不但保证了焦煤期货市场顺利运行，还使得产业客户占比进一步提高，交割更加顺畅。展望2018年，煤炭行业供给侧结构性改革将进入新阶段，焦煤价格波动幅度可能仍较大，企业套期保值需求和期货市场功能发挥需求将进一步提升。

一、焦煤期货市场运行情况

（一）市场规模情况分析

1. 成交量小幅增长，成交额增长幅度较大。2017年，焦煤期货成交规模有所扩大，成交量及成交额均出现一定幅度增长。2017年，焦煤期货成交量逾4 200万手，同比仅增长2.72%，但由于焦煤期货价格处于高位，成交金额逾3.1万亿元，成交金额同比增长41.26%。分月度成交规模来看，焦煤期货全年成交量和成交金额的走势基本相同。1~7月，焦煤期货成交量和成交金额均处于总体缓慢上升态势，但8月以后均出现大幅上涨，之后进入高位震荡调整状态。全年成交量8月大幅提升后，在9月达到年内最高的591万手，而成交金额于8月直接大幅提升至4 800亿元的年内高点。

从焦煤期货成交规模占比情况来看，2017年较2016年出现了较大的增长。2017年，焦煤期货成交量占比大商所商品期货成交量为3.84%，相比于2016年的2.67%提升了1.17个百分点；焦煤期货成交量占比中国上市商品期货成交量为1.38%，较2016年提升了0.39个百分点。成交金额占比的提高幅度则更为明显，2017年，焦煤期货成交金额占比大商所商品期货成交金额为5.99%，较2016年的3.59%上升了2.40个百分点；焦煤期货成交金额占比中国商品期货成交金额为1.91%，较2016年提升了0.66个百分点。

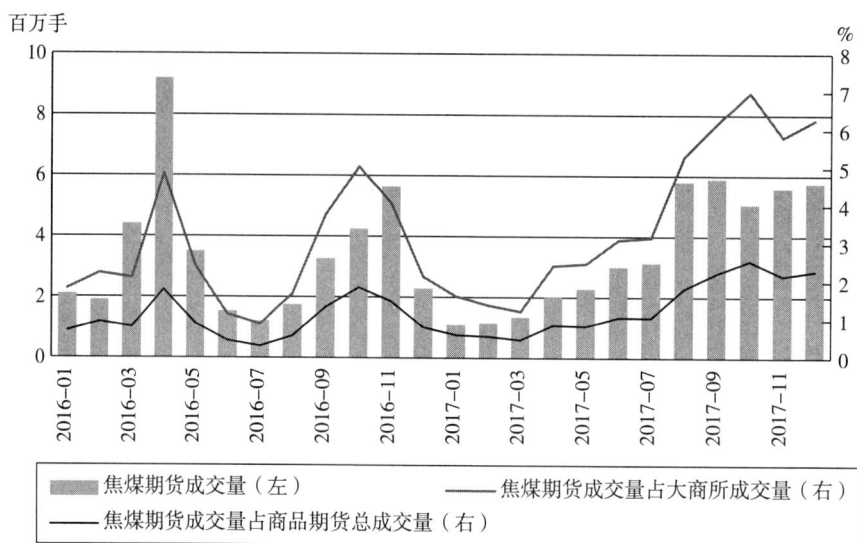

数据来源：大连商品交易所。

图 13-1　2016—2017 年焦煤期货月度成交量及占比

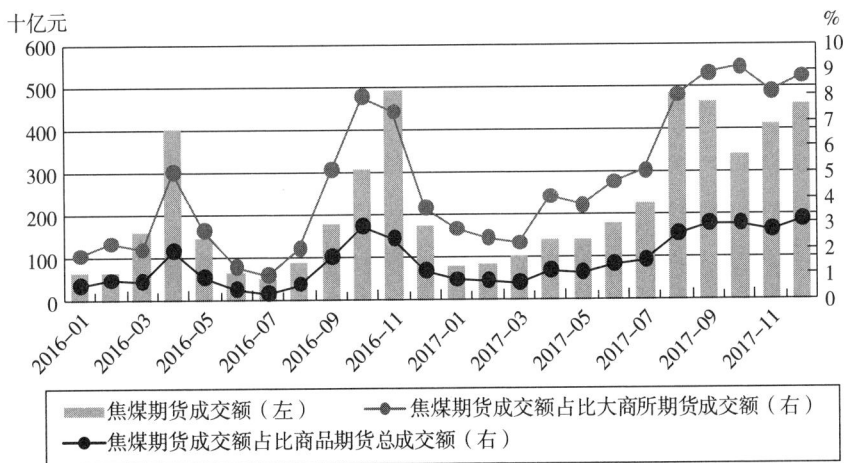

数据来源：大连商品交易所。

图 13-2　2016—2017年焦煤期货月度成交额及占比

2. 持仓规模重心上移，总体呈"M"形走势。同成交规模的变化相一致，2017年焦煤期货持仓规模也有一定程度的提升，平均持仓量及平均持仓金额均上涨明显。2017年，焦煤期货月度平均持仓量将近13.60万手，较2016年同比增长了8.84%；焦煤期货月度平均持仓金额约98.38亿元，较2016年同比增长41.46%。

从月度持仓规模来看，焦煤期货全年呈"M"形走势。2017年1月开始，焦煤期货持仓规模稳步上升，并于7月达到年内的第一个高点，当月持仓量逾17.61万手，持仓金额将近135.65亿元。之后，持仓规模短暂小幅回落后开始反弹，呈现"M"形的高位震荡走势。其中，持仓量于10月达到年度最高的20.52万手，之后开始回落。持仓金额于11月达到年度最高的142.92亿元，之后同样开始回落。截至年底，焦煤期货持仓量和持仓金额分别为14.31万手和112.81亿元。总体来看，焦煤期货持仓金额的"M"形走势比持仓量"M"形走势滞后一个月。

焦煤期货持仓规模占比也出现了一定程度的增长，呈现"先升后降"走势。2017年，焦煤期货平均持仓量占比大商所期货平均持仓量为2.28%，较2016年的2.05%提升了0.23个百分点；焦煤期货平均持仓量占比中国商品期货平均持仓量为0.96%，较2016年的0.93%提升了0.03个百分点。2017年，焦煤期货平均持仓金额占比大商所期货平均持仓金额为4.10%，较2016年的3.19%提升了0.91个百分点；焦煤期货平均持仓金额占比中国商品期货平均持仓金额为1.46%，较2016年的1.3%提升了0.16个百分点。

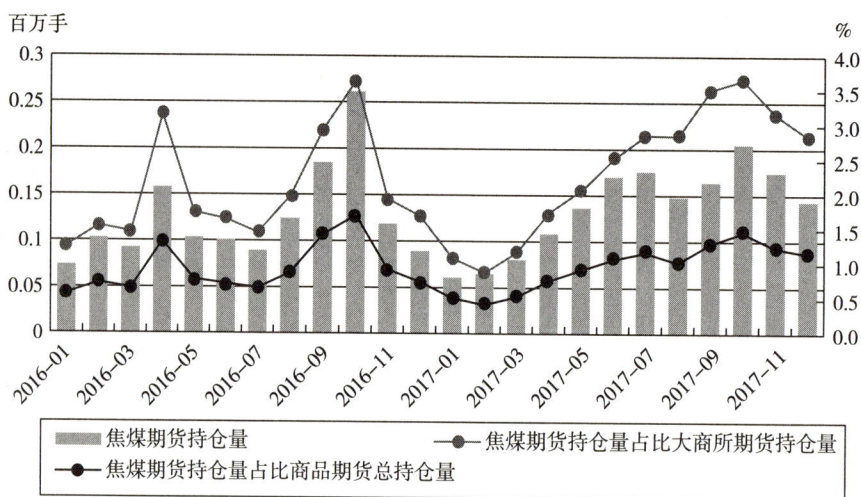

数据来源：大连商品交易所。

图 13-3 2016—2017 年焦煤期货月度持仓量及占比

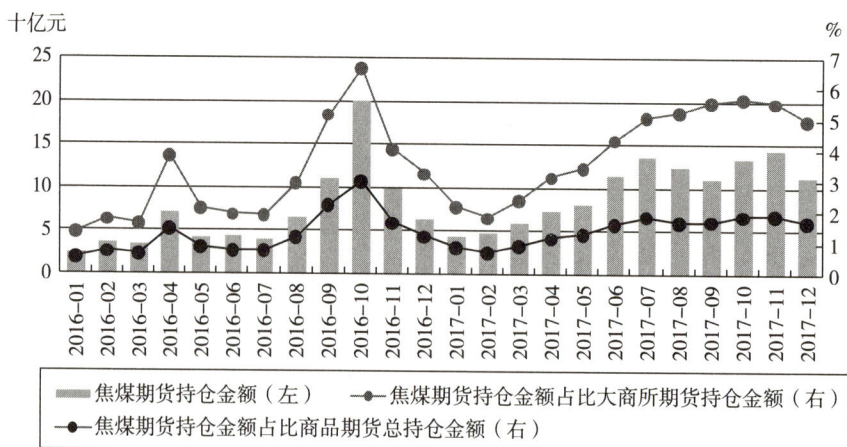

数据来源：大连商品交易所。

图 13-4 2016—2017 年焦煤期货月度持仓金额及占比

3. 成交、持仓集中度重心下移。2017年，焦煤期货成交集中度为26.26%，较2016年的30.37%下降了4.11个百分点；持仓集中度[①]为39.20%，较2016年的48.19%下降了8.99个百分点；成交、持仓集中度均出现一定幅度的下降。从月度走势来看，焦煤期货成交、持仓集中度呈震荡下行趋势，重心较上年继续下移，表明市场参与者进一步分散。总体看来，焦煤期货在经济中的渗透性逐步增强，对焦煤期货价格的合理形成、更好发挥期货市场的价格发现功能具有促进作用。

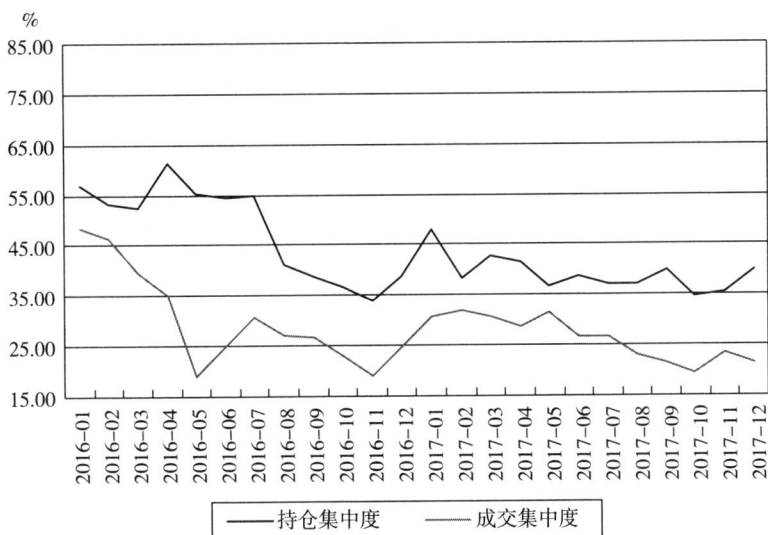

数据来源：大连商品交易所。

图 13-5　2016—2017 年焦煤期货月度成交、持仓集中度

[①] 本报告采用的焦煤期货持仓集中度的计算方法为，持仓前 100 名客户持仓总和除以焦煤期货总持仓量。

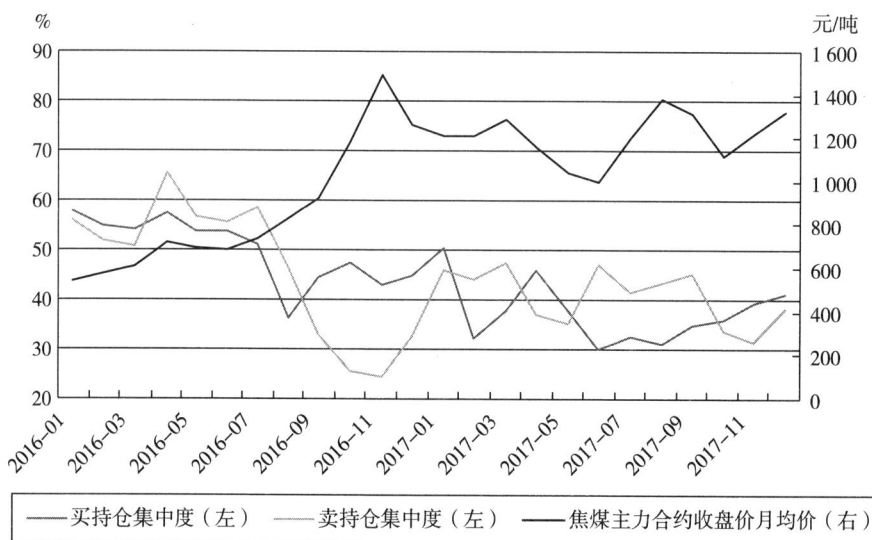

数据来源：大连商品交易所。

图 13-6　2016—2017 年焦煤期货买方、卖方持仓集中度以及焦煤期货价格

　　2017年最后两个月，随着期货价格的回升，买方、卖方持仓集中度均有所上升，且剪刀差逐步缩小，买卖双方持仓集中力量的对比在一定程度上能反映市场对于价格变化的预期程度。

（二）价格运行规律分析

　　1. 期现货价格大起大落，呈现高位震荡走势。2017年，在经历了上年的化解煤炭过剩产能工作之后，一些落后、违规建设的煤矿已基本退出，同时受环保限产等因素影响，焦煤期现货价格均呈现高位震荡走势。焦煤期货主力合约结算价由2016年末的1 182元/吨升至2017年末的1 314.5元/吨，涨幅为11. 21%。2017年，焦煤期货主力合约最高价为1 506元/吨，最低价为943元/吨，波动幅度为59.70%。京唐港澳产主焦煤含税库提价由2016年末的1 990元/吨降至2017年末的1 640元/吨，跌幅为17.59%。焦煤现货最高价为1 990元/吨，最低价为1 250元/吨，波动幅度为59.20%。

　　年初至4月初，期货价格首先震荡上行，随后带动现货价格上行，焦煤期货价格受后市需求恢复预期提振以及钢铁期价上涨带动，价格整体较现货市场强势。4~6月初，全国37家钢厂焦化炼焦煤总库存曾经达到621.20万吨，焦煤受焦化企业库存压力加大影响，下游需求明显走弱，期现货价格开始持续大幅下跌。6~9月初，受钢厂、焦化厂高利润的影响，焦煤下游企业开工率始终维持高位。此外，下游企业预期供暖季环保限产力度加大，补库力度加大，下游需求回升导致焦煤价格6月开始持续走高。9~10月底，供给的走强和需求的下降导致此期间焦煤价格下行明显。一方面，受环保检查力度较大影响，下游小规模焦化企业开工率下降明显，导致焦煤需求走弱；另一方面，10月焦煤总库存曾达到820万吨以上，平均可用天数接近17天，处于历史较高水平。11月以来，伴随冬季取暖高峰期的到来，11月原煤产量环比增长5.8%，但坑口资源相对紧张，加之下游部分焦钢企业开始补库，焦煤价格开始上行。此外，前一阶段库存提高使焦煤价格跌幅过大，焦煤企业的涨价意愿在年底被集中释放。

资料来源：大连商品交易所，Wind资讯。

图13-7　2016—2017年焦煤期货现货价格走势

2. 焦煤期货价格波动幅度下降明显。2017年，焦煤期货价格出现两次明显的剧烈波动，分别出现在6月到10月以及11月到年底，伴随着焦煤价格大涨的是较高的波动率。2017年，焦煤期货主力合约价格波动率为59.70%，而2016年的同口径波动率却达到了204.75%，下降幅度十分明显。焦煤期货价格两次剧烈波动的原因不尽相同，6~10月，受钢厂、焦化厂高利润，焦煤下游企业开工率提高影响，价格持续走高。后期受环保检查力度较大影响，下游小规模焦化企业开工率下降明显，导致焦煤需求走弱，价格持续下跌。11月到年底，坑口资源相对紧张，加之下游部分焦钢企业开始补库，焦煤价格开始上行。

3. 焦煤与下游黑色品种相关性较好。2017年，焦煤期货与焦炭期货价格相关性较好，相关系数达到0.87，品种越往下游延伸相关性越低，但均具有较强相关性。焦煤期货与螺纹钢期货、热轧卷板期货、铁矿石期货的相关系数分别为0.70、0.66和0.55。

表 13-1   焦炭期货与黑色其他品种相关性

2017 年	螺纹	矿石	热卷	焦煤	焦炭
螺纹	1				
矿石	0.12	1			
热卷	0.94	0.14	1		
焦煤	0.70	0.55	0.66	1	
焦炭	0.84	0.16	0.77	0.87	1

（三）期货市场结构分析

1. 客户总量逐步提升，法人客户占比下降，但重心略有上移。2017年，焦煤期货价格的高波动性继续保持对交易客户的吸引力，交易客户总量呈现不断上升态势。截至2017年底，参与交易的客户总数为99 177户，较2016年底上升51.40%。其中，法人客户数2 913

户，较2016年底上升39.99%；个人客户数96 264户，较2016年底上升53.52%。从平均数来看，2017年，全年月度平均交易客户数为66 612户，较2016年上升21.83%。其中，月度平均法人客户数2 700户，较2016年上升37.52%；月度平均个人客户数63 663户，较2016年上升20.78%。焦煤期货价格"过山车"式的大幅波动，使投机者的投机意愿和企业的套保需求不断增强，交易客户数不断增长，且增长率相对稳定。

从焦煤期货交易客户的结构上来看，2017年，法人客户占比总体呈下降趋势，但重心略有上移。截至2017年底，法人客户数占比为2.94%，较2016年底下降了1.34个百分点，而2017年平均法人客户占比为4.41%，较2016年提升了0.70个百分点。法人客户占比均值上移，说明焦煤期货一直在完善，市场成熟度有所提升。

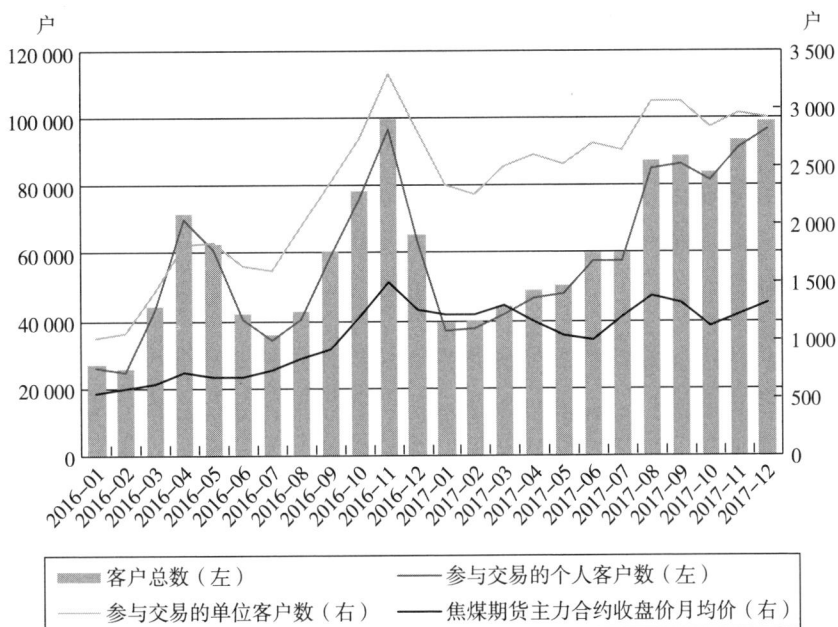

数据来源：大连商品交易所。

图13-8　2016—2017年焦煤期货月度交易客户数

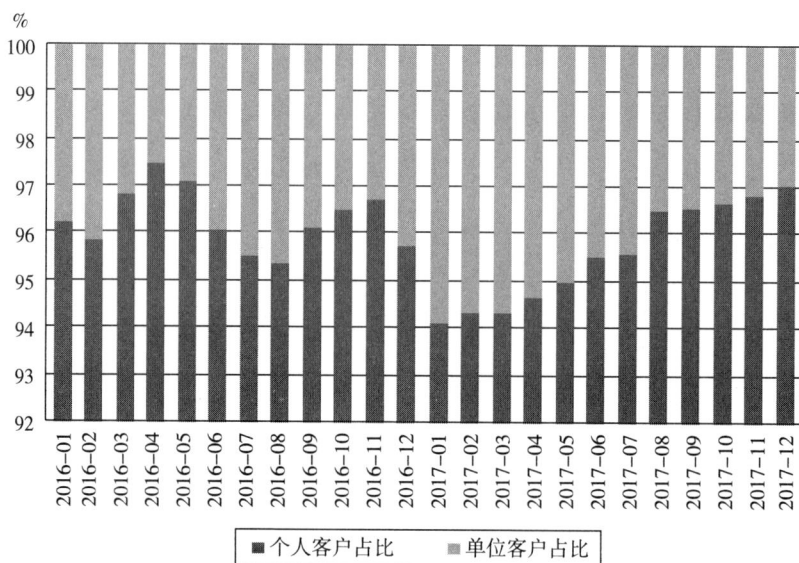

数据来源：大连商品交易所。

图 13-9　2016—2017 年焦煤期货交易客户结构

2. 短线客户占比提升明显，持仓客户占比变化不大。截至2017
年底，短线客户占比为82.14%，较2016年底的72.74%提高9.40个百
分点；持仓客户占比65.53%，较2016年底的65.56%下降0.03个百分
点。从年底数据来看，短线客户占比提升明显，持仓客户占比变化不
大。但从月度平均来看，2017年，短线客户月度平均占比为74.91%，
较2016年的76.58%下降了1.67个百分点，而持仓客户月度平均占比为
66.06%，较2016年的61.68%提升了4.38个百分点，从月度平均占比
来看，短线客户占比略有下降，而持仓客户占比有所提升。

从月度走势来看，2017年，焦煤期货价格经历了"过山车"式的
大涨大跌，双向波动较为剧烈。短线客户持仓占比总体呈现明显的上
升趋势，特别是8月随着期货价格的一波剧烈上行，短线客户持仓占比
出现了一次明显上行，此后出现下降，年底进入上行区间。而持仓客
户占比相对平稳，没有出现大幅波动，但年底略有下行。

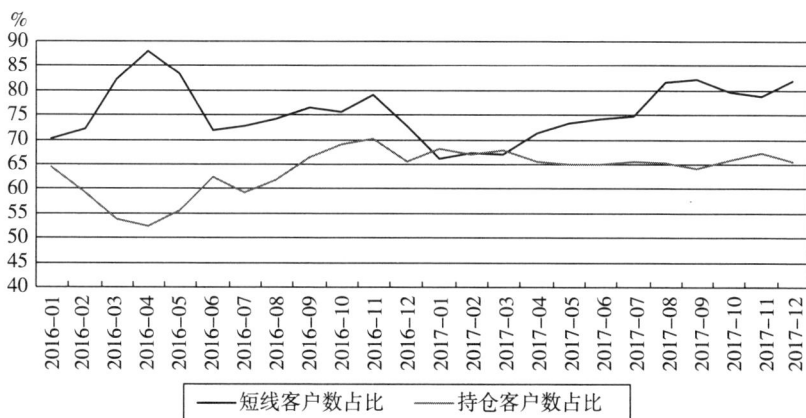

数据来源：大连商品交易所。

图 13-10　2016—2017 年焦煤期货短线客户和持仓客户占比

（四）交割情况分析

1. 交割量下降明显，交割只发生在1月、5月、9月三个月份。焦煤期货交割保持顺畅，2017年焦煤期货全年交割4 100手，较2016年下降65.55%。按交割手数计算，焦煤期货交割量在大商所商品期货交割量中排第11位，处于下游位置。按交割月份分布来看，焦煤期货交割依旧只发生在1月、5月、9月三个月份，其交割量分别为1 600手、1 100手和1 400手，各次交割规模差距不大，交割月份分布较为均匀。

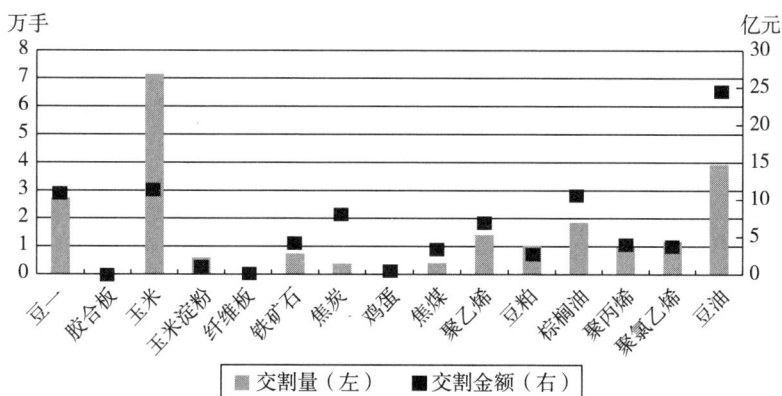

数据来源：大连商品交易所。

图 13-11　2017 年大连商品交易所期货品种交割量

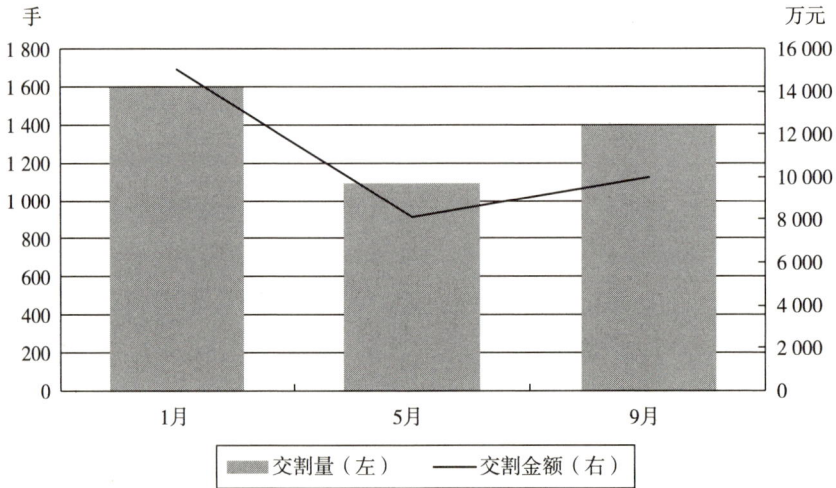

图 13-12　2017 年焦煤交割量按月份分布

2. 参与交割的客户主要集中在华北和华东地区。 2017年，参与焦煤交割的客户主要分布在北京、浙江、河北、福建、内蒙古、上海、辽宁、山东、天津等省（自治区、直辖市）。交割量排在前三的省份分别为北京市、浙江省和河北省，其占比分别为24.39%、18.29%和17.07%，其次为福建和内蒙古，占比分别为13.41%和8.54%，上述5个省份的客户交割量占比之和达到81.71%。

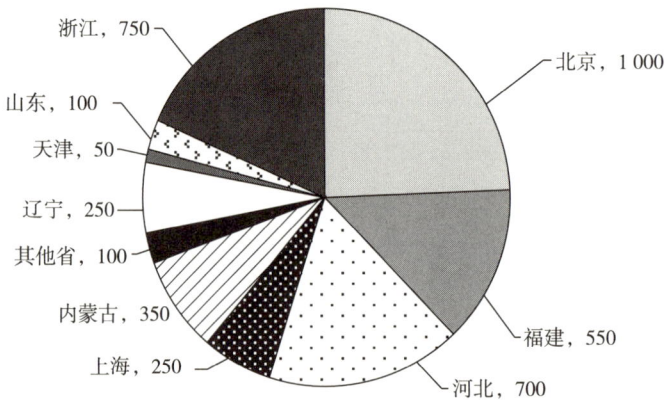

数据来源：大连商品交易所。

图 13-13　2017 年焦煤期货交割来源分布

二、焦煤期货市场功能发挥情况

（一）价格发现功能发挥情况

近三年来，焦煤期货和现货价格相关性有所下降，2015年和2016年一直维持在95%左右，但2017年下降到了9.18%。2015年表现为现货价格引导期货价格，2016年则表现为期货价格引导现货价格，2017年期现货价格的引导关系消失。造成上述问题的原因主要是受合约质量标准的影响，对此大连商品交易所积极推进焦煤交割质量标准优化，积极开展实地调研和召开市场论证会，形成成熟应对方案。据测算，焦煤交割质量新标准实施后，符合新标准的焦煤供应量近6 000万吨，占交割区域内焦煤总供应量50%左右；具备交割经济性的焦煤供应量增长近2 000万吨，既保障充足可供交割量，又能延续期货价格代表性。

表 13-2　　　　　　　　2015—2017 年焦煤期现价格相关性

检验项	年份	2015 年	2016 年	2017 年
期现价格的相关性	系数	0.96	0.95	0.092
	显著性检验	通过检验	通过检验	未通过检验
期现价格引导关系		现货引导	期货引导	无引导关系

注：现货价格为京唐港澳（澳大利亚）产主焦煤库提价，期货价格为焦煤活跃合约收盘价，数据为日度数据。

资料来源：Wind 数据库。

（二）套期保值功能发挥情况

由于焦煤期货标准品与现货代表性品种有一定差异，基差出现扩大。2017年，焦煤基差均值为270.59元/吨，从绝对值上来看，该值较2016年提高了27.42倍；从到期日基差来看，2017年期货到期日基差为210元/吨，较2016年提高了2.70倍。2017年，焦煤价格的高波动率使得焦煤基差的离散程度也有所提高，焦煤基差标准差为175.08元

/吨，较上年提高41.92%。焦煤价格的高波动率使焦煤基差波动放大有必然性，当焦煤基差过大时，市场必然存在套利空间。值得注意的是，2017年，焦煤期货周度套期保值效率下降至1.58%，对此大连商品交易所积极优化焦煤交割质量标准，保障期货市场功能的有效发挥。

表 13-3　　　　　2016—2017 年焦煤套保有效性

	指标		2016 年	2017 年
基差	均值	元	−9.52	270.59
	标准差	元	123.36	175.08
	变异系数	—	0.05	0.12
	最大	元	172	863
	最小	元	−290.5	−86
到期价格收敛性	到期日基差	元	56.81	210
	期现价差率	%	6.41	17.58
套期保值效率	周（当年）	%	34.47	1.58

注：①现货价格为京唐港澳（澳大利亚）产主焦煤库提价，期货价格为焦煤活跃合约结算价。
②期现价差率：每年每月到期合约最后交易日现货价格与当月到期合约交割结算价之差，再计算各个月合约月份的均值，得到每年的到期日价差；每年的每月到期合约最后交易日现货价格与该合约交割结算价差和最后交易日现货价格之比，再计算各个月合约月份的均值，得到当年的期现价差率。在现实中，由于存在出库、运输等费用，期现价格可能存在较小的价差。
数据来源：大连商品交易所。

（三）期货市场功能发挥实践

供给侧结构性改革使2017年黑色产业链供需状况和经营环境得到了很大的改善。整体上来看，2017年黑色产业链相关品种价格的波动依然较大，部分企业生产风险加大，迫切需要运用期货工具来对冲价格剧烈波动的风险。在实践过程中，套保成熟企业也确实实现了有效甚至是超效套保。

某集团企业焦炭年产量合计450万吨，年洗煤能力600万吨，焦煤年贸易量250万吨，年进口焦煤120万吨。该企业就焦煤期货1705合约进行套保操作。该企业以约1 200元/吨订购一船16万吨的进口焦煤，当时盘面的价格在1 610~1 640元/吨波动，企业在1 615元/吨的均价做了卖出保值，锁定了15元/吨的利润。而后煤炭价格上涨，现货和期货价格出现了错位。进口煤从1 200元/吨最高涨到了近1 300元/吨，进口煤实现了约100元/吨的利润。而期货盘面价格最终稳定在了1 620元/吨，之前也给了企业1 615元/吨以下的平仓机会，期货上基本打平。

结合上述案例，在企业价格波动的情况下，企业可以利用期货市场进行战略管理，比如通过对期货价格趋势性波动的研究，帮助其决定库存管理、原材料定价管理，以及扩产、减产等一些中长期发展战略。

三、焦煤期货风控措施及规则调整

（一）风控措施

1. 修改限仓和限额相关规则。为更好满足市场发展需求，优化焦煤品种一般月份限仓模式，将焦煤品种一般月份限仓模式调整为比例限仓和固定额限仓相结合。自2017年7月24日结算时起，非期货公司会员和客户焦煤品种合约一般月份（合约上市至交割月份前一个月第九个交易日）持仓限额调整如下：合约单边持仓规模≤80 000手，持仓限额为8 000手；合约单边持仓规模＞80 000手，持仓限额为单边持仓规模的10%。自2017年7月25日交易时（即24日晚夜盘交易小节时）起，非期货公司会员和客户焦煤交易限额调整如下：非期货公司会员和客户在焦煤品种1709合约和1801合约上，单个合约单个交易日买开仓数量与卖开仓数量之和不得超过2 000手；套期保值交易开仓数量不受限制；具有实际控制关系的账户按照一个账户管理；《关于焦炭、焦煤品种实施交易限额制度的通知》（大商所发〔2016〕288号）不再执行。

2. 调整最低交易保证金标准。2017年4月7日，大连商品交易所发布《关于调整焦煤、焦炭品种期货合约最低交易保证金标准的通知》，规定自2017年4月10日结算时起，焦煤品种期货合约最低交易保证金标准调整为合约价值的11%。根据《关于2017年端午节期间调整各品种最低交易保证金标准和涨跌停板幅度的通知》，2017年5月31日结算时起，焦煤品种涨跌停板幅度和最低交易保证金标准分别调整至8%和10%。自2017年8月22日，焦煤品种期货合约最低交易保证金标准进一步调整为合约价值的12%。

（二）规则调整

表 13-4　　　　大连商品交易所焦煤合约规则调整情况

时间	通知名称	调整事项
2017/1/18	关于2017年春节期间调整各品种最低交易保证金标准和涨跌停板幅度及夜盘交易时间的通知	为了使会员单位更明确2017年春节期间夜盘交易的时间，现提示如下：1月26日（星期四）当晚不进行夜盘交易；2月3日所有期货品种集合竞价时间为08:55~09:00；2月3日当晚恢复夜盘交易。
2017/4/7	关于调整焦煤、焦炭品种期货合约最低交易保证金标准的通知	自2017年4月10日（星期一）结算时起，焦煤品种期货合约最低交易保证金标准调整为合约价值的11%。
2017/4/12	关于调整铁矿石等品种交易手续费收取标准的通知	自2017年4月17日交易时（即14日晚夜盘交易小节时）起：焦煤品种非日内交易手续费标准由成交金额的万分之1.2调整为成交金额的万分之0.6；焦煤的1月、5月、9月合约日内交易手续费标准由成交金额的万分之7.2调整为成交金额的万分之3.6，非1月、5月、9月合约日内交易手续费标准由成交金额的万分之7.2调整为成交金额的万分之0.6。
2017/5/19	关于2017年端午节期间调整各品种最低交易保证金标准和涨跌停板幅度的通知	根据《大连商品交易所风险管理办法》第九条规定，将在2017年端午节休市前后对各品种交易保证金标准和涨跌停板作如下调整：2017年5月31日（星期三）结算时起，焦煤品种涨跌停板幅度和最低交易保证金标准分别调整至8%和10%；对同时满足《大连商品交易所风险管理办法》有关调整交易保证金标准和涨跌停板幅度的合约，其最低交易保证金标准和涨跌停板幅度按照规定数值中较大值执行。

续表

时间	通知名称	调整事项
2017/7/20	关于修改焦炭和焦煤品种一般月份限仓相关规则的通知	为更好满足市场发展需求，优化焦煤和焦炭品种一般月份限仓模式，经理事会审议通过，并报告中国证监会，将焦炭和焦煤品种一般月份限仓模式调整为比例限仓和固定额限仓相结合，并修改《大连商品交易所风险管理办法》的相关规则。现将规则修正案予以发布，修改后的规则自2017年7月24日结算时施行。《大连商品交易所风险管理办法》修正案　第二十四条　非期货公司会员和客户采取不同的限仓要求：焦炭（删除）、焦煤（删除）、鸡蛋以外品种期货合约上市交易的一般月份（合约上市至交割月份前一个月第九个交易日）期间，当该合约的单边持仓量达到一定规模起，非期货公司会员和客户按单边持仓量的一定比例确定限仓数额；在该合约的单边持仓量达到该规模前，非期货公司会员和客户该合约限仓数额以绝对量方式规定。在期货合约进入交割月份前一个月第十个交易日至交割月期间，非期货公司会员和客户限仓数额以绝对量方式规定。焦炭（删除）、焦煤（删除）、鸡蛋品种非期货公司会员和客户的限仓数额以绝对量方式规定。　第二十五条　除鸡蛋品种外，各品种期货合约一般月份（合约上市至交割月份前一个月第九个交易日）非期货公司会员和客户持仓限额为：（单位：手）

	合约单边持仓规模	非期货公司会员	客户
焦煤	单边持仓≤ 80 000	50 008 000	50 008 000
	单边持仓> 80 000	5 000 单边持仓×10%	5 000 单边持仓×10%

时间	通知名称	调整事项
2017/7/20	关于调整焦炭、焦煤持仓限额和交易限额的通知	自2017年7月24日结算时起，非期货公司会员和客户焦煤品种合约一般月份（合约上市至交割月份前一个月第九个交易日）持仓限额调整如下：

	合约单边持仓规模	非期货公司会员	客户
焦煤	单边持仓≤ 80 000	8 000	8 000
	单边持仓> 80 000	单边持仓×10%	单边持仓×10%

自2017年7月25日交易时（即24日晚夜盘交易小节时）起，非期货公司会员和客户焦煤交易限额调整如下：
非期货公司会员和客户在焦煤品种1709合约和1801合约上，单个合约单个交易日买开仓数量与卖开仓数量之和不得超过2 000手；套期保值交易开仓数量不受限制；具有实际控制关系的账户按照一个账户管理；《关于焦炭、焦煤品种实施交易限额制度的通知（大商所发〔2016〕288号）不再执行。

续表

时间	通知名称	调整事项
2017/7/27	关于调整焦炭、焦煤品种交易手续费收取标准的通知	自2017年8月1日交易时（即7月31日晚夜盘交易小节时）起：焦煤品种的1月、5月、9月合约日内交易手续费标准由成交金额的万分之3.6调整为成交金额的万分之1.8。
2017/8/18	关于调整焦炭、焦煤品种期货合约最低交易保证金标准的通知	根据《大连商品交易所风险管理办法》相关规定，自2017年8月22日（星期二）结算时起，焦煤品种期货合约最低交易保证金标准调整为合约价值的12%。
2017/9/6	关于修改《大连商品交易所结算细则》手续费相关规定的通知	《大连商品交易所结算细则》修正案 第三十九条 交易所根据会员当日成交合约数量或者成交合约金额收取交易手续费，收取标准由交易所另行规定。交易所可以针对不同品种、合约、交易类型、交易量和持仓量等制定不同的交易手续费标准。交易所可以根据下单、撤单的笔数或手数等收取申报费、撤单费等费用。交易手续费、申报费、撤单费等费用标准由交易所另行规定，交易所可以根据市场情况对费用收取方式和收取标准进行调整。交易所可以对会员应交纳的交易手续费进行减收，减收方案由交易所另行制订并根据市场情况进行调整。
2017/11/10	关于实施非标准仓单期转现可委托交易所办理货款收付相关规定的通知	非标准仓单期转现可委托交易所办理货款收付的相关规定（2017年5月23日大商所发〔2017〕163号文件发布）自即日起施行。其中，黄大豆2号品种标准仓单和非标准仓单期转现手续费免收；其他品种标准仓单期转现手续费仍按该品种交割手续费标准收取，非标准仓单期转现手续费仍按该品种交易手续费标准收取。
2017/12/13	关于调整焦煤和焦炭相关合约交易手续费收取标准的通知	自2017年12月14日交易时（即12月13日晚夜盘交易小节时）起：焦煤品种的1805合约日内交易手续费标准由成交金额的万分之1.8调整为成交金额的万分之3。
2017/12/26	关于2018年元旦期间夜盘交易时间提示的通知	2017年12月29日（星期五）当晚不进行夜盘交易；2018年1月2日（星期二）所有合约集合竞价时间为08:55~09:00；1月2日（星期二）当晚恢复夜盘交易。

四、焦煤期货市场发展前景、问题及建议

（一）发展前景

1. 行业供给侧结构性改革进入新阶段。2017年是煤炭行业供给侧结构性改革的深化之年，工作重心主要是化解过剩产能。进入2018年以来，先是1月5日发展改革委等12部委联合发布《关于进一步推进煤炭企业兼并重组转型升级的意见》。随后，国务院国资委于1月中旬表

示，2018年要稳步推进装备制造、煤炭、电力、通信、化工等领域央企战略性重组，央企要化解煤炭过剩产能1 265万吨，整合煤炭产能8 000万吨。从2017年末以来的政策走势看，2018年煤炭行业供给侧结构性改革将进入化解过剩产能和加快行业重组并重的新阶段。

2017年，部分煤炭企业已经率先完成重组，为其他煤炭企业起到了示范效应。根据《关于进一步推进煤炭企业兼并重组转型升级的意见》，预计未来煤炭企业兼并重组有两条路线：一是通过横向重组整合减少同业低效竞争，提高行业集中度；二是推进产业链上下游的纵向重组整合，发挥全产业链协同效应，提高抵御市场风险能力。无论哪条路线都将进一步提高焦煤行业的市场集中度，提高企业在供给端的话语权，进一步强化需求端对价格的决定作用。

2. 区域产能不平衡和运力紧张将有所提升。我国煤炭资源分布本身具有很强的不平衡性，随着去产能和调结构的不断深入，我国煤炭产能将进一步向晋陕蒙集中，煤炭消费和供给空间布局的不平衡性进一步拉大，原来的煤炭运输及销售半径不能适应新的供应格局。煤炭总体过剩，加之区域性和结构性缺煤并存，带来了铁路运输需求的紧张。此外，2017年，国家加强京津冀及周边地区大气污染治理，强化对公路汽车运输煤炭排污治理，到达京津冀及周边地区的汽运煤炭大量转移到铁路运输，使西煤东运、北煤南调的长距离、跨区域的运输需求大幅增加，必将进而导致库存的不稳定和煤炭价格波动。

3. 焦煤价格高位震荡，企业持续面临市场风险。市场的不确定性成因转向需求端，结合供需数据和以往经验，我们预计焦煤现货价格重心在1 600元/吨左右，价格波动率仍将在30%以上，价格高位集中在8~10月。在价格波动率较高的情况下，企业套期保值将继续面临挑战，企业应创新套期保值方式，提高风险管理水平和市场适应能力。

（二）存在问题

1. 焦煤期货合约质量标准需持续完善。我国焦煤期货品种已上市运行多年，随着期现货市场的发展变化，最初的质量指标体系已显现出代表性不精确和优质焦煤的核心价值没有体现等问题。特别是近两年来，受行业政策、天气等因素的影响，期货价格代表性出现漂移更为明显，期现货价格相关关系变差，给现货企业参与交割套保带来一定影响。

2. 焦煤法人客户参与深度有待提升。从2017年市场结构来看，参与焦煤的专业机构投资者客户数量占比不断提升，但其成交额占比却有所下降。也就是说，焦煤期货市场成熟机构投资者参与的深度反而下降了，这不利于期货市场功能的发挥。此外，不少产业客户尤其是大型国有企业、生产加工企业参与度仍较低。由于焦煤期货市场体量相对较小，大型机构投资者的参与程度也不高。

（三）发展建议

1. 进一步完善焦煤期货合约质量标准。焦煤现货指标分布较为宽泛，标准化程度较低，在实际生产过程中，不同企业对不同品质的焦煤需求不一致，这就造成了焦煤交割品标准设置的难题。建议进一步加大课题研究和市场调研力度，全面掌握国内外主流焦煤品质及供应情况、焦煤各项指标分布，通过调整标准品部分指标和升贴水，使焦煤指标更准确反映主流焦煤品质。目前，大商所已经形成了成熟的应对方案，据测算，焦煤交割质量新标准实施后，既保障充足可供交割量，又能延续期货价格代表性，下一步应加快推进方案落地，并不断调整和完善。

2. 加强产业客户培训，发挥期货市场作用。继续开展市场培育工作，提升产业客户参与度，提升期货价格运行质量。加大组织龙头企业培训力度，提升企业管理人员对期货市场的认识和理解水平。同时，加大支持期货公司开展基差交易试点项目，促进产业客户参与，提升期货价格运行质量。

2017年焦煤期货大事记

3月7日，国家发展改革委经济运行调节局表示，2017年已没有必要在大范围实施煤矿减量化生产措施。先进产能煤矿和生产特殊紧缺煤种的煤矿原则上不实行减量化生产措施；煤炭调入数量多、去产能后资源接续压力大的地区，由所在地省级政府自行确定是否实行减量化生产措施，国家不做硬性要求。在煤炭价格仍处于合理区间以上范围时，将不会出台减量化生产措施。

3月23日，环境保护部、国家发展改革委、财政部、国家能源局和北京市、天津市、河北省、山西省、山东省、河南省人民政府印发了《京津冀及周边地区2017年大气污染防治工作方案》。方案明确，以改善区域环境空气质量为核心，以减少重污染天气为重点，多措并举强化冬季大气污染防治，全面降低区域污染排放负荷。

4月5日，发展改革委发布《关于进一步加快建设煤矿产能置换工作的通知》，要求建立煤炭产能置换长效机制；鼓励跨省实施产能置换；鼓励实施兼并重组；鼓励已核准（审批）的煤矿建设项目通过产能置换承担化解过剩产能任务；稳妥有序推进煤炭去产能；严格落实新建煤矿减量置换要求；支持地方统一实施产能置换；加强煤炭产能置换指标交易服务；已纳入年度化解过剩产能实施方案并按期关闭退出的煤矿逾期未签订退出煤矿产能指标作废。

6月30日，国务院安委会下发《关于开展全国安全生产大检查的通知》，定于2017年7月至10月在全国范围内开展安全生产大检查。受此政策影响，以山西柳林4号主焦煤为例，第三季度累计涨300元/吨，涨幅达20%。

8月28日，发展改革委发布《关于建立健全煤炭最低库存和最高库存制度的指导意见（试行）》，要求当市场供不应求、价格大幅上涨至红色区域时，加强对煤炭生产、经营、消费企业最高库存情况的监督检查，防止囤积惜售，加剧供应紧张状况。当市场供过于求，价格大幅下跌至红色区域时，加强对煤炭生产、经营、消费企业最低库存情况的监督检查，防止企业少存煤甚至不存煤，影响安全生产稳定运行。

10月27日，发展改革委提出将对重点地区检查工作进行督查，并派出检查组，对重点地区和重点企业进行直接检查。迎峰度冬期间，河北省、山西省、陕西省、内蒙古自治区价格主管部门每周上报煤炭市场价格监管情况，其他省级价格主管部门每月上报煤炭市场价格监管情况，包括出动巡查人次、巡查单位数、煤炭市场价格变化情况、重点单位库存变化情况、举报投诉办理情况、违法案件查处情况等。一旦煤炭市场出现重大或异常情况，各地价格主管部门要随时上报。

11月28日，由中国国电集团公司与神华集团有限责任公司合并重组的国家能源投资集团有限责任公司在北京正式成立。重组后的国家能源集团资产规模超过1.8万亿元，形成煤炭、常规能源发电、新能源、交通运输、煤化工、产业科技、节能环保、产业金融8大业务板块，拥有四个世界之最，分别是世界最大的煤炭生产公司、世界最大的火力发电生产公司、世界最大的可再生能源发电生产公司和世界最大的煤制油、煤化工公司。

报告十四
焦炭期货品种运行报告（2017）

2017年，煤矿解除276个工作日制度，恢复330个工作日制度，但在"去产能"和环保限产政策下，焦炭供给并未明显增加，部分时间段甚至出现供需紧平衡。下游电弧炉增产一定程度上挤压长流程炼钢，焦炭消费增速放缓，全年焦炭价格震荡上涨。2017年，焦炭期货市场持仓规模、参与交易客户数有所增加，同时成交活跃度和波动率均下降。焦炭基差有所扩大，期现价格相关性和套保有效性下降；交割量和交割金额增加，交割频次降低，参与交割客户数量也有所增加。全年来看整体运行平稳，市场成熟度有待进一步提升。

一、焦炭期货市场运行情况

（一）市场规模情况分析

1. 期货成交量降低，占比继续提升。2017年，焦炭期货成交量降低，但成交额攀升，占大商所和国内商品期货交易规模比重继续提升。2017年，焦炭期货成交量4 012万手（单边）、较2016年减少1 034万手，减少20.49%；成交额77 295亿元（单边），较2016年增加20 948亿元，增幅为37.18%。从占比来看，焦炭期货成交量、成交额分别占大商所的3.66%、14.86%，较2016年分别提升0.38个百分点、5.68个百分点。焦炭成交量、成交额分别占商品期货总量（额）的1.32%、4.73%，较2016年分别上升0.10个和1.55个百分点。

万手

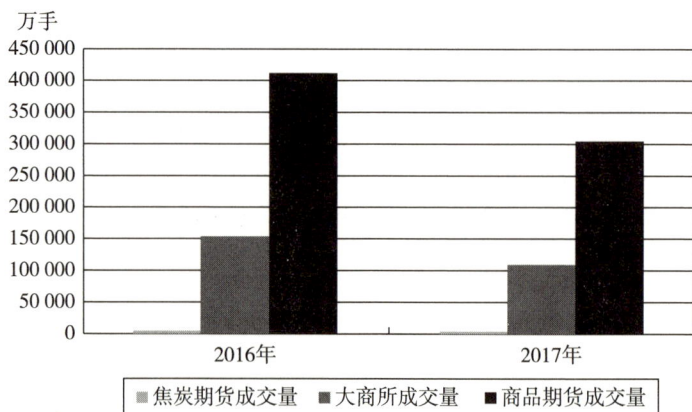

数据来源：大连商品交易所。

图 14-1 2016 年、2017 年焦炭期货成交量、大商所成交量、商品期货成交量

%

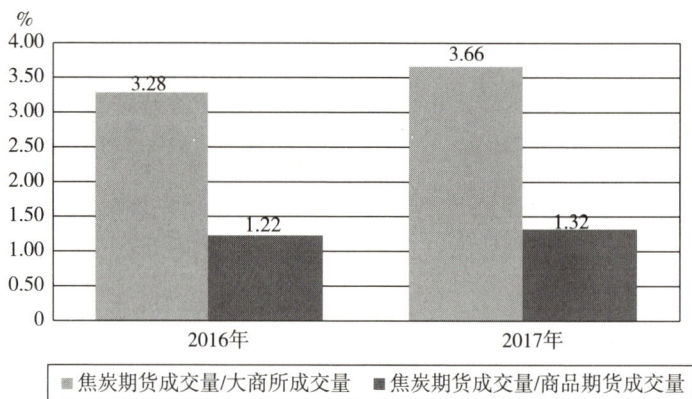

数据来源：大连商品交易所。

图 14-2 2017 年焦炭期货占大商所成交量及商品期货成交量比重

2017年1月开始，焦炭期货成交量逐月增加（10月除外），下半年明显高于上半年。分月来看，1~5月，受2016年底下跌惯性影响，成交活跃度较低，焦炭成交量分别为106万手、109万手、129万手、188万手和213万手，同比分别下跌40.48%、42.80%、80.74%、87.21%和55.21%。6~9月，随着大宗商品价格的普遍上涨和焦炭期货贴水的修复，成交量继续增加，至9月成交量达到527万手，同比增长43.77%。由于上一年同期焦炭期货成交量较低，2017年6月开始成交

同比增速由负转正。进入10月，焦炭期货价格回落，市场情绪逐渐回归常态，成交量下滑至483万手，同比增长21.21%。11、12月份，不同于过去三年，随着采暖季环保限产力度更大、范围更广，焦炭期货价格再次走高，市场活跃度再度上升，成交量分别为649万手和651万手，同比分别增长35.40%和276.04%。

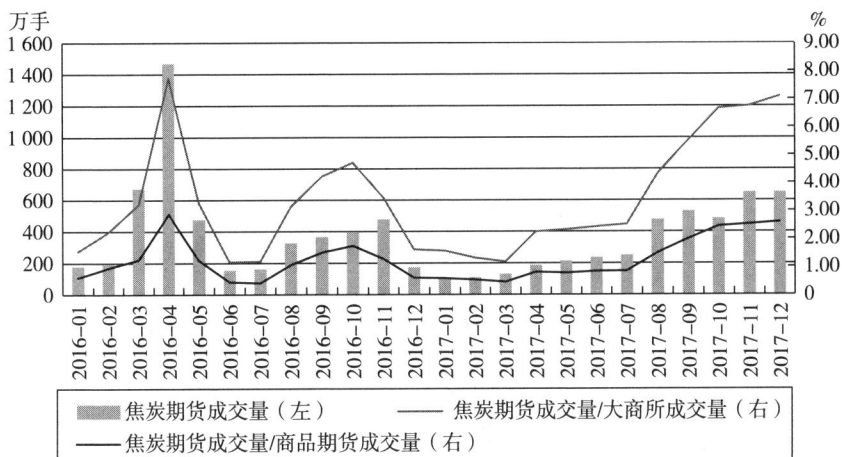

数据来源：大连商品交易所。

图 14-3　焦炭期货月度成交量及占比变化

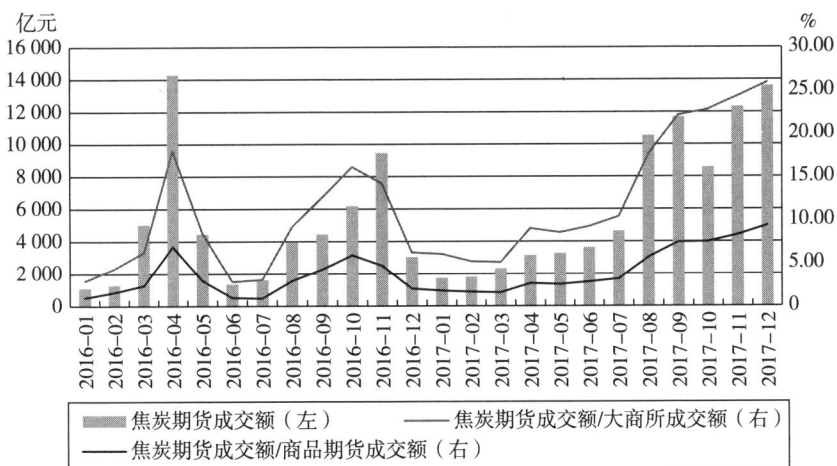

数据来源：大连商品交易所。

图 14-4　焦炭期货月度成交额及占比变化

2. 持仓规模有所增加，量价占比有所分化。2017年，焦炭期货月均持仓量12.77万手、持仓金额239.31亿元，分别较2016年增加0.40万手、89.21亿元，增幅分别为3.25%、59.44%。焦炭持仓量月均值、持仓额月均值分别占大商所月均持仓量（额）的2.14%、9.98%，较2016年分别上升0.12个百分点、3.10个百分点；焦炭持仓量月均值、持仓额月均值占商品期货月均持仓量（额）的0.90%、3.55%，较2016年分别下降0.02个百分点和提升0.75个百分点。

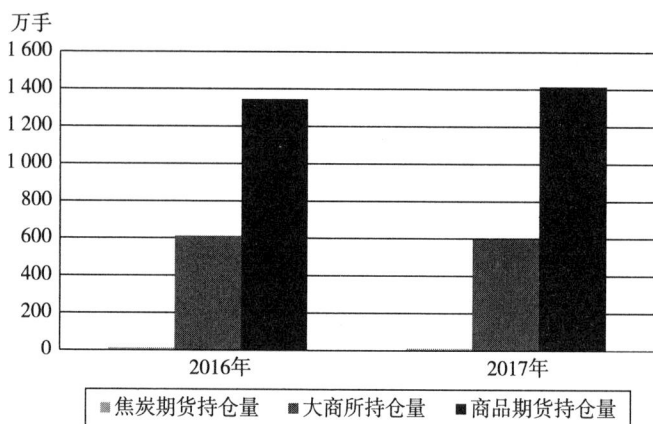

数据来源：大连商品交易所。

图 14-5　2017 年焦炭期货、大商所、商品期货持仓量月度均值

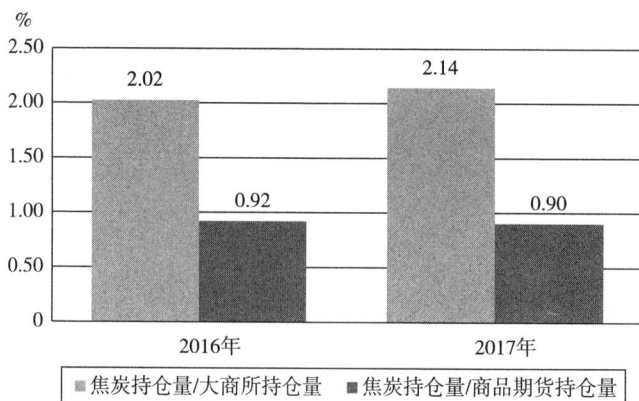

数据来源：大连商品交易所。

图 14-6　2017 年持仓量月均值占大商所及商品期货持仓量月均值比重

焦炭期货全年持仓量连续增加，走势类似于成交量，不同之处在于持仓量在8月、9月、持仓金额在9月、10月均出现下滑。与成交量类似，1~5月月均持仓量低于2016年同期，6~12月高于2016年同期（10月除外）。分月来看，1月，受春节假期影响，持仓量快速萎缩至5.48万手，持仓金额萎缩至90.62亿元。7月，持仓量和持仓金额分别达到16.27万手和322.58亿元。8月，持仓量开始下降，但由于期货价格大幅上涨，导致持仓金额继续增加。直到9月，二者才同步下滑，持仓量缩减至13.64万手，持仓金额减至258.00亿元。10月，持仓量和持仓金额再次攀升，并于11月创下年内高点，持仓量和持仓金额分别为20.59万手和431.00亿元。12月，持仓量再次萎缩至15.72万手，持仓金额缩至313.33亿元。

焦炭期货持仓规模持续增加主要受到两个因素影响：一是6月、10月焦炭阶段性上涨行情吸引了市场足够的注意力，持仓规模增量更为明显；二是市场对冲、套利盘的涌入，焦炭作为与矿石、钢材、焦煤相关性较强的品种，对冲配置需求增加。

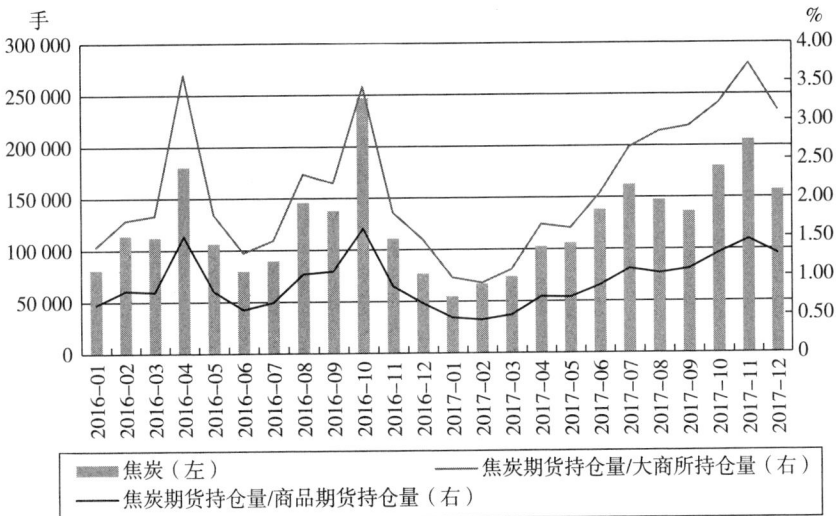

数据来源：大连商品交易所。

图 14-7　焦炭期货月度持仓量及占比变化

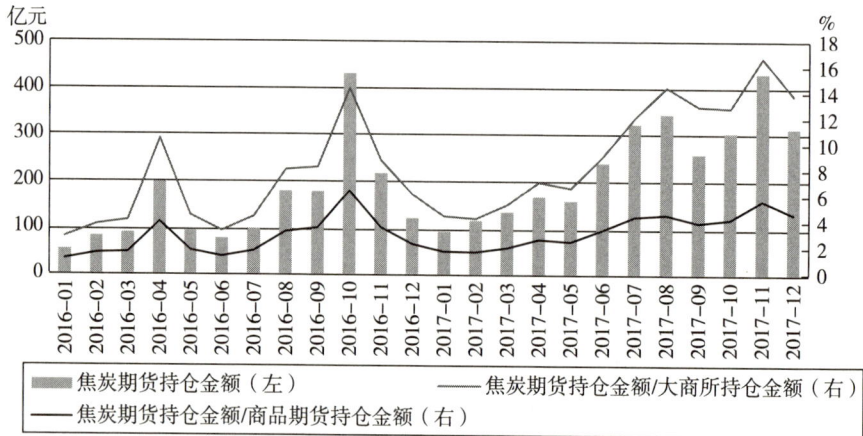

数据来源：大连商品交易所。

图 14-8　焦炭期货月度持仓额及占比变化

（二）期货价格运行规律分析

1. 期现货价格全年震荡上涨。从期货价格来看，截至12月29日，焦炭主力合约结算价为1 979.5元/吨，较年初上涨461.5元/吨，涨幅为30.40%。从现货价格来看，截至12月29日，焦炭现货价格为2 390元/吨，较年初上涨310元/吨，涨幅为14.90%。

2017年，焦炭价格阶段性上涨与环保政策、钢铁行业高利润密不可分。具体来看：

1~4月，下游钢铁带动，焦炭期现货价格均小幅上涨。从2016年10月中旬开始，钢铁行业深化供给侧结构性改革，要求清理中频炉，并在2017年6月底前全面取缔"地条钢"，钢铁行业供需转为紧平衡，钢材价格明显上涨，钢铁工业利润大幅增加，加上春季为下游房地产施工旺季，钢厂原料焦炭补库需求旺盛，期现货（现货价格上涨集中在春节后）价格明显上涨。

4~6月，焦炭期现货价格快速下跌，期货深度贴水。从4月初开始，全国各地楼市收紧政策持续加码，钢材需求呈减弱趋势，对焦炭的采购力度减弱。煤矿解除276个工作日制度，恢复330个工作日制度，煤炭企业库存上升。尽管环保因素导致独立焦化企业5月大幅限产，但独立焦化企业焦炭库存仍在增加。综合来看，4~6月，焦炭市场供需宽松，价格快速回落。由于现货价格跌幅小于期货，期货贴水态势加剧。

6~9月，在大宗商品普涨背景下，焦炭期现货价格也大幅上涨。6~9月，金属、化工、黑色系均不同程度上涨，综合反映出宏观经济运行总体平稳带来市场需求回升。就焦炭而言，6月底，煤炭大矿联合限产；8月中下旬，山西安全检查力度加大、蒙古通关时间延长等因素减弱市场供给。下游钢厂复苏超预期，部分钢厂检修结束，产能释放有所加快，高利润局面下钢厂对原材料采购积极性进一步提高，焦炭期现货价格均上涨。

9~12月，下游钢厂和焦化厂均限产，焦炭期现货价格先回落后上涨。"2+26"城市钢厂环保限产，部分地区如唐山等地9月下旬提前开始限产，导致焦炭需求明显下降，期现货价格持续下跌。随着采暖季到来，焦炭期现货价格再次走高，其中12月下半月焦炭现货价格继续上扬，而期货价格高位盘整，期现价格走势背离。

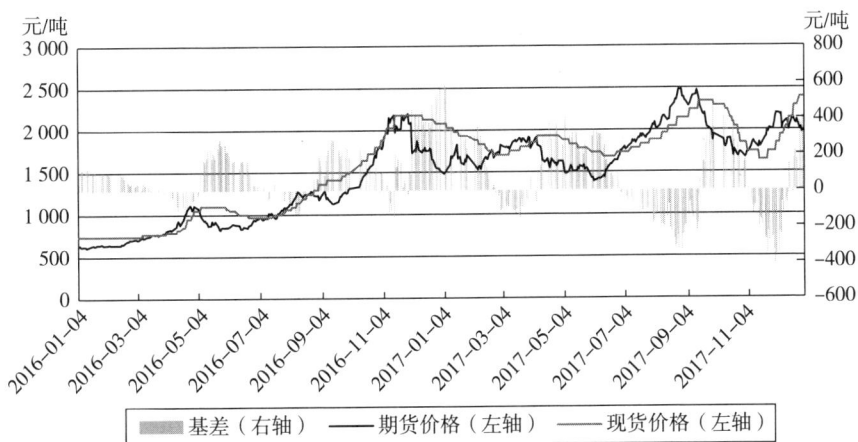

注：期货价格为焦炭主力合约结算价，现货价格为河北唐山一级冶金焦炭价格。
数据来源：大连商品交易所、Wind资讯。

图14-9　焦炭期现货价格

2. 焦炭期货价格波动率大幅降低。2017年，焦炭期货价格上涨，波动率跟随价格剧烈波动，全年先降后升，呈现震荡上涨，年初波动率远高于年底。按照主力合约波动来看，截至2017年12月30日，焦炭主力合约30日年化波动率为47.15%，比2016年底降低27.86个百分点，波动率明显下降，但仍比2015年底高32.17个百分点。焦炭期货价格波动率呈现以上特点的原因是多方面的，其一，在供需短期紧平衡与煤焦钢产业链利润的传导下，2016年第四季度焦煤、焦炭价格大幅上涨，期货价格波动率由11月初低点26.70%迅速攀升至12月高点86.40%，2017年初延续高波动率态势。其后，随着市场热情的消退，焦炭期货波动率下降。其二，2016年焦炭市场演绎牛市，2017年在供给侧结构性改革深化背景下，钢材、煤炭去产能稳步推进，焦炭期货通过保证金、手续费等手段严密监控价格走势，严防投机炒作，期货价格波幅远低于2016年。

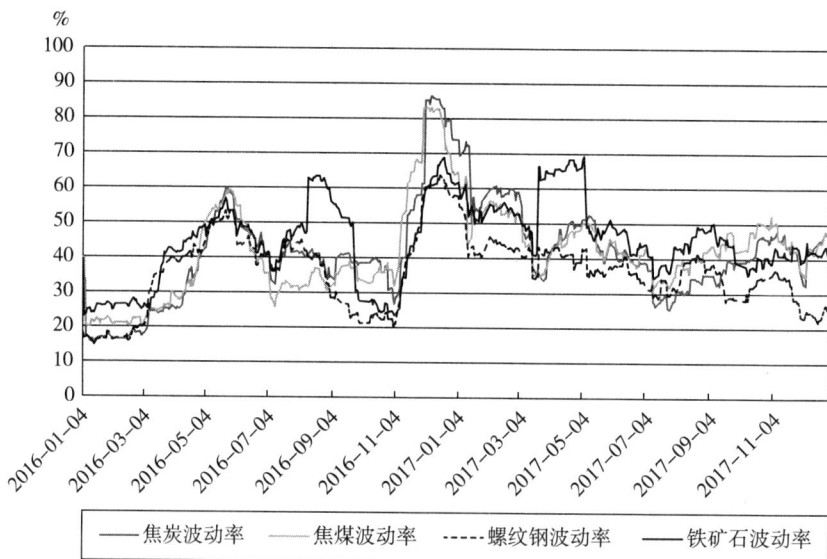

数据来源：Wind 资讯。

图 14-10　黑色期货品种 30 日年化波动率

3. 焦炭与焦煤、螺纹钢相关性较好。2017年，焦炭期货与焦煤、螺纹钢期货价格维持较强的相关性，相关系数在0.8以上。从历年来看，焦炭期货与螺纹钢期货、热轧卷板期货、铁矿石期货相关性继续下降，分别为0.84、0.77和0.16，2016年分别为0.86、0.91和0.85。

表 14-1　　　　　　　　　焦炭期货与黑色其他品种相关性

2017 年	螺纹钢	矿石	热卷	焦煤	焦炭
螺纹钢	1				
矿石	0.12	1			
热轧卷板	0.94	0.14	1		
焦煤	0.70	0.55	0.66	1	
焦炭	0.84	0.16	0.77	0.87	1

数据来源：大连商品交易所、Wind 资讯。

（三）期货市场结构分析

1. 总客户数小幅增加，下半年明显高于上半年。2017年，焦炭期货月均交易客户数为60 915户，较2016年增加614户，增幅为1.02%。单月来看，交易客户数与成交量波动较为一致，全年平稳增长，下半年客户数明显高于上半年，3月、4月、5月同比负增长，其他月份正增长。

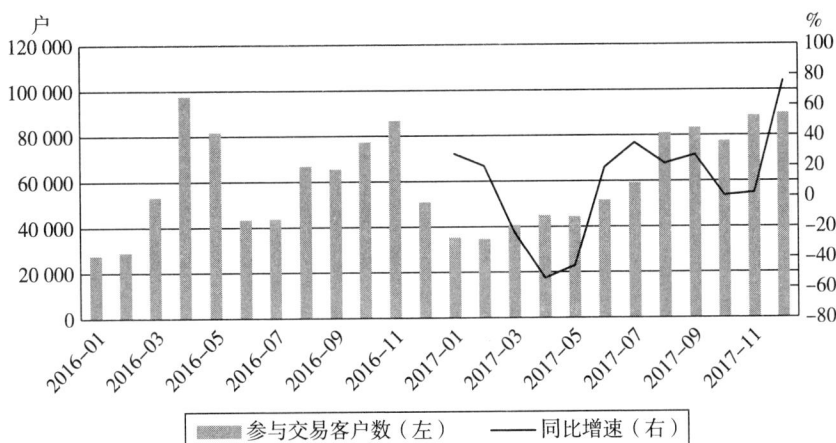

图 14-11　焦炭期货月度交易总客户数及同比变化

数据来源：大连商品交易所。

2. 单位交易客户数明显增加，个人客户数小幅下降。从市场参与者结构来看，2017年，焦炭期货月均交易单位客户3 508户，同比增加944户，增幅为36.82%；月均交易个人客户57 407户，同比减少330户，减少0.57%。单位客户数增长，表明越来越多的企业客户愿意用期货工具规避风险，实现自身保值增值。

从占比来看，2017年，焦炭期货月均交易单位客户占总交易客户数的5.76%，较2016年提升1.51个百分点；个人客户占总交易客户数的94.24%，较2016年下降1.51个百分点。个人客户在焦炭期货市场仍占主流，但单位客户占比有所提升，这说明企业利用焦炭期货的比例在提升，焦炭期货的价格发现和套期保值功能在服务实体经济上得到进一步发挥。

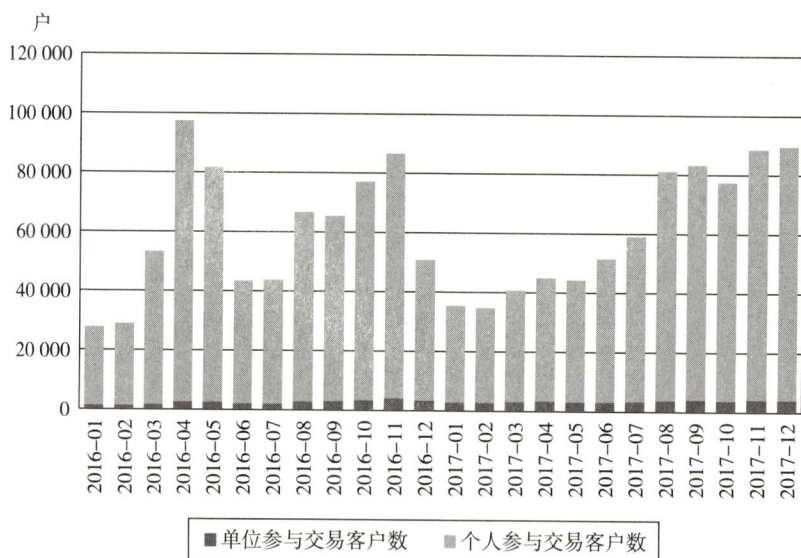

数据来源：大连商品交易所。

图 14-12　焦炭期货月度交易法人客户及个人客户数

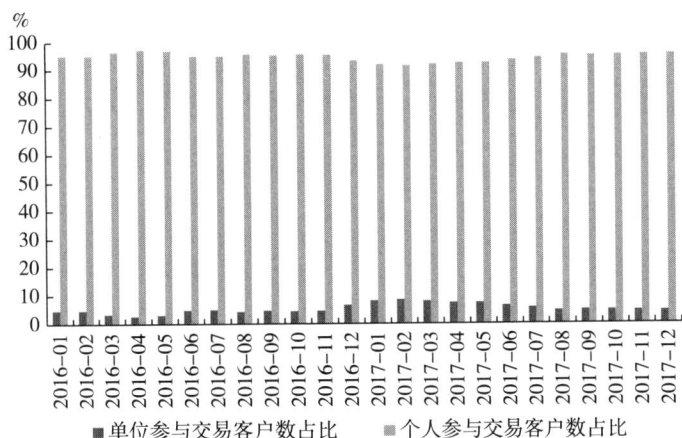

数据来源：大连商品交易所。

图 14-13　焦炭期货月度交易单位客户及个人客户占比

3. 持仓客户数有所增长，短线客户数下降。2017年，焦炭期货参与交易总客户数增加，持仓客户数有所增加，但短线客户数下降。具体看，月均短线客户45 648户，较2016年减少763户，减少1.64%；月均持仓客户43 619户，较2016年增加2 898户，增幅为7.12%。从占比来看，2017年，月均短线客户占总参与交易客户数的74.94%，较2016年下降2.03个百分点；持仓客户占总交易客户数的71.61%，较2016年上升4.08个百分点。

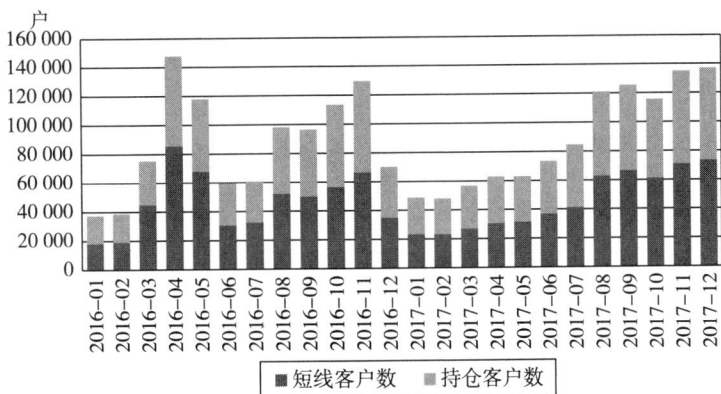

数据来源：大连商品交易所。

图 14-14　焦炭期货短线客户与持仓客户数

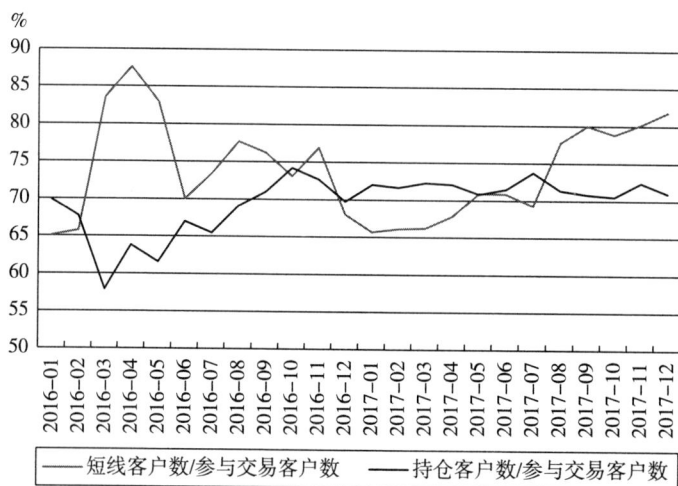

数据来源：大连商品交易所。

图 14-15　焦炭期货短线客户数及持仓客户数占比

（四）期货市场交割情况分析

1. 交割量及交割金额明显增加。在不考虑2015年的天量交割前提下，焦炭期货交割量自上市以来整体呈稳步上升态势。2017年，焦炭期货交割量3 840手（折合38.4万吨）、交割金额8.11亿元，较2016年分别增加1 740手、5.77亿元，但仍大幅低于2015年。

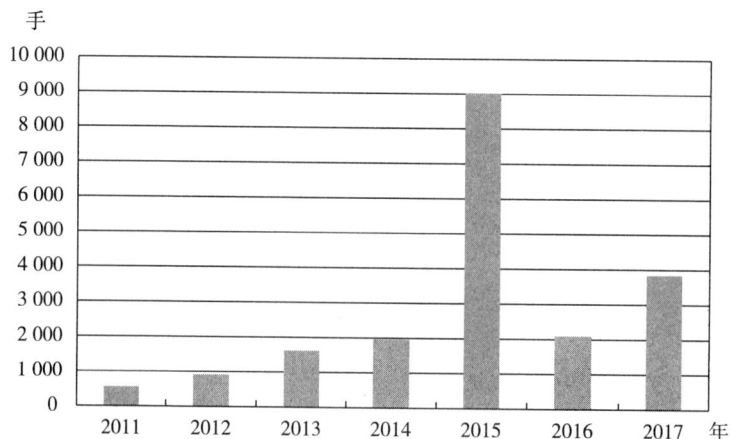

数据来源：大连商品交易所。

图 14-16　2011—2017 年焦炭期货交割量

亿元

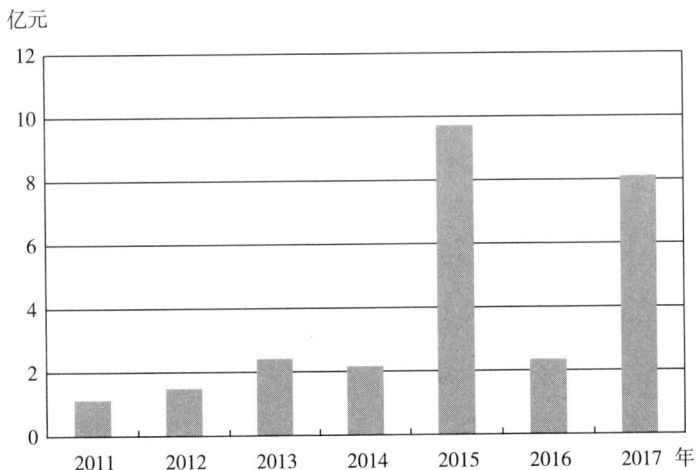

数据来源：大连商品交易所。

图 14-17　2011—2017 年焦炭期货交割金额

2. 交割客户数明显增加。2017年，焦炭期货交割客户数45家，较2016年增加19家。从月度来看，2017年焦炭期货交割客户数集中在1月、5月和9月，交割客户数分别达到23家、11家和22家，12月交割2家，其他月份无交割。

家

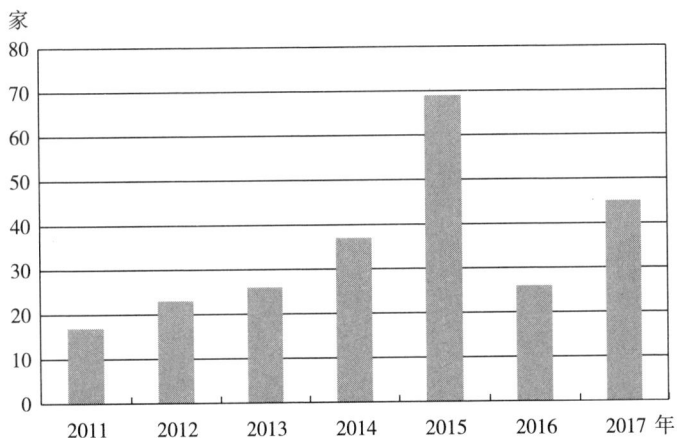

数据来源：大连商品交易所。

图 14-18　2011—2017 年焦炭期货交割客户数

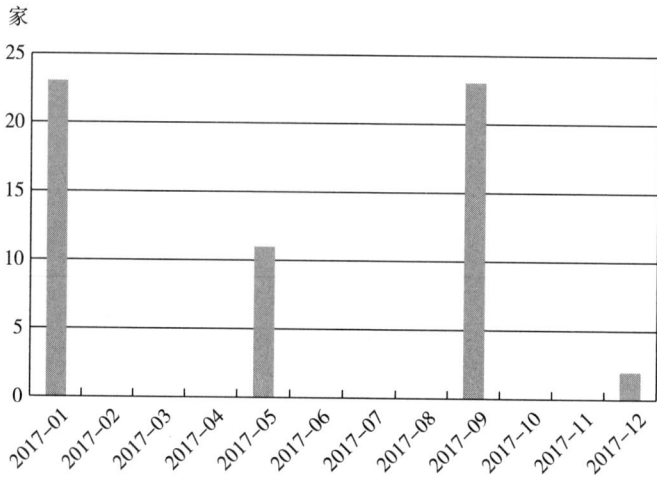

数据来源：大连商品交易所。

图 14-19　2017 年月度焦炭期货交割客户数

3. 交割区域数小幅下降，主要交割地占比稳定。2017年，焦炭期货交割企业分布遍及10个地区，与2016年持平，其中减少区域为福建省。2017年与2016年均有交割的地区为北京、广东、江苏、河北、山东、上海、山西、天津和浙江。但主要交割区域发生变化，2017年参与焦炭期货交割的企业主要分布在浙江、上海、天津和河北，与2016年相比，河北代替山东成为较大的交割区域。

从占比来看，2017年，上海、浙江等前四个地区交割总量为2 930手，占总交割区域的76.30%，其中河北、上海交割占比上升，浙江及天津交割占比下降。此外，山东交割量由10.24%骤降为0.91%。总体来看，沿海地区企业仍是焦炭交割的主要来源，焦炭交割仓库主要分布在靠海港口，且沿海地区钢厂等用焦企业及出口贸易企业分布集中，均为沿海企业参与交割提供了契机。

手

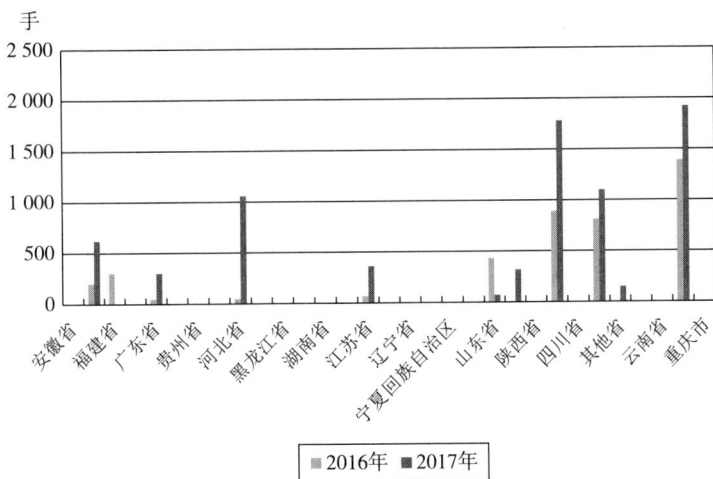

数据来源：大连商品交易所。

图 14-20　2016—2017 年焦炭期货交割地区分布

%

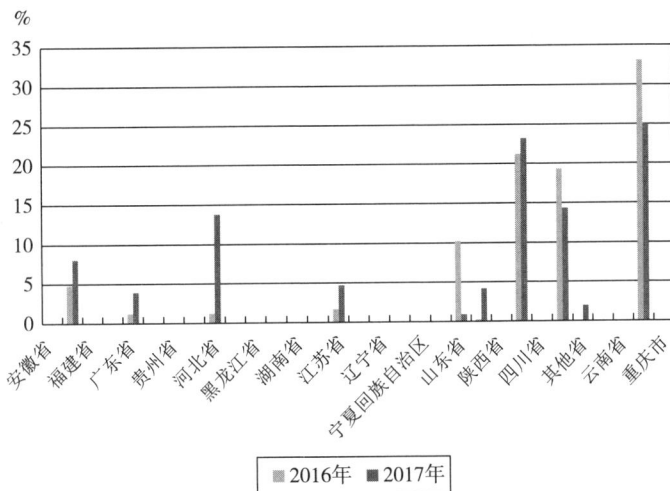

数据来源：大连商品交易所。

图 14-21　2016—2017 年焦炭期货交割地区占比

4. 交割集中在1月、5月、9月，交割频率降低。2017年，焦炭期货交割量继续呈现明显的季节性特征，且交割频次有所降低。2017年，焦炭期货交割仍主要集中在1月、5月和9月，这三个月的交割量达到38.3万吨，占总交割量的99.74%，其中1月和9月交割占主导，1月交割31.2万吨，9月交割32.6万吨。这与活跃合约月份保持一致。

交割频次上，2017年的交割次数有所减少，共交割4次，除常规交割的1月、5月和9月外，12月也有少量交割，交割次数低于2015年和2016年，表明产业客户通过期货市场安排生产销售的月份较为集中。

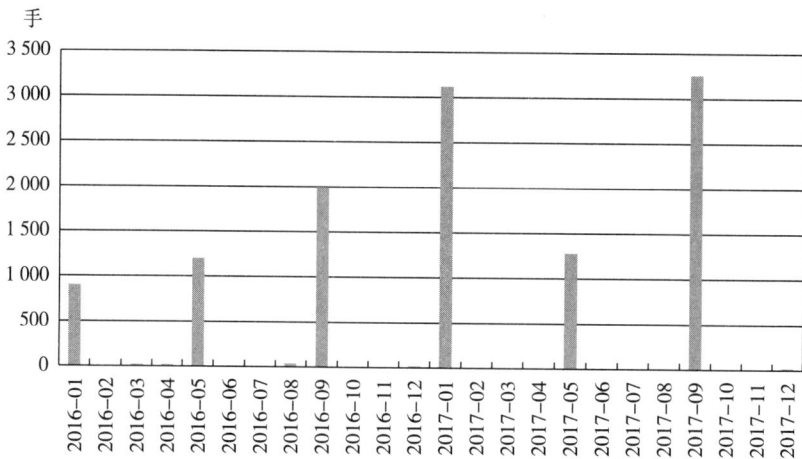

数据来源：大连商品交易所。

图 14-22 2016—2017 年焦炭期货交割量

二、焦炭期货市场功能发挥情况

（一）价格发现功能发挥情况

2017年，焦炭期现价格相关性明显下降，年内焦炭期货上涨，主力合约结算为1 979.5元/吨，较年初上涨461.5元/吨，涨幅为30.40%。现货价格涨幅为14.90%。期货价格与现货价格的涨幅有差异，相关性降至54.57%。主要是期现货市场对短期和中长期因素的反应节奏不同所致。比如，现货价格对天气、环保限产等短期因素反应较多，而以远期合约为主力合约的期货价格变化不明显。对于取缔"地条钢"、去产能等中长期因素，期货远期合约价格迅速作出反应，但政策传导到现货市场则需要一段时间。从引导关系看，焦炭期货价格继续引导现货价格走势，期货依然保持较好的价格发现功能。

表 14-2　　　　　　　2016—2017 年焦炭期现价格相关性

检验项	年份	2016 年	2017 年
期现价格的相关性	系数	0.95	0.55
	显著性检验	通过检验	通过检验
期现价格引导关系		期货引导	期货引导

数据来源：大连商品交易所。

（二）套期保值功能发挥情况

1. 套期保值功能大幅提升。从套期保值各项指标来看，2017年焦炭基差较2016年明显扩大，期现价差率、套期保值效率较2016年均明显下降。主要原因是，过去几年，焦炭现货市场产能过剩，市场供需关系长期保持稳定，主力合约换月等因素对期现货价格相关性和基差波动影响较小。但近年来由于取缔"地条钢"，以及汽运新政、安监、环保等措施的集中出台，华北地区焦炭市场供需结构发生改变，甚至出现阶段性供需紧平衡。由于期现货价格对不同因素反应时间差异，加剧了主力移仓换月对期现价格回归的影响，促使期现货基差扩大、套保效率下降。

举例来看，2017年2月，"6月底前全面清除'地条钢'"的政令公布，受未来供应减少预期影响，钢材价格大涨，作为长流程炼钢的第二大原材料焦炭期货主力1705合约价格迅速拉涨。但当时焦炭现货价格处于历史高位，且钢厂焦炭库存充足、利润不足100元/吨，进一步提高开工率意愿不足，短期内焦炭现货价格弱势下行。直到3月，钢厂利润改善，长流程炼钢开工率达到历史高位，焦炭需求释放，现货价格才企稳回升。与此同时，随着"地条钢"的清除，原材料废钢大量富余，价格快速下跌，电炉成本优势开始显现。进入4月，电炉开工率已经达到历史高位，废钢对焦炭、铁矿石的部分替代作用开始显现，铁矿石、焦炭期货开始率先下跌，随后现货才跟着下跌。

表 14-3　　　　2016—2017 年焦炭期货套期保值有效性

			2016 年	2017 年
基差	均值	元	97.55	75.46
	标准差	元	145.36	223.49
	变异系数	—	0.05	0.12
	最大	元	562	603
	最小	元	-160	-388
到期价格收敛性	到期日基差	元	56.81	-27
	期现价差率	%	6.41	4.96
套期保值效率	周价（当年）	%	34.47	16.01

注：期货价格为焦炭 Wind 连续合约结算价，现货价格为河北邢台一级冶金焦炭价格，数据为日度数据。

数据来源：大连商品交易所。

2. 期现价差剧烈波动。2017年，焦炭期货主力合约对于现货价格波动区间扩大，基差范围在（-388，603）元/吨范围内，但均值整体缩小，2017年平均贴水75.46元/吨，而2016年平均贴水97.55元/吨。其中，1月、2月期货深度贴水，平均贴水242.42元/吨；3月期货贴水修复，4~6月份，期货价格下跌幅度大于现货，期货再次贴水；7~9月，焦炭现货价格大幅上涨，期货涨幅小于现货，期货重回贴水状态；9~10月，期货带动现货价格走低，贴水修复；11~12月，采暖季限产现货价格持续上涨，期货贴水；12月下半月，焦炭现货价格继续上涨，但期货价格高位盘整，期货平均贴水246.71元/吨。

（三）期货市场功能发挥实践

1. 利用期货锁定价格风险。在贸易过程中，企业会面临采购价与销售价波动的双重风险。在市场价格上行的过程中，焦化企业可以利用焦煤期货进行买入套期保值，实现对原料成本的锁定；在价格下行的过程中，焦化企业可以利用焦炭期货提前锁定销售利润。因此，无论价格处于上涨还是下行走势，企业均可以充分利用期货工具规避价格波动的风险。此外，由于煤、焦、钢拥有完整的产业链上下游期货品种，企业也可以利用这些期货品种进行双向利润锁定。

以华北地区某焦化企业为例，该企业既有焦煤进口业务，也有焦炭销售业务，焦炭销售中存在价格下跌风险，当时焦炭价格在930~987元/吨波动，该价格已升水仓单价格。企业于是进行了卖出期货储存现货的操作，在期货上涨的这段时间，现货价格曾出现了20元/吨的下跌行情，企业期货的空单成本在960元/吨，现货销售价格转换成仓单价格是910元/吨，这样就锁定了50元/吨的交割利润。

2. 期现结合博取行业超额收益。黑色产业链相关企业可以利用焦炭期货价差变化，根据自身采购和销售的情况，进行相应操作获得额外的利润，山西某焦化企业就曾充分利用期现价格变化获利。例如，期货价格在连续下跌后进行了反弹修复，价格一度升水现货价格，该企业抓住机会，进行了如下操作：首先，与某焦化企业签订焦炭购买合同，品质符合大商所交割标准，数量5 000吨，价格680元/吨；然后，在期货市场上卖出焦炭1701期货合约50手（5 000吨），价格820元/吨。两个月后，该企业在期货市场平仓，实现70元/吨的利润；现货通过贸易渠道销售，价格每吨下跌30元。综合来看，企业盈利40元/吨，合计20万元。

再如，山西某焦化厂曾利用焦炭、焦煤品种在现货产业链中的关系，在期货市场出现炼焦利润机会时，及时买焦煤、卖焦炭套利，锁定炼焦利润。焦炭期货价格在1 100元/吨上方见顶后快速下挫，日内跌破1 000元/吨。但当时焦炭现货仍表现坚挺，有继续上涨之势。此时焦炭与焦煤的比价已经达到上限1.4附近，通常该比值为1.25~1.3。当时的基本面也支持做空炼焦利润。当时，黑色产业上呈现钢厂利润压缩、煤矿利润修复的格局，夹在中间的炼焦企业承压较大，焦化利润修复或随着钢厂利润大幅回落而夭折。虽然焦炭市场依然缺货，焦化厂库存继续下降，但是中下游库存已经连续上升，焦炭供应紧缺的情况一直在改善，而反观炼焦煤，煤矿供给侧结构性改革在中短期严重影响炼焦煤供给，中下游库存依然偏低，供应紧缺的局面仍将维持一段时间。于是，该企业果断在焦炭和焦煤主力合约比价1.4时入场套利（卖出焦炭买入焦煤），按照1手焦炭配2手焦煤的比例建仓。当焦炭焦煤比价回落至1.25，企业获利平仓。

三、焦炭期货合约相关规则调整

（一）合约及交割流程修改

焦炭交割仓库调整。2017年1月18日，大商所对焦炭指定交割仓库进行调整：设立唐山市港口物流有限公司为焦炭非基准指定交割仓库，与基准库的升贴水为0元/吨。

2017年3月1日，大商所再次调整焦炭期货指定交割仓库，具体调整如下：设立孝义市鹏飞实业有限公司为焦炭港口交收指定交割厂库，交收地为天津港；设立河北中煤旭阳焦化有限公司为焦炭港口交收指定交割厂库，交收地为日照港。

2017年7月5日，大商所再次调整焦炭期货指定交割仓库，具体调整如下：（1）设立唐山港京唐港区进出口保税储运有限公司为焦炭品种非基准指定交割仓库，与基准库的升贴水为0元/吨。（2）取消唐山市港口物流有限公司焦炭品种指定交割仓库资格。

2017年7月26日，大商所再次调整焦炭期货指定交割仓库，具体调整如下：（1）设立曹妃甸港集团有限公司为焦煤、焦炭指定交割仓库。（2）调整焦炭港口交收指定交割厂库河北华丰煤化电力有限公司、山西亚鑫能源集团有限公司、孝义市鹏飞实业有限公司的交收港口为日照港。（3）暂停山西省焦炭集团天津仓储有限公司焦煤、焦炭指定交割仓库资格。

2017年3月1日，大商所调整焦炭期货指定质检机构，具体调整如下：设立中钢集团鞍山热能研究院有限公司为焦炭品种指定质检机构。

（二）其他规则调整

焦炭期货合约在2017年进行了细微调整。

2017年7月20日，大商所发布关于调整焦炭、焦煤持仓限额和交易限额的通知，自2017年7月24日结算时起，非期货公司会员和客户焦炭、焦煤品种合约一般月份（合约上市至交割月份前一个月第九个交易日）持仓限额调整如下：

表 14-4　　　　　　　　　焦炭期货合约持仓规模

	合约单边持仓规模	非期货公司会员	客户
焦炭（手）	单边持仓 ≤ 50 000	5 000	5 000
	单边持仓 > 50 000	单边持仓 × 10%	单边持仓 × 10%
焦煤（手）	单边持仓 ≤ 80 000	8 000	8 000
	单边持仓 > 80 000	单边持仓 × 10%	单边持仓 × 10%

数据来源：大连商品交易所。

自2017年7月25日交易时（即24日晚夜盘交易小节时）起，非期货公司会员和客户在焦炭、焦煤品种1709合约和1801合约上，单个合约单个交易日买开仓数量与卖开仓数量之和不得超过2 000手；套期保值交易开仓数量不受限制；具有实际控制关系的账户按照一个账户管理。

表 14-5　　　　　　　　大连商品交易所焦炭期货合约

交易品种	冶金焦炭
交易单位	100 吨 / 手
报价单位	元（人民币）/ 吨
最小变动价位	0.5 元 / 吨

续表

交易品种	冶金焦炭
涨跌停板幅度	上一交易日结算价的 4%
合约月份	1月、2月、3月、4月、5月、6月、7月、8月、9月、10月、11月、12月
交易时间	每周一至周五上午 9:00~11:30，下午 13:30~15:00，以及交易所公布的其他时间
最后交易日	合约月份第 10 个交易日
最后交割日	最后交易日后第 3 个交易日
交割等级	大连商品交易所焦炭交割质量标准
交割地点	大连商品交易所焦炭指定交割仓库
最低交易保证金	合约价值的 5%
交割方式	实物交割
交易代码	J
上市交易所	大连商品交易所

数据来源：大连商品交易所。

表 14-6　　　2017 年节假日焦炭合约交易保证金、涨跌幅、夜盘交易时间调整

日期	通知名称	调整措施
2017/1/18	关于 2017 年春节期间调整各品种最低交易保证金标准和涨跌停板幅度及夜盘交易时间的通知	自 2017 年 1 月 25 日（星期三）结算时起，将黄大豆 1 号、黄大豆 2 号、豆油、棕榈油、豆粕、玉米、玉米淀粉、聚乙烯、聚氯乙烯和聚丙烯品种涨跌停板幅度和最低交易保证金标准分别调整至 7% 和 9%；将铁矿石品种涨跌停板幅度和最低交易保证金标准调整至 10% 和 12%；焦煤、焦炭、鸡蛋、胶合板和纤维板品种涨跌停板幅度和最低交易保证金标准维持不变。1 月 26 日（星期四）当晚不进行夜盘交易；2 月 3 日所有期货品种集合竞价时间为 08:55~09:00；2 月 3 日当晚恢复夜盘交易。
2017/3/27	关于豆粕期货期权上市及 2017 年清明节期间交易时间提示的通知	3 月 31 日（星期五）当晚不进行夜盘交易，4 月 5 日（星期三）豆粕期权和所有期货品种集合竞价时间均为 08:55~09:00，4 月 5 日（星期三）当晚恢复豆粕期权和所有期货夜盘品种的夜盘交易。
2017/4/27	关于 2017 年劳动节期间夜盘交易时间提示的通知	4 月 28 日（星期五）当晚不进行夜盘交易；5 月 2 日（星期二）所有期货品种集合竞价时间为 08:55~09:00；5 月 2 日（星期二）当晚恢复夜盘交易。

续表

日期	通知名称	调整措施
2017/5/19	关于 2017 年端午节期间调整各品种最低交易保证金标准和涨跌停板幅度的通知	2017 年 5 月 31 日（星期三）结算时起，焦炭和焦煤品种涨跌停板幅度和最低交易保证金标准分别调整至 8% 和 10%。对同时满足《大连商品交易所风险管理办法》有关调整交易保证金标准和涨跌停板幅度的合约，其最低交易保证金标准和涨跌停板幅度按照规定数值中较大值执行。
2017/5/24	关于 2017 年端午节期间夜盘交易时间提示的通知	5 月 26 日（星期五）当晚不进行夜盘交易；5 月 31 日（星期三）所有合约集合竞价时间为 08:55~09:00；5 月 31 日（星期三）当晚恢复夜盘交易。
2017/9/21	关于 2017 年中秋节、国庆期间调整各品种涨跌停板幅度和最低交易保证金标准的通知	自 2017 年 9 月 28 日（星期四）结算时起，将黄大豆 1 号、黄大豆 2 号、豆粕、豆油、棕榈油、玉米、玉米淀粉、聚乙烯、聚氯乙烯和聚丙烯品种涨跌停板幅度和最低交易保证金标准分别调整至 7% 和 9%；将鸡蛋品种（除 1710 合约）涨跌停板幅度和最低交易保证金标准由现行的 5% 和 8% 分别提高至 7% 和 9%；将铁矿石品种涨跌停板幅度和最低交易保证金标准分别调整至 9% 和 11%；焦炭、焦煤、胶合板和纤维板品种涨跌停板幅度和最低交易保证金标准维持不变。 2017 年 10 月 9 日（星期一）恢复交易后，自各品种持仓量最大的两个合约未同时出现涨跌停板单边无连续报价的第一个交易日结算时起，黄大豆 1 号、豆粕、豆油、棕榈油、玉米、玉米淀粉、聚乙烯、聚氯乙烯和聚丙烯品种涨跌停板幅度和最低交易保证金标准分别恢复至 5% 和 7%；黄大豆 2 号品种涨跌停板幅度和最低交易保证金标准分别恢复至 4% 和 5%；鸡蛋品种（除 1710 合约）涨跌停板幅度和最低交易保证金标准分别恢复至 5% 和 8%；铁矿石品种涨跌停板幅度和最低交易保证金标准分别恢复至 8% 和 10%。 9 月 29 日（星期五）当晚不进行夜盘交易；10 月 9 日（星期一）所有合约集合竞价时间为 08:55~09:00；10 月 9 日（星期一）当晚恢复夜盘交易。
2017/12/26	关于 2018 年元旦期间夜盘交易时间提示的通知	12 月 29 日（星期五）当晚不进行夜盘交易；2018 年 1 月 2 日（星期二）所有合约集合竞价时间为 08:55~09:00；1 月 2 日（星期二）当晚恢复夜盘交易。

数据来源：大连商品交易所。

表 14-7　　2017 年调整部分品种交易手续费、保证金的通知

日期	通知名称	调整措施
2017/4/7	关于调整焦煤、焦炭品种期货合约最低交易保证金标准的通知	自 2017 年 4 月 10 日（星期一）结算时起，焦煤、焦炭品种期货合约最低交易保证金标准调整为合约价值的 11%。
2017/4/12	关于调整铁矿石等品种交易手续费收取标准的通知	自 2017 年 4 月 17 日交易时（即 14 日晚夜盘交易小节时）起，铁矿石、焦炭、焦煤品种非日内交易手续费标准由成交金额的万分之 1.2 调整为成交金额的万分之 0.6。焦炭、焦煤的 1 月、5 月、9 月合约日内交易手续费标准由成交金额的万分之 7.2 调整为成交金额的万分之 3.6，非 1 月、5 月、9 月合约日内交易手续费标准由成交金额的万分之 7.2 调整为成交金额的万分之 0.6。
2017/7/27	关于调整焦炭、焦煤品种交易手续费收取标准的通知	自 2017 年 8 月 1 日交易时（即 7 月 31 日晚夜盘交易小节时）起，焦炭、焦煤品种的 1 月、5 月、9 月合约日内交易手续费标准由成交金额的万分之 3.6 调整为成交金额的万分之 1.8。
2017/8/18	关于调整焦炭、焦煤品种期货合约最低交易保证金标准的通知	自 2017 年 8 月 22 日（星期二）结算时起，焦炭、焦煤品种期货合约最低交易保证金标准调整为合约价值的 12%。
2017/12/13	关于调整焦煤和焦炭相关合约交易手续费收取标准的通知	自 2017 年 12 月 14 日交易时（即 12 月 13 日晚夜盘交易小节时）起，焦煤和焦炭品种的 1805 合约日内交易手续费标准由成交金额的万分之 1.8 调整为成交金额的万分之 3。

数据来源：大连商品交易所。

四、焦炭期货市场发展前景、问题及建议

（一）发展前景

1. 焦炭继续深化去产能，产量保持稳定。环保是焦化行业的大势所趋。淘汰落后、结构调整，焦炭行业才能平稳健康发展。随着《焦化行业准入条件》《钢铁产业发展政策》《产业结构调整指导目录》等系列政策的深入贯彻落实，以及我国焦炭市场需求的趋缓，一批土焦、改良焦等生产设施将被彻底清除，小型机焦炉将加快淘汰，一批钢铁企业、煤炭生产企业的大型现代化焦炉将建设投产。国家和各级地方政府加大产业政策和环境保护等法律法规的实施力度，一大批既无稳定市场，又无焦化产品回收和煤气回收利用设备，严重污染

环境、浪费资源的小焦化厂必将被市场和法律所淘汰。"十二五"期间，我国焦炭市场淘汰落后产能 9 700 万吨，"十三五"期间还要再淘汰5 000 万吨。据"我的钢铁网"数据，2017年，我国共淘汰关停18家焦化企业，涉及焦炭产能1 250万吨，其中多为小型焦企或处在产业转型城市的焦企；同时新增焦炭年产能455万吨，其中除去钢厂焦化外，其余均为高品质焦炭产能。未来，焦炭产能过剩问题依然存在，产能退出仍然集中在河北、山西、内蒙古等地区，山东地区焦炭产能继续退出的空间已明显收缩。

产量方面，2000年以来，随着我国焦炭产能逐步扩张，焦炭产量快速增长，并于2013 年基本见顶，达到 4.8 亿吨，随后几年焦炭产量有所下滑，主要是受煤炭行业供给侧结构性改革和环保限产影响。2017年，共出现三次较为明显的环保限产，首次出现在5月初，第二次出现在7月中旬，第三次出现在11月初。环保压力下，焦炭供给进一步收缩，1~11月焦炭产量3.98亿吨，同比下降2.7%，未来几年我国焦炭产量将逐步平稳。

2. 焦炭消费规模仍较为庞大。工业化、城镇化、农业现代化建设仍需大量钢铁，进而拉动焦炭生产的支撑。有关数据显示，2015年底，我国城镇常住人口为77 116万人，占总人口比重（常住人口城镇化率）的56.10%(但按实际城镇户籍仍不到50%)。"十三五"规划提出到2020年城镇化率达到60%，每年平均仍要增加0.8个百分点，尤其是一些偏远较落后地区，基础设施建设任务仍很艰巨。因此，在可预见的近20~30年内，中国仍将是钢铁、焦炭产销大国。"十三五"期间，中国的粗钢消费规模仍将有望在6亿~7亿吨，焦炭消费规模仍将保持在3.5亿~4亿吨。

3. 焦炭出口格局逐渐发生改变。2013年，我国焦炭出口政策发生重要变化，出口配额以及焦炭出口40%关税的取消使得中国自2002年加入世界贸易组织以后重回焦炭出口大国行列。2015—2016年，焦炭出口量一度回到1 000万吨水平，但2017年焦炭市场格局发生变化，出口量降至809万吨，同比下降20%。目前，全球焦炭贸易在2 800万吨左右，其中中国焦炭的市场额约36%。

从出口国别看，2014—2016年，印度、日本作为两大主要出口流向，几乎占到中国焦炭出口市场份额的50%，年焦炭出口量在200万吨以上；第二集团以巴西、南非、越南为代表，年焦炭出口量在50万吨上下。2017年1~11月，尽管印度、日本仍是我国最主要的两大出口国，但出口总量明显下降，出口份额大幅下降至26.32%。其中，印度政府为保护本国产业，对进口中国焦炭加征25.2美元/吨的固定费用，导致我国出口至印度焦炭量锐减，2017年1~11月出口量仅141.61万吨，同比下降45.21%。日本从2016年底开始部分焦炉结束长时间的集中整修重新恢复供应，对焦炭进口需求减弱，1~11月我国出口日本焦炭仅95.54万吨，同比下降53.14%。受印度反倾销税费和日本自身供应增多影响，未来几年，二者从我国进口焦炭量呈现下滑态势。同时，近几年，印度尼西亚、英国、墨西哥、马来西亚呈现逐年上升的态势，成为第二集团的新生力量。

国内方面，受《大气污染防治行动计划》影响，天津港自5月起已全面停止汽运煤炭、焦炭集港。此前，天津港焦炭业务占全国港口业务70%~80%，且95%以上是以汽运方式集港。汽运"一刀切"后，天津港焦炭业务濒临停滞，日照港、董家口码头已成为焦炭贸易的重要阵地，我国焦炭贸易格局已经悄然改变。

总体来看，由于焦炭进出口贸易占焦炭消费量的比重不高，仅2%，因此焦炭出口下降和格局变化并不会给供需基本面构成较大影响。

4. 焦炭行业集中度有望提升。过去焦炭粗放式增长模式造成行业集中度较低，粗略统计，在我国798家生产焦炭的企业中，200万吨以上焦炭规模的焦化企业只有48家，产能达1.58亿吨，50~100万吨规模的焦化企业143家，50万吨以下规模的焦化企业549家。从集约经营的角度看，行业仍处于多、小、散的状况。受制于行业集中度较低的限制，焦化行业与上游焦煤和下游钢铁的集中度相比过于分散，议价能力较差，也在一定程度上影响了行业的盈利水平。

2018年初，12部委联合发布《关于进一步推进煤炭企业兼并重组转型升级的意见》，支持有条件的煤炭企业之间实施兼并重组，或与产业链相关企业进行兼并重组，使煤炭企业平均规模扩大、产业格局优化。此轮重组，注重煤炭的产业链上下游进行重组，形成全产业链竞争优势，有利于更好地发挥协同效应，提高抵御市场抗风险能力。同时提出，推进不同规模、不同区域、不同所有制、不同煤种的煤炭企业实施兼并重组，丰富产品种类，提升企业规模，扩大覆盖范围，创新经营机制，进一步提升煤炭企业的综合竞争力。

随着2018年去产能重点转移到结构去产能，后期或将迎来煤炭企业的兼并重组潮。特别是随着一大批低于500立方米以下的高炉的淘汰、产能的置换、高炉的大型化，对于优质焦炭的需求会迅速增加。焦化企业未来进一步产业集中度提高，产业优胜劣汰。

（二）当前存在的问题

1. 风险管理工具还不齐全。目前，黑色产业链期货品种形成闭环，从上游到下游，各重要链条环节上均有期货品种上市。但国内市场还没有上市焦炭期权和互换工具，企业套保只能采用线性的期货工具套保，且面临风险较大。在实践中，企业对非线性的期权工具需求较大。目前，焦炭上下游相关期权品种仅存在于场外，且较为昂贵，难以满足企业个性化的套保需求。因此，对于焦炭行业甚至钢铁产业链来讲，还存在着期货市场的场内标准化和市场需求个性化之间的矛盾。

2. 企业期货市场参与度仍较低。焦炭期货上市以来，市场规模迅速增长，参与交易客户数快速增加，但市场结构不均衡现象仍存在，现货企业和机构参与度比较低，投机者占有较大比重。不少产业客户尤其是大型国有企业以及机构投资者等，参与期货市场的程度还不深，许多实体企业不想、不敢、不会利用期货工具来管理、规避经营风险。

（三）建议

1. 提升焦炭期货服务实体经济的能力。期货市场合约与制度的便利性和有效性，直接关系到产业企业参与期货市场的实际效果。建议创新与优化焦炭期货合约和相关制度，进一步满足广泛客户群体的现实需求，提高产业企业的避险效率，提升期货市场服务实体经济的水平。

2. 丰富焦炭期货服务实体经济的手段。在供给侧结构性改革推进下，尽管黑色产业链的经营状况有所改善，但种种不确定性因素仍使得产业风险积聚。传统经营模式受到挑战，借助于"期货"新的模式在实体企业竞争中发挥着巨大作用。建议继续丰富期货服务实体经济的内容和方式，稳步扩大已有农产品"场外期权"试点、"保险+期货"试点，继续支持扩大黑色系列品种试点，帮助相关生产、流通企业管理经营风险。

3. 继续加强焦炭期货业务知识的培训。服务实体经济是期货市场的立足之本，受制于理念和教育普及的不同，当前期货市场参与者专业普及仍待深化。建议建立由行业协会、交易所、期货公司、产业链相关企业共同参与的常态化期货业务交流机制，同时，适时面向现货企业主要领导开展期货市场的培训，推动企业掌握和利用好期货工具，促进企业稳定运营。

2017年焦炭期货大事记

2016年12月30日，发展改革委、能源局印发《煤炭工业发展"十三五"规划的通知》，强调化解淘汰过剩落后产能8亿吨/年左右，通过减量置换和优化布局增加先进产能5亿吨/年左右，到2020年，煤炭产量39亿吨。

1月5日，《国务院关于印发"十三五"节能减排综合工作方案的通知》强调，到2020年，全国万元国内生产总值能耗比2015年下降15%，能源消费总量控制在50亿吨标准煤以内。

3月23日，环保部印发《京津冀及周边地区2017年大气污染防治工作方案》，强调"2+26"城市实现煤炭消费总量负增长，2017年28个城市重点实施煤改清洁能源。

5月12日，发展改革委、能源局印发《关于做好2017年钢铁煤炭行业化解过剩产能实现脱困发展工作的意见》，强调2017年退出煤炭产能1.5亿吨以上，实现煤炭总量、区域、品种和需求基本平衡。

5月31日（星期三）结算时起，焦炭和焦煤品种涨跌停板幅度和最低交易保证金标准分别调整至8%和10%。

6月12日，国家煤矿安监局、国家安全监管总局印发《煤矿安全生产"十三五"规划》，强调加快淘汰落后产能和9万吨/年及以下小煤矿，及采用国家明令禁止使用的采煤工艺且无法实施技术改造的煤矿。

6月14日，中国铁路总公司下发第3708号调度命令，基于重车积压库满、待卸车量较多、集中到达、站场施工改造等原因，通知相关路局停装、限装主要涉及焦炭、煤炭、铁矿石和小麦等各类大宗物资。中国铁路总公司在年初就要求，相关铁路局要分配充足运能，全力保障天津港煤炭运输。9月底前，天津、河北及环渤海所有集港煤炭主要由铁路运输，禁止环渤海港口接收汽运的集港煤炭。自4月12日起，天津港散货物流中心全面停止"汽运煤"车辆入库，4月26日全面停止接收铁路运输煤炭业务。汽运煤"退场"环渤海港口沿海煤运格局将被打破。

8月1日交易时（即7月31日晚夜盘交易小节时）起，焦炭、焦煤品种的1月、5月、9月合约日内交易手续费标准由成交金额的万分之3.6调整为成交金额的万分之1.8。

8月21日，环保部等十部委和京津冀晋鲁豫六地政府联合印发了《京津冀及周边地区2017—2018年秋冬季大气污染综合治理攻坚行动方案》，包括北京在内的京津冀大气污染传输通道的"2+26"个城市，在2017年10月1日至2018年3月31日，焦化企业出焦时间均延长至36个小时以上，位于城市建成区的焦化企业要延长至48个小时以上。一般情况下，焦化企业焦炉生产出焦时间在24个小时左右，延长出焦时间实际就是限产，出焦时间越长，限产就严重。

8月22日（星期二）结算时起，焦炭、焦煤品种期货合约最低交易保证金标准调整为合约价值的12%。

11月1日，工信部、环保部联合发布《关于"2+26"城市部分工业行业2017—2018年秋冬季开展错峰生产的通知》，规定"2+26"城市中石家庄、唐山、邯郸、安阳等重点城市，采暖季（2017年11月15日至2018年3月15日）钢铁产能限产50%，以高炉生产能力计，采用企业实际用电量核实。2017年10月1日至2018年3月31日，焦化企业出焦时间均延长至36个小时以上，位于城市建成区的焦化企业要延长至48个小时以上。在重污染天气预警期间，钢铁、焦化企业要尽可能采取停产或限产（整条生产线停产）等方式实现应急减排。

12月14日交易时（即12月13日晚夜盘交易小节时）起，焦煤和焦炭品种的1805合约日内交易手续费标准由成交金额的万分之1.8调整为成交金额的万分之3。

12月19日，十二部委联合印发《关于进一步推进煤炭企业兼并重组转型升级的意见》，支持有条件的煤炭企业之间实施兼并重组，支持发展煤电联营，支持煤炭与煤化工企业兼并重组，支持煤炭与其他关联产业企业兼并重组等。到2020年底，争取在全国形成若干个具有较强国际竞争力的亿吨级特大型煤炭企业集团，发展和培育一批现代化煤炭企业集团。

报告十五
塑料期货品种运行报告（2017）

2017年，随着供给侧结构性改革的深入推进，国内经济形势好转，全国GDP同比增长6.9%，增速较2016年回升了0.2个百分点，自2011年来首次出现GDP增速回升。得益于去产能、降成本等政策措施的有效落实，国内化工品市场结构调整、转型升级步伐加快，整体表现出较为强劲的增长势头。2017年，规模以上工业企业实现利润75 187.1亿元，比上年增长21%，是2012年以来增速最高的一年。其中，化学原料和化学制品制造业增长40.9%，成为41个工业大类行业中增速最快的几个行业之一。

与此同时，国内化工品期货市场也得到了进一步的完善和发展，市场结构优化，期现价差缩小，套保效率提升，风险管理方式不断丰富，更多化工品市场参与主体认识到运用期货工具，可以创新贸易模式，规避企业经营风险。2017年是国内线型低密度聚乙烯（以下简称LLDPE）期货上市的第十年，虽然全年成交量较上一年有所下降，但年末持仓量明显增加，市场运行稳定，期货功能发挥良好，成为推动产业转型升级，服务实体经济发展的重要力量。

一、LLDPE期货市场运行基本情况

2017年，国内LLDPE期货成交总量较2016年有明显回落，全年月度成交量波动较小，年末持仓量较2016年明显增加，全年呈现比较

稳定的活跃度。

（一）市场规模情况分析

1. 全年总成交量出现回落。2017年，LLDPE期货成交量呈现收缩特征，第三季度成交量处于年度高位，其他季度相对平稳。从全年成交数据看，LLDPE期货全年共成交6 142万手，同比下降39.15%；成交额29 148亿元，同比下降34.36%。2017年10月成交量为年内最低点，仅402.65万手，环比下跌14.31%，同比下跌5.05%；7月成交量是年内最高点，为646万手，环比上涨19.94%，同比下跌23.96%，综合全年来看，3月、6月和7月这三个月份成交情况是其所在季度中最为活跃的月份，这一特征是国内供需与库存等多因素共同影响的结果。

具体来看，2017年初至2月中旬，市场延续2016年第四季度工业品补库行情，下游维持良好的开工率和利润水平，盘面高升水激发投机需求，LLDPE期货成交量不断上升；2月中旬至4月，市场期待的春节后火爆行情并未持续，现货价格转弱，与此同时，资金的收紧和黑色板块期货价格的下跌也引发市场情绪进一步恐慌，市场投机与套保需求增加，成交量进一步放大。5月、6月，现货市场进入季节性淡季，需求转弱，与此同时，上游炼厂开始集中检修，这段期间供需双弱，LLDPE成交量也有所回落。进入7月之后，LLDPE库存已经回落到相对偏低水平，基于对8~10月的旺季预期，部分投机需求开始逐步释放；7月17日之后，"禁废令"出台，市场情绪得到提振，成交量快速放大。9月至年末，LLDPE受成本、进口、环保等多空因素影响，价格以区间震荡为主，市场投资热情消退，成交量逐步回落。

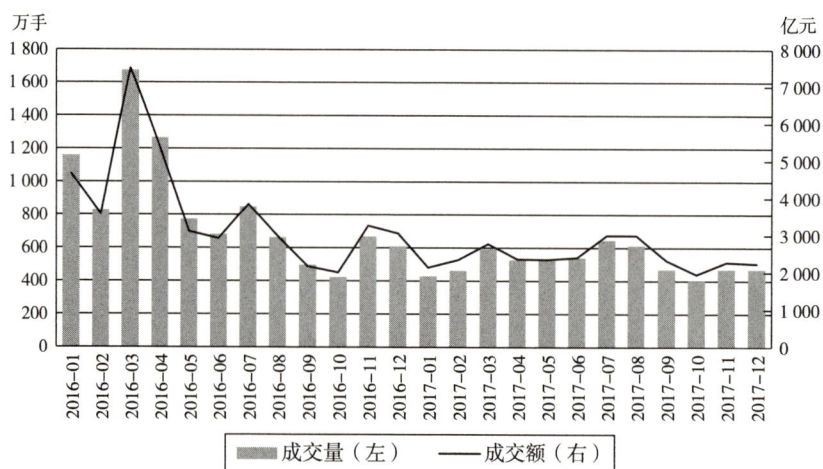

数据来源：大连商品交易所。

图 15-1　LLDPE 期货月度成交变化情况

2. 持仓量先升后降。2017年，LLDPE期货持仓量呈现先升后降的整体趋势，总体来看持仓相对平稳。LLDPE期货平均持仓从第一季度的20万手逐步增加至第三季度高峰时的28万手，随后在第四季度缓慢降至平均持仓26万手。第一季度持仓是近两年持仓量的低谷期，上半年，季度平均持仓均弱于2016年同期水平。统计结果显示，全年持仓有三个波动的高点，分别出现在7月、8月和11月，持仓量分别为31.24万手、30.67万手和27.25万手，相比上年同期增长了0.90%、7.54%和30.92%。最低点出现在1月，持仓量为16.49万手，同比下降65.46%，也是近两年来历史持仓的次低点。

第一季度延续上年末的补库行情，市场较为活跃，持仓尚可。第一季度末至第二季度初，进入农膜旺季，市场活跃度增强，持仓增加。第二季度中后期，市场需求转弱，上游装置集中检修，持仓量有所下降。7月、8月，旺季需求预期加之"禁废令"出台，市场投资热情高涨，持仓增加。9月至年末，旺季需求逐步减弱，OPEC达成延长减产协议、环保限产等多空因素交织，期货价格以区间震荡为主，持仓量逐步回落。

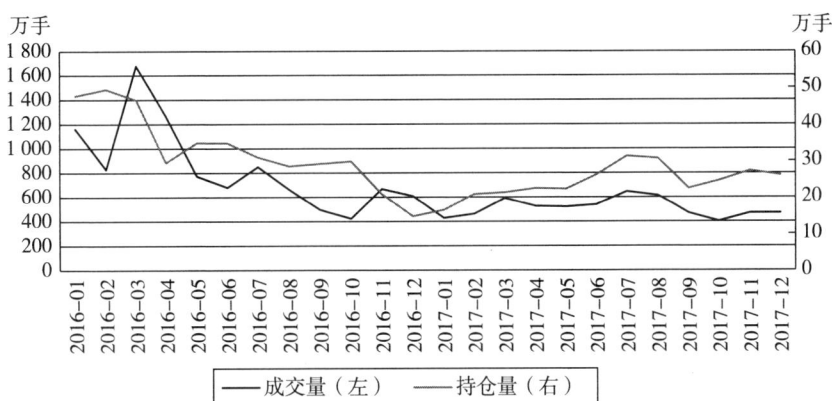

数据来源：大连商品交易所。

图 15-2 LLDPE 期货月度成交持仓变化情况

3. 成交量在化工品种期货中排名第四位。目前，我国期货市场共上市运行7个化工品种，分别为精对苯二甲酸（PTA）、线型低密度聚乙烯（LLDPE）、聚氯乙烯（PVC）、甲醇、沥青、聚丙烯（PP）和燃料油。近年来，LLDPE期货成交有所下降，持仓相对平稳，整体市场仍然保持良好运行态势。2017年，LLDPE期货成交量在全国化工期货品种中居于第四位，成交排名较2016年上升一位。整体来看，全国化工品种中除甲醇和PVC以外，其余品种成交量均出现较大幅度的下滑，燃料油成交比较不活跃，与排名靠前的品种相比差距较大。

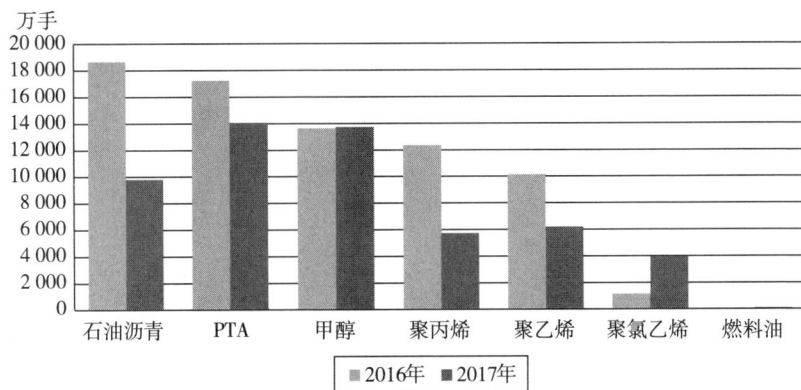

数据来源：Wind 数据库。

图 15-3 2016—2017 年我国化工品期货成交情况

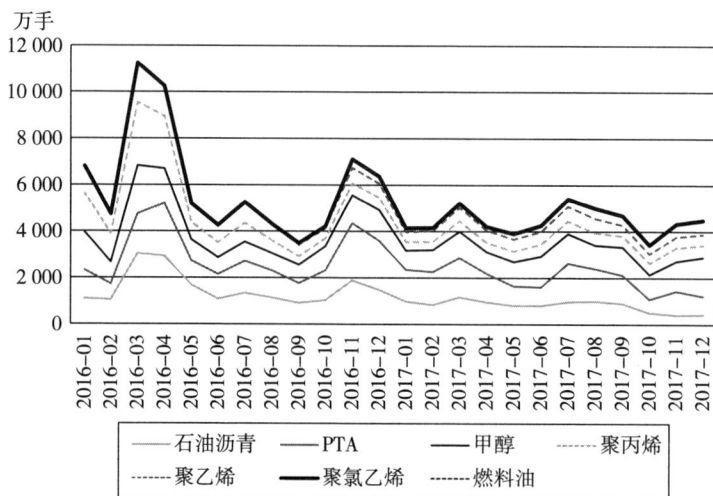

数据来源：Wind 数据库。

图 15-4　2016—2017 年我国化工品期货持仓情况

（二）价格运行规律分析

1. 全年价格呈现"V"形走势。2017年，LLDPE价格呈现"V"形走势，综合反映在供需、库存和环保政策等多因素交织下市场的多空博弈。2016年12月30日至2017年12月29日，LLDPE期货主力连续合约结算价由9 950元/吨下跌至9 770元/吨，跌幅为1.81%。期货主力连续合约最高价10 540元/吨，最低价8 610元/吨，波动幅度为22.42%。具体来看，价格变化主要分为以下五个阶段：

第一阶段（年初~2月中旬），期现价格保持在高位。这一阶段是2016年第四季度工业品补库行情的延续，下游良好的开工和利润水平以及流通现货收紧，使期现价格轮动创出新高。

第二阶段（2月中旬~4月），期现价格下跌。市场期待中的上涨行情并未持续，随着市场流通现货增加，现货价格转弱。与此同时，资金的收紧和黑色板块商品期货价格的下跌也引发市场情绪进一步恐慌，期货价格不断走低。

第三阶段（5~6月），期现价格弱势震荡。清明节过后，需求转弱，进入季节性淡季，与此同时，上游炼厂开始集中检修，这段期间供需双弱，LLDPE开始阶段性去库存。

第四阶段（7~8月），期现价格反弹。进入7月之后，LLDPE库存已经落回到相对偏低水平，基于对旺季需求的预期，投机需求逐步释放。7月17日之后，"禁废令"出台，市场情绪得到提振，价格开始试探性走高，期货价格冲击年初高点。

第五阶段（9月初~年末），期现价格窄幅震荡。9月初，美飓风影响下，导致市场情绪亢奋，价格再次走高，高价位刺激进口量增加，下游受环保和利润影响，开工不足，期价高位回落并持续保持窄幅的区间震荡。

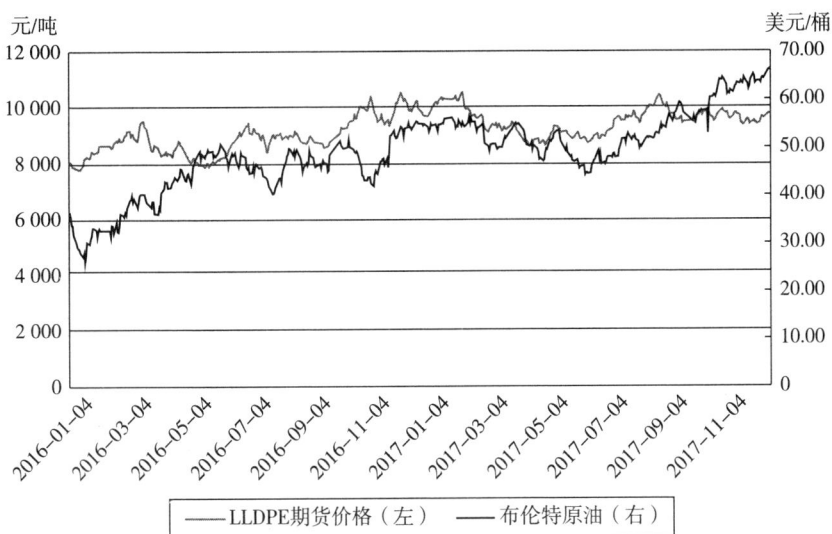

数据来源：Wind 数据库。

图 15-5　LLDPE 期货与布伦特原油价格走势

2. 期货市场远月贴水幅度收缩。比较2017年内L1805-L1801合约价差和L1809-L1805合约价差，可以看出LLDPE远月合约在7月之前一直贴水近月，表明市场在这一段时期对LLDPE行情比较悲观，但是从7月中旬开始市场的贴水结构开始改变，L1805-L1801的价差从远月贴水逐步缩小，到8月初变为远月升水结构，从L1805较L1801最高贴水190元/吨到邻近交割转为较L1801升水达到255元/吨。这段时间市场的预期发生了变化，来自原油成本端和环保政策的因素起到了主导作用。7月，"限废令"的颁布增强了市场信心，同时，前期积累的库存压力也得到缓解，远月合约走强，远月合约由贴水转为升水结构。11月底，OPEC产油国达成延长减产协议，市场对原油价格在未来进一步上涨产生了较强的预期，原油市场远期价格也有大幅上涨，化工品市场远月受原油远月价格上升的影响更大，所以在LLDPE期货市场上出现远月贴水迅速缩小的情况，也说明市场对未来预期比较乐观。

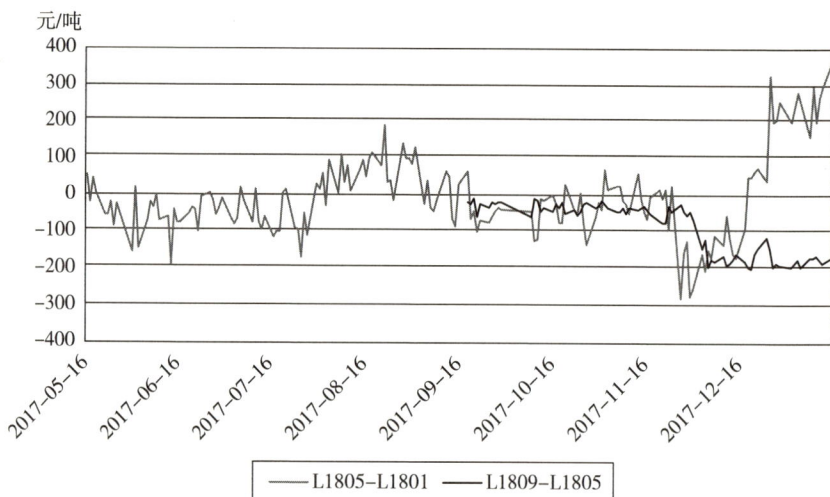

数据来源：Wind 数据库。

图 15-6　2017 年聚乙烯合约间价差变动

3. 国内外价差年度波动幅度减小。2017年，LLDPE进口利润表现良好，全年进口量持续增加，替代了部分国内产量。全年国内聚乙烯进口量为1 180.4万吨，同比增长18.72%。2017年第一季度和第三季度内外价差波动较小，第二季度国内外价差缩小，第四季度国外价格高企，国内外价差转为负值。1~3月，LLDPE进口利润表现较好，进口量一直维持在25万吨/月的年内较高水平；4~7月，国内价格回落，进口利润缩小，加之需求逐步转淡，进口量有所下降；8~11月，受到国内旺季需求的拉动和"禁废令"带来的回料挤出效应影响，内外价差再次拉大，进口利润高企，进口量逐步攀升至年内最高点。综合来看，第一季度和第三季度是进口商盈利最大的时间段，而年末是进口商亏损最大的阶段。

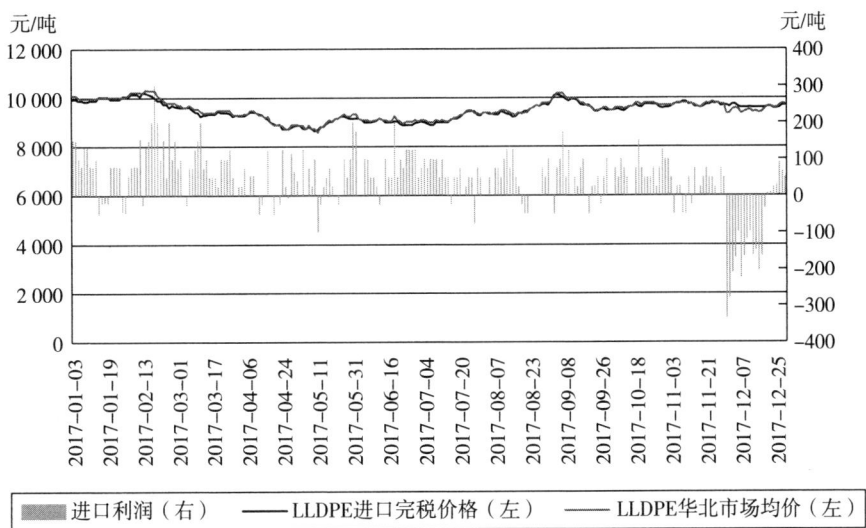

数据来源：Wind 数据库。

图 15-7 2017 年 LLDPE 进口利润

4. 与化工期货主要品种间相关性减弱。如表15-1所示，2014年到2017年的四年里，LLDPE期货价格与其他主要化工品的相关性出现不同程度的降低，其中与聚丙烯价格表现出的相关性最强，其次是PVC和甲醇。2017年，LLDPE期货市场价格与甲醇价格的相关性出现了大幅降低，从2016年的0.615下降到2017年的0.257，成为相关性最低的一组品种。PVC与LLDPE的相关性虽然有所下降，但是相对其他品种而言，其下降的程度较小。这与聚烯烃市场投产的新增产能中煤化工的份额提升有关，聚烯烃的工艺路径以前占最大比重的石油化工路径的份额被煤化工路径代替接近30%的比重，因此国内煤炭成本价格的变动开始影响聚烯烃市场价格变化，而PVC的价格变化也主要受国内煤炭价格的波动影响，这也是2017年LLDPE期货市场价格与原油价格相关性大幅降低，而与PVC这一品种相关性没有出现明显波动的重要原因。

表 15-1　　　　　　　　LLDPE 与各化工品的相关性比较

	聚丙烯	NYMEX 原油	IPE 布油	甲醇	沥青	PTA	PVC	燃油
2014—2017 年	0.8884	0.8771	0.8812	0.5737	0.7841	0.8662	0.4167	0.5394
2017 年	0.7007	0.3704	0.3381	0.2568	0.3230	0.5624	0.2839	0.6311

数据来源：Wind 数据库。

（三）期货市场结构分析

1. 法人户及个人户数量均有所下降。2017年LLDPE期货交易客户情况显示，12月，法人客户数量总计2 616户，同比减少8.6%；个人客户数量总计44 400户，同比下降18.88%；法人客户数量和个人客户交易均出现下降，其中个人客户降幅较大，这说明市场参与者数量逐步减少，该趋势也与年度成交量和持仓量的下降趋势一致。

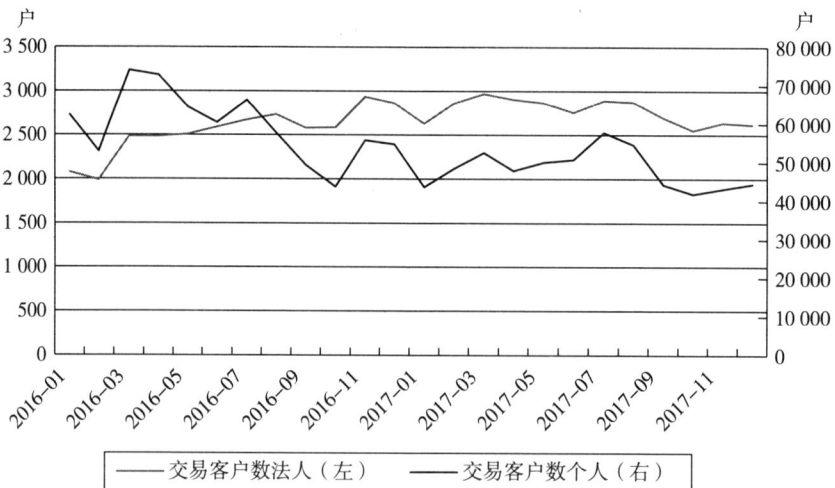

图 15-8　LLDPE 市场交易客户数结构变动情况

2. 持仓集中度下降。2017年，LLDPE期货市场持仓集中度月均值为49.71%，比2016年下降2.77%。年内整体持仓集中度9月最高，达到54.52%。全年持仓集中度的波动幅度有所增加，2月、3月、4月、5月四个月的持仓集中度低于50%，其他月份均高于50%。下半年，持仓集中度稳定在50%~55%，持仓相对平稳。

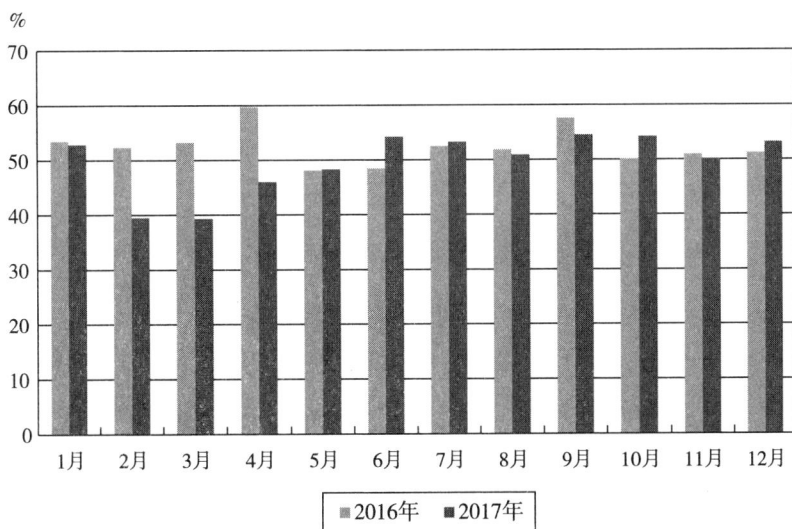

图 15-9　2016 年及 2017 年 LLDPE 期货市场持仓集中度

从多空持仓集中度来看，2017年LLDPE期货市场卖仓集中度高于买仓集中度。买卖仓集中度之差与2016年结构一致，但程度有所增强，2016年多空集中度差的均值在-9.67%，2017年多空集中度差的均值变为-14.64%，这种卖仓集中度不断增强的趋势与近两年市场走势的变化关系密切。2017年，聚乙烯市场供应端扩张叠加进口增加使LLDPE市场价格低于2016年的平均水平，卖方的集中度开始上涨，其中2017年12月多空集中度差一度达到-24.14%，也是近两年来的最低值。

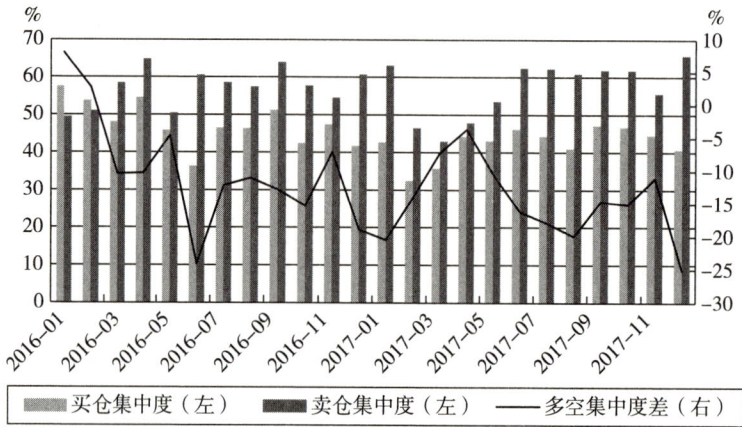

图 15-10　2017 年 LLDPE 多空持仓集中度情况

（四）交割情况分析

1. 交割运行顺畅。2017年，LLDPE总交割量为14 114手（涉及交割数量按单边计算），与2016年相比增加3 465手，交割率为0.02298%，较上年增加118%。从单月情况来看，1月、5月和9月三个月单月交割量最大，分别为3 182手、2 131手和8 792手；3月、10月和12月交割量较少，仅为7手、1手和1手；其他月份交割量为0。

表 15-2　　　　　　　　　　2017 年 LLDPE 交割率

单位：手（单边）

	成交量	交割量	交割率
2017/01	4 283 799	3 182	0.07428%
2017/02	4 632 983		
2017/03	5 917 105	7	0.00012%
2017/04	5 260 915		
2017/05	5 220 576	2 131	0.04082%
2017/06	5 387 974		
2017/07	6 462 316		
2017/08	6 140 060		
2017/09	4 698 772	8 792	0.18711%
2017/10	4 026 526	1	0.00002%
2017/11	4 698 756		
2017/12	4 690 971	1	0.00002%

2. 交割集中在华北地区。大商所LLDPE指定交割仓库共26个，其中13个设立在华东地区，7个在华北地区，5个在华南地区，1个在西南地区。2017年，LLDPE交割主要集中在华北和华东地区，其中华北地区共完成交割9 791手，占全国交割总量的69.37%，较2016年增加550手，是全国交割的集中地；华东地区共完成交割4 323手，占全国交割总量的30.63%，较2016年增加2 915手。

二、LLDPE期货市场功能发挥情况

2017年，面对国内化工市场整体价格的大幅上涨，LLDPE市场全年涨幅平缓，趋势性更强一些，并且期货价格与市场变化相关度更高，机构客户运用期货进行套期保值规避风险的效果良好，也为广大产业客户提供了一个管理风险的良好平台。

（一）价格发现功能指标分析

2017年，LLDPE的期现价格相关性稳定在0.92左右，较2016年有所上升。2017年LLDPE价格引导关系为期货引导现货，LLDPE期货价格充分反映了价格发现功能，也符合现货市场走势。

表 15-3　　　2016—2017 年 LLDPE 期现价格相关性

检验项	年份	2016 年	2017 年
期现价格的相关性	系数	0.87	0.92
	显著性检验	通过检验	通过检验
期现价格引导关系		期货引导	期货引导

注：现货价格为天津地区 LLDPE 市场价，期货价格为活跃合约结算价，数据为日度数据。

（二）套期保值功能发挥情况

1. 市场反向结构出现转变。LLDPE现货价格高于期货价格表现为反向市场。2016年是LLDPE市场反向结构表现较为突出的一年，自

2017年开始，尤其是2017年下半年，LLDPE反向结构有明显的收敛。历史上出现反向结构一般主要有两个原因：一是近端市场对商品的需求旺盛，推动现货价格高于期货价格；二是预计未来商品市场供应过剩导致期货价格低于现货价格。反向市场情况下，下游企业接货意愿不强往往会加大企业套保的难度。而在正向市场结构下，企业套保参与率会有大幅提升。

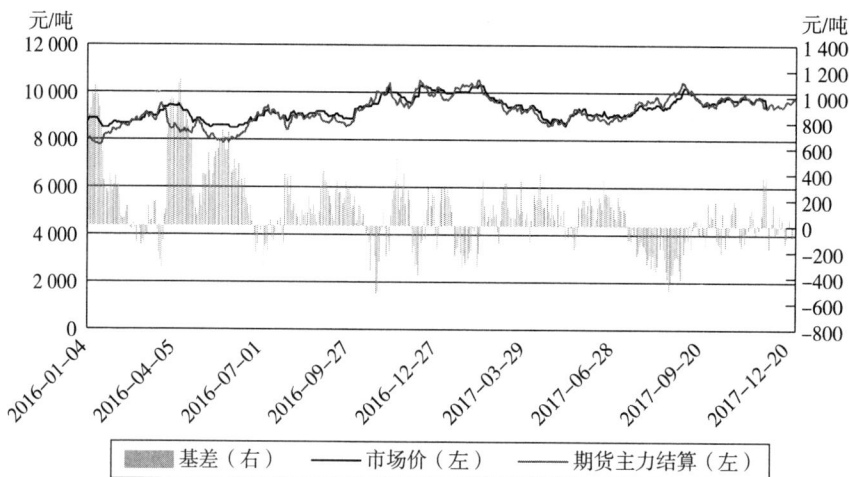

注：现货价格为天津地区LLDPE市场价，期货价格为活跃合约结算价，数据为日度数据。

图15-11 2016—2017年LLDPE期现价格及基差变化

2017年，LLDPE基差均值为19.82元/吨，比2016年减少93.48%，基差区间由-310元/吨至1 230元/吨缩减至-495元/吨至400元/吨，到期日基差也由-86.88元/吨缩减至81元/吨，收敛性有所上升。2017年，LLDPE市场改变前期反向结构的主要原因主要有三点：一是年内消费需求保持增长，5~7月装置集中检修期间，石化库存不断下降，LLDPE市场出现了供需紧平衡的格局；二是"禁废令"以及环保检查等一系列环保政策，增强了市场对于行业中长期发展的信心，远期合约价格有所提升；三是部分新增产能延迟投产，缓解了市场的供给压力，加之原油价格回升对远期价格起到了重要的支撑作用，反向结构出现明显改善。供需基本面的改善是2017年市场结构改变的根本原因。

表 15-4　　　　　　2016—2017 年 LLDPE 套保有效性

	指标		2016 年	2017 年
基差	均值	元	303.88	19.82
	标准差	元	333.97	183.82
	变异系数	–	0.14	0.02
	最大	元	1230	400
	最小	元	−310	−495
到期价格收敛性	到期日基差	元	−86.88	81
	期现价差率	%	−0.94	3.3
套期保值效率	周（当年）	%	83.53	88.71

注：现货价格为天津地区 LLDPE 市场价，期货价格为活跃合约结算价，数据为日度数据。

2. 套期保值效率提升。套期保值效率用于衡量相比于现货市场单边操作，企业在参与套期保值后，其所面临的价格波动风险的降低程度，这个指标是期货市场能否为现货企业提供有效风险对冲工具的重要标准。2017年，LLDPE的套期保值效率为88.71%，相比2016年的83.53%，继续保持上升趋势。2017年，期货市场价格整体呈现"V"形走势，现货市场的淡旺季往往会有较大的市场波动，期货市场的套保功能为企业提供了有效的规避价格波动风险的功能。特别是在基差大幅走低、市场出现正向结构的情况下，LLDPE的套保效率更是得到进一步提升。此外，期现价格相关性高达0.92，表明LLDPE期货市场相比2016年更加成熟稳定、流动性更强，对冲风险作用也得到充分发挥。

（三）期货市场功能发挥实践

1. 推动石化产业结构的转型升级。近年来，聚烯烃生产工艺不断拓展，生产原料逐渐多元化；信息管理技术促进精益生产、合理购销、库存物流的协调统一；安全环保、节能减排成为工业生产的必备条件，产成品向高附加值转变。在国家政策调整和期货市场资源配置的共同作用下，地方炼厂淘汰落后产能，高能耗高污染小产能企业关停，降本增效、绿色低碳水平上升的同时，生产效益也进一步提升。

在此背景下，大商所通过不断完善塑料品种交割质量标准、调整地区升贴水、优化交割仓库布局、探索开展保税交割试点等，促进化工品期货与现货市场良性互动，推动期现货市场深入融合。生产企业通过期货市场完善了定价机制，优化了库存管理，制订了更加科学合理的生产计划，经营模式逐渐转为市场导向，产品在产业链上下游的流转更为通畅。与此同时，贸易中间商逐步整合、转型，由原来低买高卖的"搬砖者"转变成为行业的"蓄水池"，引导上下游企业利用期货市场，调节供需，均衡生产。部分华东贸易商本着对期货相对深入的理解，逐渐从最初的套期保值、"点价"交易发展到使用场外期权、开展非标品套保等金融衍生品业务，风险管理模式不断丰富。此外，部分期货公司、投资公司凭借其行业优势开设现货子公司，进入到现货贸易领域，现货子公司的经营模式日新月异，逐步向多元化、规模化、金融化发展。聚烯烃行业延续多年的传统贸易方式和定价模式正在悄然转变，期现结合程度不断加深。

2. 均衡石化产业链的上下游力量。价格运行机制是通过市场价格的波动来发挥调节经济运行的作用，也正是由于价格的波动，市场上的买方和卖方时刻面临着遭受经济损失的风险。在价格不透明的时期，生产企业掌握着价格的话语权，有实力的贸易企业控制着货物的流通，下游小散企业只能被动接受，产业链条上的企业力量逐渐固化。而价格信息公开透明的期货市场集中反映了现货市场的供求关系及价格变化趋势，为不同层次的市场参与者提供了决策依据，也悄然改变着塑料行业上下游力量。

贸易中间商通过期货价格预测未来现货产品的价格走势，及时调整库存，规避经营风险或扩大经营规模；下游塑料加工制造企业也会据此提前备货或随行就市合理安排采购和生产；期货的价格发现作用在一定程度上弥补了小规模企业信息不对称窘境，在下游企业的倒逼压力下，部分生产企业也开始参考期货价格进行定价，塑料行业中几家或少部分企业"说了算"的境况渐行渐远。

期货价格指导上下游企业合理安排生产和经营，帮助企业及时、准确地把握市场变化趋势，市场的供需更为均衡。现货价格透明化，利润在产业链中得到合理分配，产业链上下游力量进入到新的平衡状态，塑料产品逐步回归化工基础原料的本质，为稳定国计民生作出了应有贡献。

三、LLDPE期货相关规则调整

2017年，大商所延续在节假日期间调整保证金、涨跌停板等制度，充分防范市场风险，维护市场健康运行。风险管理调整的具体措施如下：

表 15-5　　　　　　　　　LLDPE 期货涨跌停板幅度调整情况

时间	通知名称	调整措施
2017/1/18	关于 2017 年春节期间调整各品种最低交易保证金标准和涨跌停板幅度及夜盘交易时间的通知	自 2017 年 1 月 25 日（星期三）结算时起，将聚乙烯品种涨跌停板幅度和最低交易保证金标准分别调整至 7% 和 9%。2017 年 2 月 3 日（星期五）恢复交易后，自各品种持仓量最大的两个合约未同时出现涨跌停板单边无连续报价的第一个交易日结算时起，聚乙烯涨跌停板幅度和最低交易保证金标准分别恢复至 5% 和 7%。对同时满足《大连商品交易所风险管理办法》有关调整交易保证金标准和涨跌停板幅度的合约，其最低交易保证金标准和涨跌停板幅度按照规定数值中较大值执行。
2017/9/21	关于 2017 年中秋节、国庆节期间调整各品种涨跌停板幅度和最低交易保证金标准的通知	自 2017 年 9 月 28 日（星期四）结算时起，将聚乙烯品种涨跌停板幅度和最低交易保证金标准分别调整至 7% 和 9%。2017 年 10 月 9 日（星期一）恢复交易后，自各品种持仓量最大的两个合约未同时出现涨跌停板单边无连续报价的第一个交易日结算时起，聚乙烯品种涨跌停板幅度和最低交易保证金标准分别恢复至 5% 和 7%。对同时满足《大连商品交易所风险管理办法》有关调整交易保证金标准和涨跌停板幅度的合约，其最低交易保证金标准和涨跌停板幅度按照规定数值中较大值执行。

表 15-6 　　　　　　　LLDPE 期货最低保证金标准调整情况

时间	通知名称	调整措施
2017/1/18	关于 2017 年春节期间调整各品种最低交易保证金标准和涨跌停板幅度及夜盘交易时间的通知	自 2017 年 1 月 25 日（星期三）结算时起，将聚乙烯品种涨跌停板幅度和最低交易保证金标准分别调整至 7% 和 9%。2017 年 2 月 3 日（星期五）恢复交易后，自各品种持仓量最大的两个合约未同时出现涨跌停板单边无连续报价的第一个交易日结算时起，聚乙烯涨跌停板幅度和最低交易保证金标准分别恢复至 5% 和 7%。 对同时满足《大连商品交易所风险管理办法》有关调整交易保证金标准和涨跌停板幅度的合约，其最低交易保证金标准和涨跌停板幅度按照规定数值中较大值执行。
2017/9/21	关于 2017 年中秋节、国庆节期间调整各品种涨跌停板幅度和最低交易保证金标准的通知	自 2017 年 9 月 28 日（星期四）结算时起，将聚乙烯品种涨跌停板幅度和最低交易保证金标准分别调整至 7% 和 9%。 2017 年 10 月 9 日（星期一）恢复交易后，自各品种持仓量最大的两个合约未同时出现涨跌停板单边无连续报价的第一个交易日结算时起，聚乙烯品种涨跌停板幅度和最低交易保证金标准分别恢复至 5% 和 7%。 对同时满足《大连商品交易所风险管理办法》有关调整交易保证金标准和涨跌停板幅度的合约，其最低交易保证金标准和涨跌停板幅度按照规定数值中较大值执行。

表 15-7 　　　　　　　LLDPE 期货指定交割库的调整情况

时间	通知名称	调整措施
2017/1/16	关于设立线型低密度聚乙烯、聚丙烯指定交割仓库的通知	经研究决定，设立中国石油天然气股份有限公司（西南化工销售公司重庆仓储中心）为线型低密度聚乙烯、聚丙烯非基准指定交割仓库，与基准指定交割仓库的升贴水为 -150 元 / 吨，自 2017 年 12 月 15 日起接受并办理期货交割业务。
2017/2/13	关于设立线型低密度聚乙烯等品种指定交割仓库的通知	经研究决定，设立上海象屿速传供应链有限公司、上海中外运华浜储运有限公司、广东柏亚供应链股份有限公司等 3 家企业为大连商品交易所指定交割仓库，从即日起接受并办理相关品种期货交割业务。具体情况通知如下： 一、设立上海象屿速传供应链有限公司、上海中外运张华浜储运有限公司为线型低密度聚乙烯和聚丙烯基准指定交割仓库。 设立广东柏亚供应链股份有限公司为线型低密度聚乙烯和聚丙烯非基准指定交割仓库，与基准指定交割仓库的升贴水为 0 元 / 吨。 二、设立上海象屿速传供应链有限公司、上海中外运张华浜储运有限公司为聚氯乙烯非基准指定交割仓库，与基准指定交割仓库的升贴水为 0 元 / 吨。
2017/11/1	关于增设线型低密度聚乙烯、聚丙烯指定交割仓库的通知	设立国投山东临沂路桥发展有限责任公司为线型低密度聚乙烯和聚丙烯非基准指定交割仓库，其中聚丙烯交割仓库的升贴水为 -150 元 / 吨。

四、产业前景、问题以及下一步工作设想

（一）产业前景

1. 煤化工产能扩张，产能占比继续增加。近年来，我国一直稳步推进煤化工产业的发展，预计到"十三五"末期，我国煤制烯烃产能将达到2 000万吨，产量将达到1 392万吨，较2016年分别增长64.47%和14.47%。2017年，国内煤制烯烃板块利润良好，特别是下半年起，受到原油价格上涨影响，煤制烯烃经济性逐步回升，竞争力增强。由神华集团牵头的"煤制油品/烯烃大型现代煤化工成套技术开发及应用"项目在2017年国家科学技术奖励大会上荣获科技进步一等奖，对产业发展释放了积极信号。未来，受到产业政策的引导、国内需求的拉动以及经济性提升的影响，煤制产能还将继续扩张，产能占比也将不断提高。

2. 人民币汇率升值，刺激进口增长。2017年第三季度以来，人民币兑美元汇率持续走高，2017年全年人民币涨幅为6.72%。进入2018年，受到美元走弱影响，人民币兑美元中间价继续攀升。在利率走高、需求拉动、国内回料挤出等主要因素的共同作用下，2017年国内聚乙烯进口量持续增长，全年PE进口量为1 180.4万吨，LLDPE进口量为302.56万吨，同比增幅分别为18.72%和15.74%，进口料在弥补国内供需缺口、满足高端用料需求方面发挥了重要作用。2018年，国内经济仍将保持平稳发展态势，人民币汇率面临相对有利的内外部环境。汇率走高叠加国际聚乙烯装置投产高峰，将进一步刺激国内进口增长，对国内市场供需格局产生重要影响。

3. 期现价格相关性提升，套保效率不断增强。2017年是国内LLDPE上市的第十年，十年来，大连塑料期货品种不断丰富、交易规模日益壮大，市场运行平稳有序，为塑料产业链相关企业提供了有效的风险管理工具。大连塑料期货市场的持续发展，也带动了产业客户

的积极参与，产业客户涵盖产业链上、中、下游全链条客户和众多投资机构。2017年，期现货价格相关性、套保效率稳步提升，基差均值进一步下降，为产业客户风险管理提供了更加有力的保证。未来，随着产业客户参与度的提高以及客户结构的不断优化，期现货价格相关性还将保持稳定提升的总体趋势，为塑料产业发展提供更加有效的服务。

（二）当前存在的问题

1. 2017年期货市场流动性有所下降。2017年，受商品期货交投降温的影响，期货市场成交量和成交额双降，全年累计成交量约30.76亿手，累计成交额约187.90万亿元，分别较2016年下降25.66%和3.95%，期货市场流动性有所下降。受市场环境影响，LLDPE全年成交量和成交额也有所下降，分别较2016年下降39.15%和34.36%，月均换手率由26.41下降到21.40。从流动性下降的原因来看，既有宏观经济进入稳态区间、大宗商品投资降温等因素的影响，也与LLDPE本身现货市场结构、期货市场培育程度等因素有关。流动性的下降会对投资者的交易和套保产生不利影响，值得大商所持续关注与深入研究。

2. 华北地区库容压力较大，交割区域有优化空间。LLDPE的主要交割区域包括华北、华东和华南，不同时期，交割集中区域会出现变化。近年来，受到华北、西北地区产能扩张的影响，华北地区交割量出现增长。2017年，华北地区交割量占总交割量比例约为69.37%，交割量较2016年增长5.95%，华北地区库存压力有所增加。为此，大商所于2017年11月增设国投山东临沂路桥发展有限责任公司为线型低密度聚乙烯和聚丙烯非基准指定交割仓库。截至2017年末，华北、华东、华南和西南四大交割区域协议库容占交割总库容的比例分别为30.23%、53.49%、14.53%和1.74%。尽管华北地区库容有所提高，且交割仓库实际可交割库容往往大于协议库容，但随着华北、西北地区的产能扩张，华北地区仍然面临库容压力。

3. 交割成本可进一步降低。目前，LLDPE的交割成本主要包括交割货物运费、出入库费用、质检费用、仓储费、交割手续费和增值税费等。其中，大商所出入库费用实行最高限价，对于质检费用、仓储费用、交割手续费设置了具体的费用标准。通过对比发现，目前大商所工业品交割手续费标准从0.5元/吨到2元/吨不等，其中，3个化工品种交割手续费绝对值较高，均为2元/吨。虽然化工品由于每吨价格较高，交割手续费占每吨货值的比例不高，但仍有降低空间，可以考虑通过阶段性减免交割手续费或者下调交割手续费标准等方式进一步降低企业交割成本。此外，3个化工品种的仓储及损耗费为1元/吨天，与焦炭、焦煤并列成为大商所仓储及损耗费最高的品种，而3个化工品对仓储条件要求相对较低，损耗也较小，该费用也可以进一步研究降低。

（三）相关建议

1. 加强市场培育，增加市场流动性。建议大商所进一步加强市场培育的深度和广度，以龙头企业为抓手，树立行业内期现结合的标杆企业，通过多种形式的市场培育，不断提高投资者对于期货市场的认识和利用水平，以需求为导向，拓展更加多元的期现结合方式，不断调动投资者的参与积极性，增加市场流动性。

2. 合理优化交割区域设置，确保可供交割量充足。建议大商所持续监测交割集中区域的变化情况，深入研判基准价格的变化情况，研究聚烯烃生产工艺多元化对于产能、交割集中地和交割品质的影响。顺应现货市场的变化趋势，不断调整交割库设置，保证聚烯烃期货市场平稳运行。

3. 推行交割品牌免检制度，降低交割成本。建议大商所进一步下调LLDPE的交割手续费、仓储费等交割费用。同时，借鉴PVC推出交割注册品牌和交割免检品牌的经验，在LLDPE期货上研究推广该制度，降低交割成本，提高产业客户的参与度，提升LLDPE期货市场活跃度。

4. 推行贸易商厂库制度，降低交割成本。建议大商所以行业内的龙头贸易企业为抓手，推行贸易商厂库制度，充分发挥LLDPE贸易商在产业链中的优势地位，合理利用贸易商仓库设置方面的优势，提高交割便利性，降低交割成本，通过贸易商带动产业链上下游企业积极参与期货市场，更好地为实体企业服务。

专栏

2017年LLDPE期货大事记

1月7日，中国一重与浙江石油化工有限公司签订了浙江石化4 000万吨/年炼化一体化项目一期、二期工程的锻焊加氢反应器和环氧乙烷反应器设备的制造合同，合同总金额超过15亿元。

3月30日，新华石化2 000万吨炼化一体化项目签约落户曹妃甸石化产业基地。该项目的成功签约，标志着曹妃甸国家级石化产业基地取得重大进展，标志着建设世界一流石化产业基地迈出了关键一步。

5月27日，扬子石化首次成功生产锂离子电池隔膜专用树脂——特高分子量聚乙烯YEV-4500，这是国内首次也是中国石化首次成功生产该产品，打破了长期以来同类进口产品的垄断，填补了国内空白。世界上隔膜的生产主要有干法和湿法两种生产工艺，干法隔膜以聚丙烯为原料，湿法隔膜以聚乙烯为原料，湿法隔膜更受市场青睐。随着动力锂电池市场的快速发展，预计到2018年，中国湿法隔膜产量将达到8亿平方米，占隔膜一半以上市场份额。

7月至10月，国务院安委会办公室督导组在全国范围内开展安全生产大检查。与此同时，8月11日至9月11日，第四批中央环境保护督察全面启动，这是自2016年7月中央首批环保督察组开展督察以来的第四次环保督察行动。在此前督察问责经验的基础上，第四批中央环保督察组的再次出击，预示着又一场环保治污问责风暴席卷而来。

7月17日，中国向世界贸易组织（WTO）提出，截至2017年底，中国将禁止进口4类共24个品类的固体废物，包括生活源废塑料、钒渣、未分类的废纸及废纺织品。其中生活源废塑料包括乙烯聚合物的废碎料及下脚料/铝塑复合膜；苯乙烯聚合物的废碎料及下脚料；氯乙烯聚合物的废碎料及下脚料；PET的废碎料及下脚料，不包括废PET饮料瓶；其他塑料的废碎料及下脚料，不包括废光盘破碎料。7月20日，环保部在例行新闻发布会上确认了禁止废弃塑料、未经分解的废纸等24类"洋垃圾"进口的消息。

8月25日，"哈维"从热带风暴加强为飓风，席卷了近半个美国，由此带来的洪水冲击到了最重要的化工原料之一——乙烯。而美国主要的乙烯产能都集中在墨西哥湾地区，仅得克萨斯一个州就占据了美国总供给的将近四分之三。PetroChemWire认为，哈维带来的洪水导致美国61%的乙烯产能停产，生产在11月以前可能都无法恢复至风暴前的水平。

9月1日，陶氏杜邦™宣布，陶氏化学公司（陶氏）与杜邦公司（杜邦）于2017年8月31日成功完成对等合并。合并后的实体为一家控股公司，名称为"陶氏杜邦™"，拥有三大业务部门：农业、材料科学、特种产品。

9月22日，中国石油和化学工业联合会对"乙炔加氢制乙烯工艺及装备"成果进行了科技鉴定。神雾"乙炔加氢制乙烯工艺及装备"填补了国内外高浓度乙炔制乙烯技术空白。霸州中试装置规模为1 000吨乙烯/年，共包括三个单元：乙炔单元、制氢单元及反应单元。中试基地生产的单体乙烯直接通过火炬燃烧，而在实际生产线中，将送往下游继续生产聚乙烯等产品。与传统的煤气化法煤化工相比，该技术体系具有投资强度小、能源转化效率高、水耗低、CO_2排放量低、产品生产成本低等优点。该技术大面积推广后，能有效降低我国乙烯的对外依存度，继而减轻石脑油裂解制烯烃的产业压力。

10月26日，为打造全球最具竞争优势的化工制造基地，提升万华品牌的国际知名度，万华集团依托化工园区产业优势，拟投资117亿元建设乙烯项目，年产能100万吨，将是山东省最大的乙烯生产基地。主要装置包括100万吨/年乙烯裂解装置、35万吨/年高密度聚乙烯（HDPE）装置、45万吨/年线性低密度聚乙烯（LLDPE）装置。

报告十六
聚氯乙烯期货品种运行报告（2017）

2017年，氯碱行业延续2016年的高利润，行业开工率指数稳步提升，达到历史高位。聚氯乙烯（以下统称"PVC"）作为氯碱行业的主要产品，价格波动剧烈，重心震荡上行，期货市场发展情况显著回暖。从行业自身供需看：供给端受环保政策影响，阶段性开工受影响，而需求端受下游产品品质提升及PVC成品出口回暖等因素影响增速明显。两者综合作用下，全年聚氯乙烯呈现供应偏紧的态势。从期货市场成交和持仓来看，2017年是快速增长年，无论是持仓量、成交量、客户参与数都有显著的增长，但绝对量相较其他活跃的化工品期货依然偏低，PVC期货市场仍需持续进行培育。2017年，大商所PVC期货市场运行取得较好成绩，在未来的行业发展中，PVC期货市场将更好地为实体经济服务。

一、PVC期货市场运行情况

（一）市场规模分析

1. 成交持仓持续攀升。整体来看，2017年PVC期货市场的运行情况延续2016年回暖趋势，成交量和成交额持续攀升。PVC全年成交量为3 900万手，显著高于2016年的1 124万手，同比上升247%；全年成交额为12 783亿元，高于2016年的3 659亿元，同比增幅达到249.36%。从月度成交规模看，呈现持续攀升的态势，尤其从5月起，成交量大增，并在12月达到年内月度成交量峰值605万手，较2016年同期增长103.10%，也高于2016年11月的年度峰值，12月成交量为两年内最高值。成交额的变化趋势与成交量一致，从5月起快速增长，并在12月达到两年内最高值，12月成交额约为2 000亿元，较2016年同期增长102.68%。整体来看，2017年聚氯乙烯成交量和成交额较2016年大幅度增加，下半年增长更为强劲。

具体来看，上半年，由于现货行情波动幅度一般，整体成交量与持仓量都较为稳定。下半年，环保风暴来袭，行情波动加剧，较为吸引资金关注，成交量与持仓量在下半年显著上升。其中，持仓量由上半年月均8.02万手上升至13.44万手，成交量由上半年月均196.59万手上升到272.05万手。

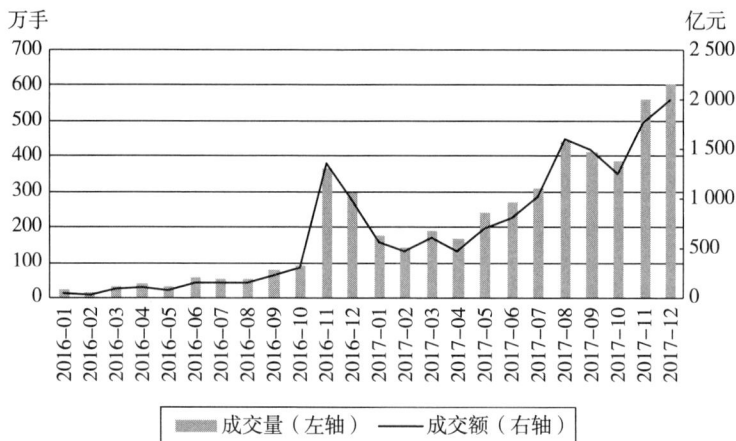

数据来源：大连商品交易所。

图 16-1　PVC 期货月度成交量与成交额变化情况

2017年，PVC期货月均持仓量为10.73万手，2016年为7.50万手，同比上涨43.07%。各月持仓波动较大，仍体现出明显的季节性，主要受现货市场季节性影响，表现为春秋两季持仓峰值；第一个峰值为2017年6月的12.60万手，第二个峰值为同年11月的16.49万手。上半年持仓量与2016年相比略增，下半年显著上升是因为PVC供需出现错配，现货端波动较大，从而吸引了更多投机和套保需求入市。

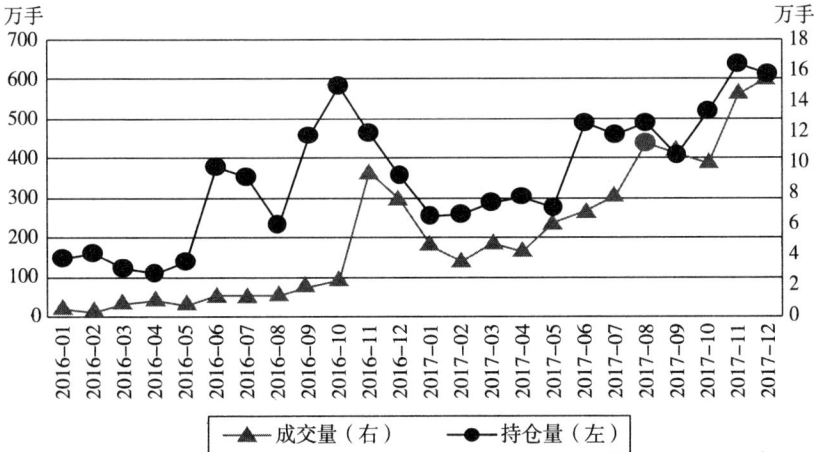

数据来源：大连商品交易所。

图 16-2 PVC 期货月度成交量与持仓量变化情况

2. 期货占比逐渐上升，但仍然较低。目前，PVC期货成交量在期货市场的占比仍然偏低，但呈现显著上升的趋势。2017年，PVC成交量在大商所总成交量中的占比延续2016年的上扬态势，年度均值达到3.45%，远超2016年同期的0.80%。10~12月，成交占比突破5%，峰值为12月的5.88%。

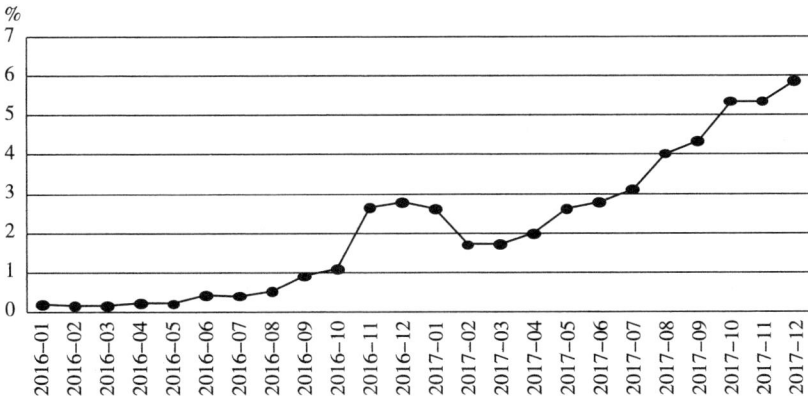

数据来源：大连商品交易所。

图 16-3 PVC 成交量在大商所所有品种中的占比

2017年，PVC持仓量在大商所总持仓量中的占比依然较低，但出现明显上升趋势，月度均值在1.87%，2016年仅为1.21%，持仓占比较高的月份主要分布在下半年，峰值为12月的3.15%。

（二）PVC期现货市场走势

1. 期价震荡上涨，价格重心上移。2017年，PVC期货价格震荡上涨，波动率显著加大。全年行情主要分为五个阶段：1~2月中旬，文华财经PVC期货指数（以下简称PVC期指）持续上涨，自年初5 900元/吨涨至2月中旬6 900元/吨，上涨1 000元/吨，价格上涨的主要原因在于前期价格快速下跌及下游出于原料低价而产生的投机性备货行为。2月中旬至6月中旬，PVC期现货价格持续下跌，期货价格最低跌至5 400元/吨，处于全年价格的谷底。这波调整原因在于：首先，节前备货需求过于充足，透支下游需求，且年后供应阶段性高位，显性库存较多，对价格的支撑减弱。其次，整体社会产成品库存偏高，影响下游工厂对原材料的需求。6月底至8月底这两个月内，环保风暴来袭，部分上游PVC工厂受环保制约开工不足，而下游需求订单从小厂向大厂转移，较为稳定，导致了供减需增的局面，从而带动现货持续上涨。9月之后，市场行情发生下跌，11月跌至6 100元/吨，这波下跌主要源于市场对后续行情的悲观预期以及商品整体性的回调。12月之后，库存并未有效累积，而且前期价格下跌太多，下游利润普遍较好，市场备货意愿较强，行情修复至6 600元/吨左右的水平。

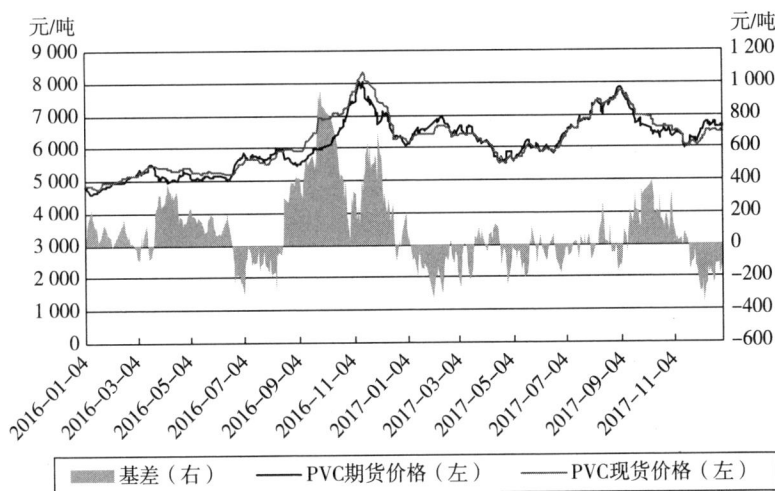

注：现货价格为杭州 PVCSG5 市场价，期货价格为 PVC 主力合约结算价。

数据来源：大连商品交易所、Wind 数据库。

图 16-4　PVC 期现货走势及基差情况

2. 行业高利润导致高开工。PVC 工厂综合利润如图 16-5 所示，整年利润处于高位。这主要源于烧碱价格的上涨，32 度液碱的价格几乎翻了三倍，近期有所回调。这导致 PVC 行业开工率在国家环保检查结束后，保持高位，较往年同期也处于高位。PVC 全年产量达到 1 830 万吨，较 2016 年增加 160 万吨。

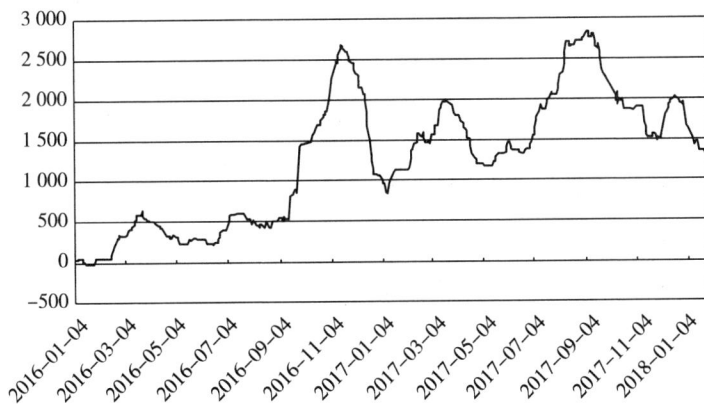

数据来源：Wind 数据库。

图 16-5　西北 PVC 工厂综合利润

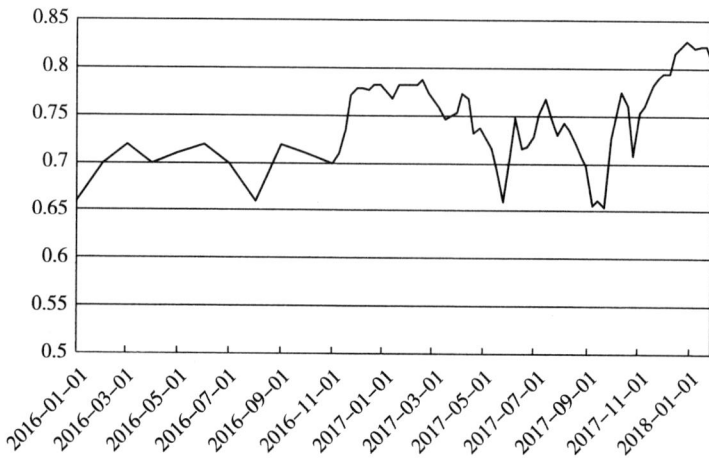

数据来源：Wind 数据库。

图 16-6　PVC 工厂开工率走势

3. PVC需求增长态势良好。近年来，PVC需求呈现较好的增长态势，这一点可以从整年的库存走势中看出。尽管市场供应量增加较多，但整体库存并未体现出大量的累积，整体需求向好。

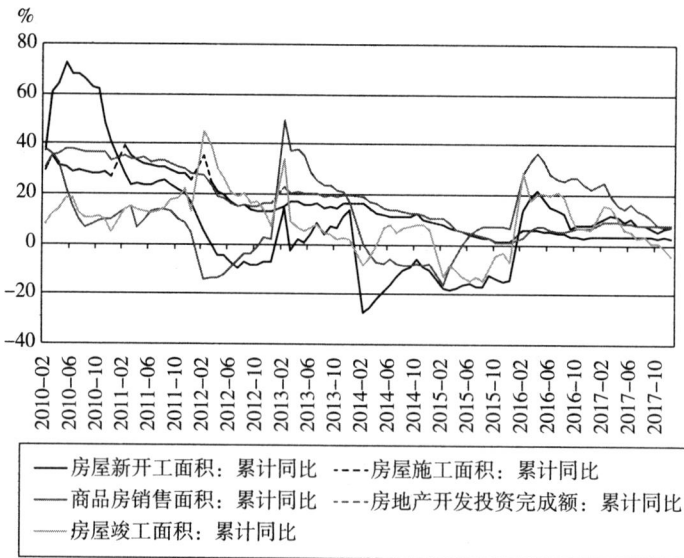

数据来源：Wind 数据库。

图 16-7　房地产新开工及施工数据

需求之所以能够保持高增长态势的原因主要有三点：一是房地产周期下，2016年全年地产新开工面积以及地产固定投资完成金额稳步增长，而PVC的产业周期恰好滞后于地产周期6~9个月左右，因此地产周期给PVC2017年需求增长带来了动力。二是环保风暴导致下游小作坊停工，然而终端需求仍在，订单由小厂向大厂转移，而大厂的PVC制品中原料添加量较多，整体产品质量优于小厂（PVC硬制品大都由钙粉加PVC组成），PVC需求量整体得到提升。三是PVC成品出口数量显著增加。据海关有关部门统计，2017年PVC成品出口量稳步提升，如PVC地板出口量提升30%，据测算这部分出口相应提升了PVC2%的需求。

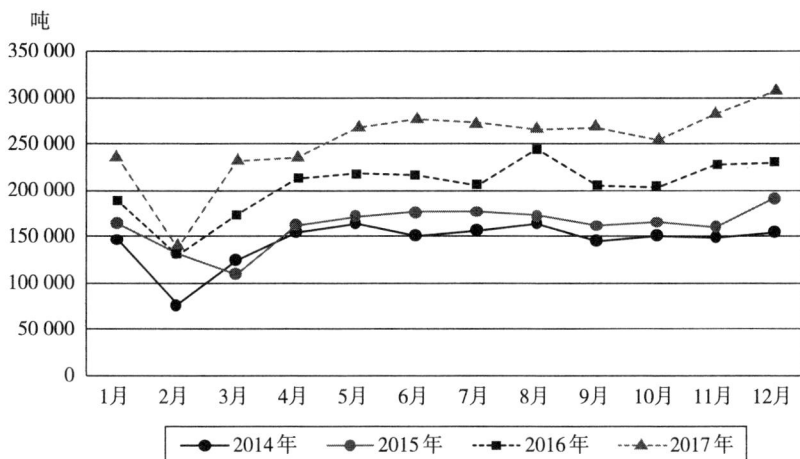

数据来源：Wind 数据库。

图 16-8　PVC 制品出口量

（三）期货市场结构分析

与2016年相比，2017年PVC期货市场参与客户总量增加，结构基本不变。具体来看，市场参与者个人与法人客户均显著增加，但两者占比变化不大，持仓集中度在下半年有下降趋势。

1. 市场参与者数量延续增长趋势。从法人客户数方面看，2017

年，法人客户数较2016年显著上升。2016年，期货月度参与法人客户数均值在688户左右，2017年该均值增至1 587户，其中11月最高为2 055户。从个人客户数方面看，2016年月均为15 547户，2017年则高达38 129户，增幅达到22 582户，同比增幅为145.25%，较2016年大幅提高。总体来看，2017年PVC市场客户参与数量大幅提升，与成交量、持仓量的大幅提升相互呼应，表明PVC期货市场延续强劲增长态势。

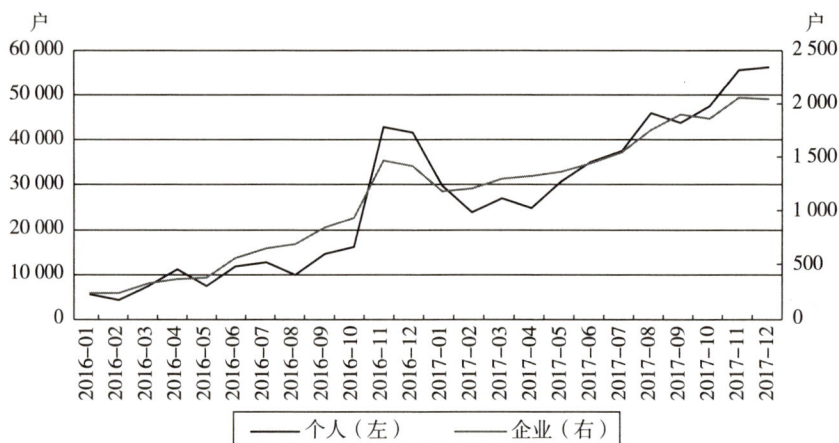

数据来源：大连商品交易所。

图 16-9　PVC 期货交易个人和企业客户数

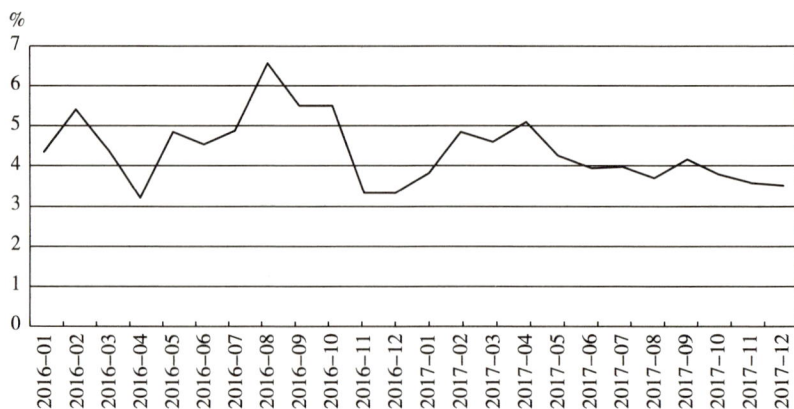

数据来源：大连商品交易所。

图 16-10　企业客户占总交易客户比例

2016年和2017年，法人和自然人客户在客户数量上都呈现出持续攀升的态势。然而2017年法人客户数在总交易客户数中的占比呈现下降趋势。2016年，法人客户占比月均值为4.66%，2017年则下降至4.11%。通过分析发现，这并不是由于机构或者产业客户数量下降造成的，而是由于PVC期货波动幅度较为剧烈吸引了更多的个人投资者，从而稀释了法人客户在总交易客户中的占比。

2. 持仓集中度小幅下降至34.01%。2017年，PVC期货持仓集中度（指持仓量前100名客户的持仓量/市场持仓量）月均值为34.01%，较2016年下降了18.63%，延续了2016年下降的趋势。年内整体持仓集中度1月最高，达到44.12%，全年持仓集中度的波动幅度有所增加。持仓排名前100名客户的持仓量之和与总持仓量的比例均值降至55.37%，2016年为75.26%。PVC期货持仓集中度的下降说明市场参与者数量增多，更有利于发挥PVC期货的价格发现与套期保值功能。

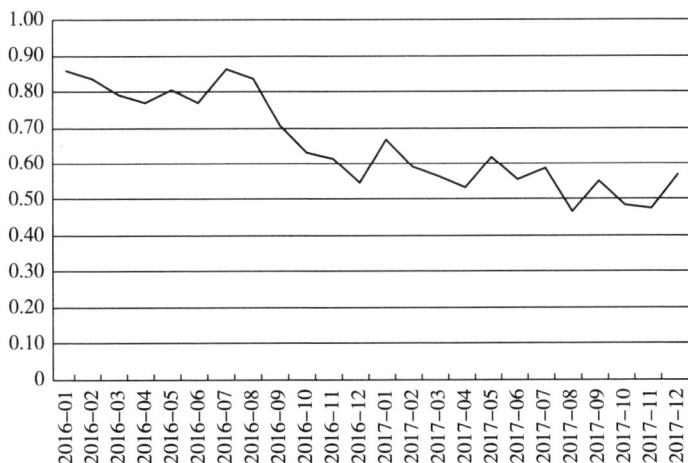

数据来源：Wind 数据库。

图 16-11　PVC 期货持仓集中度

（四）交割情况分析

1. 交割量、交割率依然很低，同比显著增加。2016年，PVC期货交割量（以单边计，下同）达到10 239手，同比增长293%；2017年，交割量为11 822手，同比增幅为15.46%，延续了2016年交割量的上涨趋势，这主要体现了产业客户参与量的提高。相比2016年交割量主要集中在9月的情况，2017年三个主力合约中1月和9月合约的交割量较大，主力合约交割量更为均衡，这说明期现货联动性得以增强且期货套期保值功能得到了更好的发挥。

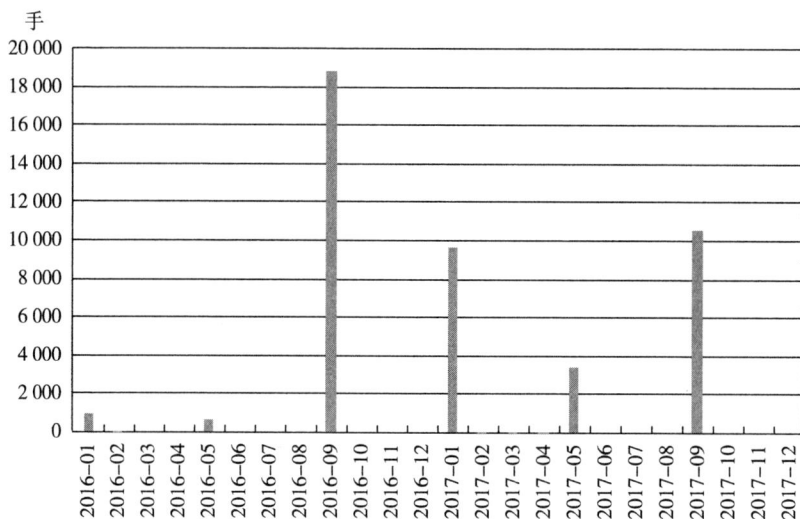

数据来源：大连商品交易所。

图 16-12　PVC 各个合约交割手数

2. 交割客户所在地相对集中，交割客户数增加。2017年，交割区域较2016年有一定的变化：2016年主要是以华东及华南地区客户交割为主，为10 195手，占比91.69%；而2017年西北地区客户交割量达到6 129手，占比达到25.92%。其中，宁夏回族自治区客户交割数量达到3 879手，占比16.41%。当地参与者多为生产企业，这反映了当前制度背景下更多生产企业利用期货市场进行套期保值，PVC期货功能发挥更为充分。

二、PVC期货市场功能发挥情况

（一）套期保值功能发挥情况

1. 基差均值大幅走弱，基差变动频率增加。2017年，PVC基本保持正基差，基差均值为91.49元/吨，但较2016年的154.45元/吨已经大幅度缩小。这种现象的产生主要还是氯碱行业自身景气度的改善，对于PVC期货本身，具备后期转好的条件，使得基差变弱。

2. 套保效率显著提升。2017年，PVC期货套期保值效率提升至92.3%，高于2016年的70.70%。从期现相关性提高及交割量显著增加来看，PVC期货市场再度成为现货企业参与并进行风险管理的重要途径，这与大商所积极进行市场培育、不断完善PVC期货相关规则制度有关。

3. 到期日基差不回归加大了套保实践的难度。套期保值的核心目的是将绝对价格风险转为相对价格风险，即基差风险。套期保值发挥作用的关键是基差在交割时有回归零值附近的本能属性，这代表期现终将回归，即基差风险在可控范围内。根据表16-1数据分析，2017年，PVC期货到期日基差并未回归到零值附近，而是291元/吨。这种基差不回归的状态将使得套保实操中，面临较大的基差风险，加大了套期保值的难度。

表 16-1　　　　　2016—2017 年 PVC 期货套保有效性

指标			2016 年	2017 年
基差	均值	元	154.45	91.49
	标准差	元	183.35	134.88
	变异系数	—	0.08	0.02
	最大	元	610	465
	最小	元	−260	−235
到期价格收敛性	到期日基差	元	155.63	291
	期现价差率	%	2.85	7.02
套期保值效率	周价（当年）	%	70.7	92.30

注：现货价格为杭州 PVCSG5 市场价，期货价格为主力合约结算价，数据频率为日度。
数据来源：大连商品交易所。

（二）期货市场功能发挥实践

1. 企业积极利用期货参与套保。在实际套保过程中，企业套保操作的基本思路应是：一是每日统计现货敞口风险，将产供销部门整合起来；二是分析基差走势，在基差处于历史上相对较高的时候，减少套保的比例，而在基差处于偏低水平时，加大卖出保值的比例；三是根据自己的产量，对未来的库存增量做一个评估，对未来库存增量进行风险管理。从宏观经济和产业分析等角度，制定相关套保策略如下。

2017年，PVC价格波动较为剧烈，企业参与套期保值的积极性明显提高。当期货价格大幅度上涨时，上游工厂拥有较好的利润，生产企业乐于卖出套保，从而在较好的价格锁定生产利润，实现公司的稳定经营。这一点在2017年9月合约上体现的更为明显，当时期货上涨至7 500元/吨，西北某PVC工厂综合利润已经达到3 000元/吨，上游在期货上锁住价格，实现生产利润，从而很好地避免了后期行情的下跌。

第四季度，行情急剧下跌，12月初跌至6 100元/吨。当时，浙南某PVC下游需求企业根据自身情况认为：未来半年内，使用6 100元/吨的PVC原料，自身的利润是非常丰厚的。因此，该PVC下游企业委托相关风险管理子公司在期货上进行延期"点价"，提前购买原料。结果不到1个月后，行情上涨，而该下游企业使用的仍然是之前低价位"点价"交易采购的原料，从而有效地避免了原料价格上涨给自身经营带来的风险。

2. 灵活运用套保理论优化现货经营模式。企业还可以根据PVC期货与现货的波动率及两者的相关性，计算出套保系数L为

$$L = \sigma^{现货} / (\sigma^{期货}) \times R$$

式中，R为期货、现货的相关系数；σ为波动率，波动率选取最近100个交易日为基准。由此可算得

$$L=0.80×（856/769）=0.89$$

也即，在不考虑交割的情况下，理论上企业应该用0.89×N吨期货来对N吨现货进行对冲，才能使得风险最小化。从以上公式可看出，现货的波动率大于期货的波动率，这是少见的，因此这种建立在风险平价的套保系数具有一定的科学性。2016年下半年来，PVC成交量和持仓量显著增加，有利于企业积极且规模较大的在期货上去套期保值。

结合具体情况，举例如下：2017年12月15日，期货收盘价格为6 625元/吨，而现货价格为6 435元/吨，期现货价差190元/吨。我们根据相关仓储费用以及资金利息计算可知，交割成本基本为200元/吨左右，期现价差基本可以覆盖交割成本，可依据上述公式在期货上做出与现货量匹配的头寸。

三、PVC期货合约相关规则调整

（一）交割注册品牌管理

2017年1月20日，公布内蒙古鄂尔多斯电力冶金集团股份有限公司生产的"鄂尔多斯"牌聚氯乙烯为期货交割注册品牌。

2017年10月11日，批准"唐山三友氯碱有限责任公司"为注册品牌生产企业，相关生产品牌为"三友"。PVC注册品牌生产企业达到13家。

（二）其他规则调整

根据《大连商品交易所风险管理办法》第九条规定：如遇法定节假日休市时间较长，交易所可以根据市场情况在休市前调整合约交易保证金标准和涨跌停板幅度。2017年，大商所在PVC的保证金、涨跌停板和持仓限额等方面进行了2次调整。

表 16-2　　　　2016 年节假日 PVC 合约交易保证金调整情况

时间	通知名称	调整措施
2017/1/18	关于 2017 年春节期间调整各品种最低交易保证金标准和涨跌停板幅度及夜盘交易时间的通知	自 2017 年 1 月 25 日（星期三）结算时起，将黄大豆 1 号、黄大豆 2 号、豆油、棕榈油、豆粕、玉米、玉米淀粉、聚乙烯、聚氯乙烯和聚丙烯品种涨跌停板幅度和最低交易保证金标准分别调整至 7% 和 9%。
2017/9/21	关于 2017 年中秋节、国庆节期间调整各品种涨跌停板幅度和最低交易保证金标准的通知	自 2017 年 9 月 28 日（星期四）结算时起，聚氯乙烯品种涨跌停板幅度和最低交易保证金标准分别调整至 7% 和 9%。2017 年 10 月 9 日（星期一）恢复交易后，自各品种持仓量最大的两个合约未同时出现涨跌停板单边无连续报价的第一个交易日结算时起，聚氯乙烯品种涨跌停板幅度和最低交易保证金标准分别恢复至 5% 和 7%。

四、聚氯乙烯期货市场发展前景、问题及建议

（一）发展前景

1. PVC 行业仍将保持高位利润。2016 年下半年，氯碱行业走出了过去几年的萎缩周期，行业利润不断上行。进入 2017 年，虽然 PVC 价格区间波动，但是氯碱行业主要产品烧碱价格却呈现不断上涨的趋势。由于生产烧碱过程中的液氯无法很好处理（液氯下游近几年来发展缓慢，其需求增速跟不上烧碱对应需求的增速），倒贴严重。因此新烧碱装置投产欲望并不强，供应增速较低，行业整体仍处于景气周期。此外，聚氯乙烯 2018 年能够明确投产的装置也相对较少，预计整体仍将处于供需偏紧的格局，价格仍将高位运行，整体行业利润在 2018 年也将保持高位。

2. 后续装置投产情况值得关注。后续国内投产的电石法装置中，一体化的装置增多，外采电石装置较少。此外，相关电石炉经过 2017 年的环保整治后，小规模装置逐渐减少，其产生的污染相对变小。另外，2018 年新工艺装置投产情况也值得观察。据了解，山东德州实华姜钟法 PVC 装置将在 2018 年 10 月投产。如果新增装置能够顺利投产且

保持生产稳定，那么PVC行业的汞催化剂污染问题将能得到很好地解决，这对全球氯碱行业都具有重要意义。目前，能够确定投产的新装置有山西瑞恒二期40万吨装置、陕西北元扩能15万吨、安徽华塑二期60万吨三套装置，占当前总产能的6.3%左右。

3. 聚氯乙烯销售格局呈现多元化发展趋势，"点价"交易逐步推广。目前，国内PVC行业仍然以传统线下销售模式为主。以华东为例，日常交易仍以一口价为主，几大主流贸易商占据当地市场份额的85%以上。但是随着行业景气度的提升，参与PVC贸易的贸易商数量逐渐增多。其中，期货公司风险管理子公司企业的出现使得销售模式越来越呈现多样化。当前这些贸易模式中，"点价"交易模式在PVC领域推广的最为迅速，受此影响，传统贸易企业也越来越注重期现结合的操作方式。对于贸易商来说，能够改变过去囤货赌行情的模式，减少了资金压力，规避价格波动的风险，赚取合理的利润。而对于下游工厂来说，可以提前锁定利润，减少资金压力，将精力集中于生产销售方面。比如，2017年，下游PVC管材以及PVC软制品等聚氯乙烯下游行业产能过剩，带来的产品同质化严重的矛盾令下游的竞争格局不断加剧，而原料PVC价格又波动较为剧烈，不利于下游生产企业稳定经营。在相关期货公司风险管理子公司的努力下，不少下游企业利用"点价"交易、期现结合等金融工具来降低原料采购成本，从而在竞争日益激烈的市场中实现了稳定经营。

（二）当前存在的问题

1. 当前中西部上游企业参与期货的程度仍有提升空间。与其他几个化工品种类似，目前，中西部地区上游生产企业参与套保的数量依然较少。而中西部地区上游生产企业占据我国PVC产能的80%左右，PVC期货要更好地发挥为产业服务的作用，还需要提高上游企业的参与度。未来工作中，可以加强对上游企业的培训和宣讲，进一步调动企业参与期货市场的积极性。一方面，通过行业会议和内部培训方式，提升客户参与度和客户运用期货工具降低经营风险的能力；另一方面，可以组织企业调研，通过与期货公司具有实践操作经验的工作人员合作，将企业成功的套保和期现结合的模式案例进行总结并推广，切实提高企业运用期货工具的方式和能力。

2. 非主力合约仍然不够活跃。与国内大多数商品期货相同，当前，主力合约只有1月、5月、9月三个合约。对于参与"点价"交易的下游企业来说，由于自身企业生产是连续的，但期货主力合约只有三个月份，其他合约成交量太小，不利于其"点价"交易，活跃非主力合约的政策需深入研究、尽快落地。

（三）发展建议

1. 进一步加强市场培育，更好地为PVC企业服务。目前，生产企业尤其是中西部企业参与PVC期货依然相对较少，这需要交易所和期货公司从多个层面去推广和培育，让更多企业认识到期货工具的优势。在PVC期货市场活跃度不断上升的背景下，拉动更多企业参与期货市场，既有助于企业利用期货做风险管理、优化经营模式，也会加强期货市场价格发现功能，促进期货市场良性循环发展。

2. 增强非主力合约的活跃度。2017年，产业客户参与PVC期货市场更加积极，但仍限于主力合约1月、5月、9月上。实践中，上下游企业对PVC风险管理的需求是连续的。2017年，大商所在铁矿石合约上积极推进非主力合约的活跃工作，通过现货做市商、降低非主力合约手续费等措施，提高非主力合约流动性。PVC期货市场也具有这方面的需求，在时机成熟时可以考虑研究并实施相关制度。

2017年 PVC期货大事记

2017年初，国家发展改革委接到举报，反映部分聚氯乙烯（以下使用其英文简称PVC）经营者实施价格垄断，联合推高PVC销售价格，加重了以其为原材料的下游企业成本负担，损害了消费者合法权益。接到举报后，国家发展改革委随即开展了反垄断调查。调查发现，18家涉案企业在2016年销售PVC产品的过程中通过微信群多次达成了统一涨价的垄断协议，导致PVC市场价格明显上涨。涉案企业的上述行为已违反《反垄断法》，国家发展改革委依法对18家涉案企业处以2016年度相关市场销售额1%~2%的罚款，共计4.57亿元。

7月18日，中国正式通知世界贸易组织，2017年底开始将不再接收废弃塑料等外来垃圾。从国门利剑到《关于禁止洋垃圾入境推进固体废物进口管理制度改革实施方案》，再到7月环保部打击进口废物加工利用企业环境违法行动，废塑料行业一再雪上加霜，如今废塑料进口被禁止，对大多数进口废塑料加工利用企业来说无疑是灭顶之灾。再生废塑料行业必然要经历一轮优胜劣汰，从而促进产业转型升级。废塑料进口被禁止，部分塑料制品的原料需求将会转移至PP、PE、PVC等新料上。

8月16日，《关于汞的水俣公约》（以下简称《公约》）正式生效，这是国际化学品领域继《关于持久性有机污染物的斯德哥尔摩公约》后又一个重要国际公约，中国是首批缔约方之一。该《公约》要求缔约国到2020年PVC单体生产每单位汞用量比2010年减少50%；在2025年之前淘汰使用汞或汞化合物的生产氯碱。我国氯碱行业迎来巨大挑战。我国涉汞领域主要包括氯碱行业电石法产

PVC、原生汞矿、含汞电光源等。其中，氯碱行业每年耗汞占国内汞消耗量的85%。烧碱、聚氯乙烯的生产将产生大量的含汞废酸、废汞触媒等，环境危害非常大。

2017年8月，环保部门启动了第四次环保督察，主要覆盖了山东、浙江、四川、海南、辽宁、吉林、新疆（含兵团）、西藏等省份，首次入驻浙江省。环保督察对华东塑料制品生产企业自身影响较小，而对山东省当地影响明显。据了解，企业要环评达标，需要增加环保设备、修建排放管道、配置净化器等，对企业经营的成本抬升比较明显，因为部分环保装置花费较高。这次环保督察导致山东地区多数PVC制品企业、浙江部分PVC制品企业纷纷停产，但同时新疆、山东等地区上游企业也因石灰石或者电石原因导致当地PVC开工率下降，供应量降低。

2017年，国内PVC行业供应继续稳步增加，国内价格大幅上升的同时，受美国低成本货源影响，我国PVC进口量增幅明显。2017年10月，PVC纯粉进口量为5.6万吨，环比跌33.28%，同比涨1.70%。2017年1~10月，PVC纯粉累计进口量为63.9万吨，累计同比涨22.83%。

热带风暴哈维自在墨西哥湾上空演变成飓风，于美国当地时间8月25日晚在得克萨斯州科珀斯克里斯蒂的东北部登陆，最终成为一场风速为每小时130英里（约合209公里）的四级飓风。后来，哈维向海上转移，然后在科帕诺湾再次登陆，这一次成了三级飓风。这是美国自2005年以来最强大的怪兽级飓风，数十万民众被迫避难。飓风哈维的袭击，给美国原油以及能化领域造成严重的影响，而PVC行业也首当其冲受到影响。据了解，受飓风影响，得克萨斯州停产4套PVC装置，分别属于台塑和西方化学。停产的两家企业产能总共在207万吨，占美国总产能的25%左右。

报告十七
聚丙烯期货品种运行报告（2017）

2017年，聚丙烯（PP）期货交易和持仓规模小幅回落，产业参与度稳步提升，客户结构不断优化，整体运行平稳。受原油价格及现货市场库存波动影响，聚丙烯期货价格全年呈现先抑后扬"V"形走势，远月升水时间段大幅提升。随着聚丙烯期货品种成熟度的提高，期现价格相关性增加且套期保值效率大幅提升，聚丙烯期货价格逐渐成为行业定价的重要参考因素，其价格发现和套期保值功能将得到进一步的发挥。

一、聚丙烯期货市场运行情况

2017年，聚丙烯期货成交量和持仓量相较2016年有所回落，但仍然能维持稳定的活跃度，交割顺畅，投资者对该期货品种的认可度稳步提高。

（一）市场规模及发展情况

1. 成交量平稳无异常。2017年，聚丙烯期货全年成交总量高达5 669万手，成交总额24 264亿元。2017年，月度平均成交量达到472万手，相比2016年减少54.20%；月度平均成交额达到2 022亿元，相比2016年减少44.26%。2017年，聚丙烯期货交投较为平稳，从年初开始随着行情走势转弱，月均成交量的变化不大，成交量在350万~550

万手的区间内波动。具体来看，年初到2月，在传统节日因素影响下，成交量环比大幅萎缩；3月，期货价格呈震荡走势，受到期货主力套保盘获利了结的影响，成交量小幅上涨；交易所在4月中旬降低期货交易手续费后，5月成交量开始上升；6~8月，随着期货价格的反弹上涨以及日内手续费的调减，交易量呈小幅上升趋势；9月、10月，随着期货价格的下跌，成交量逐月下滑。国庆节后，PP期货价格宽幅震荡，11月至12月的成交量保持年内高位。

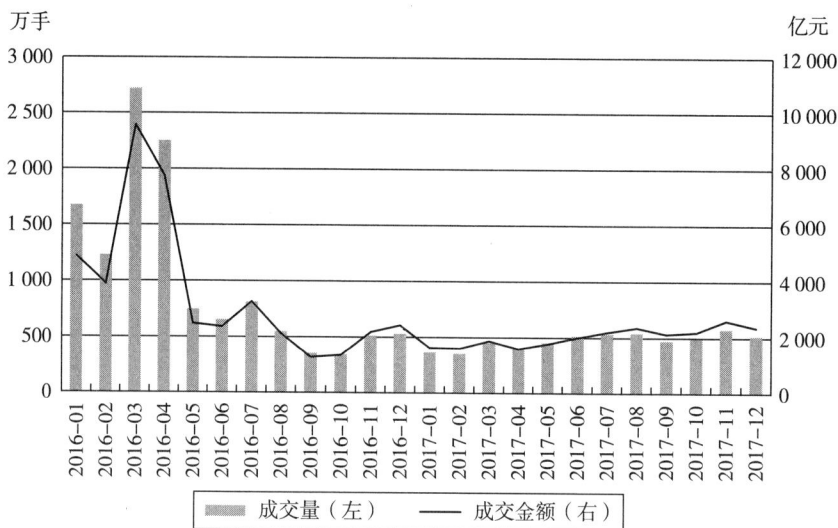

数据来源：大连商品交易所。

图 17-1 2016—2017 年聚丙烯期货月度成交情况

2. 持仓量回落，呈现先升后降的趋势。2017年，聚丙烯期货月度平均持仓量达到28.57万手，相比2016年减少30.42%，持仓量有所回落。具体来看，1~4月持仓量平稳上升；4月下旬，降低期货交易手续费后，持仓量大幅提升；之后，月度持仓量继续攀升，并于5月达到年内最高点，约37.68万手，随后开始下降；自9月开始，PP持仓量再次开始上涨，从年内最低点19万手一路上涨至11月的26万手，12月持仓量小幅降至24万手。

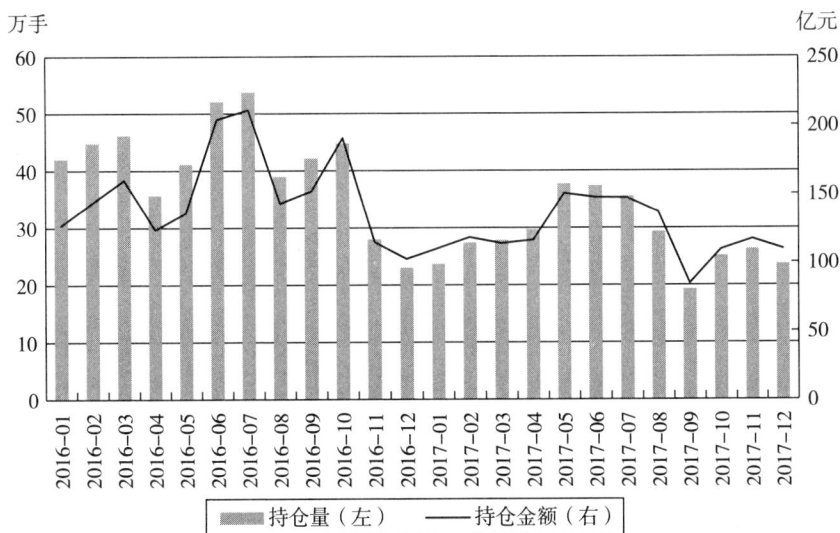

数据来源：大连商品交易所。

图 17-2　2016—2017 年聚丙烯期货月度持仓情况

3. 成交量排名居于化工品种期货中第五位。截至2017年底，国内共上市化工期货品种7个，分别为线性低密度聚乙烯（LLDPE）、聚丙烯（PP）、聚氯乙烯（PVC）、精对苯二甲酸（PTA）、甲醇、燃料油和沥青。2017年，聚丙烯成交量达到5 669万手，落后于PTA、甲醇、石油沥青和聚乙烯，位居第五，排名较2016年下降一位。在7个化工品种中，2017年有两个品种的成交量呈正增长，其他品种成交量均呈现下降趋势，其中，聚丙烯成交量下降54.20%。从月度成交量来看，聚丙烯1~8月的成交量在7个化工期货品种中排名第五，但从9月开始成交量逐步赶超石油沥青和聚乙烯排名位列第三，11月以后的成交量排名有所回落位列第四，后期成交量排名较为靠前。从月度持仓量来看，2017年较长时间内聚丙烯在国内化工期货品种中大部分时间处在第四位。其中，5月的持仓增长较快，排名也曾一度跃至第二位。

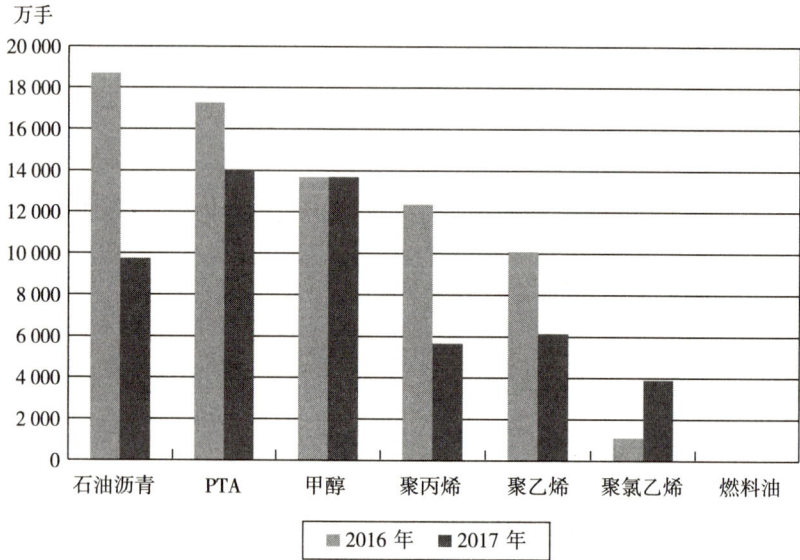

数据来源：大连商品交易所。

图 17-3　2016 年、2017 年国内化工品期货成交情况

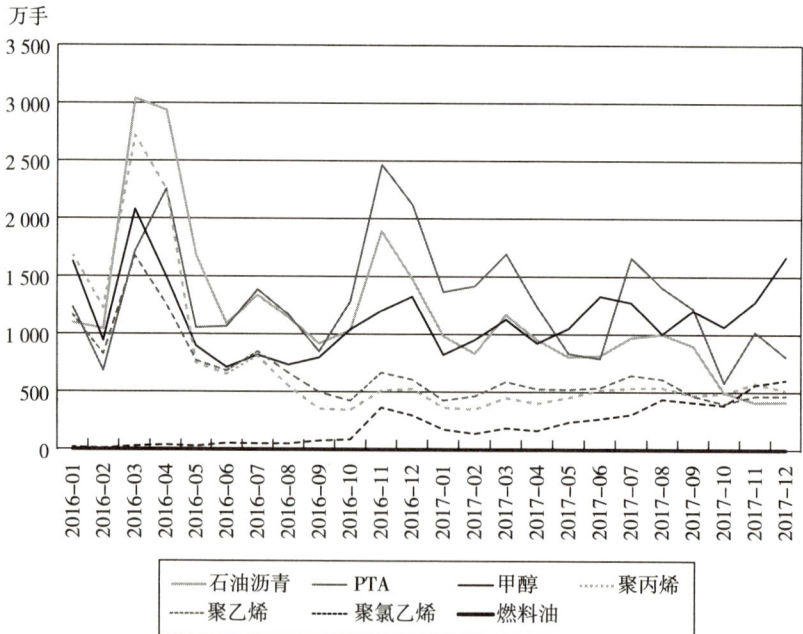

数据来源：大连商品交易所。

图 17-4　2016 年、2017 年国内化工品期货月度成交情况

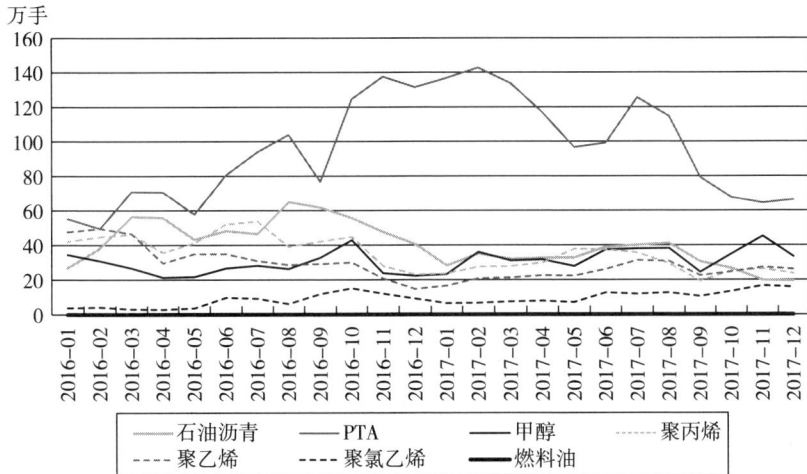

万手

数据来源：大连商品交易所。

图 17-5　2016 年、2017 年国内化工品期货月度持仓情况

（二）价格运行规律分析

1. 聚丙烯期货价格先抑后扬，呈现"V"形走势。2017年聚丙烯价格呈现"V"字形走势，综合反映在聚丙烯装置开工变化、去库存进程和季节性需求变化等多因素交织下，市场的多空博弈。聚丙烯期货主力合约价格由2016年12月30日的8 910元/吨上涨至2017年12月29日的9 282元/吨，涨幅为4.18%；现货价格由9 105元/吨涨至9 275 元/吨，涨幅为1.87%。具体来看主要分为以下四个阶段：第一个阶段，年初至2月下旬，年初由于担忧原油期货回落，聚丙烯高位回落，然而由于下游春节备货以及对聚丙烯装置上半年度集中检修的预期，流通现货收紧，期现价格轮动创出新高；第二阶段，3月至5月期间，由于原油价格下跌，国内大宗商品尤其是化工产品整体下行，聚丙烯期现价格回落，创出年内低点；第三阶段，5月至9月期间，由于原油价格反弹，商品市场回暖，且"禁废令"的颁布引发供应减少的预期，期价重回升水格局，期现价格形成新一轮的共振，期价冲击年初高点；第四阶段，9~12月，利好出尽上行乏力，由于原油价格及甲醇价格高位，上

下两难，期现价格呈现窄幅震荡走势。

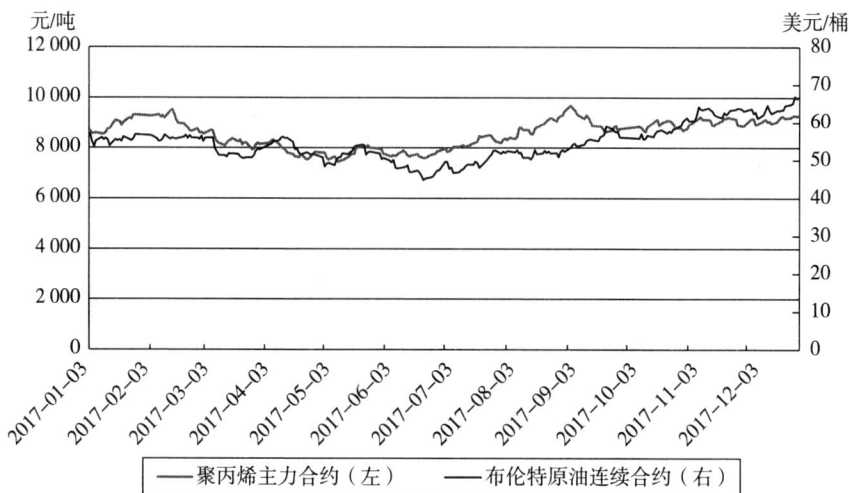

数据来源：Wind 数据库。

图 17-6　2017 年聚丙烯与布伦特原油期货价格走势

2. 库存水平维持低位。聚丙烯作为供需矛盾不大的品种，其价格波动更多来自上下游库存结构的变化。2017年，国内聚丙烯库存水平仍然维持偏低水平，但是全年波动较大。2016年底市场不断增加的供应到2017年春节后难以被市场消化，这一时期的聚丙烯社会库存量一度超过了20万吨，达到了历史峰值。这一峰值库存水平一直到5月才开始有所减少，到第三季度库存量逐渐稳定到14万吨，达到聚丙烯库存的历史低位，而第三季度以来在需求始终没有提振的情况下，低位库存水平对聚丙烯的价格形成一定支撑。

3. 环保政策影响期货价格走势。2017年，大宗商品特别是化工品9月后的震荡走势一定程度上与环保限产政策有关。2017年，环保政策的形势空前严峻，对整个化工原料、塑料原料等行业都有着更加严格的要求，不论是京津冀及周边传输通道"2+26"城市开展为期一年的大气污染防治强化督察，还是针对供暖期所发布的大气污染防治条例以及环保税法的出台，都对聚丙烯价格走势造成很大影响。受到环保限产影响，聚丙烯因部分装置检修影响供应有所减少，下游生产企业迫于环保压力停产，市场需求有所减缓，基本面没有突出的供需矛盾出现，聚丙烯期价走势围绕上游原料价格及库存水平呈现窄幅震荡的局面。

4. 远月升水幅度增加。受油价下跌和需求回落预期的影响，2017年之前聚丙烯期货远月合约持续贴水近月合约，体现出市场对于未来该品种价格预期的悲观态度。但是在进入2017年后，聚丙烯期货远月合约升水近月合约的时间显著增加，表明了市场对未来该品种价格上涨的预期。2017年全年聚丙烯期货大部分时间段远月合约持续升水近月合约，升水幅度较大的时间段集中在三个时期：第一个时期是2~4月份，春节期间，下游多数企业停工放假，石化库存累积，当时的主力合约1705价格出现下跌，所以远月合约1709的价格相对于1705的价格开始升水。7~8月，聚丙烯库存已经去到相对偏低的水平，基于对8~10月的旺季预期，部分投机需求开始逐步释放。7月17日之后，"禁废令"出台，市场情绪得到提振，因此1801合约相对于1709合约出现大幅升水。最后一个时期是12月末，因原油价格坚挺，市场形成对下游产品价格上涨的强烈预期，因此聚丙烯期货1805合约相对1801合约出现大幅升水。

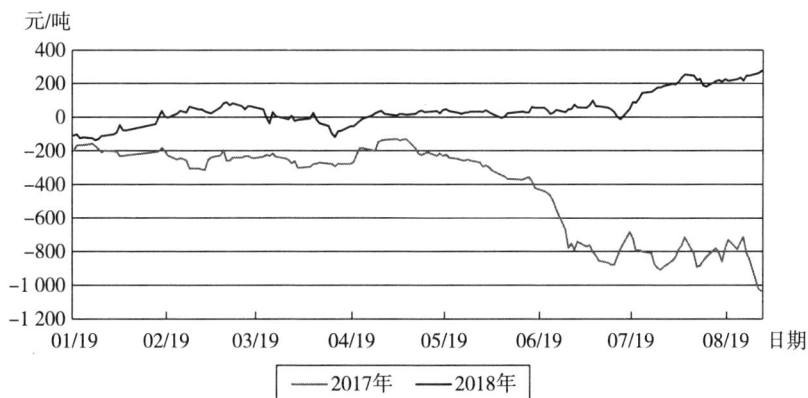

数据来源：Wind 数据库。

图 17-7　聚丙烯 1-9 合约价差季节性（2017：1701-1609、2018：1801-1709）

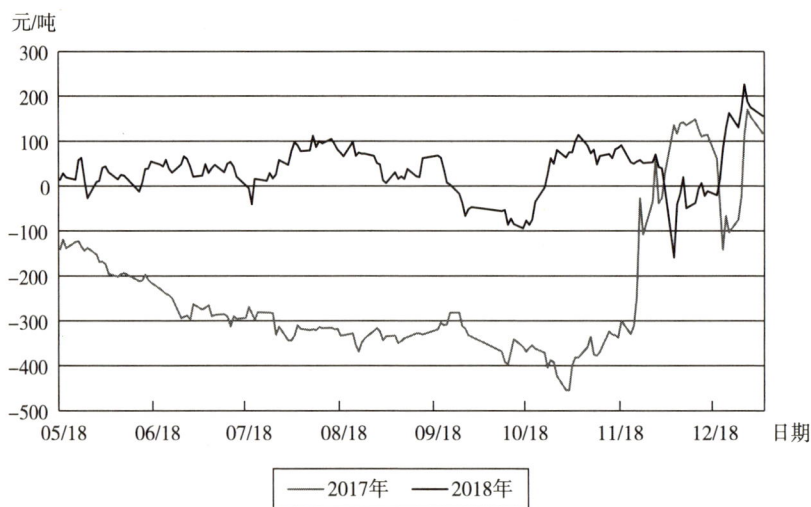

数据来源：Wind 数据库。

图 17-8　聚丙烯 5-1 合约价差季节性（2017：1705-1701、2018：1805-1801）

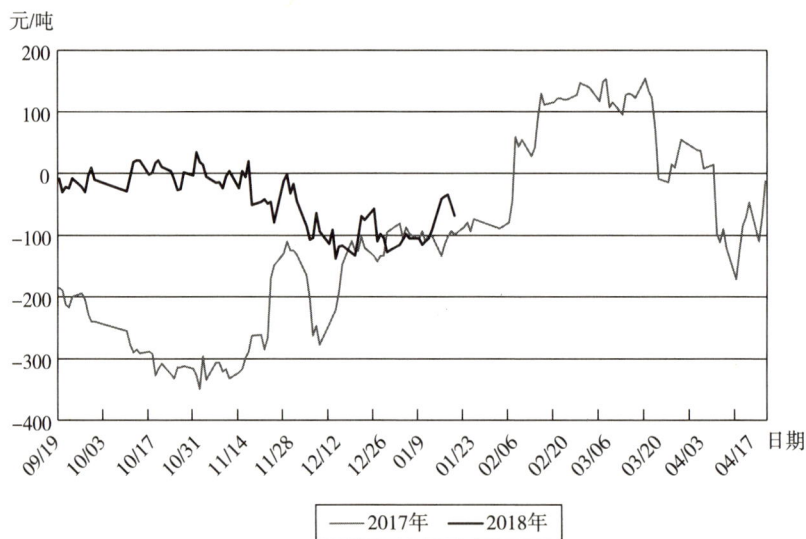

数据来源：Wind 数据库。

图 17-9　聚丙烯 9-5 合约价差季节性（2017：1709-1705、2018：1809-1805）

（三）期货市场结构分析

1. 法人客户积极入市，占比稳定增加。2017年，聚丙烯期货个人和法人客户参与数量走势分化，个人客户参与数量同比减少，法人客户参与数量增加。2017年12月的法人客户参与数量为2 990户，较2016年同期的2 971户增长0.64%；2017年12月的个人客户参与数量为49 498户，较2016年同期的53 942户减少8.24%。从2017年的年内走势看，聚丙烯期货法人客户参与度不断提高，总体保持持续增长态势。个人客户参与数量则呈现先减后增的趋势，走势分化发生在7月，之后个人客户数开始增加，法人客户则维持平稳。主要原因是7月下旬大商所降低了聚丙烯日内交易手续费，降低了日内交易成本，增加了市场流动性与活跃度。

2017年，聚丙烯期货市场的投资者结构得到了稳步改善，法人客户数占比出现增长。2017年12月的法人客户数占比为5.70%，较2016年同期增长了0.48个百分点。年内看，年初法人客户占比大幅增长，2月增幅显著，环比增幅超过3个百分点，法人客户占总客户数的比值达到年内高点6.42%，也是聚丙烯期货上市以来的最高水平。

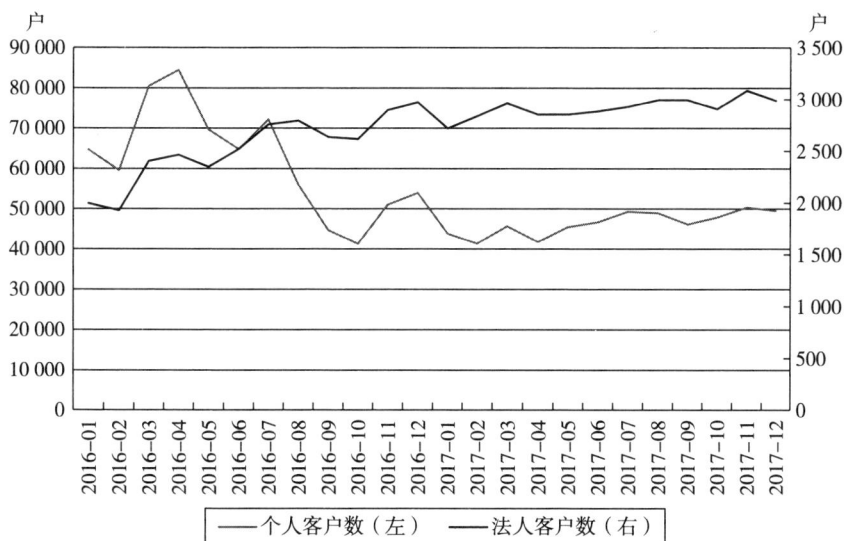

数据来源：大连商品交易所。

图 17-10　2017 年参与聚丙烯期货客户数量

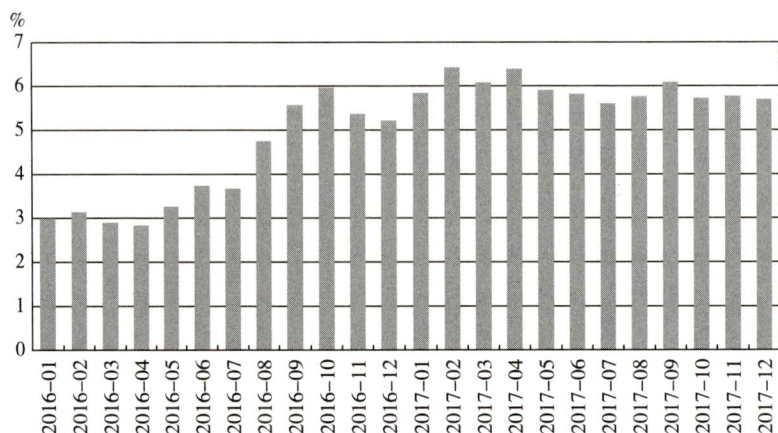

数据来源：大连商品交易所。

图 17-11　2017 年参与聚丙烯期货法人客户数量占比变化情况

2. 持仓集中度呈下降态势。2017年，聚丙烯期货月度持仓集中度平均值为48.80%，相比2016年下降1.22个百分点，说明聚丙烯期货参与者日益多元化和分散化。2017年，聚丙烯期货月度持仓集中度总体保持相对稳定，大部分时间围绕50%的集中度水平波动。但是个别月份的持仓集中度也有出现大幅增长的情况，9月的持仓集中度接近60%，随后很快下降到均值水平。

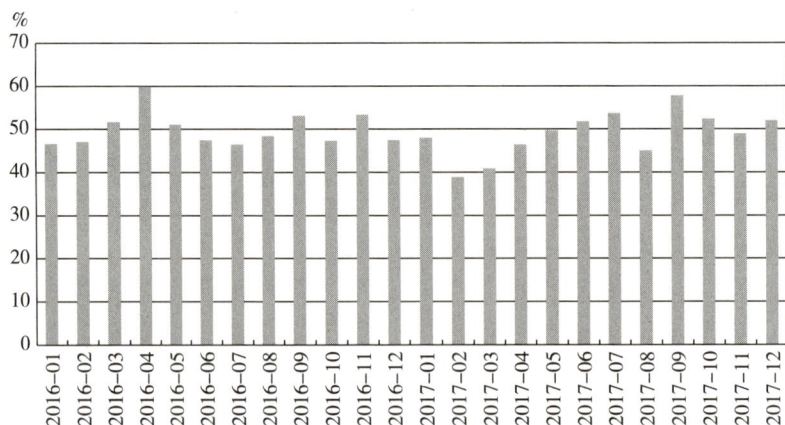

数据来源：大连商品交易所。

图 17-12　聚丙烯持仓集中度变化情况

期货持仓集中度差值，反映了期货市场多空强弱对比，体现了投资者对未来价格的预期，与产业供求关系的变化以及期货价格走势有一定程度相关性。从聚丙烯多空双方持仓集中度差值的变化情况看，2017年买方持仓集中度差值为正值的月份少于2016年，说明2017年总体来看卖方看空的预期更为强烈，市场分歧较大，期货价格波动剧烈。年内看，多空力量的博弈也非常激烈，春节前，市场受到2016年底高涨行情的影响，加之春节前厂家多积极备货，聚丙烯需求增加，市场形成了较为强烈的看涨预期，因此多空双方持仓集中度差值也由1月的-8.77%增加到2月的3.69%。9月到11月，连续三个月多空双方持仓集中度差值为正值，原因是9月中下旬后，由于原油及甲醇价格高位，增强了聚丙烯期货的看涨预期，市场买方力量占据优势。

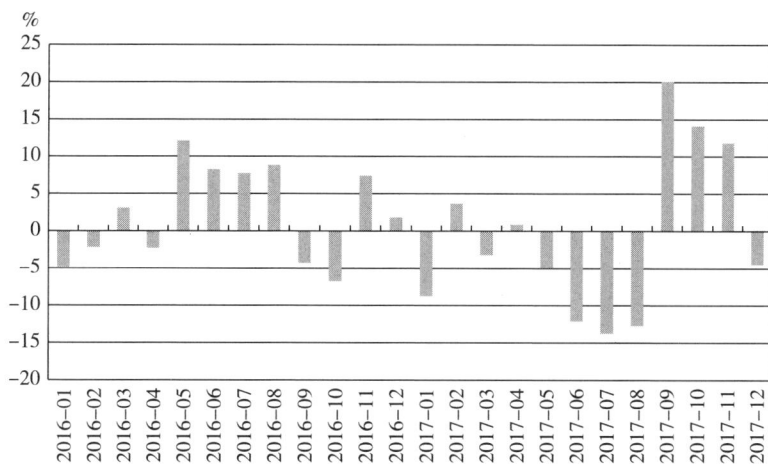

数据来源：大连商品交易所。

图 17-13　聚丙烯多空持仓集中度差值变化情况

（四）期货交割情况分析

1. 交割量有所回落。聚丙烯期货2017年共实现交割9 572手，较2016年回落46.06%，交割主要集中在1月、5月和9月合约上。交割总体运行顺畅，期现货价格收敛情况良好，全年交割金额达到4.2亿元。

主力合约交割月（1月、5月和9月）的交割量均有所减少，9月的交割量为7 165手，达到聚丙烯期货年内月度交割量的最高值。2017年，非主力合约交割月的交割量相比2016年明显减少。参与交割的客户数量为67户，总量基本上与2016年持平。

表 17-1　　　2016—2017 年聚丙烯期货各交割月交割情况

单位：手、万元、个

项目		1月	2月	3月	5月	6月	7月	8月	9月	10月	11月	12月	合计
2016年	交割量	1 047	28	—	3 589	13	4	—	13 065	—	—	—	17 746
	交割金额	3 249	82	—	12 039	47	17	—	54 808	—	—	—	70 242
	客户数	14	3	—	19	4	2	—	46	—	—	—	68
2017年	交割量	617	—	2	1 772	6	—	3	7 165	1	1	4	9 572
	交割金额	2 648	—	9	6 772	24	4	13	32 941	4	4	18	42 437
	客户数	13	—	2	20	2	2	4	42	2	2	3	67

注：4月无交割量。

2. 华南地区交割参与度显著提升。大商所聚丙烯期货目前共设立交割库21个，主要分布在华北的山东省，华东的浙江省、江苏省和上海市，华南的广东省以及西南的四川省。从参与交割的客户所在省市来看，2016年和2017年聚丙烯交割量最大的省份均为浙江，分别达到21 120手和8 316手，占比从2016年的59.51%下降到了2017年的43.44%。聚丙烯参与交割的省份与2016年相同为12个，交割的地域范围广泛。

2017年，华东地区（浙江、上海、江苏和安徽等4省市）交割量达到12 658手，占总交割量的66.12%；华北地区（山东、天津和河北等4省市）交割量达到3 890手，占总交割量的20.32%；华南地区（广东和福建）交割量达到2 343手，占总交割量的12.24%，该地区交割活跃度进一步提升。

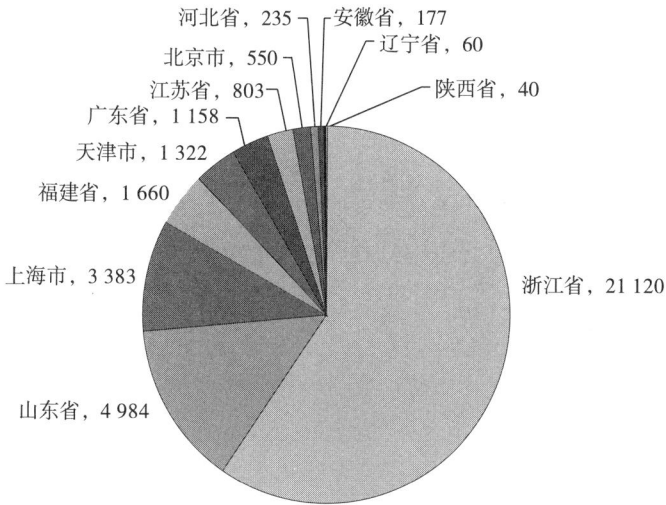

河北省，235　安徽省，177
北京市，550　辽宁省，60
江苏省，803　陕西省，40
广东省，1 158
天津市，1 322
福建省，1 660
上海市，3 383
浙江省，21 120
山东省，4 984

数据来源：大连商品交易所。

图17-14　2016年参与PP交割客户区域

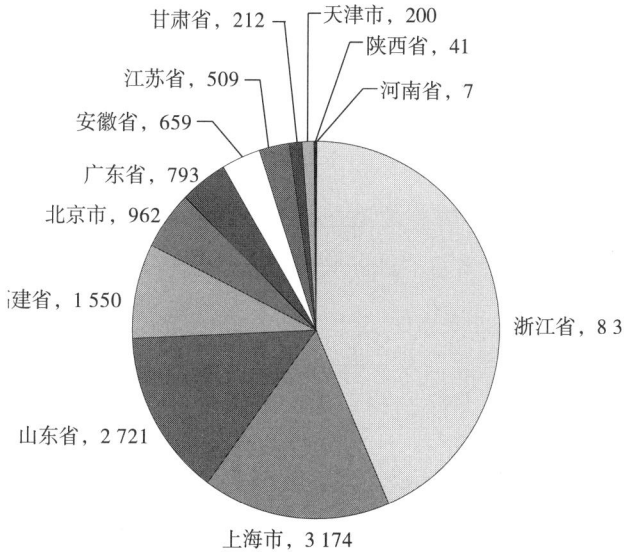

甘肃省，212　天津市，200
陕西省，41
江苏省，509　河南省，7
安徽省，659
广东省，793
北京市，962
建省，1 550
浙江省，8 3
山东省，2 721
上海市，3 174

数据来源：大连商品交易所。

图17-15　2017年参与PP交割客户区域

二、聚丙烯期货市场功能发挥情况

（一）价格发现功能发挥情况

聚丙烯期货自2014年2月28日上市以来，对现货市场一直产生着重要影响。随着期货市场流动性的提高，价格发现功能日趋增强。2017年，期现价格相关系数从2016年的0.95上升至0.97，且均通过显著性检验，说明聚丙烯期货与现货价格之间的相关性进一步增强。聚丙烯期货波动较现货更为频繁，且波动略早于现货市场，表明聚丙烯期货对现货市场的影响作用十分明显。由于2017年聚丙烯现货市场价格先抑后扬、波动频繁，现货市场贸易商与下游企业多数通过期货进行套保或套利操作以规避自身风险，期货走势成为现货市场的重要参考。

表 17-2　　　　　2016—2017 年聚丙烯期现价格相关性

检验项	年份	2016 年	2017 年
期现价格的相关性	系数	0.95	0.97
	显著性检验	通过检验	通过检验
期现价格引导关系		期货引导	期货引导

注：现货价格为余姚 PP 市场价，期货价格为主力合约结算价，数据为日度数据。

（二）套期保值功能发挥情况

1. 期货价格长期升水现货，基差波动幅度缩窄。受到产能扩张和需求疲软的影响，2014年以来化工等大宗商品价格一路下跌，市场形成了对未来价格的悲观预期。2017年，随着市场需求的复苏，行业"去产能"和"去库存"政策的推进，供给过剩的矛盾得到一定缓解。5月底，由于原油价格反弹，商品市场回暖，且中国颁布"禁废令"导致供应减少的预期，聚丙烯期货价格也开始逐步上涨，改变了市场对价格继续下跌的悲观预期，期现货的升贴水结构也发生了转变。2017年，基差的均值由2016年的-9.52元/吨变动为2017年的5.29

元/吨，期货贴水现货最高时达381元/吨。

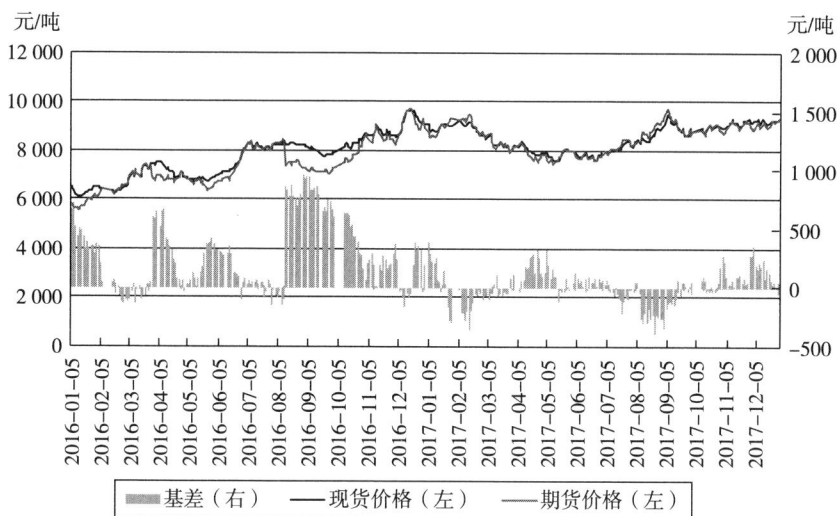

注：现货价格为余姚PP市场价，期货价格为主力合约结算价，数据为日度数据。

图 17-16　2016 年 1 月以来聚丙烯期现价格及基差变化

2. 套期保值效率显著提升。基差相关指标和套期保值效率是衡量期货市场能否为现货企业提供有效风险对冲工具的重要标志。2017年，基差标准差相比2016年略微增加，仍保持相对较低水平，说明聚丙烯期货和现货之间的基差波动范围保持稳定，套期保值面临的基差风险较低。2017年，套期保值效率显著提升，从2016年的67.99%升高至94.60%，且到期日基差进一步减少，说明聚丙烯期货的到期收敛性增强，聚丙烯期货市场持续发挥较好的套期保值功能，是现货企业参与并应用于风险管理的重要手段。

表 17-3　　　2016—2017 年聚丙烯期货基差及套保效率

			2016 年	2017 年
基差	均值	元	-9.52	5.29
	标准差	元	123.36	144.12
	变异系数	—	0.05	0.02
	最大	元	172	381
	最小	元	-290.5	-393

			2016 年	2017 年
到期价格收敛性	到期日基差	元	56.81	26
	期现价差率	%	6.41	3.50
套期保值效率	60 日（当年）	%	67.99	94.60

注：现货价格为余姚 PP 市场价，期货价格为主力合约结算价，数据为日度数据。

（三）期货市场功能发挥实践

1. 期货价格成为企业经营"指南针"。期货价格对聚丙烯现货市场资源配置的引导作用非常显著，越来越受到行业企业的重视，期货价格已经成为现货市场的标杆。长期以来，聚丙烯市场定价通常是以石化企业为主导、贸易商跟从的传统模式。随着聚丙烯期货市场规模不断扩大和影响力逐步增强，期货价格逐渐成为市场中的重要参考因素，以期货价格为参考的定价模式逐步在塑料行业中推广。众多现货企业由以前每日8:30固定报价转变为如今在期货开盘后报价，报价频率也由以前的每天一次报价转变为如今根据期货市场进行多次即时报价，期货价格已逐渐成为行业定价基准。

2. 期货市场为企业保值避险。受到原油价格剧烈波动以及新建煤制烯烃装置投产的冲击，聚丙烯产业客户需要利用衍生品工具进行风险管理。一些中游贸易商自塑料期货上市就开始关注期货市场，尝试用期货工具进行保值避险。经过多年探索和实践，企业已形成成熟、完善的套期保值策略，成为稳健发展的重要砝码。企业针对不同行情和需求开展不同套保业务，并有效利用期货标准品和非标准品的价格相关性，扩大了避险品种范围，为企业化解多种市场风险提供了重要保障。

3. 基差定价模式应用广泛。基差定价逐渐成为塑料行业最流行的定价模式之一，越来越多的产业客户在定价时采用基差定价模式。上游企业通过签订基差合同，提前卖出产品以锁定生产利润。中游贸易商面临着买卖价格的双重不确定性，在不同行情阶段采用不同的基差定价模式。在具体操作上，如价格经过连续大跌出现阶段性底部，且期货价格贴水幅度较大时，贸易商以基差"点价"方式从上游企业买入现货以锁定采购成本；当行情经过一波明显的上涨来到阶段性高位，且现货销售不畅、库存积累时，贸易商以基差"点价"方式向下游企业销售现货。下游塑料加工企业等待期货价格大幅下跌且期货价格大幅贴水时，以基差"点价"方式向贸易商采购现货，提前锁定生产成本。

三、聚丙烯期货合约相关规则调整

（一）合约及交割流程修改

调整部分交割仓库及升贴水。设立上海象屿速传供应链有限公司、上海中外运张华浜储运有限公司、广东柏亚供应链股份有限公司为聚丙烯基准指定交割仓库，自2017年2月13日起接受并办理聚丙烯期货交割业务；设立国投山东临沂路桥发展有限责任公司为聚丙烯非基准指定交割仓库，与基准指定交割仓库的升贴水为-150元/吨，自2017年11月1日起接受并办理聚丙烯期货交割业务；指定中国石油天然气股份有限公司（西南化工销售公司重庆仓储中心）为线型低密度聚丙烯非基准指定交割仓库，与基准指定交割仓库的升贴水为-150元/吨，自2017年12月15日起接受并办理聚丙烯期货交割业务。

表 17-4　　　　　　　大连商品交易所聚丙烯期货合约

交易品种	聚丙烯
交易单位	5吨/手
报价单位	元（人民币）/吨
最小变动价位	1元/吨
涨跌停板幅度	上一交易日结算价的5%
合约月份	1月、2月、3月、4月、5月、6月、7月、8月、9月、10月、11月、12月

续表

交易时间	每周一至周五上午 9:00~11:30，下午 13:30~15:00，以及交易所规定的其他时间
最后交易日	合约月份第 10 个交易日
最后交割日	最后交易日后第 3 个交易日
交割等级	大连商品交易所聚丙烯交割质量标准
交割地点	大连商品交易所聚丙烯指定交割仓库
最低交易保证金	合约价值的 7%
交割方式	实物交割
交易代码	PP
上市交易所	大连商品交易所

（二）其他规则调整

表 17-5　　　　　　　　2017 年聚丙烯交易手续费调整

时间	通知名称	调整措施
2017/4/12	关于调整铁矿石和聚丙烯品种交易手续费收取标准的通知	自 2017 年 4 月 17 日起，聚丙烯 1 月、5 月、9 月合约日内交易手续费标准由成交金额的万分之 2.4 调整为成交金额的万分之 1.2，非 1 月、5 月、9 月合约日内交易手续费标准由成交金额的万分之 2.4 调整为成交金额的万分之 0.6。
2017/7/20	关于调整铁矿石、聚丙烯品种交易手续费收取标准的通知	自 2017 年 7 月 25 日起，聚丙烯 1 月、5 月、9 月合约日内交易手续费标准由成交金额的万分之 1.2 调整为成交金额的万分之 0.6。

表 17-6　2017 年聚丙烯节假日涨跌停板和最低交易保证金标准调整情况

时间	通知名称	调整措施
2017/1/18	关于 2017 年春节期间调整各品种最低交易保证金标准和涨跌停板幅度及夜盘交易时间的通知	自 2017 年 1 月 25 日（星期三）结算时起，将聚丙烯的涨跌停板幅度和最低交易保证金标准分别调整至 7% 和 9%。2017 年 2 月 3 日（星期五）恢复交易后，各品种持仓量最大的两个合约未同时出现涨跌停板单边无连续报价的第一个交易日结算时起，聚丙烯涨跌停板幅度和最低交易保证金标准分别恢复至 5% 和 7%。 对同时满足《大连商品交易所风险管理办法》有关调整交易保证金标准和涨跌停板幅度的合约，其涨跌停板幅度按照规定数值中较大值执行。

续表

时间	通知名称	调整措施
2017/9/21	关于2017年国庆节放假期间调整各品种最低交易保证金标准和涨跌停板幅度及夜盘交易时间的通知	自2017年9月28日（星期四）结算时起，将聚丙烯的涨跌停板幅度和最低交易保证金标准分别调整至7%和9%。2017年10月9日（星期一）恢复交易后，各品种持仓量最大的两个合约未同时出现涨跌停板单边无连续报价的第一个交易日结算时起，聚丙烯涨跌停板幅度和最低交易保证金标准分别恢复至9月28日结算前标准。对同时满足《大连商品交易所风险管理办法》有关调整交易保证金标准和涨跌停板幅度的合约，其涨跌停板幅度按照规定数值中较大值执行。

四、聚丙烯期货市场发展前景、问题及建议

（一）发展前景

1. 聚丙烯期货价格与原油的相关性下降。由上文图17-6可以看出，2017年国际原油与聚丙烯期货价格趋势拟合度不高，呈现较弱的正相关性，但仍阶段性主导聚丙烯期货价格的走势。6月至9月上旬，受OPEC和俄罗斯等主要产油国坚持减产决议影响，国际油价大幅上行。国际原油与聚丙烯期货价格走势基本吻合，但是9月中旬之后，相关性逐渐减弱。经历了三年的"去库存""去产能"之后，原油市场2016年已基本接近再平衡，经合组织国家原油商业库存已降至2015年7月以来最低点，石油价格开启新一轮上涨周期。而聚丙烯因为2017年宏观经济数据不及预期，前期价格快速走高后，期价大幅升水现货，下游企业对高价原料需求积极性不佳，市场需求跟进不足，油价走势明显强于聚丙烯期货价格。

2017年以来，聚丙烯期货价格和国际油价相关性下降，但和螺纹钢的关联性却在显著增强，涨跌节奏上较为一致。随着煤制烯烃的兴起，传统的油制烯烃在总产能中的占比逐渐下降，造成了原油对煤制烯烃影响的下降，煤炭对于烯烃的影响在上升。煤炭与螺纹钢有很强的相关性，这造成了螺纹钢和烯烃价格相关性的上升。螺纹钢作为

工业品的代表，它的涨跌预示着宏观经济和未来需求的扩张与收缩预期，进而影响到化工品的库存周期。

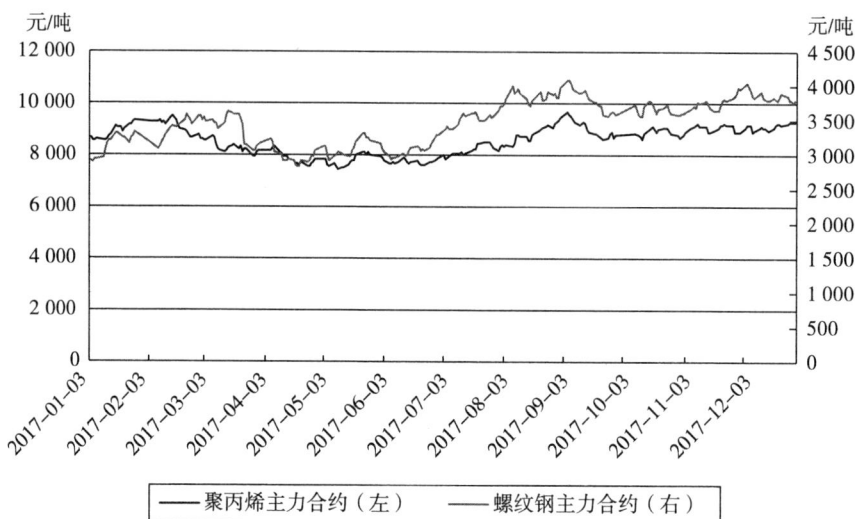

数据来源：Wind 数据库。

图 17-17　2017 年聚丙烯与螺纹钢期货价格走势

2. 聚丙烯销售格局呈现多元化发展趋势。目前，国内聚丙烯行业传统线下销售仍是主流销售模式，但是随着生产企业数量的增多，尤其是地方企业、煤制聚丙烯企业增多，销售模式越来越呈现多样化。"点价"交易以及电商平台的高速发展逐步抢占传统贸易企业的市场份额，而上游企业对直销率的重视更是令传统贸易企业的生存环境雪上加霜。随着期货市场的快速发展，点价交易模式在石化塑料领域逐步推广，传统贸易企业利用期现结合的操作方式成为常态化。"点价"交易主要是在中下游产业链中应用，能够很好地规避风险。对于贸易商来说，这种交易方式能够改变过去囤货赌行情的模式，减少了资金压力，规避价格波动的风险，赚取合理的利润。而对于下游工厂来说，可以提前锁定利润，减少资金压力，将精力集中于生产销售方面。类似塑编、BOPP 膜等多数聚丙烯下游行业产能过剩带来的产品同质化严重的矛盾令下游的竞争格局不断加剧，而下游工厂利用"点价"交易、期现结合等金融工具来降低原料采购成本的操作已经越来越常见，并成为企业增加利润的最主要方式之一。

3. 煤质聚丙烯快速发展，竞争力增强。高油价是诱发聚丙烯原料多样化的主要因素，2016年一年的低油价令油头企业话语权依然处在领先地位，虽然煤化工企业的市场份额正在逐年扩大，但由于煤化工企业各自为政以及缺乏油头企业完善并领先的定价机制等因素，煤化工企业的发展依然任重道远。截至2017年底，油制聚丙烯的产能占总产能的53.77%，煤制聚丙烯的产能达到24.99%。未来几年，聚丙烯的新增产能以煤为源头的仍占多数，因此预计其产能占比仍将会较快增长。2017年下半年，国际原油价格大幅上涨，而我国煤炭价格维持稳定，煤制聚丙烯的低成本优势较为突出、经济性凸显。由于新型煤化工产业的快速发展，国内计划或已经开始建设的煤制烯烃项目超过50个，预计到2020年，煤制聚丙烯的产能或会突破1 000万吨，竞争力将进一步提升。

（二）当前存在的问题

1. 2017年聚丙烯期货的市场流动性有所下降。适度的投机是期货市场流动性的保证。日内短线交易作为投机资金的重要组成部分，应保持在合理水平。2016年，聚丙烯期货换手率偏高，为防止市场过热，交易所曾四次上调聚丙烯交易手续费收取标准，两次上调最低交易保证金，有效抑制了市场过度投机。然而，以上措施也在一定程度上提升了客户参与期货交易的成本，导致2017年聚丙烯期货的市场流动性有所下降。为降低客户交易成本，分别在2017年4月和7月两次下调聚丙烯日内交易手续费，市场流动性有所改善，但是交易手续费降低的效果仍需后续观察。

2. 产业客户利用聚丙烯期货进行基差交易的比例偏低。虽然基差交易模式在聚丙烯行业应用越来越广泛，但仍处于起步发展阶段。相比豆油、豆粕等农产品领域，聚丙烯行业基差交易模式还不成熟，基差交易应用比例较低。2008年次贷危机以后，我国的油脂油粕类行业全面洗牌，许多之前不做期货套保、不熟悉期货工具的现货商大量破产，随后基差交易逐步得到了全行业的普遍认可，目前已经成为行业实际操作过程中进行交易结算的一个重要方式。但是在聚丙烯行业，传统线下现货销售仍是主流销售模式，下游工厂对于远期现货的采购非常谨慎，多数偏好随用随拿的采购方式，采购数量有限。加之，部分下游企业不熟悉期货工具的使用，所以基差交易在整个聚丙烯贸易中占比仍然较低。

（三）相关建议

1. 适度合理降低聚丙烯期货的交易成本。建议持续密切跟踪聚丙烯期货运行情况，在把握好时机和节奏的前提下，持续适度调整聚丙烯期货交易手续费收取标准和最低交易保证金，在确保有效抑制市场过度投机的同时，合理降低客户参与聚丙烯期货交易的成本，不断提高聚丙烯期货市场流动性，促进期货功能更好地发挥。

2. 加强市场培育，加大基差交易的推广力度。建议继续组织开展面向国内石化企业的中高层管理人员培训，帮助行业企业深入了解与掌握金融衍生品的功能作用和交易特点，提升风险管理能力。期货交易所、期货公司应该加大对基差交易模式的推广力度，对市场参与者进行基差定价知识和运用的推广以及培训，让企业加深对基差交易模式的认识和了解。定期举办基差交易模式推介会，介绍聚烯烃行业基差定价模式的典型经验。

专栏

2017年聚丙烯期货大事记

1月10日，世界各地原油价格窄幅波动反弹受阻，尽管主要产油国开始执行减产协议，原油价格反弹至50美元/桶上方，但因美国原油产量增加抵消了减产效果且库存持续走高，原油价格有可能停滞不前甚至走软。世界各地原油价格窄幅波动反弹受阻，美国活跃钻机数增加29个至551个，为2015年11月以来最高，上年同期为510个。在过去34周当中，活跃钻机数有30周是增加的，总计增加了235个，是活跃钻机数自2014年中以来最大的一波回升。

2月20日，随着国家环保力度的加大，山东清理沙河镇1 700多家废塑料工厂，莒县造粒业户停产整顿，平度市"两断三清"全面取缔非法塑料加工行业；福建郊尾镇将全部退出废塑料行业；辽宁凌海市取缔119家小塑料加工；湖北汉川市取缔关停9家小型废旧塑料加工厂；河北雄县3 909家企业被关停取缔，保定坚决取缔小塑料厂。截至目前，共取缔"散乱污"企业274家，查抄拉丝、注塑生产设备45台套，生产原料15吨，塑料及其下游行业亟待规范。

3月30日，新华石化2 000万吨炼化一体化项目签约落户曹妃甸石化产业基地，该项目的成功签约，标志着曹妃甸国家级石化产业基地取得重大进展，标志着建设世界一流石化产业基地迈出了关键一步。

7月至10月，国务院安委会办公室督导组在全国范围内开展安全生产大检查。与此同时，8月11日至9月11日，第四批中央环境保护督察全面启动，这是自2016年7月中央首批环保督察组开展督察以来的第四次环保督察行动。在此前督察问责经验的基础上，第四批中央环保督察组的再次出击，预示着又一场环保治污问责风暴席卷而来。

7月17日，中国向世界贸易组织（WTO）提出，截至2017年底，中国将禁止进口4类共24个品类的固体废物，包括生活源废塑料、钒渣、未分类的废纸及废纺织品。7月20日，环保部在例行新闻发布会上确认了禁止废弃塑料、未经分解的废纸等24类"洋垃圾"进口的消息。

8月25日，"哈维"从热带风暴加强为飓风，席卷了近半个美国，重创得克萨斯州。当地石化生产设施受到严重影响，美国化工产品三分之一以上的产能下线，40%的丙烯生产线关闭；此外，得克萨斯州分属于台塑和西方化学的其他装置也出现一段时间的停产，直接经济损失高达1 000亿美元。随着大面积的装置停户，原料供应全面收紧，丙烯及下游塑料等产品发生普涨。

9月27日，全名为"山东炼化能源有限公司"的山东"大炼化"在济南正式注册成立，注册资本为331.9亿元。这个号称山东地炼航母的"大炼化"将由16家企业联合出资，首批出资企业为8家。山东原有地炼企业单体规模小、成本处于劣势，成立"大炼化"后，可以改变山东地炼在"三桶油"夹缝中生存的窘境，并且强化国际市场话语权与议价能力。

12月25日，环境保护部固体废物与化学品管理技术中心正式公示了"2018年第1批建议批准的限制进口类申请明细表"，使2017年年中环保部计划禁止生活源废塑料的进口政策更为明朗化。根据"申请表"数据统计来看，本次公示的废塑料企业有8家，其中涉及乙烯聚合物的废碎料以及其他塑料的废碎料的核定进口量在2 595吨。与2017年第一批审批量相比，审批厂家由335家下滑到了8家，而2017年涉及聚丙烯其他塑料的审批数量在205.4万吨，2018年同比下滑99.9%。

报告十八
豆粕期权品种运行报告（2017）

2017年3月31日，国内首个商品期货期权——豆粕期权在大连商品交易所上市交易。经过9个月的初期发展，豆粕期权市场整体运行平稳有效，不但实现了"稳起步"目标，而且市场规模逐步扩大，投资者参与程度逐步提升。根据市场发展需要，豆粕期权的规则制度也及时进行了优化调整，可以预见豆粕期权市场将迎来新的发展阶段。

一、豆粕期权市场运行情况

（一）成功实现"稳起步"

豆粕期权上市以来，已平稳运行9个月，所有合约挂盘正常，在交易中未发生严重风险事件；已有6个合约系列到期，行权履约过程顺利，为便于市场操作，到期日当天闭市后留有30分钟供投资者提交行权或放弃行权申请，尽管结算时间比平时延迟30分钟，也均未对下一交易日夜盘开市造成任何影响；而且，行权产生的期货持仓占比较低，其中主力系列1709合约和1801合约占比分别为1.7%（0.3%）和3.8%（0.9%），对标的期货市场未造成任何冲击。

（二）市场规模逐步扩大

截至12月29日，豆粕期权累计挂盘13个合约系列，394个合约，其中92%的合约有成交，92%的合约有持仓，有效合约数超过了大商所所有期货品种合约总数；累计成交364万手，成交额24亿元；日均成交2万手，日均持仓11.6万手，日均成交额0.13亿元，日均换手率为0.2左右；最大单日成交量7.3万手，最大单日持仓量20.6万手；通过现场检查并开通权限的期货公司会员为144家，占经纪会员的97%，累计参与会员数137户，开通权限客户数7 630户；累计参与交易的客户数为4 353户，占开通权限客户数的57%。

整体来看，豆粕期权交易规模、投资者数量较上市初期均有较大增长。截至12月末，豆粕期权日均成交量是上市首日的1.1倍，日均成交量占标的期货的比例是上市初期的2倍；日均持仓量是上市初期的10倍，日均持仓量占标的期货的比例是上市初期的14倍。开通期权权限的投资者数量为上市初期的7倍，累计参与期权交易的客户数是上市初期的10倍。

表 18-1 豆粕期权合约数量概览

单位：户

日期	豆粕期权挂牌系列	豆粕期权有效合约数	豆粕期货合约数	大商所所有期货品种合约数
3 月 31 日	7	148	8	163
12 月 29 日	7	204	8	167

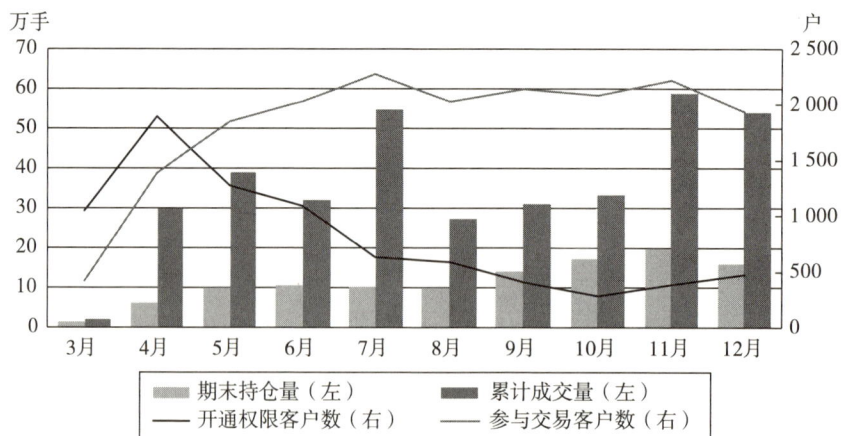

数据来源：大连商品交易所。

图 18-1 2017 年豆粕期权整体交易情况

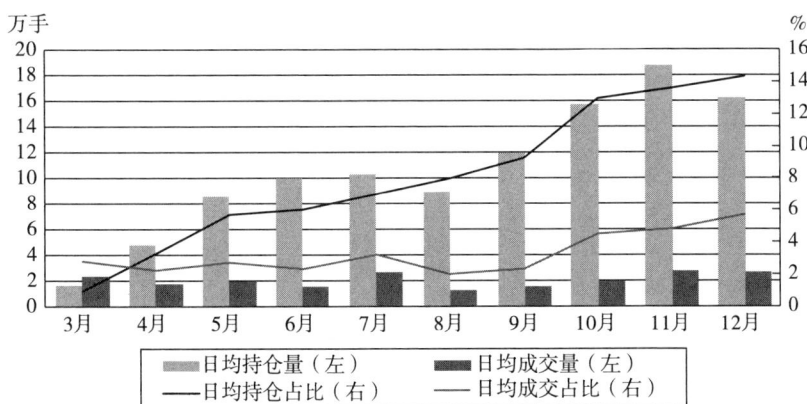

数据来源：大连商品交易所。

图 18-2　2017 年豆粕期权日均交易情况

（三）市场交易理性、定价合理

从成交量分布情况看，主要集中在平值期权附近。深实值、深虚值期权成交量相对较低，且由于虚值期权仅具有时间价值，价格较低、杠杆作用大，因此成交量大于实值期权。从行权情况看，主要集中在到期日前5个交易日，占比96%以上，且几乎全部为实值期权行权。从价格关系看，实值期权价格总体高于虚值期权，远月合约价格高于近月合约，未出现价格倒挂现象，可以看出市场较为理性。

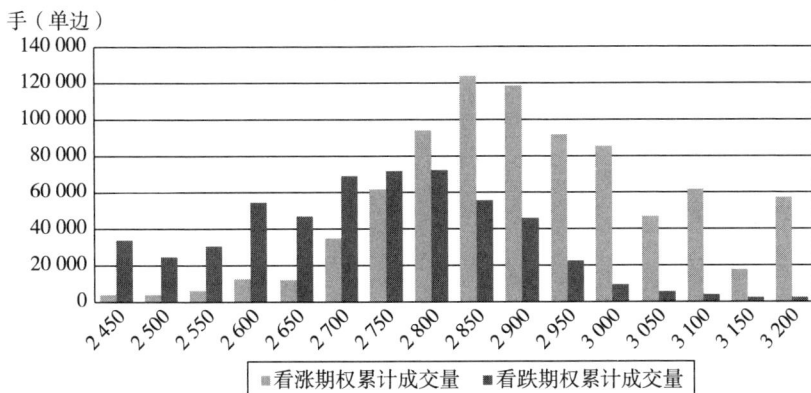

数据来源：大连商品交易所。

图 18-3　主力 M1801 系列期权各执行价格对应的累计成交量

从定价方面看，在交易日趋活跃、市场规模逐步扩大的同时，豆粕期权与标的期货量价联动良好，定价有效。豆粕期权成交量呈现与标的期货一致的增减趋势，价格相关性保持在90%以上；实值期权合约价格总体高于虚值期权合约，远月合约价格高于近月合约，未出现价格倒挂现象；主力系列隐含波动率处于12%~22%，且与标的期货30天历史波动率的变动保持一致。在豆粕期权运行的大部分时间中，主力系列隐含波动率曲线呈现微笑形态或向右上方倾斜的特征，与理论预期较为契合。

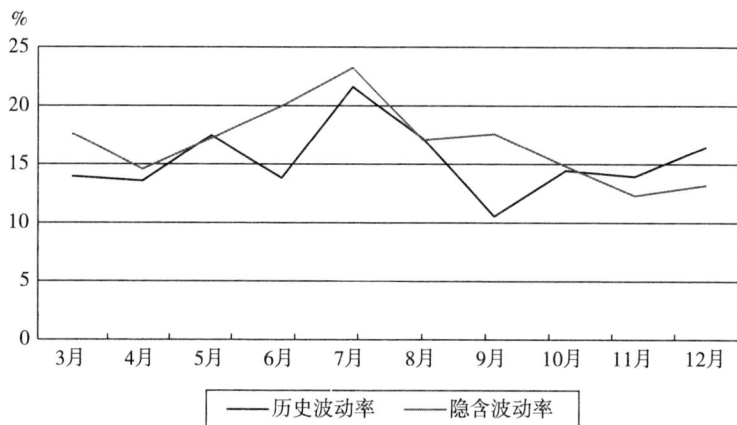

数据来源：大连商品交易所。

图18-4　主力合约隐含波动率与历史波动率走势

（四）做市商报价义务完成良好

期权上市以来，10家做市商均积极参与报价，且报价合理，为期权市场平稳运行发挥了重要作用。做市商日均有效持续报价时间占比和有效回应询价占比均达到95%以上，报价义务完成情况良好；做市商日均换手率为0.28，略高于0.2的期权市场日均换手率；做市商日均成交量和持仓量分别占全市场的42%和28%，成为大多数投资者的交易对手方，被动成交占近三分之二，并且报价接近市场最优买卖价差，有效降低了投资者交易成本，为市场提供了适度流动性，纠正了不合理价格，增加了市场深度。

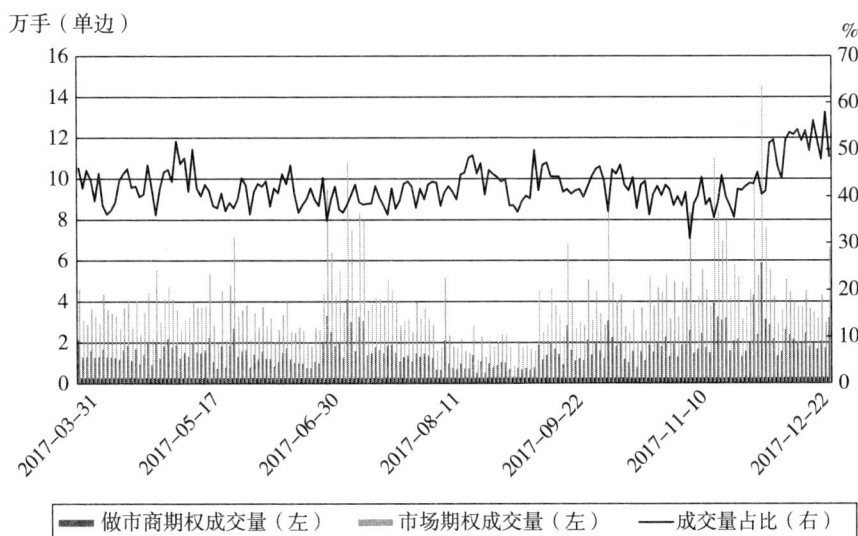

图 18-5 做市商成交量与期权总成交量对比

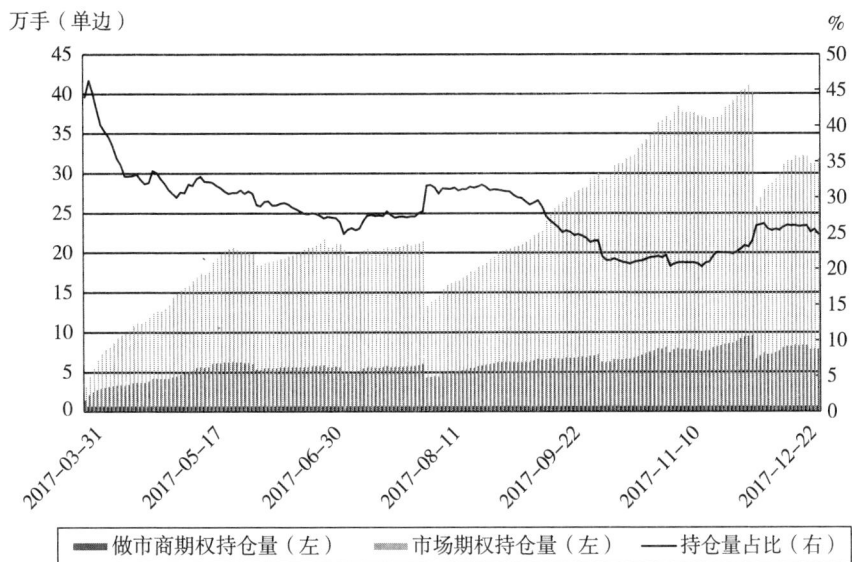

图 18-6 做市商持仓量与期权总持仓量对比

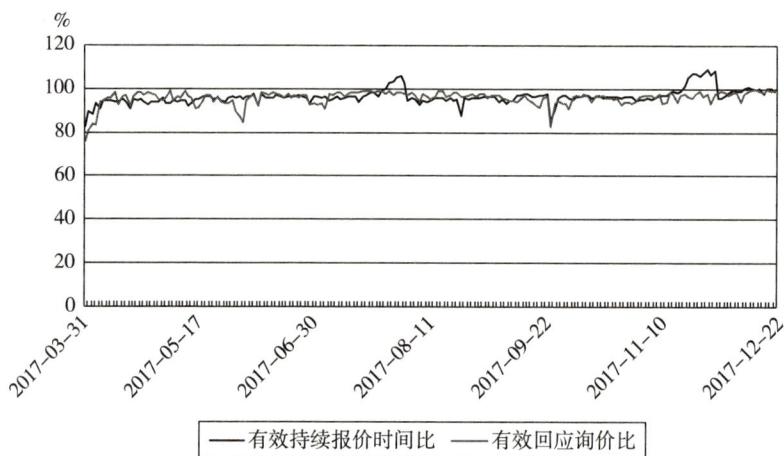

数据来源：大连商品交易所。

图 18-7　做市商有效持续报价时间比与有效回应询价比

（五）法人客户参与豆粕期权积极性较高

截至2017年底，参与豆粕期权交易的法人客户数占比为14%[①]，同期，参与豆粕期货交易的法人客户数占比为2%。从成交量方面看，法人客户成交量占比为59%；同期，豆粕期货的法人客户成交量占比为32%。从日均持仓量方面看，单位客户日均持仓占比为53%；同期，豆粕期货的法人客户日均持仓量占比为53%。综上所述，从客户数方面看，豆粕期权法人客户数占比远高于豆粕期货；从成交量与日均持仓量方面看，豆粕期权的法人客户占比要略高于个人客户。

二、豆粕期权市场功能发挥情况

（一）豆粕期权的市场功能与豆粕期货形成互补

豆粕期权的成功上市运行，丰富了投资者进行风险管理的工具选择。与期货相比，期权在实现价格锁定的同时，可以让有能力的企业

---

① 包含 10 家做市商。

更精细化、更灵活地管理风险，增强其市场竞争力。豆粕期权的市场功能与豆粕期货形成互补：一是利用期权可以在保值的基础上收获市场向其有利方向变动的收益；二是通过卖出期权，赚取时间价值，增强收益；三是通过灵活的期权交易策略满足不同市场预期和风险偏好的投资者风险管理需求；四是除了方向性交易外，还可以进行波动率交易；五是期权市场的资金利用效率更高，买入期权套保操作简单，不需要频繁调整持仓头寸或追加保证金。

（二）豆粕期权功能初步发挥

随着市场规模的逐步扩大，豆粕期权功能得到初步发挥。首先，期权为产业客户套保提供了新工具。使用期权套保除了避免价格反向变动风险外，还保留了价格向有利方向变动时的收益，而且买入期权无需支付保证金，提高了资金管理效率。而仅用期货套保时，期货与现货盈亏相抵，无法获得收益。其次，期权为机构客户提供了多样化的投资工具，有利于其构建策略，利用期权的高杠杆特性能够提高投资收益、平滑投资收益曲线、积累商品期权交易经验等。机构客户的参与可以有效改善期货市场结构。最后，场内期权为场外期权提供了有效的对冲工具和定价基准。场外期权可利用场内期权对冲波动率风险，并且报价也参考场内期权，使场外买卖价差不断缩小，场外期权成本逐渐降低，市场价格更加透明。

（三）豆粕期权在产业客户中得到良好应用

参与豆粕期权市场的产业客户，可分为上游油脂类企业、中游贸易类企业和下游饲料类企业三类。在目前油脂油料行业普遍利润不高、竞争比较充分的情况下，产业客户对风险管理的需求已不再仅限于锁定成本或销售价格，更多的是希望通过衍生工具的运用增加利润，增强资金利用效率，而传统期货保值很难做到这一点。豆粕期权的推出，能使企业在增加收益的同时，开展更加灵活的风险管理，已在企业经营中得到了良好应用，受到了产业客户的认可。

上游压榨企业根据期现货头寸和对市场未来走势的看法，同时结合波动率变动预期，有选择地买入期权或者卖出期权套保。中游贸易企业通过卖出（浅）虚值看跌期权抵补采购成本，从而降低采购价格，增加销售利润。下游饲料企业在一口价或"点价"交易的同时，通过卖出虚值看跌期权降低"点价"成本。

三、豆粕期权合约相关规则调整

（一）投资者适当性制度优化

为方便投资者参与豆粕期权交易、简化操作流程，自9月1日起，大连商品交易所在期权投资者适当性管理中实施境内交易所商品期权实盘和仿真交易、行权经历互认。"互认"实施后，大商所期权投资者适当性管理中所认可的期权实盘和仿真的交易、行权经历，从豆粕期权扩展至境内交易所商品期权品种。投资者具有符合要求的境内交易所某商品期权的实盘或仿真的交易、行权经历，同时满足大商所期权投资者适当性规定的其他准入条件，即可向期货公司申请开通豆粕期权交易权限。自12月8日起，大商所认可的期权真实交易经历，除境内交易所的商品期权真实交易经历外，还包括同时具有买入开仓和卖出开仓（不包括备兑）的上证50ETF期权真实交易经历。配合期权真实交易经历的认可工作，取消了对知识测试全程影像采集要求，在符合适当性大原则的基础上，简化了客户和会员操作，有利于提高权限开通效率，吸引客户参与。

（二）持仓限额由300手放宽至2 000手

为进一步满足产业客户利用豆粕期权开展风险管理的需求，促进豆粕市场规模的稳步扩大，自2017年9月15日结算时起，豆粕期权持仓限额由上市初期的300手放宽至2 000手，根据市场运行情况循序渐进放开持仓限额。持仓限额放开后，市场活跃度有所提高，豆粕期权日均成交量达到1.9万手，日均持仓量15万手，较调整前分别增长12%和72%。

（三）后续完善优化规则制度

对于市场反馈较多的提高资金利用效率、提升客户操作的便利性，以及产业客户区别限仓以便于其参与期权市场等问题，大商所后续还将开展一系列规则制度优化，并配合对系统功能进行完善。一是增加期权套保属性相关功能，更好地服务产业客户进行套期保值；二是研究并推出期货期权组合保证金优惠，提高资金利用率；三是提高行权等功能的便利性，升级交易接口，优化延时闭市等相关功能；四是完善对做市商的评价与管理功能。

四、豆粕期权市场前景展望

随着市场参与者对期权产品的日益熟悉，越来越多的投资者将使用期权产品进行投资和风险管理，期权市场投资者数量和交易规模有望持续平稳增长。

（一）豆粕期权市场还有较大发展空间

自上市之日起，豆粕期权成交量就已超过CME，持仓量自9月以来也已超越。但由于豆粕期权尚处在市场发展初期，成交规模和结构与成熟市场还存在较大的差距，若将成交、持仓量转换成现货标的吨数[1]，2017年芝加哥商品交易所（CME）日均期权成交量吨数为大商

---

[1] CME 豆粕期权一手为 91 公吨，DCE 豆粕期权一手为 10 公吨。

所豆粕期权的4倍，日均持仓量吨数为大商所豆粕期权的9倍；从期权成交量、持仓量占标的期货的比例方面看，2017年CME豆粕期权成交量、持仓量平均占期货的8%和30%，约为大商所豆粕期权的3倍。CME集团较为活跃的玉米期权，其期权成交量和持仓量占期货的比值分别约为大商所豆粕期权的9倍。因此，未来大商所豆粕期权市场还有较大发展空间。

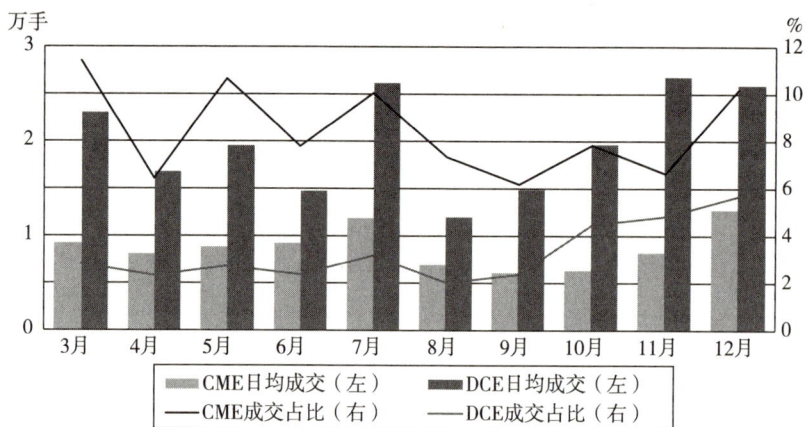

数据来源：大连商品交易所。

图 18-8　大商所豆粕期权与 CME 豆粕期权成交情况比较

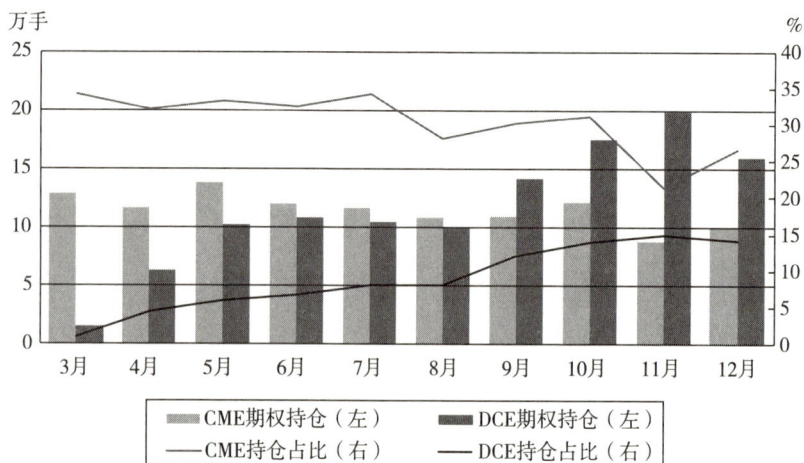

数据来源：大连商品交易所。

图 18-9　大商所豆粕期权与 CME 豆粕期权持仓情况比较

与上证50ETF期权首年的发展情况比较来看，二者各有特点。一是豆粕期权各类主体交易量占比与50ETF期权相当。作为国内上市的首个期权品种，50ETF期权上市首个年度累计成交2 327万张，个人投资者成交量占比为47%，一般机构投资者占比为16%，做市商占比为37%；而豆粕期权个人投资者成交量占比为41%，略低于上证50ETF，一般法人客户（法人客户不包括做市商）成交量占比为17%，与50ETF相当，做市商占比42%，略高于50ETF。二是豆粕期权规模较上市初期的增长幅度不及50ETF期权。上证50ETF期权日均成交量较上市初期增长了7.5倍，而豆粕期权日均成交量仅为上市初期的1.1倍，但持仓量大幅上涨至上市初期的10倍。三是豆粕期权客户结构优于50ETF。上市首年度，参与50ETF期权交易的账户数为25 577户，占总开户数的31%，其中，参与交易的个人投资者账户为24 954户、占比为98%，机构投资者账户为623户、占比为2%；而参与豆粕期权交易的客户数占已开通权限账户数的57%，参与交易的个人客户和一般法人客户占比分别是86%和14%。

综上来看，无论成交量、持仓量的规模，还是期权与期货的成交占比，以及参与豆粕期权交易的客户结构等方面，豆粕期权都还有很大的发展空间。

（二）制度优化将引入更多投资者参与

市场对持仓限额和组合保证金问题较为关注，为满足大型产业客户的套保需求和机构客户的投资需求，交易所将根据市场运行情况选择适当时机在风险可控情况下调整持仓限额。另外，随着新系统上线，期权组合保证金可以得到解决，在不扩大风险的前提下，有效提高客户资金利用率，有助于进一步提高机构客户参与度。此外，随着交易经历互认和知识测试过程录像的简化，未来在投资者适当性实操方面进一步放开邻柜开户等要求，将便于更多合格个人投资者参与。

　　同时，对于做市商制度将进一步优化完善，规范做市商交易行为，提高做市商做市水平和质量。做市商业务水平的提高将有利于改善目前买卖不均衡、市场深度不够、流动性不足的问题，也为豆粕期权市场的平稳发展起到关键作用。

（三）期权将成为产业客户有力的套保工具

　　随着豆粕期权的深入发展，交易所和会员单位将深入市场了解上、中、下游企业在实际生产经营、贸易模式、风险管理需求等方面情况，有针对性地讲解期权实际应用案例和具体操作，加强具体应用案例的宣传推广。培养上游客户精细化风险管理的思维方式，向风险管理需求大但人才储备少的下游客户增加投资教育资源，让豆粕期权成为产业客户开展风险管理的得力工具，让期权市场功能得到进一步发挥。

　　"稳起步"开创了商品期货期权发展的良好开端，随着未来规则制度的不断优化调整，豆粕期权市场将进入新的发展阶段。

专栏

2017年豆粕期权大事记

　　3月31日，中国首个农产品期权——豆粕期权合约在大商所挂牌交易。这是国内期权市场继2015年50ETF期权上市后的又一重大里程碑，意味着我国金融衍生品市场翻开新的篇章。期权交易实行做市商制度。

　　4月28日，豆粕期权平稳运行满月。首月的19个交易日里，共计成交32万手（单边，下同），成交额2.66亿元，日均成交量1.7万手，日均成交额1 400万元。持仓量呈每日递增趋势，4月28日收盘后持仓量为6.4万手，较上市首日增长300%。豆粕期权成交量、持仓量分别占标的期货的2.2%和2.9%，换手率保持在约0.4的合理水平。

6月7日，豆粕期权迎来了上市以来的首个到期日，当日豆粕期权M1707系列32个合约顺利摘牌，平稳走过完整的运行周期。随着到期日的临近，虚值期权合约在到期日价格全部回归为最低价格，即等同于最小变动单位0.5元/吨，而实值期权合约价格接近其内在价值。在到期日当日，M1707期权合约系列成交量861手。总体来看，投资者交易较为理性，市场波动平稳。

7月27日，大商所召开年中总结工作会议，全面总结上半年工作，就深入贯彻党中央和证监会党委要求、迎接党的十九大和下半年工作作出部署。会议强调，要在坚决维护市场安全平稳运行基础上，扎实做好豆粕期权市场运行、铁矿石期货国际化、"保险+期货"扩大试点等重点工作，稳步加快面向多元、开放综合性衍生品交易所战略转型，以优异成绩向党的十九大献礼。

8月4日，大商所发布《关于增加期权到期日延时闭市阶段行权申请方式的通知》，自豆粕1709期权合约系列开始，在到期日延时闭市阶段（15:00~15:30），除会员服务系统外，会员单位还可以通过交易系统提交行权或取消自动行权申请。

8月7日，豆粕首个主力合约M1709期权系列迎来到期日，当日32个合约顺利摘牌。M1709期权系列是豆粕期权上市以来所有期权系列中成交和持仓最大、参与客户数最多的系列，累计成交量109万手（单边，下同），成交额7亿元，日均持仓量4.8万手，分别占期权品种总量的65%、56%和55%。作为首个以期货主力合约为标的的期权系列，M1709期权系列合约到期是对交易所业务规则设计、技术系统实现以及全体市场参与者的一次全面有效的检验，标志着豆粕期权市场迈向了新的成熟发展阶段。

8月29日，大商所发布《关于在期权投资者适当性管理中实施境内商品期权实盘和仿真交易、行权经历互认有关事项的通知》，为方便投资者参与豆粕期权交易、简化操作流程，自2017年9月1日起，在期权投资者适当性管理中实施境内交易所商品期权实盘和仿真交易、行权经历互认。"互认"实施后，大商所期权投资者适当性管理中所认可的期权实盘和仿真交易、行权经历，从豆粕期权扩展至境内交易所商品期权品种。投资者具有符合要求的境内交易所某商品期权的实盘或仿真的交易、行权经历，同时满足大商所期权投资者适当性规定的其他准入条件，即可向期货公司申请开通豆粕期权交易权限。

9月6~7日，大商所与国家粮油信息中心举办的第三期豆粕期权培训班在广州正式开班。本次豆粕期权培训班为期一天半，内容主要涵盖"期权基础知识""期权交易策略和风险控制""期权实战案例分析"三个部分，来自华南地区豆粕产业链近60名现货企业管理人员参加了此次培训。

9月12日，大商所发布《关于调整豆粕期权持仓限额的通知》。根据《大连商品交易所期权交易管理办法》，经研究决定，自2017年9月15日（星期五）结算时起，非期货公司会员和客户持有的某月份期权合约中所有看涨期权的买持仓量和看跌期权的卖持仓量之和、看跌期权的买持仓量和看涨期权的卖持仓量之和，分别不得超过2 000手，具有实际控制关系的账户按照一个账户管理。

12月8日，大商所发布《关于在期权投资者适当性管理中认可上证50ETF期权真实交易经历等事项的通知》，自2017年12月8日起，交易所认可的期权真实交易经历，除境内交易所的商品期权真实交易经历外，还包括同时具有买入开仓和卖出开仓（不包括备兑）的上证50ETF期权真实交易经历，以方便投资者参与豆粕期权交易，简化操作流程，提升市场效率。

后 记

经过两个多月的精心组织和紧张工作，《大连商品交易所品种运行报告（2017）》终于付梓。在此，我们向支持《大连商品交易所品种运行报告（2017）》编撰和出版工作的各级领导、专家顾问和相关参与人员表示衷心感谢！

2017年，大连商品交易所期货市场整体运行平稳；豆粕期权作为我国首个商品期权成功上市，大商所战略转型实现重大突破；"保险+期货"、场外期权、基差交易试点范围进一步扩大，产融结合迈向更深层次；现有品种制度持续优化，铁矿石期货国际化准备工作就绪。大连期货市场在服务实体经济、服务供给侧结构性改革等方面取得积极成绩。《大连商品交易所品种运行报告（2017）》通过翔实的数据分析和指标运算，客观公正地记录和分析了大商所上市的16个期货品种与1个商品期权的市场运行和功能发挥情况，探究了期货市场存在的问题，并展望了未来发展。参与《大连商品交易所品种运行报告（2017）》编撰的人员有：大商所研究中心丁嘉伦、侯艳良、纪晓云、鲁娟、刘硕、李莉、梁智慧、孟祥怡、孙振、田本源、唐婧怡、张秀青、赵亮；永安期货研究院侯建、刘钊希、吕爱丽、任新普、宋焕、吴小明、郑陆等（上述人名均按姓氏字母排序）。

《大连商品交易所品种运行报告（2017）》在撰写、出版过程中都得到了多位领导、专家及相关单位的大力支持和帮助。大连商品交易所李正强理事长、许强副总经理，以及研究中心孙大鹏总经理、郭科总经理助理等领导对本书出版提供了大力支持和悉心指导；大连商品交易所农业品事业部王玉飞部长、工业品事业部陈伟部长及事业部同事都对运行报告提出了具体的指导意见；中国金融出版社进行了精心编校。在此，对所有支持与帮助我们的领导和同仁致以诚挚的敬意。

本书成稿仓促，疏漏之处在所难免，敬请批评指正。我们会在今后的运行报告撰写中不断完善改进。

北京大商所期货与期权研究中心有限公司

2018年3月